《贵州佛教中国化研究丛书》，分为《华聚释融》《典藏意象》《贞珉释理》《诗词绮韵》《佛联意趣》五卷，共280余万字。阐述了贵州佛教中国化历史进程与当代实践；对贵州佛教文献、碑刻摩崖、诗词楹联等，进行选录释读。

该书是贵州省及国内20余位专家学者及实际工作者共同研究的成果，内涵丰富，资料翔实，逻辑严谨，图文并茂，是集学术性、资料性、可读性于一体的大型佛教研究专著。

《贵州佛教中国化研究丛书》，分为《华聚释融》《典藏意象》《贞珉释理》《诗词绮韵》《佛联意趣》五卷，共280余万字。阐述了贵州佛教中国化历史进程与当代实践；对贵州佛教文献、碑刻摩崖、诗词楹联等，进行选录释读。

该书是贵州省及国内20余位专家学者及实际工作者共同研究的成果，内涵丰富，资料翔实，逻辑严谨，图文并茂，是集学术性、资料性、可读性于一体的大型佛教研究专著。

贵州佛教中国化研究丛书 ③

贞珉释理

贵州佛教文化·碑刻选释

贵州省佛教协会 编著
编委会主任 妙果

宗教文化出版社

图书在版编目（CIP）数据

贞珉释理：贵州佛教文化·碑刻选释 / 贵州省佛教协会编著 . -- 北京：宗教文化出版社，2023.8

（贵州佛教中国化研究丛书；3）

ISBN 978-7-5188-1450-3

Ⅰ．①贞… Ⅱ．①贵… Ⅲ．①碑刻—汇编—贵州Ⅳ．① K877.42

中国国家版本馆 CIP 数据核字 (2023) 第 162358 号

贵州佛教中国化研究丛书③

贞珉释理

——贵州佛教文化·碑刻选释

贵州省佛教协会 编著　编委会主任 妙果

出版发行： 宗教文化出版社

地　　址： 北京市西城区后海北沿 44 号　（100009）

电　　话： 64095215（发行部）　13691373138（编辑部）

责任编辑： 孟金霞（158504349@qq.com）

版式设计： 武俊东

印　　刷： 河北信瑞彩印刷有限公司

版本记录： 787 毫米 ×1092 毫米　16 开　165 印张　2860 千字

2023 年 10 第 1 版　2023 年 10 月第 1 次印刷

书　　号： ISBN　978-7-5188-1450-3

定　　价： 980.00 元（全五册）

本卷主编、副主编、撰稿及分工

本卷主编：

孙娟（中共贵州省委党校副教授、中央民族大学宗教学博士、贵州省宗教学会副会长兼秘书长）

副主编：

马晴（宁夏大学图书馆副馆长、副研究员）

陈春艳（云南省社会科学院副研究员，博士）

撰稿：

纳光舜（前言、概述、贵阳市碑刻摩崖）

马晴（六盘水市、毕节市、铜仁市碑刻摩崖）

孙娟（遵义市、安顺市、黔西南州、黔南州碑刻摩崖）

陈春艳（黔东南州碑刻摩崖）

序　一

顾　久①

回顾历史，佛教自传入中国二千多年来，与中国传统文化多有融会：从佛学的角度说，早在东晋，佛学家道安就曾提出过“不依国主，则法事难立”，促进了中国佛教的本土化；高僧慧远，倡导佛儒道对话互鉴，树立了促进佛教文化与中国传统文化融合的典范；中唐高僧宗密提出“孔、老、释迦，皆是至圣”；北宋高僧赞宁，提出“王法为本，融摄三教”；明末清初名僧元贤，主张会通儒释道；民国时期名僧太虚提出“人间佛教”思想，等等。不断自觉地引领着佛教的中国化。从国家管理者的角度看，古代帝王在稳固现存治理秩序的基础上，大都重视宗教在教化百姓、维护社会稳定方面的作用。典型者如明太祖朱元璋，亲撰《三教论》《释道论》等，以儒家社会秩序为主干，兼收佛、道两家的精华，对三教均有所改造、利用和融会，建立起主流意识形态，是经过深思熟虑并行之有效的。

贵州佛教自唐代正式传入起，就开始了中国化进程：主要表现在获取朝廷认可，适应社会，融会传统文化和本土文化。中华人民共和国成立后，贵州佛教中国化进入创新发展阶段，体现出四大特点：一、增强政治认同，坚持正确方向；二、积极适应社会，服务时代；三、发挥积极作用，涵养良善；四、传承佛教文化，融会中华传统文化。进入新时代，贵州佛教界更确立了“坚持中国化方向”的新目标：强化政治认同，勇于自我求变，加强自身建设，

① 顾久，贵州省人大常委会原副主任、贵州省文史馆原馆长。著名学者。

主动服务大局，重视人才培养，加强佛教文化建设。

但在理论化、系统性方面，尚有缺憾。于是，由贵州省佛教协会发起并邀请省内外专家学者编纂《贵州佛教中国化研究丛书》，旨在推进“坚持佛教中国化方向”理论的系统化、明晰化和科学化。这既是积极探索，又是大胆创新，可喜可赞！《贵州佛教中国化研究丛书》共分五卷：首卷《华聚释融——佛教中国化·贵州篇》，对佛教中国化历史探寻；其余四卷为佛教文献、碑刻、诗词、楹联选录。该书视角广阔，资料翔实，体例完备，结构合理，论述严谨，文字畅达，图文并茂，可读性强。

贵州宗教文化研究较为薄弱，坚持我国宗教中国化方向的研究更是一个需要持续推进的重点课题。春阳和煦，《贵州佛教中国化研究丛书》一花先放，定能促成百花齐放的美景！

是为序。

2021 年 11 月 9 日

序　二

张连顺①

贵州省佛教协会邀请省内外专家学者编纂的《贵州佛教中国化研究丛书》，即将出版，可喜可贺。

《贵州佛教中国化研究丛书》洋洋数百万言。共分五卷。该书内涵丰富，资料翔实，逻辑严谨，图文并茂，是集学术性、资料性、可读性于一体的大型佛教研究专著。

佛教中国化研究领域广阔，是新时代宗教研究者一个重要的主攻方向。佛教中国化源远流长，它既有历史的沿袭，又有新时代的创新。中国佛教史上，东晋佛学家道安提出“不依国主，则法事难立”；东晋慧远，唐代宗密、智顗，北宋赞宁、智圆，南宋宗杲，明末清初元贤，清末杨仁山，民国时期太虚等，在促进佛教中国化方面，均有不可磨灭的贡献。中国佛教物质文化遗产（寺院、石窟、塔幢、雕塑、碑刻、绘画等）和非物质文化遗产（戏曲、舞蹈、音乐、神话、小说、诗歌等）均蕴含着丰富的中国化内容。《尚书·周书》言：“功崇惟志，业广惟勤。”我们新时代宗教研究者应当在“佛教中国化”研究中尽心尽力，出成果，见实效！

近十年来，贵州宗教文化研究突飞猛进，人才辈出，成果卓荦。先后出版了贵州宗教系列史书——佛教、道教、伊斯兰教、天主教、基督教史和贵州宗教史，是全国出齐中国五大宗教史专著的省份之一。贵州宗教研

① 张连顺，贵州大学哲学与社会发展学院教授，博士生导师，贵州省宗教学会会长。

究发展前景甚为可观。“潮平两岸阔，风正一帆悬”，贵州宗教研究的未来，寄希望于甘于寂寞、勤奋研究的老一辈；寄希望于朝气蓬勃、肩负未来的年轻一代！

是为序。

2021 年 11 月 18 日

序　三

释妙果[①]

促进贵州佛教文化研究，是我一直以来的心愿。

2020 年下半年，省佛协筹备召开“贵州省佛教中国化研讨会”，与省宗教学会联系增多了，逐步了解到省宗教学会不仅具有较强的研究实力，而且与省内外宗教研究专家学者联系广泛。省佛协会拟邀请省宗教学会编纂《贵州佛教中国化研究丛书》。省宗教学会欣然接受邀请，很快联系省内外专家组成编委会。确定体例，编写大纲，落实编撰人员，开展资料收集，撰写初稿——多管齐下，齐头并进，各项工作井井有条。经过各位专家学者的辛勤努力，《贵州佛教中国化研究丛书》终于成稿。

《贵州佛教中国化研究丛书》的编纂出版，是我会学习实践坚持我国宗教的中国化方向的具体行动，也是落实中国佛教协会《坚持佛教中国化方向五年工作规划纲要（2019—2023）》的重要成果。

《贵州佛教中国化研究丛书》全面记述了中国和贵州佛教中国化的历史进程，系统辑录了贵州佛教文化史料，集中反映了贵州佛教文化面貌。视野开阔，内涵丰富，资料翔实，阐释严谨，文字通畅，图文并茂。

在此，我谨代表贵州省佛教界，对为此书编纂、出版付出辛勤劳动的专家学者和本书编辑，致以诚挚的问候和衷心的感谢！

“猛志逸四海，骞翮思远翥”，我们将再接再厉，继续与省内外宗教

① 释妙果，中国佛教协会副秘书长、贵州省佛教协会会长、贵州佛教中国化研究院院长。

研究专家学者一道，坚持佛教文化建设的中国化方向，创造具有新时代中国特色的佛教文化。

2021 年 11 月 22 日

目 录

上 篇 概 述

下　篇　碑刻、摩崖、塔铭辑录

前　言

佛教文化是中国传统文化的一部分。佛教传入中国两千多年来，与中国传统文化有多方面的融会，深刻地影响了中国古代哲学和文学艺术，长期以来部分佛教故事已经成为中国优秀的文学作品的组成部分。佛教对中国小说、诗词、舞蹈、戏剧、曲艺、楹联，以及建筑、雕塑、绘画产生了重要影响。中国佛教协会《坚持佛教中国化方向五年工作规划纲要（2019–2023）》提出："深入研究、整理、总结具有中国特色的佛教文化的发展历程、优秀成果、历史经验、基本规律，做好佛教文物和非物质文化遗产保护工作，为新时代佛教文化建设提供历史借鉴。"因此，贵州省佛教协会决定请专家学者编写《贵州佛教中国化研究丛书》。《贵州佛教中国化研究丛书》分为五册：《华聚释融——佛教中国化·贵州篇》（分上下两部分），《典藏意象——贵州佛教文化·文献选释》，《贞珉释理——贵州佛教文化·碑刻选释》，《诗词绮韵——贵州佛教文化·诗词选释》，《佛联意趣——贵州佛教文化·楹联选释》。

一、贵州佛教中国化

《佛教中国化·贵州篇》分为上、下两部分："佛教中国化的历史演进"和"贵州佛教中国化"。内容简述如下：

（一）佛教中国化的历史演进

佛教中国化，简单地说，就是产生于古印度的佛教于西汉末年传入中国后，通过与中国文化交融，逐渐演化为中国本土佛教的过程。方立天指出：

佛教中国化是指在印度佛教输入过程中，佛教学者一方面从大量经典文献中精炼、筛选出佛教思想的精神、内核，确定出适应国情的礼仪制度和修持方式，另一方面使之与固有的文化相融合，并深入中国人民的生活之中，日益与中国社会的政治、经济和文化相适应、结合，形成独具本地区特色的宗教，表现出有别于印度佛教的特殊精神面貌、体现中华民族传统精神的特征。佛教是一种系统结构，由信仰、哲学、礼仪、制度、修持、信徒等构成，佛教中国化并不只限于佛教信仰思想的中国化，也应包括佛教礼仪制度、修持方式的中国化以及信徒宗教生活的中国化。①

中国佛教的历史，本质是从教理教义、戒律伦理、礼仪轨范等各方面深度中国化的历史，亦是吸纳、融合、滋养中国本土文化的过程。佛教中国化的重要表现，即在于对印度佛教戒律、修学、制度层面的传承、发扬与革新，中国佛教倡导的丛林清规、农禅并重、宗派传承及人间佛教思想，支撑和保证了佛教在中国历史上的兴盛与生机。②

佛教中国化可分为五个阶段③：即比附格义阶段（汉魏晋南北朝时期），交流融会阶段（唐宋时期），稳步推进阶段（宋元明时期），曲折演进阶段（清至民国时期）和创新发展阶段（1949 年 10 月后）。

（二）贵州佛教中国化

佛教影响贵州始于东汉末期。到魏晋南北朝时期，佛教轮回思想在贵州少数民族中亦有一定影响。表明贵州佛教已经开始本土化、民族化。

唐代，贵州有僧人活动并建有寺院。据史书记载，唐贞观十六年（642）前，桐梓已经创修了金锭山寺。说明佛教已经传入贵州。唐垂拱元年（685）牛腾贬谪贵州，并传播佛教④，而且“夷僚渐渍其化”，对少数民族产生影响，

---

① 方立天：《佛教中国化的历程》，载张志刚《宗教中国化研究论集》，宗教文化出版社，2018，第 51 页。

② 《不断开创我国佛教中国化新境界》，《法音》，2019 年，第 8 期。

③ 本书主要研究汉传佛教中国化，未涉及藏传佛教和南传佛教。

④ （唐）牛肃：《记闻》，载（五代至北宋初）李昉等编：《太平广记（卷 112）·报应（11）（崇经像）》。

是为贵州佛教民族化的开端。唐王朝为抗击南诏，招募一批北方大姓领军入黔。这些外籍移民多来自佛教繁盛的长安等地，不仅会有佛教信仰者（仅杨氏后人中杨选、杨粲均笃信佛教），而且所带入的佛教也具有较多融会儒释道的因素。

宋代（960−1279），地方土官土酋热衷奉佛兴寺，在少数民族地区传播佛教，推进贵州佛教的民族化、中国化。南宋宝庆三年（1227）杨价亲自选址在播州城（今遵义）西碧云峰下兴建规模宏大的佛道儒巫合流的“大报天正一宫”①。这一场所分别塑轩辕黄帝、释迦牟尼、老子，可见播州土司杨氏的佛教信仰明显融会儒释道。

元代中后期印度僧人指空在黔西弘法，江西人彭如玉于黔中传教，使佛教在黔中腹地扩展，并深入黔西少数民族聚居区，拓展了佛教在贵州传播的地域，深化了贵州佛教中国化。

明代贵州佛教中国化主要表现在三方面：即增进国家认同，获取朝廷支持；儒释道“三教合一”思潮与贵州佛教中国化。佛教与民间信仰进一步融会，增进了佛教地方化、民族化。

清代，贵州佛教中国化的特点为：利济民生；促进佛教与中国传统文化融会；倡导“孝道”；推动“三教合一”，使佛教文化更适应民众需求；佛教进一步民族化和民间化。

民国时期贵州佛教中国化表现在如下方面：坚持农禅并重，发展寺院经济；兴办佛学院（讲习所、培训班），培养佛学人才；出版佛教刊物、经籍，推进佛教宣传；支持革命和参加抗日救亡活动。此外民间庙会、佛教社会团体、佛教事务管理，以及佛教文学艺术发展，均对贵州佛教中国化有所助益。

中华人民共和国成立后，贵州佛教中国化进入新阶段。有两个明显特点：第一，树立政治认同意识，积极参加社会活动。例如，积极参与三大运动（抗美援朝、土地改革和镇压反革命）等。第二是适应社会，发展生产。据 1960 年 25 个县、市僧尼状况调查，1385 名僧尼中，有 1147 人从事农业生产，167 人从事商业，63 人从事手工业生产，占总数的 99.4%。

---

① （清）道光：《遵义府志》卷之十一《金石》。

改革开放以来，贵州佛教中国化发展迅速。主要表现在：第一，增强政治认同，坚持正确方向。各级佛教团体和寺院，积极开展爱国主义学习教育活动，发扬佛教爱国优良传统。第二，积极适应社会，服务社会。贵州省佛教界发扬佛教热心公益、扶贫济困、自利利他的精神，积极支援国家经济建设，植树造林，保护环境，参与"希望工程"、扶贫、救灾等社会公益事业。第三，积极推进佛教教职人员培养。第四，加强教风建设，纠正僧尼违法、违规行为。第五，发挥佛教文化的积极作用。积极开展佛教文化活动，促进佛教文化研究。第六，融会传统文化，传承佛教文化。通过讲经说法交流会等，提高了佛教教职人员的素质修养和佛学水平，促进了佛教健康发展、社会和谐稳定。

进入新阶段，贵州佛教中国化将进一步从坚持强化政治认同，勇于自我求变、加强自身建设、主动服务大局、重视人才培养、加强佛教文化建设等六个方面大力推进。

二、贵州佛教文化

贵州佛教文化，分为四个部分：贵州佛教文献、贵州佛教碑刻、贵州佛教诗歌、贵州佛教楹联。

（一）贵州佛教文化概述

佛教由古印度迦毗罗卫国（今尼泊尔南部）释迦牟尼（前 565– 前 486）创立。公元前 3 世纪起，佛教开始向外传播，通过与东西方不同地区文化和宗教交融，最终发展为世界性宗教。

佛教在西汉哀帝元寿元年（公元前 2 年）传入中国。佛教在中国有三大语系：汉传佛教、藏传佛教和南传上座部佛教。汉传佛教：是以地理位置划分的佛教派别，流传于中国（以及日本、朝鲜半岛、越南等地），产生过众多派别，主要有八宗，即三论宗（又名法性宗）、唯识宗（又名法相宗）、天台宗、贤首宗（又名华严宗）、禅宗、净土宗、律宗、密宗（又名真言宗）。其中禅宗和净土宗流传最广。藏传佛教：7 世纪中叶，佛教由印度和内地传入藏地，由此形成藏传佛教（也称藏语系佛教）。主要有有宁玛派（红教）、萨迦派（花教）、噶举派（白教）、格鲁派（黄教）等，并形成活佛转世传承继位制度。其中格鲁派是 15 世纪初宗喀巴在原噶当派基础上创立的，之后成为藏传佛教诸宗派中影响最大的宗派。此外还有过一些小派，如希解派、觉域派、郭扎派、觉囊派、夏鲁派等。藏传佛教主要传播于中国的藏族、蒙古族、土族、裕固族、纳西族地区以及不丹、尼泊尔、蒙古、俄罗斯布里亚特等地。南传上座部佛教：7 世纪佛教由缅甸传入中国云南西双版纳、德宏等傣族地区，由此形成南传佛教（亦称南传上座部佛教）。11 世纪前后，因战祸而受重创。后由泰国经缅甸再度传入西双版纳。云南地区南传佛教分为润派、多列派、摆庄派和左抵派四派。主要在傣族、布朗族、阿昌族等少数民族中传播。

汉代，佛教对贵州已有一定影响。东晋时期（317–420），贵州北部地区受到四川佛教的影响。魏晋南北朝时期，佛教轮回思想对布依族有一定影响。唐贞观十六年（642）前，桐梓已经创修了金锭山寺。说明佛教已经传入贵州。其后，唐垂拱年间（685–688），牛腾在贵州传播佛教，黔北、黔东兴建寺院 10 余座。贵州僧人海通，于唐开元年间（713–741）倡导开凿四川乐山大佛，组织完成前期工程。宋代，贵州土官土酋奉佛兴寺，佛教传入少数民族地区。南宋时，播州（治在今遵义）土官杨氏修建桃溪寺、福源山寺和桃源寺等寺院。元代中后期印度僧人指空，在黔西北一带弘法。元至正年间（1341–1368），江西庐陵人彭如玉在贵阳创立精舍。黔北、黔东地区形成了金鼎山、中华山等佛教名山。明代，入黔的外省僧人增多，对贵州佛教发展有重要推动作用。明初，中央朝廷建立僧官制度。贵州各地也设立了相应的佛教管理机构。明代密教传入黔中。清初，外省籍僧人敏树、燕居、语嵩、梅溪等入黔创建寺院，著书立说，传播佛教文化。僧人著述较多，有语录、灯录、疏论等 50 余种（现尚存 20 种）。佛教人士架桥铺路，引泉开渠，植树造林，救死扶伤，扩大了佛教的影响。清中叶后，贵州佛教日益世俗化。咸丰、同治年间（1851–1874），贵州战事不断，佛教寺院多毁于战火。“庙产兴学”运动中，一些地方官绅掠夺寺院财产，迫害僧尼。一些寺院自愿捐产或直接兴办学堂，获得成效。清末，佛教人士参加了反清斗争，贵阳华严寺曾是反清秘密据点；贵阳东山栖霞寺僧铁肩，武术功底深厚，曾协助同盟会会员平刚等训练反清志士。民国年间，佛教文化在贵州的传播得以复兴。各地兴建了一些寺院，成立了佛教团体，开展了一些有组织的佛教活动及社会活动。国内一些名僧先后到贵州宣讲佛法，省内也出现了一批精通佛理的僧人，他们办佛学院、印佛经、讲经说法及主持各种法事，扩大佛教的社会影响，促成了贵州佛教文化的发展。中华人民共和国成立初期，中国共产党制定和实施宗教信仰自由政策，保障公民宗教信仰自由权利。人民政府组织佛教界人士学习时事政治。佛教徒积极参加各种社会政治活动。通过佛教革新运动，70%的僧尼走上自食其力的道路。“文化大革命”时期，寺院被封闭或占用，正常的佛教活动被禁止，佛教文物古迹遭到破坏，佛教界人士被批斗，造成不少冤假错案。中共十一届三中全会以后，历次政治运动中受到不公正待遇的僧尼，经过复查，得以纠正。寺院还归佛教管理。1979年以后，佛教团体陆续恢复和建立，促进了佛教组织建设、思想建设和人才培养。佛教界注重发挥佛教文化的积极作用，参与佛教典籍整理和出版，积极参与保护文物，修复文物古迹，发展文化及旅游事业，促进对外友好交往。

（二）佛教文化的价值

佛教文化是中国传统文化的一部分。佛教传入中国两千多年来，与中国传统文化有多方面的融会，深刻地影响了中国古代哲学和文学艺术，长期以来部分佛教故事已经成为中国优秀文学作品的组成部分，佛教对中国小说、诗词、戏曲、楹联，以及建筑、雕塑、绘画也产生了重要影响。

佛教既是一种信仰体系，又是一种文化现象。佛教随着人类社会的发展而不断演进，逐渐形成以信仰为核心的佛教文化传统。佛教文化在自身发展中与其它文化形态相交融，产生了佛教哲学、佛教伦理学、佛教文学、佛教艺术等，成为人类文化宝库中的重要组成部分。佛教文化包括文学艺术、建筑、雕塑、音乐、绘画，以及哲学思想、伦理道德、生活习俗，这些文化因素几乎渗透到社会的各个领域和人们生活的各个方面。贵州佛教已有近2000年历史。一千三百年来，各民族信教群众创造了种类繁多的佛教文化遗产。佛教建筑、雕刻、绘画等，是佛教在物质层面的展现，凝聚着各族人民的智慧和创造精神，保存着大量历史信息。在国家级文物保护单位里，佛教建筑占的比例较大。在许多城市中，佛教建筑已成为城市独特的标志性建筑。寺院是佛教活动的主要场所。一些重要佛教节日，如佛诞节（浴佛节）、佛涅槃日、佛成道日、盂兰盆会等，已成为地方民俗的一部分。贵州佛教中还有大量以无形形态传承的文化，包括佛教民间文学（如神话传说，寓言、诗歌、楹联等）、佛教美术（如书法、绘画等）、佛教手工技艺（如建筑工艺、雕塑工艺）、佛教习俗（如居住、饮食、服饰、节日）。

佛教文学艺术内涵丰富。佛教文学是运用文字表现佛教内容、塑造佛教形象的一种语言艺术。佛教文学涵容佛教典籍中具有文学性质的作品、僧俗两界创作的有关佛教思想和佛教活动的作品。主要有文献、碑刻、诗歌、楹联等。贵州佛教文献主要分为著作和文章两类。著作有语录、灯录、疏论等 50 多种。其中汇编成册的语录、灯录两种，即丈雪《锦江禅灯》，如纯《黔南会灯录》。单独编辑的语录有 40 余种（现存 19 种）。文章、书信包括序、疏引、记、书、辨、说等。贵州佛教诗歌颇为丰富。贵州僧人写社会、生活、自然之诗作较多。尤其是明末清初，不少明朝遗臣、文人出家为僧，他们文学造诣颇深，所作诗文在贵州文学史上有一定影响。贵州今存佛教碑刻约有 600 余方。内容涉及佛教传播历史、名山名寺史、宗派传承史，以及佛教教理、寺院规约等，反映了佛教与贵州社会历史、政治、经济、文化，以及宗教、民族、民俗、法律、伦理道德的关系。贵州佛教界很重视楹联的作用，在贵州宗教场所中，佛教楹联运用最广，流传至今的楹联作品也最多。贵州佛教楹联作为一种文学体裁，是佛教信众精神世界、道德修养和文化积存的反映，其中蕴涵着丰富的哲理，不少联句寓意深刻，对引导人们提高道德素养有积极意义；贵州佛教楹联又是赞美佛教胜迹的一种形式，它以简短的语句盛赞佛教名山古刹建筑、园林、雕塑艺术，帮助游览者欣赏佛教艺术的自然美、建筑美和艺术美。

佛教提倡的“平等友爱”，有利于增进社会稳定。在社会交往中，佛教倡导慈悲博爱，关怀众生；多行善事，广积功德；弘扬正气，抑制邪恶；断除苦恼，脱离痛苦。这些理念对于引导人们培养广扬博爱精神，实现和谐相处，确有积极作用。譬如，佛教倡导众生平等，有助于实现求同存异，融洽人际关系。佛教的慈悲观主张，相对革除自私狭隘的自我中心主义，关注对其它众生苦乐的影响。消除不同人群内心所坚固执着的各种成见、偏见，消除不和谐的错误的观念，以及对人和事物的不正确的认识方法。在面对种种复杂的人际关系、社会关系矛盾时，以正确的方法排解自己及他人的烦恼及痛苦；包容与自己不同的观念、思维模式、行为方式、风俗习惯等；包容不同个体、群体之间存在差异，化解不和谐因素，互相尊重，和睦相处。从积极方面理解这些教义，对于个人的修养不无裨益。①

佛教主张扬善抑恶，有助社会伦理升华。佛教道德观调和儒家伦理，旨在使人明晰善恶，以识正途；熟知戒律，内戒于心；实践修行，弘道济世；了悟人生，明心见性；敬老尊贤，孝亲敬长。佛教善恶观亦可引导人们认识善恶，遵从社会公德和公共秩序，约束自己的行为，从事正当的职业，不要误入歧途。佛教的五戒、四摄、六度、十善等，则是佛教最基本的道德规范。佛教强调报“四重恩”，即报父母、众生、国主、三宝的恩德。其中报父母恩、众生恩、国主恩，都涉及社会。佛教报父母恩的思想，对促进家庭和睦有重要意义。这些道德规范、行为要求，在今天若运用得当，对提高人们的道德修养，提升精神生活的层次，培养良好的社会风气，促进社会和谐发展，仍能发挥有益的作用。②

佛教倡导服务社会，有利于促进经济发展。纵观历史，佛教之所以能够在中国扎根和发展，成为中国化的佛教，与佛教大力提倡和践行奉献思想分不开。而其成功之处，就在于积极吸收儒家思想，采取入世的态度，农禅并重，关注民生。唐代高僧惠能认为，“佛法在世间，不离世间觉，离世觅菩提，恰如求兔角”，强调了融入社会的思想。近代高僧太虚则更进一步提出“人间佛教”思想，他认为：“人间佛教是根据佛法常住真理涤除其不合时代的思想文化，展开佛教教化功能。”③佛教所提倡的六和敬（简称六和），即身和敬、口和敬、意和敬、戒和敬、见和敬、利和敬，

① 林建曾、纳光舜、禄佳妮：《中国当代宗教关系与社会和谐研究》，贵州人民出版社，2012，第225–226页。

② 林建曾、纳光舜、禄佳妮：《中国当代宗教关系与社会和谐研究》，贵州人民出版社，2012，第230–231页。

③ 太虚：《太虚大师全书·新与融贯》（第2册）。

也可作为与信徒、民众相处应当遵循的原则。佛教和合爱敬的道德要求，与当今社会提倡的集体主义和爱心奉献精神，团结协作和恪守职责原则，谦虚谨慎和关爱他人的品格等，有许多相似之处。

佛教力主善待自然，有助于保护生态环境。佛教主张爱惜生命，保护自然。佛教的缘起论即认为，世界万物均处于“此有故彼有，此无故彼无”的相互依存状态下，万物一体，离开了任何一个条件，就不能生起万物。天台宗认为山川草木也充满了佛性；禅宗也说“郁郁黄花无非般若，清清翠竹皆是法身”，将大自然的一草一木都看作是生命的存在，主张珍爱自然，重视自然物的价值。佛教还提出，修善能破恶，念善则罪消；积善致福，积恶遭祸；祸福有根，善恶有报。佛教认为保护环境的责任在人类自身，因此强调众生平等，视一切有情如父母眷属般之亲缘而行慈悲对待。佛教还认为，人与自然环境是一个有机的整体，是相辅相成的。佛教要求信徒必须具有大慈大悲心，慈心于物，善待生命。平等地看待一切众生，慈爱地关爱一切众生。①

① 林建曾、纳光舜、禄佳妮：《中国当代宗教关系与社会和谐研究》，贵州人民出版社，2012，第236页。

上　篇

概　述

碑刻是中国传统文化的重要载体之一。碑刻集文学和艺术于一体。文学上，它具有记述历史事件、自然景物、思想理念、信仰习俗等功能，既有实用性和观赏性，又有重要的历史文献价值。艺术上，融会书法创作、雕刻工艺、造形技艺于一体，是独树一帜的艺术形式。碑刻就是刻在石上的书法艺术。书法注重笔墨情趣，讲究用墨、运笔、结构、章法、气韵等表现手法；碑刻则讲究刻字的刀法，它保存了书法的笔法（笔画线条）、笔势、笔意和结构的形神。[①] 碑刻与中国古典建筑密不可分，它不仅是一种纪念物或标志，而且是建筑的说明书。中国古代，凡坟墓、宫殿、园林、寺院等建筑群中均树碑石，用以说明被标志的是什么建筑物，并且载录与之相关的人文、自然内容。同时，碑本身就是一种建筑。碑与其他建筑的有机结合，构成了一种建筑环境文化。[②]

佛教传入中国之前，中国对碑刻的运用已较为广泛。佛教传入中土，在各地建了大量寺院、佛塔，并采用碑刻这一文学载体和艺术形式，创制了为数众多的记事碑、功德碑、诗碑，以及塔铭、墓志铭，促进了中国碑刻技艺的发展，丰富了中国碑刻的内容。

贵州今存佛教碑刻约有 600 余方。见于记载最早的碑刻是桐梓县夜郎坝石佛像背面题刻："敕赐青莲院住持比邱从白。元祐八年[③]。"据道光《遵义府志·金石》载"像在桐梓县北二百五十里崇恩寺中"[④]。崇恩寺，是北宋播州（今遵义市为其辖地）扶欢夜郎坝人（今属桐梓县夜郎镇）赵高峰所建。赵高峰官至长沙太守。宋元祐八年（1093）八十岁时告老还乡，其居所获敕赐名"青莲院"。经赵高峰倡议，在当地创建崇恩寺，请僧从白为住持。此后，历代均有碑刻创制，部分碑刻留存至今。

碑通常是直接立于寺院前地面或嵌于墙壁、岩壁，但也有在碑身顶部和下部另加碑座和碑帽。碑座，有的比较简单，就是一个石座；有的为精

---

① 刘刚主编：《湖湘碑刻》，湖南美术出版社，2009，第 3 页。

② 张晓旭著：《苏州碑刻》，苏州大学出版社，2000，第 6–7 页。

③ 宋元祐八年，公元 1093 年。

④ （清）道光《遵义府志（卷 12）·金石》。

雕细琢的莲花座等。碑帽，多为仿效古典建筑的单檐歇山顶式。碑的形制主要有方首、圆首、圭首、螭首等。方首，碑的顶部是平的，因此亦称平首，如贵阳东山栖霞寺赵德昌①题诗碑，高达 3.23 米，宽 1.3 米，厚 0.26 米，为贵州境内最大的一方碑。方首碑在贵州佛教碑刻中最为常见；圆首，碑顶部为半圆形。圆首碑顶半圆部分即为碑帽，一般都加以雕饰。这种碑所用的石料较多，因此选用这一形制的碑不多。圭首，是将方形碑的两侧截角（如剑头去掉尖的形状），下为方形。圭，本为古代帝王、诸侯在举行典礼时拿的一种玉器，碑刻仿用这一形状，目的在于颂扬某一事件或某个人物的功德。螭首，螭，中国古代神话传说中一种没有角的龙，将螭的形象刻于碑首，称为“螭首”碑。因中国封建社会帝王对龙形象的使用有严格限制，故贵州佛教碑刻中选用螭首的极少。

碑身共分四面，即正面（“碑阳”）、背面（“碑阴”）和两个侧面（“碑侧”）。有的碑在碑侧另加条石，与碑帽、碑座构成碑的护框。碑文刻于碑阳（也有在碑阳刻碑题，在碑阴刻碑文）。功德碑如果内容较长，通常将碑文刻于碑阳，捐资者姓名及数额刻于碑阴。碑文分为碑额、碑题、碑文三部分，多采用阴刻。碑额（亦称题额），刻于碑最上部，由右至左横书，其用语与碑文内容无必然联系（常见的有“万古名垂”“亘古不磨”“广种佛田”等）。碑题亦称碑名，刻于右侧（有的刻于碑中间）。有些碑不刻碑额、碑名，开篇即直书碑文。碑文内容包括两项，即正文和落款（撰文、书丹、勒石者名）。

贵州佛教碑刻包括记事碑、功德碑、诗碑、墓志铭、塔铭、幢等，其内容为记述佛教传播历史、佛教名山名寺史、宗派传承史，以及佛教教理、寺院规约等，反映了佛教与贵州社会历史、政治、经济、文化，以及宗教、民族、民俗、法律、伦理道德的关系。

---

① 赵德昌，字达庵，贵州郎岱人。清咸丰时，官至贵州提督，颇习文学，著有《枕戈室诗钞》。

一、留存史料——佛教历史资料库

存史是贵州佛教碑刻的主要内容之一，也是其重要价值之所在。虽然佛教并不主张树碑立传，张扬个人功德，如《五灯会元》言“永州太平安禅师，上堂……良久云：劝君不用镌顽石，路上行人口似碑”[①]，但刻碑者不一定都是僧人，而且碑刻也有记载和传承历史等作用。

时季照[②]撰《大兴寺记》，约立于明永乐中（1413）。碑原立于大兴寺（贵阳市中华南路东侧。寺、碑今已不存）。碑文载：“大兴禅寺在贵州城之中。贵州西南裔，地杂苗僚，曩未闻有寺也。元至正间，有江西庐陵县道人彭如玉来创精舍，奉普庵祖师，导释氏法。后土僧真贤嗣其业，拓政[故]址建大雄殿、毗卢阁，庄严设像，遂名大庆寺。”这是贵州见于记载最早的寺院之一。“皇明洪武四年（1371），贵款附，立军卫，开都司，戍守之士，概率笔簪名流，襍襘于浮屠，而夷俗亦渐知向慕焉……”明初佛教在贵州传播地域扩展。“二十年（1387），长沙沙门南宗游方至寺，苦行洁修，真实不妄，缁素推重，寻留为住持。宗悉心殚力，以葺造为己任，施者填委，构四天王殿、山门、寮舍，重塑三宝、毗卢诸佛及观音、地藏十八罗汉等像，并五十三参涌壁，傍植松柏，外周垣墉，焕然增美，宗寔能作兴其门者哉！相其成者，其徒圆智与有力焉。二十七年，都司官今总戎镇远侯顾公，尝以寺之来历启于蜀王殿下，改赐今额，复妙选解宗乘者性空补其处，空造僧堂，延纳同袍，及其而去。”永乐年间贵州获准建立僧纲司，加强了对佛教事务的管理。“永乐二年（1404），都指挥佥事李正言于总戎公，谓寺居兹土，实祝祈道场，遐迩瞻仰，首席不可久虚……八年，宣慰使复举

---

① （南宋）释普济：《五灯会元（卷 17）·宝峰文禅师法嗣·永州太平安禅师》。

② 时季照，名时铭，字季照。浙江慈溪人。少机敏，好学能诗。曾任四川按察司佥事。有《梦墨稿》行于世。

智赴京，准设僧纲司，就授都纲，贵之僧有官有署，昉于智。智首营大室三间，为栖禅之所。念遐陬荒服，罔知佛祖演说微妙，乃购《大藏经》一部，六千三百五十余卷，为钞以贯计，凡二万有奇，翻阅三月，致祥云覆统之征。又于大雄殿之前，甃以石台，缭以石栏，作两壁厢廊庑各十有五间……即相与卒赤铜七千五百斤，鸠工铸镛，仍架重屋于廊左，筑藏殿于廊右。智汲汲穷早暮，他无私营，惟匠石是视，若有程督之者，可谓劳已。且曰而以是而峻，当勉求吾佛息心之旨，而遂吾之身矣。今榱甍翚飞而云霞掩映，楹础鳌负而舟艭辉煌，巍巍貌座，翩翩彩幢，既鼓既钟，鸣雷吼鲸，乃祝乃诵，香霭灯光，若弹指而开楼，俨化城之现宝坊者焉。”① 贵阳大兴寺的发展表明，社会安定，百业俱兴，是一切社会事业（包括佛教）发展的重要基础。

立于思南县城白云寺的《白云寺舍白碑》，刻于明嘉靖三年（1524），记述白云寺寺院创建和维修、招僧住寺、寺院土地等。碑文云："立招僧舍白，地主张鼎、张胜各房等，因先祖遗地龙台修白云寺，所正僻间，招僧乐境主持，镇守虎狼，不料乐境四藉，僧主持等至今众房好作商议，将额田一方，开明四界，指拔招钊僧人宗洁，在寺终理，住插焚献，退节府司印熊，务要专心守性，不得妄招往来僧、道。其所施常熟：东至岩门沿溪直下至半溪曲在小横路左小干沟；南至小干沟截过马琮岭，横过小工岭脚下；西至小横岩直过至大岩中间额截过右边，斜过土坎子上人行路，再上乱石窑直上；北抵杉兜岩岩弦，由杉兜岩弦横过二小岩弦抵岩门左。界内田七分、荒熟土、山林树木，俱给予宗洁承管。”②

刻于清乾隆四十八年（1783）的《白果寺王氏宗祠碑序并寺产界碑》（熊作都撰）③，也有类似特点。宗祠是一个家族祭祀祖先的地方，但可能是由于家族成员信仰佛教的原因，一些宗祠也设殿堂，塑佛像，住僧人。仁怀县鲁班镇（旧名李博里）白果寺王氏宗祠就属于这一类。碑文说："……

① （明）弘治《贵州图经新志（卷之2）·贵州宣慰使司（中）·寺观》。

② 政协铜仁地区工作委员会编著：《中国梵净山佛教文化文物研究》，贵州人民出版社，2011，第208页。

③ 仁怀政协学习文卫委编：《仁怀历代文钞》，北京：中国文史出版社，2009，第103页

吾乡之有白果寺者……王太翁讳宾贤其创始者。翁于康熙间，目睹萧条，乃谓有庙无田，无以给焚献之资……迄于今，数有百年，风雨飘摇，虽未鞠为茂草，而碎瓦颓垣，不胜今昔之异。乾隆壬寅（1782）秋，太翁之后，有好善二公，讳嘉会、嘉猷，其人者，不忍无量佛天，终于摧残不振，有辜先人雅意，而补葺之念生。因约族人募化，兼招住持经理，鸠工聚材，一加补造。肇始于壬寅之秋，观成于戊子（1768）季春之月，一举而倾圮之祠寺，焕然可观。功成之日，有僧净修欲勒石以志其原委，属余作文以纪之……”碑文后面详细记载了土地界线，目的是“杜僧俗侵削之端”。

立于梵净山新金顶下下茶殿原承恩寺的《梵净山下茶殿碑》（张鸿翮撰）[①]，刻于清光绪二十二年（1896），前半段描写梵净山自然景观，后面以较大篇幅记述了梵净山在咸同年间战乱后重建的史实，有重要史料价值。“咸丰五年（1855），赵逆作乱，据山以叛，竟将诸寺烧毁，遂至片瓦无存，从此香灯冷落，人烟寂寞。同治九年（1870），我地初平。有非常僧人隆参，早岁出家，先灵是效，削发晃州福兴庵，住坐铜仁东山寺，参禅悟道，来开此山。果然一心皈依，何辞十方募化。由是道剪荆棘，路开蚕丛，复修回香坪、报恩寺。朝谒往来，虽不及从前之多，而渐推渐广。不料，光绪元年（1875）夏六月，正值朝拜间，有马鞍山贼首刘跛子，率领余匪数十人，身穿号衣，手执洋枪，假扮官军，伪称兵练，窜入此山，将进香男妇，偕事僧徒，概用佛帐，尽被捆绑，又以绳索系僧于钟钮，一一刺杀。将杀至僧，一阵狂风遍起，四面暴雨骤至，忽然绳索碎断，幸而逃脱下山……五年（1879）五月内，闻岑宫保巡抚贵州，僧星夜奔至洪江，禀明此贼情形，各军计谋。蒙委卸任松桃厅主刘，统带五属团勇五百名。僧不避艰险，自愿带团勇五十名充当向导……僧又禀请环山要隘，安设八汛，分布练兵，用垂久远。前后出力官练，大小因功保奖。僧自思终身修行，不受一线皇恩之宠，保奏五属都纲，特开千古未有之奇。于是，重新募化，依旧修造，创修镇国、水源、明珠等寺，复修回香坪、明镜山各庵，新开老金顶，重整新金顶、九皇洞各殿。斯时，庙宇辉煌，神像皎洁，较从前

① 印江土家族苗族自治县地方志编纂委员会编：《印江土家族苗族自治县志》，贵州人民出版社，1992，第1038-1039页。张鸿翮，贵州江口人，光绪二十二年（1896）拔贡。

尤甚，信善男妇，朝拜士民，比上年更多。不但此也，十一年（1885），僧又开斋放戒，众僧公举方丈……"

瞿鸿锡[①]撰《重修潮音阁记》，刻于光绪二十七年（1901），开篇记述寺院的地理位置和沿革史，"沙河源出州西北之云雾山，东北折经团坡，又南流过犀牛滩通远桥，绕郡城东注渟洄为翰墨之池，旧有观音阁在其西，志称前明隆庆年间指挥使邱崇尧创建，以奉普门大士。天启、崇祯之世，再毁再建，更名'潮音阁'。及国朝咸丰之乱，阁毁，至今四十年矣。"1897年，瞿鸿锡任平越直隶州知州，在其倡导下，寺院得以重建。"斯役也，石址与阁皆视前加崇，阁前益以门庑，阁后益以卷篷阑栏，三面窗户洞达，以为郡人游览之所……"[②]

① 瞿鸿锡（1844–1918），字子浚，湖南长沙府善化县人，监生。长期在贵州任职，重视地方经济文化建设。从光绪十三年（1887）至二十三年（1897），三任黄平州知州。1897年任平越直隶州知州（任内主修光绪《平越直隶州志》），后两任安顺府知府。

② （清）光绪《平越直隶州志（卷10）建置·寺观》。海潮寺，明隆庆年间指挥邱崇尧建于河中流处，阁高三层，奉观音大士（称观音阁）。后毁于兵燹和水灾。崇祯末年修复后改名"潮音"。曾数度修葺。

二、政治认同——倡导和促进佛教中国化

贵州佛教中国化是一个历史过程，经历了由浅表向深层、由形式向理论的演化过程。重要表现在：融入社会，适应社会；对儒家“孝道”思想的吸纳；倡导儒释道融会，增进“三教合一”融会民间信仰等方面。

（一）倡导融入社会，适应社会

佛教主张融入社会。早在东晋时期，佛学家道安（312–385）就提出了“不依国主，则法事难立”的主张，劝告弟子注意处理好政教关系，使佛法立稳根基，得到广传。道安的这一主张把中国儒家的“君臣”纲常关系融进了佛教，是佛教弘法理论上的一个重大进步。①

“融入社会，适应社会”的思想在贵州佛教碑刻中亦多有体现。譬如，万安②《永祥寺记》言：“夫惟佛氏之书浩瀚不一，予未尝经日而究之，兹不敢援引妄为之说，姑取吾儒之书之言推演之可乎？”《书》曰：“作善，降之百祥。”③祥即福之谓也。《易》曰：“积善之家，必有余庆。”④庆亦福之谓也。言人能久于为善，则诸福之积未始有不永久矣。”“佛书为善获报之说，抑亦殆相合欤！”⑤

清康熙五十五年（1716）《重修城隍庙记》（温安独撰）：“关圣祠和尚，

---

① 胡中才著：《道安研究》，宗教文化出版社，2011，第125页、第131页、第133页。

② 万安，字循吉，四川眉州人。正统十三年（1448）进士。成化五年（1469）兼翰林学士。历官礼部、户部尚书、文渊阁大学士等职。

③ 语出《尚书·商书·伊训》。意为：常行善举者，上天会赐给其诸多吉祥。

④ 语出《周易·坤卦第二·文言》。意为：积德行善之家，恩泽将惠及于子孙。

⑤ （明）弘治《贵州图经新志（卷之2）·贵州宣慰使司（中）·寺观》。

名元一者，先君子之剃度僧也……师徒不辞艰巨，相继沿门持钵，寡妇孤儿，亦乐为之助。募得白金若干两，午夜奔驰，鸠工修葺，越三年而庙成焉……窃慰自兹以往，钟鼓长存而香烟弥盛，历百世而常新，亘千古而不朽。行见忠臣孝子，义夫节妇，入庙而加荣，则君子光其光；刀山血海，马面牛头，登堂而生畏，则小人悔其恶。羽仪学校[①]而造福苍生，水火不惊而祲氛[②]不作。”作者温安独为修文地方文士，所撰碑文充分体现佛教与社会的联系——佛教发展需要社会支持；寺院建成，又有助于社会伦理教化。

（二）对儒家“孝道”思想的吸纳

“孝道”是儒家思想的重要理念，其核心是“拜（亲亲之心）、敬（养生）、祭（送终）”，即“生养死丧，慎终怀远”。如何理解和处理儒家“孝道”观与佛教孝道观，是个很现实的问题。通常人们都会认为僧人薙发出家弃亲无嗣，无孝道可言；宋代以前僧人不拜君父，更是被指为不忠不孝。但实际上佛教有自己的理解和符合中国国情民情的处理方式。尤其是贵州地方，佛教普传是宋代以后，佛教界对儒家“孝义”理念理解和吸纳，也有了许多自身特点。这在贵州佛教碑刻也有记载。

譬如李渭[③]撰《修观音阁碑记》[明万历十年（1582）[④]]，记载有《妙善舍身救庄王》故事：观音大士得道之前，为妙庄王三女，她幼小即悟佛法，长大后不愿出嫁，执意到白雀寺出家修行。庄王大为震怒，以斩首、火烧寺院等方法威逼，都未使妙善回心转意。后来庄王得了重病，“破痈溃痤不治”，需用亲生骨肉的手和眼做药，才能治好。其大女、二女均不愿割手和眼为父治病。妙善得知后，为报父母恩，“慨然可取手眼予王”。“王疾愈，率宫姬百吏渡海谢，知其为季女也。”妙善之孝心感天动地，功德

---

① 羽仪：比喻居高位而有才德，被人尊重或堪为楷模。学校：学习效法。

② 祲氛（jìn fēn）：邪恶之气。

③ 李渭，号同野，明贵州思南府水德司（今属思南县）人，著名理学家，曾在四川、安徽、广东任知县、知府、同知、副使等职。为官清廉。潜心研究儒学，著作颇丰。

④ （清）道光《思南府续志·艺文门·记》。

圆满，化作观世音菩萨之相。李渭作为著名理学家，引述这个故事的本意是为了让读者正确辨析“曾子嘉菊孝母”与“妙庄刳目锲指愈亲”的异同。他认为因人们“盖乐异闻，夸诩新奇”，所以同样是尽孝，讲“嘉菊孝母”，人们没多大兴趣；而讲妙庄“刳目锲指愈亲”，则引人入胜。表明佛教以报恩和平等观为基础的孝道思想，与儒家孝是“仁之本”“德之本”，“孝慈则忠”“人之行，莫大于孝”的“孝道观”，具有相通性。清顺治间开州知州徐昌《新建莲花寺碑记》，阐述了地方官员倡修“寺刹祠庙”的原因。碑文说，自己到任六年以来，治理地方“粗有可观”，但这个地方“王化之所难喻”，因此“不得已而托之神道设教……”，“余因慨然构木伐石，建此楼于旧寺之前，以祀大士。使此方之人，一入塔庙，生恭敬心。愚夫愚妇，即不明于理，而孝弟忠信之心可以油然而生矣，勿谓释天子吾道有二也。南海北海，有圣人焉，此心此理同也。神道之设，以补王化，亦其一端矣。”

清乾隆四十三年（1778）黔西县白泥乡侯正明撰的《内庄文阁塔碑记》，碑文记述文阁募化、修建、维修经过，并辨析佛教和儒家理论说：“须果报之说，吾儒不遵，然福善祸淫，与经云修修之言而悖之，凶者未始不同修而共贯，此古人所由以神道设教也。爰是同志君子，倾囊相资，使庙维新，则瞻佛相之辉煌，亦凛宝训之谆切，于此澡身浴德，而绵福祚于无涯也。”侯正明，为贵州黔西有名望的廪生，他显然抱着一种矛盾的心态撰此文——一方面，认为“须果报之说，吾儒不遵，然福善祸淫，与经云修修之言而悖之”，作为儒士他要表明其并不相信佛教之说，但同时他又看到佛教寺院修葺后，人们“瞻佛相之辉煌，亦凛宝训之谆切，于此澡身浴德，而绵福祚于无涯”，看到了佛教义理在伦理道德教化方面的作用。这种处理方式极富睿智。

而且一些僧人也十分注重孝道。清乾隆二十七年（1762）李云龙撰《黔灵参之广塔铭叙》，也说到了一个重要事实——僧人也重孝道。碑文记述僧人参之，精佛学，通儒理，明孝道“……或灭火救亲，或远涉葬师，此又以释子而通儒理，克子职而尽弟道者也，勿论什陌于缁流衲子，即在学士大夫中亦不数数觏[①]。”参之这种孝亲尊长的僧人在“学士大夫中亦不

① 觏（gòu）：遇见；看见。

数数觏”。

（三）融会民间信仰

巫术文化是中国文化现象中一个类别。贵州地方巫术起源早、根基深，晋人常璩《华阳国志》云，牂牁“俗好鬼巫，多禁忌”①。这为佛教传播提供了可供利用的基础。因为，佛教传入中国之初，曾一度被视与道家方术同类，而佛教的因果报应思想又与巫术禁忌理念有诸多相通处。汉魏时期，人们对外来的佛教不甚了解，就曾将“佛”视为外国引入的一种神。据《高僧传》记载，吴主孙皓因辱没佛像，受到报应，便向宫中已奉佛法的婇女问道：“佛、神大耶？”婇女回答：“佛为大神”②。孙皓因之崇佛。视佛像为神而进行崇拜，成为早期佛教在中土（乃至贵州）传播并立足的信仰基础。

清康熙五十五年（1790），吴中蕃撰《重修忠烈庙碑记》③，记载贵阳修建忠烈庙（又称黑神庙、忠烈庙）的缘由，以及蜀僧西竺任住持时修葺该庙之事。黑神庙（又称忠烈宫），祀南霁云，他作战勇猛，安史之乱时与河南节度副使张巡守重镇睢阳，被叛军所俘，不屈而死。后其子南承嗣任清江守，多善政，惠及黔中，民爱戴之，故贵州一些地方建祠祀其父南霁云。这本来属于民间信仰。但贵州一些忠烈宫（庙）延请僧人住持。体现了佛教与民间信仰的融会。

布依族聚居地罗甸县沫阳镇（布依族人口占总人口的95%）董家大井河边榕树下有一“金刚柱”，其上镌文云：“十方外道尽皈依，启教大士面然鬼王之神，南无金刚般若波罗密佛，三界大魔皆拱手，位同结善缘，民国三十七年”。④相传当时有妖魔鬼怪及河神兴风作浪，危害地方，民众特建此柱镇压，以保一方平安。由铭文内容可见，撰碑文者对佛教有很深的了解。

---

① （晋）常璩：《华阳国志（卷4）·南中志·牂牁郡》。

② （梁）慧皎撰，汤用彤校注：《高僧传（卷1）·译经上》，中华书局，1992，第17页。

③ （清）道光《贵阳府志·余编（卷之7）》。

④ 黔南日报社编，黔南州旅游局编：《绿色黔南·旅游篇》，贵州人民出版社，2004，第248页。

民国四年（1915），陈矩撰《岭南吴、龙公书经祈雨碑》[1]，记述吴荷屋因贵阳地方干旱[2]，“以所书金刚经施弘福寺（寺在黔灵山）祈雨获应故事”。又记巡按使龙某效仿此法，“为民祈泽……雷雨达旦，惠泽溥沾。”祈雨本为民间习俗，这通碑刻明显反映了官吏士民对佛教与民间信仰关系的理解。

① （清）康熙《黔灵山志（卷12）·艺文（下）》。

② 吴荷屋：吴荣光，号荷屋，道光三年至五年（1823-1825）任贵州布政使。

三、文化融会——阐释儒释道关系

佛教认为，佛法在于帮助人们转识成智、转迷成悟，勘破世间一切幻相，从而除掉名利执障，超越一切成败得失与是非毁誉，清静心灵，了脱生死，使人的精神世界达到无所拘牵的自由境界。但佛并不主张只求个人觉悟，而是要求悲智双运，利物济生，因而菩萨不厌生死，不住涅槃，自未得度而先度人。“我不下地狱谁下地狱。”佛教出世与入世两种精神在宗教实践的道德基础上结合统一了起来，先有出世之慨，然后有入世之宏愿，先能看空一切，然后才能解脱与超越而慈悲一切。① 这些理念涉及与现世、来世、佛教与社会的关系，构建了儒释道交融的基点。

儒释道合一指自隋唐以来儒释道三教出于政治、思想等原因，相互吸收、协调融合的思想潮流，是中国传统哲学的重要内容之一。东晋时贵州已初现儒释道三教合一端倪。宋以后得到发展。明清到达鼎盛。明宣德举人王训撰《大道观记》说：“皇明天启，肇开有国，既用孔子之道，经世理民；而又崇奖二家，阴翊皇度。故自京师以至郡邑，皆有其官，此道纪司之所由设也。”② 清代至民国时期，贵州各种祭祀活动中，三教合一更为普遍和复杂。

绥阳辰山铜钟铭文[明弘治七年（1494）]③ 云：“天峰禅寺，古之未有，成化间，寿上人开创建立，巍然焕然，足为一方之表镇，群生之倚赖焉。夫寿乃缁流中巨擘，旁通经传，而合三教于一源。”张亚撰《芝山正一宫梓潼栾笔记》[又名《大报天正一宫记》，刻于明嘉靖元年（1522）]④，碑

---

① 谭桂林著：《菩提心语》，南京：江苏文艺出版社，1996，第 2 页。

② （明）弘治《贵州图经新志·寺观》。

③ （清）道光《遵义府志（卷 11）·金石》。

④ 同上。

文言：播州自唐乾符间（874–879），杨端始创基业，到南宋时为第十三代，名杨价，他在播州城西碧云峰麓、公府西北隅创修了一座庙宇，称为“大报天正一宫”，该庙宇“西据东向。北安大殿，榜曰‘玉京金阙’。中严帝像，壁涌释迦、玄元主徒。埏饬环奇。左右廊庑，复阁斋堂，凡若干区，朱碧翚飞，实一时之伟观。”庙中既供有“释迦”又有“轩辕黄帝”和“玄元主徒”像。到了元元统元年（1333），重建后，更是“宝像庄严，端居在上，三官五帝，列曜群辰，岳渎祀典，百灵环侍，壁绘咸备，规模宏广，视前有加。”继承和扩展了“三教合一”风格。印江天堂九龙寺《永垂千古》碑[清道光十七年（1837）][①]，碑文不足200字，但主题表达得很清楚，碑文云：九龙山“似九龙绕柱之势，异常壮观，不愧仙、佛之地”“每年七月朔日开山，朝拜一月，释、儒、道三教在此各设坛场，附近各县乡村佛友无不来此约会。”清楚地说明了此寺乃释、儒、道共处之地。

魏镃撰《重修真武山碑记》[清雍正十年（1732）][②]，认为儒释道三教取向虽异，但目的都是“劝善戒恶”，佛教以“地狱之惧”“仙佛之慕”诱导人们向善，也是“圣王神道设教之本心”，“今夫佛教与圣教，各一教也。至其现身说法，欲使天下后世同归于善，而不为恶者，则无不皆此民胞物与忧乐与共之怀。盖尝观圣人之道，惟子臣弟友礼乐农桑，不过寻常日用，坦易近人。然正其义，不谋其利；明其道，不尽其功。此惟有道之君子能之。而愚夫愚妇，则固难以语之。而夫子曰：‘民可使由之，不可使知之。’若佛之教，夫善男信女者曰：轮回六道。善则轮回而为仙、佛、神、人，不善则有冰刀地狱舂、磨、锯、解之苦，而为禽兽虫豸。夫使天下无论智愚贤不肖，以至愚夫愚妇，胸中时凛凛有一地狱之惧，不善者转而为善矣；胸中时欣欣有一仙佛之慕，则善者益进而为善矣。此诚循循善诱，夫愚夫愚妇而胥向于善，非圣王神道设教之本心欤。盖天地之间有为昼而阳，为夜而阴；有或动而作，有或静而止。无一不相需以成化相嬗而递行，然后

---

① 政协铜仁地区工作委员会编著：《中国梵净山佛教文化文物研究》，贵州人民出版社，2011，第204–205页。

② 嘉庆《黄平州志（卷9）·艺文志·记》。魏镃，雍正三年十月以史馆议叙授贵州威宁州通判，旋改大定府，雍正十年任黄平知州。

乃成其造化，向使专一而不错综，岂足以尽天地之大哉。今夫人日逐逐于名利争趋之途，而不知止，盖亦动之极矣。登祖师之山，参佛大乘《心经》，而得夫明心见性之旨，弃去一切宁不足以，息其贪妄之念，则夫佛之为教，虽与圣人去取各殊，动静不一，不犹夫昼夜阴阳，阖辟动静为天地造化，缺一不可者欤。”

解学诗于乾隆四十六年（1781）撰《青松禅师事略》① 言：“盖闻三教各有其门，儒曰弢② 门，释曰空门，道曰玄门。门分户别而操功则本于心。一以存心养性为功，一以明心见性为功，一以存心炼性为功，三者各从其心之所向以为功，即各因其功之所就以有成，则参得透处莫不归于一也。”赫霖泰撰《重修东山开元寺记》[约乾隆四十二年（1777）]③，则引用晚明文学家陈眉公（陈继儒）语，以明晰三教合一之理：“西方之教，可翊经而行宗门；《易》之旨也，译书之法也；戒律，《礼》之卫也；果报，《春秋》之赏罚也，甚矣。佛之教，经之教也。其可以翊经者，即可以翊世也。”认为三教的理论均有助于“宏佐命之道，造邦国之福，固以缮其疆圉，整以辑其纲维”。

李台撰《重建白衣阁合祀五显神碑记》[清乾隆三十二年（1767）]④，讲述的也是佛道交融之理。“释氏宗空，道流尚玄，二端之分门，角立如水火，各显其用，而不可合并也久矣。然吾闻老子跨青牛出函谷关，关尹喜占紫气而邀迎之，著道德五千言。遂西走流沙，入大秦，别阐教于西域，则西教之兴，殆其滥觞欤。朱紫阳亦谓释经之精义，旨在猎取于老氏，而后世之为其徒者，翻袭释氏之粗，以自树用，是寖以不兢，有斯以谭道之可以相藉者，必其势之可合而不必歧视之也。予道且不必歧视，则其像设之显示者即偶合焉，应亦无乖于礼尔。奉佛者曰菩萨，佛门之大弟子也。观世音则又证法，如来以大慈悲而救苦难于南瞻部洲。固海内善信所祀而祝焉者也。”

---

① （民国）《都匀县志稿》（卷11）·祠庙寺观》。

② 弢（tāo）：本义为名词，指装弓剑的袋、囊；做动词时通“韬”，意为隐藏。

③ （清）乾隆《黔西州志（卷之8）·艺文志》。赫霖泰，满洲人，乾隆四十二年（1777）官黔西知州。

④ （清）嘉庆《黄平州志（卷9）·艺文志·记》。

修文《重修永寿寺碑记》，也论述了儒释关系孔子曰：“吾闻西天有圣人焉，不食而治，不言而信，名之曰‘佛天’。[①]则佛在西方，则佛即天也。士君子事天曰克谨，天戒曰具严天威而已。故赵清献昼之所为，夜则焚香以告天；[②]司马君平生所为，未尝不可对人言。[③]此亦何待入庙而思敬哉！殿宇之设，始于汉季，或谓其为一时邀福者之所为，而疑其近于亵。既曰圣人，则必有庙之可感格，有象之可凭依，以致其尊崇敬事之意，此亦人情之所不能已也。况乎乡间朴顽，日指天以示之，援神以告之，亦悍然不顾。迨入庙瞻像，恍若鬼神之阿其侧，雷霆之震其旁，则祸福之说有以惕之也。其在《易》曰：‘圣人以神道设教而天下服。’[④]则庙所在何，莫非君子存心养性事天之一大捧喝哉！若吾寨永寿寺，左供如来，右奉观音，诚万代之香火，百代之福神，乃湫溢卑陋，甃乱石以为壁，鸠杂木以为材，且历年已久，受风雨之飘摇，殆不敢登，始疑立庙以事神者，为亵而知荒芜不治，其亵神也滋甚。于是谋所，以易于旧址之旁，得吉地焉。重修正中大殿，复设左右两厢，神龛佛像，焕然一新。”[⑤]

---

① 语出《列子·仲尼篇》，原文为：“孔子正色而道曰：‘丘闻西方有圣者，不治而不乱，不言而自信，不化而自行，荡荡乎，人不能名焉。’”原文并没有提到“佛”。有研究认为：此处所言“西方”，并不是佛教发源地印度，而是位于鲁国（山东）之西的楚国苦县（今河南鹿邑东）；所言“圣人”，不是释迦牟尼，而是老聃（即道家创始人老子）。

② 语出莲池大师《竹窗随笔》。原文：“赵清献公尝自言，‘昼之所为，夜必焚香告天，不敢告者则不为也。’”赵清献，原名赵抃，是北宋与包拯齐名的大清官。

③ 语出《宋史·司马光传》：原文：“吾无过人者，但平生所为，未尝有不可对人言者耳。”司马光，北宋政治家、史学家、文学家。

④ 语出《周易·观》：原文：“观天之神道，而四时不忒，圣人以神道设教而天下服矣。”

⑤ （民国）《修文县志访稿》。

四、阐释佛教义理

佛教用“缘起论”解释万物，认为世上一切都是“因缘和合”的结果，“此有故彼有，此生故彼生，此无故彼无，此灭故彼灭。”离开这些因和缘，一切便不复存在。佛教认为通过“戒、定、慧”三学才能摆脱“轮回”得到“解脱”。“法印”是缘起论的基础，“四谛”“八正道”“十二因缘”是其核心教义。法印，是鉴别印证佛法真伪的标准。“四谛”，指的是“苦谛、集谛、灭谛、道谛”。苦谛，就是佛教宣扬的人生有“八苦”，即：“一生苦；二老苦；三病苦；四死苦；五怨憎会苦；六爱别离苦；七求不得苦；八五阴炽盛苦”。佛教说这些就是人生在世要受的苦；集谛，即佛教用“五欲”（色、声、香、味、触）来解释产生苦的原因；灭谛，即佛教认为“消除‘五欲’，就能解脱”；道谛，指的是“解脱”的途径。“八正道”，就是：正见、正思、正语、正业、正命、正精进、正念、正定。“十二因缘”的内容是：无明、行、识、名色、六入、触、受、爱、取、有、生、老死等十二个部分。“因果业报”，佛教认为世间一切事物皆受因果法则支配，有因必有果，有果必有因。善因善果，恶因恶果；善恶有报，善恶必报。众生以“业”（自己的身心活动）而趣向来生生死轮回的六种去处：天道、人道、阿修罗道（三善道），或畜生道、饿鬼道、地狱道（三恶道）。而只有精勤修行才能达到寂静、安稳和常在的“涅槃”（不生不灭、超越生死、永恒安乐）境界。

贵州佛教碑刻中，阐述佛教教理的碑较多，如郭子章①撰《重建宝相寺碑记》[明万历二十二年（1594）]，除介绍黄平宝相寺修复过程及建筑形制外，较多的篇幅是讲佛教教理：“余读《阿弥陀经》云：‘西方有佛，

① 郭子章，江西泰和人。隆庆五年（1571）进士。万历二十七年（1599）任贵州巡抚。能文章，精吏治，著述颇丰。

曰宝相云楼。'上人莲池解之曰：'宝相者，相好特殊，如宝尊贵故。'[①]《钞》曰：'相好如宝者，佛有无量相，姑举一二目相，如经言，八万四千清净宝目毫相；如经言，琉璃筒胸相；如经言，紫磨金肉髻相。'如经言，甄叔迦皆所谓宝相也。推之，则三十二相，具黄金色，放大光明，皆宝相也；又推之，各现本末具有八相，出家、降魔、成道、说法，以至涅槃，皆宝相也。顾岂一朝夕所能就哉！如玉在璞，不雕琢之，则彩白虹之瑞不现；如金在矿，不淘洗之，则麟趾褭蹄之形不彰。始由业转现，三细而生，有六种相，名曰：粗皆苦相也，继为化度一切众生，而诸众生以种种诸恶加我，悉无嗔恨；有五种相，名曰：修忍则由苦相而入无我，我所相也。故忍也者，所以锄其粗以入于细，葆其光而成其宝也。非一朝一夕所就也。虽然此犹着也，经曰：若心取相，即为着，无我相，无人相，无众生相，无寿者相，无法相，亦无非法相，是名'无所着'。名'无所着'即无相，是名'金刚盖金轮'，绀马不足贵，神珠玉女不足珍宝也。"[②]文中引用佛教《佛说阿弥陀经》对"宝相"进行描述以及佛教修持的理论等。涉及的经典和佛学著作有：《阿弥陀经》《大乘起信论》《金刚般若波罗蜜经》及莲池大师著《佛说阿弥陀经疏钞》等佛教典籍，阐述佛理十分到位，说明郭子章对佛教经典十分熟悉。

肖时芳撰《湖广偏桥长寿山永兴寺碑记》[明嘉靖四十三年（1564）][③]，主题是记述偏桥卫（治今施秉县城）长寿山永兴寺创建事，自开篇起，多处讲到佛教教理："释教之行宇宙也，如水之行地，无处不之。或澄而为渊源，或流而为溪涧，或沛而为江河，或化而为霖雨。可以润枯槁，可以济亢旱，可以疗饥渴，可以解烦秽。顺之则倪流归蓉，逆之则怀山滔天。人性之分而为善恶也，亦如是；释迦如来立教也，亦如是。泛般若之慈航，渡众生于苦海，若罪恶滔天，王法所不能赦者，苟念皈依，尽从而超度之，故释教大行，普天率土，争先归趋，若慈航奉势而不可遏。"在介绍修建

① （明）莲池大师著：《佛说阿弥陀经疏钞》卷第四。

② （清）嘉庆《黄平州志（卷9）·艺文志·记》。

③ 湄潭县文化馆编：《湄潭文物志》（第1辑）》，1984，第10-11页。施秉县元代属于湖广等处行中书省八番顺元等处宣慰司。

情况后，又感慨道："予愿人心宁为清流，无为浊流；宁登佛海，勿溺苦海。朝朝暮暮，焚香以祝圣寿，以报四大恩。则斯人也，斯文也，斯寺也，与皇明德亿万年共永也。"

徐子京题《西麓洞碑序》[约清咸丰初年（1851）]，记述法师广玉创建赫章西麓洞观音庵事迹，文中这样赞美观世音："音能胜世音，而加之以观则以耳治目。其义有不可思议者矣。经所谓真观、清净观、广大知慧观、悲观及慈观，应作如是观，而况以大士而现女人身，而欲为诸比丘说法，则一切众生诚不可以色相求，而欲即声闻以观之乎。"在颂词中又述佛理云："象教既阐，称檀生香；龙折马鸣，幽赞空王。泥不度水，木不度火；作如是观，观人观我。五蕴非有，四大皆空；花兮月兮，镜中水中。我来琳宫，默参微旨；菩萨不言，笑视童子。"①

---

① （民国）《威宁县志（卷18）·艺文志》。徐子京，贵州威宁州（治今威宁自治县县城）人，道光己酉科（1849）拔贡。

五、颂扬佛教人士功德

贵州佛教人士积德行善，在助人为乐、扶危济困、赈灾救难方面做了许多善事，受到人们的赞扬。这在碑刻中也多有体现。

立于嘉庆二年（1797）的《万兴桥碑记》记述僧人修建万兴桥事迹，碑文云，万兴桥所在地，“通衢四达，车马辐辏，商贾往来，每遏泛涨，非厉揭之可涉，凡兹行人，以及耕凿，男妇至此，望流而叹。”华严寺僧“第以伐木为桥，水涌则朽败堪虑。后易以平石搭之，终不耐久，不如请匠鸠工，作一巨桥为永远计也。故诚禅师与住持名常，又与名佩者三人叔侄共商之。省衣灭食，积凑数十金，于是年奋然喜曰：前有为之者则不固，继有为之修则不坚，全其心愿作一巨桥，为山间之丽观，谁云不宜！且此地茂林修竹，清流激湍，而不为之以培其光耀，岂不负此景之幽趣也哉。此特跬步，固无可虑，即行人亦未病涉也。兼溪水暴涌，永无惊惧，而后人享其便利来游者，必羡此禅林鲜所观也。桥成之日，予重禅师叔侄之苦行，爰笔书之，志其不朽云。”①又据刘敬夫撰《禁条碑记》[清乾隆五十年（1785）]②，记述天柱县由义里三门塘（今天柱县坌处镇三门塘村），因清水江阻隔，民众“有隔江之难”。雍正五年（1727），僧人悟透，“苦化渡舡，至今乐沾其惠。”

杨文湘撰《遵义湘山寺法云上人碑记》[民国三十一年（1942）]③，赞扬遵义湘山寺住持法云承师之托，于住持之职尽心尽力，对僧纲之责殚精

---

① 修文县交通局编纂：《修文县交通志》（1329–2005）》，2006，第281页。万兴桥，原名万福桥。清嘉庆二年（1797）建，道光十年（1830）重修。碑立于息烽县西山乡底寨村万兴桥。

② 政协天柱县第十三届委员会编：《天柱古碑刻考释（中）》，贵州大学出版社，2016，第440页。

③ 碑立于湘山寺山门南侧法云墓前。墓呈圆形，直径约4米，墓裙高1.5米，封土厚约0.2米。碑为青石质，高1.77米，宽0.92米，厚0.20米。竖书楷书阴刻。杨文湘，遵义人，书法家。

竭虑，肃清规，严戒行，历10余年，湘山寺面目一新；法云以庙产助建师范、蚕桑等学校；亲赴上海购回《大藏经》。为地方民众排忧解难，民众每有冤情，他总是积极出面协调解决。碑文言："上人稔知湘山负累已深，势将倾覆，慨然有恢复之志……不十年，湘山顿改旧观，地亦加多，百废俱举，蒸蒸日上。是上人之有造于湘山为不小也。光绪丁酉，上人膺府僧纲职，管领诸山。肃清规，严戒行，禅风为之丕变……时朝廷崇尚新政，袁公创建府中暨师范、蚕桑等学校，工程浩大，经费支绌，时以为虑。上人代为之计，沐雨栉风，亲赴诸山调查，创办庙捐，岁得白金六千余两以为之助，工遂竣。是遵郡学校之得底于成，上人亦与有力焉。上人勇于治事。至如提倡实力以开风气，兴办工厂以辟利源，募设贫儿学堂以拯童孺，在在均有成效。因时局屡易，未得大展，深以为恨。当是时，海内士大夫注重佛学，各省设佛教会，遵郡应设佛教支会，上人被选为正会长。成立后，以遵郡地处偏僻，经典缺乏，无所考证，乃筹集巨金，于民国五年（1916）偕余同赴沪，购买三藏经全部约计一千余卷，运回湘山。往返一万四千余里，不惜劳苦，卒成其志。其热心毅力，有非寻常释子所能企及。尤难能者：遵郡地当孔道，反正后，军队往来，多干涉地方诉讼。每有冤抑，邦人噤不敢言。上人不计利害，挺身出而解释，无不生效。地方人民，俾得稍免于祸患者，未始非上人之力也……"

妙纪撰《青岩龙泉寺昆老和尚碑记》①，刻于清光绪二十年（1894），立于花溪青岩镇大坝村和尚墓地昆老和尚塔前，记述花溪青岩龙泉寺昆老和尚自幼性好寂静，嗜读佛经，十五岁出家，恪守三规五戒，兴建龙泉寺，重建斗姆阁观音殿。协助青岩团防补葺城垣，重修楼阁，鸠工垒砌，城郭完固。"……道光八年（1828），始将斗姆阁观音殿重建。十有三年，补造两厢韦驮殿及天井、牌坊、围墙。十有八年初告竣……只冀考道修真，以卒晚岁。殊知咸丰三年，诸山启请主刹黔灵，甫至一载，见四方盗贼蜂起，辞任还寺。时遇本乡慰三赵老大人补葺城垣，重修楼阁，派监北方一带。竭一二年之精力，鸠工垒砌，城郭完固。……苗徒踵起，均未遭害。不惟德庇于沙门，似觉爰及于梓里……"

---

① 贵阳市志编纂委员会编：《贵阳市志·宗教志》，贵州人民出版社，1996，第121-122页。

罗士柏撰《许氏功德碑记》[清康熙三十年（1691）][1]，碑原立于遵义城南20公里南衙坝梅塔桥之东（今已不存）。碑文记述一位叫许登瀛的居士，平生乐善好施，弥留之际，唯一的嘱托是让家人捐资修建梅桥精舍，碑文云："梅桥精舍，南乡一胜概也。辛未春，余偕同人往游。瞻礼下殿，贯佛岿然丈六金身；仰观上殿，规制较前尤竣起焉。及俯视之，阶梯之高，几及栋宇之三之一，殿之高，高以阶也。余骇而羡之，未暇询为谁氏之功德。客腊，有许居士，婿与侄造吾廷而言曰：先老人平生好施舍，大渐之际，家事一无所嘱，惟谆谆于梅桥未了愿，今贯佛以庄严矣，石阶且竣矣。恨先人不及见也，因泫然流涕，而请为之记。"碑文称赞道："功德不可朽矣！老人不及见，千万人共见之矣，为寿诸贞珉，且使后之人，知此千万人共见之功德，为老人之功德矣。"

① （民国）《续遵义府志（卷4）·坛庙·寺观附》。罗士柏，字莱翁，遵义府（治今红花岗区）人。康熙己酉科（1669）举人。任山东日照县令，重视地方建设和文化教育。升刑部山西清吏司主事。

六、记载寺院事务

内容有寺院田产、地产买卖，信众捐助寺院钱物，寺院为社会做公益事业等。

（一）记载庙产，以防变故

因地方劣绅顽民侵占庙产，或个别寺僧偷卖庙产等情况发生，为保留证据，维护寺院利益，僧人将庙产（田土来源、数量、位置等），镌刻于碑，作为证明或清理寺产的依据。

黄平州（治今黄平县城）《莲兴寺碑记》[清嘉庆二年后（1797年后）]①，因有人将寺院记述田地产碑中的关键的字铲削掉，企图侵占庙产，故重立碑，以记录寺产来源和位置。"莲兴一刹，肇自前明。有田二十二亩，乃必令堡、高坡杨、寨必三寨，先人好善乐施，后人所当共保勿替也。蜀僧方桂与其徒元寿等，苦行勤修，以成此庙，又买田一十三亩，恐日久生弊，呈州建碑，同立重誓。历传至僧明阔，皆能遵守。又后之僧人所当效法也。寨必坪田三亩零，则康姓施入，亦不可没也。乃竟有不善之徒，罔念前人功德，将碑中要字铲削，以图侵占。三寨合议重修此碑，倘再有铲碑、匿田及主持私积逃走者，并如前誓。夫子孙不忘其先志，与寺僧能守其师法……"并开列寺田山林于碑后。

道真《蟠溪寺碑文节略》，刻于清康熙四十三年（1704），碑原立于道真自治县玉溪镇蟠溪村朝阳山西麓蟠溪寺，今已不存）②，立碑目的是"将

① （清）嘉庆《黄平州志（卷9）·艺文志·记》。

② （清）嘉庆《正安州志》（卷4）。

四置刊刻于碑，庶后之裔僧，依界永守常住，僧俗不得混乱。刻碑一方，永镇山寺”。对每份土地记录都非常详尽，例如，“埣底坝、新田坝、石几子共栽种一石五斗，秋粮六合，系寺僧正脱买置，东至郑宅大石纂直上岩嘴，横过骆宅祖坟山，南抵普达栽香树至石几子沿河直上樊石坝杨柳树，西至胡宅长田，下至骆宅，颈过大路直上岭，北至盖溪岩嘴，横过本山顶，沿大岭直下黎宅大岔田湾□山堡长田，过岩项下河为界。”同时碑文还纠正了前立碑文的错误，认为“唐有僧普达苦行精修，感通梦寐奉敕建寺”是错误的，“季唐及后五代时，珍州未入版图，久为蛮窃据，事诚荒渺无稽，碑文更多纰缪。”

（二）社会公益活动

主要有地方建设（修桥补路、开渠引水、植树造林等）、学校建设、扶贫赈灾等。

朱定元撰《施姜茶碑记》[清乾隆初年（约 1748）][1]，记述为了让行路人夏日有茶水解渴，严冬有姜汤救寒，捐资者出俸禄廿金购了一份田，交由观音阁管理，以这份田土的收益作为施茶水、姜汤的费用。碑文说：“寒渴之累人甚矣哉！人生一日不饮，则渴片刻，无衣则寒平居大抵然也。况吾黔每多崇山峻壑，险陉危桥，又当酷日炎风，煎沙灼石，并披霜带雪，冻结冰坚之。会斯时，或山高日烈，口欲生烟，或路远衣单，心窝并冷，其为渴与寒也尤甚。非得茶水解渴、姜汤救寒，势必至内外受伤，渐染成疾，其所系盖非浅鲜焉者也……吾友胡君学瑗，黄君元章，捐缸置水，俨然甘露琼浆，絜众修亭宛矣，棠阴槐荫予美，其意之甚善。而思其事之有恒，爰捐余俸廿金，购枫香树田一坋，交观音阁住持，以为夏施茶水、冬烧姜汤之用。从此，折柳亭旁，无异庐仙七碗；寻梅道上，胜于草圣千杯。勺沼烹茶，不待西江之远；饮心润肺，暂同夾纩之温。己溺己饥之心亦庶

① （清）嘉庆《黄平州志（卷9）·艺文志·记》。朱定元（1691–1758），字奎山，贵州麻哈（今麻江）人。康熙癸巳科（1713）举人，曾任山东巡抚、都察院右副都御史等职。清正廉洁，乐善好施。

体立人达人之念云而。”

赵怡撰《释道有禅师捐建义学田馆碑记》[光绪二十一年（1895）][①]，记遵义龙坪复兴寺住持道有捐资办义学事迹。“……邑南复兴寺住持道有禅师，身虽出世，而于斯世每存济利之心，其少时服贾从戎，致资数百，屡以施为善行。因念近乡龙坪旧无义学，遑遑创有所为，遂置田一股，即书契，请盖官印，并修葺堤坎，起造佃屋，共计银约五百余两，以为义学之始。田在洗牛水，杨氏之所售也。兼有乐从之领士傅占文、□□绍兴□、颜□光、李明諴、□傅三源、□□□□旋就圆通寺基址议建学馆，于是道有又捐十余金，以为修馆之费，一切皆赖领士苦心监工，落成其事，此举之兴，道有既为之首，龙坪行义之士不乏其人，将见蒸蒸趋义，当有继而助以大其成者，必自斯有兴而无废也……”

（三）处理犯戒僧人

佛教徒必须遵守戒律，违反戒律就要受到处罚。戒律，泛指佛教为出家、在家信众制定的一切戒规。佛教对戒规、受戒仪式有详细的规定，出家、在家的戒条不同，男性、女性的戒条也不同，一般有五戒、八戒、十戒、具足戒等。如，五戒，是在家男女信众终身应遵守的戒条：一不杀生，二不偷盗，三不邪淫，四不妄语，五不饮酒。十戒，是出家当沙弥和沙弥尼所受的戒条：一不杀生，二不偷盗，三不淫，四不妄语，五不饮酒，六不涂饰香鬘，七不听视歌舞，八不坐高广大床，九不非时食，十不蓄金银财宝。如果违反戒法，就是犯戒。犯戒是要受惩罚的。佛门认定犯戒有“五过”：第一，害自身；第二，为智者所呵；第三，恶名流布；第四，临终生悔；第五，死障恶道。这些说法，是对犯戒者的谴责和警告。[②]

遵义《瓦厂寺复兴碑》[③][光绪十一年（1885）]载，由于遭遇战乱和

① （民国）《续遵义府志（卷4）·庙坛寺观附》。

② 洪丕谟、罗伟国等著：《佛教十讲》，上海：上海人民出版社，2009，第80–81页。

③ 遵义县文物管理委员会、中国人民政治协商会议遵义县委员会、遵义县文化馆编：《遵义县文物志》（第1集），1983，第103页。

寺院疏于管理等因，瓦厂寺僧将百余石田产抵当殆尽，庙中神器等陈设也全部丢失。后经住持道有等采取以商补寺的方式，“聚货为业”10余年，稍有余存，即对寺院进行培修。同时对犯戒寺僧作出处理。“……通计各处土田，不过择成业者略举其端，所有零星微者不及备载。特勒石以晓来者，使其知守清规，时时以道品为鉴。永不准后来徒子徒孙再结成群，日事樗蒲，乐佚浪费，复失田产。亦不许贪便宜，易辈子孙永远不得昌达。又不准不法之徒，□诱庙僧，轻其出业。一经逐出，勿得擅回……立出甘结恁字：僧德全、徒园开，在庙不守清规，以下犯上，被师公逐出。去在紫金山刁弄是非，师徒商议来瓦厂寺诬言磕诈，需银若干，常言提刀要杀瓦厂寺老幼人等。住持无奈，请团首甲邻捆伊送县官究治。德全自知情愧，愿出恁约，以下永不来庙滋事敲磕。倘来滋事，准住持协同团首甲邻执约送县官。恐口无凭，将恁约勒石为记。”这则碑记，详细记述了遭遇瓦厂寺经历战乱，筹资维修，清理寺产，订立寺规，处理违规僧人等，对当今佛教寺院管理也有借鉴意义。

七、官府管理佛教事务

贵州的宗教事务管理始于明代。分为官府管理和佛教组织管理。官府管理主要是加强国家对佛教的控制：僧尼欲获取度牒，必须经过严格考试，以保证僧团素质；严禁私度僧尼、私建寺观；严格限制僧道活动范围，对寺观进行考核整顿。① 佛教组织管理则是在政府控制之下建立僧纲司，通过僧纲司管理寺院及僧尼。明永乐四年（1406）设四川乌撒军民府僧纲司；永乐五年（1407），设四川播州宣慰司僧纲司；永乐八年（1410），设贵州宣慰使司僧纲司。此后毕节、安顺、思南、黎平、铜仁等府亦设立僧纲司。明代贵州作为统一的中央集权国家的地方政府，宗教管理政策与中央政府是一致的。僧纲司的僧官除负有“辅佐王道，化导边民”的责任外，还要处理诸如建寺、度僧、诵经、勤惰、僧籍、戒律、僧事纠纷，以及组织和举办各种祝祈法会（为圣祝寿、为国庆典）等佛教事务，其中除“事涉军民送有司究治外”，余皆“由僧官衙门究治”。僧纲司作为一级行政管理机构，设有公堂、刑具等，僧官可以处置违犯戒律的僧人，僧官还携带刑具下乡，拷打、拘捕租种寺院土地而不交租税的佃农，其权力已经远远超出对僧人的管理。清代沿袭明制，在佛教徒多的州、县设立僧正司、僧会司。清康熙十三年（1674），设僧录司。乾隆年间（1736–1795）天庵寺（位于今岑巩县）住持临济正宗三十七世善彻曾任思州府僧纲司都纲；后又有天庵寺临济正宗四十二世空铃曾任思州府僧纲司都纲，时间约在咸同年间（1851–1874）。②

① 任杰、梁凌著：《中国的宗教政策：从古代到当代》，民族出版社，2006，第 225 页。

② 贵州省宗教学会编：《贵州宗教史》，贵州人民出版社，2015，第 510 页。

（一）官府保护庙产，维护寺院正常秩序

嘉庆四年（1799），仁怀直隶厅同知萧旃年[①]发布告示（后刻碑，称《天台寺碑》），碑文说：“照得府东十里之天台山大佛堍建造已久，其寺宇上属仁怀，下系川省合邑所管。田地分两属，查察难周，诚恐有云游僧道及远近匪徒、乞丐，并藉公胥役人等混入庙内任意住宿骚扰，秽污殿宇，亵犊神明，不得不严加惩治。并查府属前有李姓施舍田土在案，年中租息，除供焚献及僧人食用外，余者存贮，以为修补之用。闻原舍主子孙辈，不念祖宗土经施舍即属寺内产业，每年常在此任意肆行入寺磕索。除札谕经理首事并饬差密查拿究外，合行立碑晓谕，为此示布首事居民人等知悉，嗣后凡有此方周游僧道及附近居民游手好闲三五成群，概毋许入庙硬估住宿，不论骚扰并舍主子孙，不许任其磕索，倘胆敢仍蹈前辙，该首事住持一并索解究处，如有徇私容留等事，一经查获，并究不贷！毋违！特示！”[②]

《弘福寺护法碑》[③]，是贵州布政使司布政使汪新（浙江仁和人）“为严禁砍伐竹木，以培山林事”的告示。碑文言：“照得北门外有黔灵山为会垣之屏障，风水攸关。康熙初年，抚部院曹，相其形势，乃捐金建寺，供奉诸佛。山既高爽，寺颇幽静，实为省会第一禅林。乾隆五年（1740），藩司陈以山场宽展，界址广阔，谕令住持僧启遍种竹木杉松数万余株，以覆荫寺宇，而壮观詹。并禁附近居民樵采。嗣是，数十年来，竹木成林郁葱在望，颇为□观。但距城太近，地方官间或因公伐取一二株应用，并无大害。乃差役等藉称公用，肆意砍伐，而附近奸民，因而效尤，十数年来，掺[④]斧斤入山者，殆无虚岁，若不严行禁止，则千章万个，向之葱然深秀者，

① 萧旃年，山东福山人，乾隆癸未科（1763）进士，补贵州省清镇县知县，独山州知州，嘉庆三年（1798）五月升贵州仁怀厅同知，在任10余年，政绩卓著。后署贵州大定府知府。

② 光烈：《天台山古石碑》，载贵州省赤水市政协文史委员会编：《赤水文史》（第10辑），1996，第191–192页。碑存赤水市天台山寺。

③ 内容是贵州官府于乾隆五十二年（1787）三月初九日出的布告。

④ 掺（chān）：同“搀”。持，握。

转盼间化作童山[①]，省城风水，渐恐凋伤，不得不明切示禁……嗣后，山内一切竹木，务须任其长养，勿得作践砍伐。倘有差役等谎称官用及奸民等公然砍取，并游人等顺便攀折，许寺僧扭禀地方官，先行枷号山前示众，从重究办。若有不肖僧人勾通合货卖取钱财，一经访闻或别经发觉均按律重究。本司言出法随，勿稍宽贷，各宜凛遵勿违。特示。”[②]

刻于清道光四年（1824）的《梵净山禁树碑记》（敬文撰）[③]，道光初年，敬文任铜仁府知府，得知松桃厅有人在梵净山“积薪烧炭”，立即予以制止，并写此文，交地方人士“勒诸石，永以为禁”。“……适邦人以无知民某某，近于斯山积薪烧炭，具状来白。余止之曰：‘十年之计树木，况兹崇山茂林，岂可以岁月计，宜止焉，戒勿伐；弗若焉，未可也。’嗟乎！草木者，山川之精华；山川者，一郡之气脉。自兹以往，峨峨而业业者，其山也；郁郁而葱葱者，其树也。《尔雅》曰：‘梁山，晋望也。’梵净山为郡治祖山，不当作如是观乎？后之君子以为何如？因书与邦人勒诸石，永以为禁。”其后，贵州布政使司按察使李文耕于道光十二年（1832），亦发布告示“严禁采伐山林窑烧炭以培风水”，《告示》说：“照得铜仁府属之梵净山，层峦耸翠，林木翳荟，为大小两江发源，思铜数郡保障。其四至附近山场林木，自应永远培护，不容擅自伤毁。前于道光三年（1823），因寺僧私招奸徒梅万源等，在彼砍伐山林开窑烧炭，从中渔利。据府属贡生万凌雯等呈控到司，当经前司饬府押讯究办，并出示严禁在案。今复据府属生员滕行仁具控楚民郑大亨等，贿窜寺僧普禅等，将山场售卖砍木烧炭等情到司，实属藐玩。除饬铜仁府查拿究讯详报外，合行再出示严禁。为此示仰梵净山寺僧军民人等一体知悉：嗣后该处山场附近四周一切山林木石，务须随时稽查，妥为护蓄，毋许僧再渔利，私招外来匪徒砍树烧炭，以靖地方而护风水。倘敢故违，许该地方乡保人等，立即指名赴府呈请拿究。如敢互相容隐，于中分肥，别经发现或被查出，定行一并照知情盗卖官民山场律

① 童山：无草木的山。亦指砍伐林木，使山光秃。

② 贵州省地方志编纂委员会编：《贵州省志·环境保护志》，贵州人民出版社，2002，第842页。

③ （清）道光《铜仁府志（卷9）·艺文·碑记》。敬文，道光初年历任贵州石阡府、铜仁府知府。立碑时间不明。从敬文任职时间推断，碑文约于道光四年（1824）前撰。

治罪，决不宽贷。各宜凛遵勿违，特示。”

刻于清道光七年（1827）的《永远示禁》碑，为黎平府开泰县府发布的告示，寺僧将其勒石立于寺前，碑文言：“《黎志》所载：南泉山，自昔迄今数百余载，乃黔省一名山也。予署莅斯土，阅其古木葱隆，参差掩映，自下历上，竞秀争奇，实地脉之所钟，故科甲之不绝，谓一郡之保障，信不诬矣。兹有不法山僧，暗约谋买之辈，私行擅伐。合郡绅士因而禀命于予。除分别惩治处理合出示晓喻，再行勒石，以垂久远。自此山中凡一草一木，不得妄伐，俾树木丰妍，人文蔚起，永传不替。”①

（二）官府处理寺院与民众土地纠纷案的告示

贵州寺院经济来源除信众捐献外，主要依赖土地和山林收入。由于寺院与当地农户的田土、林地相接，顽民劣绅侵占寺院土地时有发生（也有个别寺院之间争田地产案例），协商无效时，多诉至官府。在事件得到处理后，僧人通常在经官府允许后，将文告刻于石碑，立于寺中，以绝后患。例如：

阎永和撰《桃溪寺田产判词碑》[清乾隆四十九年（1784）]载②，遵义县桃溪寺（今其地属红花岗区），有田产100余亩，均为地方信众施舍，但玉皇观意欲争夺桃溪寺田产，暗中将桃溪寺碑中有关记载“铲削”。后诉诸官府，经遵义县衙审讯作出判决：“窃闻法林振响，固由灵爽之式凭；兰若增辉，尤在声威之呵护。城西有桃溪寺者，创自二百余年。规模宏广。而山回水绕，飞翠停红，真掬香之胜境，翻叶之仙都也。迄今事踵增华，香火绵更，为阊郡之瞻仰，实众庶之福源。额产共壹百零贰丘，环绕寺基，皆就地善姓施舍，历年已久，今春为暴者觊觎，几至被占。蒙府祖钱大老爷亲加履勘，判语煌煌，凡我林总，莫不皈依，何物冥顽，尚希侵蚀？自此掎钵沙弥，尽游青石，乘鸾华表，共散天花。非维众僧戴德，亦且诸佛

① 贵州省地方志编纂委员会编：《贵州省志·文物志》，贵州人民出版社，2003，第293页。

② 遵义市志编纂委员会：《遵义市志》（上、中、下册）》，中华书局，1998，第2111–2112页。

蒙休。将见瑞霭霏凝，光照腾骧之路；昙云闪耀，永符钟鼎之模，用是敬勒丰碑，以垂不朽云。判语列后：审得桃溪寺对河黄土坝水田，据梅俊等称，系玉皇观之产，因本□□二和尚兼管桃溪寺，将田契带去，成为寺田。而岑蛟以此田系伊祖舍入桃溪寺，并非玉皇观田，被梅俊等赴寺将碑记铲削，经遵义县审讯，以寺产盈余，观田歉薄，将此田断给玉皇观在卷。本府亲加履勘，集讯之下，玉皇观栾碑只有桃溪寺水田三十劳，并无田亩数目及黄土坝字样。此外别无所据。若谓本观二和尚兼管桃溪寺，将此文契带去，更属影响之词。查二和尚于本年二月病故，当其未死之前，梅俊等何不控争？迨其故后，欲以绝无对证之言，妄冀争产。今查桃溪寺所呈粮票文契，虽无伊祖岑姓名字，然自万历、崇祯讫今，经二百余年，阅此即系凭证。其田又与伊祖坟墓相连，当经丈量，大小共四十三丘，约出谷六十石，则非三十劳可知。况梅俊等将桃溪寺碑记私行铲去中段，明系碑土镌有岑蛟之祖施舍黄土坝字样，欲使其无据以为图占地步，尤属显然。前署县杨令讯断，及今署县程令复讯，皆系迁就结案，无怪岑蛟之哓哓具诉也。今仍将此田断还桃溪寺，照旧管业。梅俊等杠帮争产，重责儆。此判。十月初四日判。”

（三）官府处治僧人违法行为

寺院与社会联系密切，僧人生活于社会，如果不勤修持，受戒律，就不可避免地会沾染社会不良习气，违反戒律，甚至触犯刑律。据唐椿撰《渡头河记》[约清乾隆二年（1737）]载①，正安州连接绥阳县道路必须经过绥阳县椒溪沟渡头河，这条河春夏时水很大，设舟以渡，秋冬时水浅，则架木桥供人们通行。渡夫的酬劳和建桥费用，均从官府拨出的田土收益中支付。其中，供建桥费用的“桥田”，坐落于河边，交由寺院僧人管理，灌溉田地的水源由黄排洞开沟引水。乾隆二年春旱，黄排洞水渠被一个叫蒋琳的鱼户所占，寺僧便在架桥处下方筑堰引水浇地，致使水位升高，严

① （清）咸丰《遵义府志（卷9）·关梁》。唐椿，广西桂林人。副榜。雍正中期至乾隆初年任绥阳县知县。多德政。

重影响到桥的安全。士民因此告到县府。县令当即拘唤寺僧究责，令他将堰拆除。灌溉田的水仍用黄排洞护沟引灌；并让蒋琳具结保证“无得截水”。“士民犹恐日久弊生，准录谳语勒石永垂，以资利涉，俾后人有所省览。以是为前车之鉴。”

遵义县龙坑镇大水田《万世永赖》碑 [清乾隆三十九年（1774）][1]，内容是官府审理寺僧智慧、寂锡因与民众争水案。从碑文内容看，是一个僧人违法被处理的案例。碑载：“粤稽大水田堰，肇自唐……历唐宋元明以及国朝，内外确遵，无敢擅议利害。突于乾隆二十四年（1759），冤遭婪僧智慧以统霸住田具控县主，蒙恩差查提讯，曾具合约在案。又于三十六年（1771），复遭回龙寺僧寂锡以吁恩委勘情词具控沈县主，蒙恩委捕主临勘，详情讯明，断：众仍遵杨氏旧制，僧俗具结在案。越至三十九年（1774）五月，寂锡又以违断积水诳情捏控罗县主，蒙恩亲勘提讯，斥僧多事，不用住遵。屡遭暗害，悉蒙电鉴，众等各遵旧制。第恐年远患生，缕析原由，爰铭于石。俟后，堰坎两旁内倘沙下堰，系要地主尽挑，各边沟坎必行得人，不许犁铲；如有崩坏，任砍田主竹木补修，不得阻拦；其引水放田，不分春夏秋冬，大小门坎不得私背水番，照例轮放。倘有不遵，查确罚水陪还，决不饶讨……”虽然碑文所记仅为杨氏一面之词，我们无法知晓事之原委，但此碑记载可知，僧人与民众间因田土引水浇灌等问题引发的纠纷较多。

对违法僧人，除由官府协调处理、具结悔过外，对严重违法、罪不可赦者，官府依刑律予以处置。光绪二十二年（1894），贵州镇远府知府发布一份《告示》，内容就是关于审判云台山僧人海常内外勾结盗窃庙财一案的判决书。《告示》[清光绪二十年（1894）] 说：“据本府禀复审行劫僧海常案。内盗犯冉泷云等，供词相符，拟请惩办一案。奉批据禀复审盗犯冉泷云等，供认纠劫僧海常，庙内得赃不讳，既与原供相符，实属法无可仰，按察司即行该府查明，不停刑日期，移会营员督提冉泷云到案，验明正身，绑缚市曹处斩，以昭炯戒。其唐海清、匡老愦二犯，准即另拟详办，并饬勒缉逸盗杨和尚等，务获究报，毋任漏网，切切仍候。”

---

① 遵义县地方志编纂委员会编纂:《遵义县志》（1978–2007），中国文史出版社，2014，第840页。

（四）“庙产兴学”提取寺产情况

“庙产兴学”，即提取寺院财产兴办义学，始于清康熙年间，盛于清末至民国时期。清初，朝廷为了巩固政权，竭力倡导“尊孔崇儒”，欲依凭儒家思想加强对汉族地区的统治。要推行儒学，就必须广建学校，而建校需要大量经费，朝廷无力全部提供，于是制定“提庙产办义学”的办法。规定：提取寺院财产的三分之一或三分之二入作书院经费；将“不法寺僧”驱逐出庙，庙产全部充作学校经费。康熙五十八年（1719），遵义知府赵光荣撰《考棚碑》[清康熙五十八年（1719）]，言明提产办学是为了解决办学经费不足，“……本府再四筹画①，查通平里田土，地方每每告称有荒废庵观寺院，倾颓已久，瓦砾坵墟，欲使重建招僧，则荒凉地面，势有不能。所有当日常住粮田，或为连界豪强霸种，或为别寺额外贪占，且招后悔，致遗里甲空赔粮赋者往往有之。与其委之于无用之地，不若充诸公田，犹可稍补急务。随檄据该县将各处倾废寺院遗粮开报详覆前来，本府设长酌议，分别支给。”②

对于官府借“庙产兴学”搜刮寺产，连不信佛教的儒士郑珍，也感到不平。他为此写了《僧尼哀》诗：“僧尼皇皇不得休，暮叩团总朝团头。借问尔曹何为者，答言昨日新令下，诏书令核常住田，一僧三斛养一年。余谷尽输作官用，官为护法调其间。但过十石十抽五，常平县仓待填补。令条谁抗况僧徒，格外宽仁倚团主。不求报册中，产未及十石。但求略灭半，赇谢非所惜。噫吁戏！朝廷未闻有此旨，纵有亦行乐安里。尔曹平时饱欲死，固应香饭供国倚。但惜官之所获能几何，猫翻甑盎狗饫多！”③

贵州寺院“庙产兴学”，寺院多被“提产”，有的寺院将其过程及提

---

① 筹画：筹划。

② （清）道光《遵义府志（卷24）·学校（三）》，赵光荣，康熙五十五年（1716）至雍正三年（1725）任遵义知府。在任期间，“取僧田之构讼者数十分，以为棚田，收岁租、给院考之费，士民至今德之”（道光《遵义府志》卷之三十《宦迹》二）。

③ （清）郑珍著，龙先绪注：《〈巢经巢诗钞〉注释》，西安：三秦出版社，2002，第592页。

取数额等刻录于碑。

《重修石碑记》[清道光四年（1824），碑立于思南县兴隆乡山羊岩天俞寺][①]，记述信徒捐产及寺院置产情况，“勒碑存照，永远为据”：“世道之兴隆，天实为之；庙宇维新，人实为之。缘天台寺，建自前明，世异代更，庙宇颓败，当时人将佛像并瓮江沟，常住田付与梓潼阁掌管。斯时天台无庙无佛子，曾祖敖璜悯其古迹就烟，于康熙三十五年（1696），修造庙宇，得买凌姓将山脚田上半舍入寺中，亦有庙无佛。于父敖蕷于乾隆二十二年（1757），新雕佛像三尊，又虑焚献不孚，积累余资二十八年，协同头人郭石元，置买姚家沟田一庄，以作常住。迨至嘉庆二年（1797），与梓潼阁僧清田兴讼。府断出银二十两，迎佛归田。十三年（1808）捐修正殿，又十六年（1811）捐修玉皇楼，信士余思表，善心勃发，取钱十五千文，同结善缘。予等恐后常住失据，将田粮界田畔录刊于后……”

正安州《公捐鸣凤书院经费碑记》[清道光二十二年（1842）][②]：“……特授遵义府正安州正堂加七级纪 [记] 录十次寿，为刊碑晓示事：照得鸣凤书院虽经前署州倡议劝捐置田收租，以作延师、主讲、月课、生童、膏火需费，惟司事者鲜能以实心从事。遂致六千四百捐项每年所得租息不敷支用，经费不充，焉能垂久。本州莅任斯土，亟欲完此义举，询访州属士民，率皆若瘠，势难复议捐输而功亏一篑，又未便任令中辍，又喻州属各寺僧，于常业充裕者酌量捐助，共得四百六十串文，于附近买得田业，招佃纳租，以补经费之不足。从兹岁入有常，庶几可垂永久，今将捐钱各寺僧捐助书院，以备稽考。计开：复兴寺僧觉后，北京堂僧通作各捐钱一百串文。木盘寺僧慧川、普陀庵僧果修各捐钱四十串文。蒲村寺僧圆聪捐钱三十串文。鲁村寺僧元星、蟠龙寺僧印华、南京寺僧济□共捐钱一百串文。龙华寺僧戒林、本刚寺僧照提共捐钱二十串文。高岑寺僧方全、小寺僧大用共捐钱二十串文。观音寺僧祖镇捐钱一十串文。”

① 政协铜仁地区工作委员会编著：《中国梵净山佛教文化文物研究》，贵州人民出版社，2011，第 218–219 页。

② （清）光绪《续修正安州志（卷之 10）·碑文》。

苏敬商撰《双城书院碑记》[清道光七年(1827)]言①：因仁怀直隶厅(治今赤水市)双城书院学生生活费用有困难，仁怀直隶厅同知徐玉章(道光五年到任)设法解决这一问题。他“首崇教育，月捐廉俸，作诸生膏火”。道光七年（1827），又根据乡邻控告，查处云顶寺僧徒的不法行为，并提取该寺院产 60 石作双城书院学产。“适云顶寺僧徒不法，为乡邻讦控。公廉知该寺常住甚多，以致僧人凭藉滋事滥费，拘至鞫实，按法示惩，将该寺田租，除佛门香火及庙祝僧人食用修葺等用外，拨出租谷六十石，归入双城书院，为肄业者膳饩之资。于是兴学造士之方，秩然备具。”碑文未讲僧徒“不法行为”具体是什么。但按照当时“庙产兴学”政策，即使云顶寺僧人守法，该提产还得提。

袁治撰《石头堡义塾碑记》[清乾隆四十八年（1783）]记述②：黄平旧州石头堡三官阁“常住经人民舍置产亩，岁得米数十石”。但住持僧时有不法行为，“累犯案牍”，官府认为僧人“足以祸此乡而梗王化”，说这些僧人已经成为乡里的祸害，而且阻滞了朝廷安边化民政策的执行，不如将庙“改为义塾,令居此者以长其子孙,以率其子弟习儒好学,起懦化顽”。处理此事的知州是浙江萧山人袁治，他于乾隆三十九年（1774）任黄平州知州（此前任正安州知州）。史称其“廉正明决”，重视地方建设和教育。但就此事的处理看，赶走僧人，没收庙产办学，有失公允。是执行“庙产兴学”政策、强征庙产的典型事例。他在处理黄平旧州回龙寺院产时，也以“回龙寺僧违法滋事”为由，“因夺其产以畀学”，以解决当地义学“向苦膏火脩脯概无所资”的困难。③

---

① 贵州省赤水县县志编纂委员会：《赤水县志·文物篇》，1984，第 38–39 页。

② （清）嘉庆《黄平州志（卷 9）·艺文志·记》。

③ 同上。

八、描写寺院景致

在贵州佛教碑刻中，有一部分是属于记叙性的文学作品。贵州佛教寺院一般都建在自然风光优美的风景名胜地，山清水秀，鸟语花香；殿堂富丽，佛像庄严；壁画雕饰，绚丽多姿。文人学士在与僧人交往中，受景、人、情之感，欣然命笔，以浓墨重彩描述佛教名胜景观之优美，赞叹佛教寺院之庄严，抒发作者对离市绝尘清静之地的向往之情，描述与僧人的交往之谊。

赐进士第北京户部朗中李芝彦谨题《敕赐梵净山重建金顶序》[明万历四十六年（1618）]④，叙事清晰，文字优美，堪称贵州佛教碑刻抒情状物的代表作。碑文开篇即由远而近，将读者思绪引入梵净妙境："伏以，四海名山，九州巨镇，十方净土，众姓福田，故东岱、西华、南衡、北常，悉帝王封禅之所；而玄寺、缁庐、青鸳、白马，皆佛子接引之区。水上闻香，始辟漕溪法界；空中飞锡，因开潜麓化城。山以仙名，地灵人杰。"接着以浓情笔调描画梵净之美景："窃见梵净山壁立黔南之境，轴连楚蜀之间，仙洞灵台，咸棋布而胪列；奇峰古刹，俱凤翥而鸾翔。天心池、金沙地、九龙池，倒泻银河，无异临海之桂[挂]鹤；太子石、青阳石、金子石，高标玉笋，不让陈仓之鸣鸡。独红云顶为最奇，宜白莲社之茂建。雪消六月千溪涨，洪溢江源；日转双峦万壑阴，崇□□□。翻经台下，时看百鸟衔花；选佛场中，更有群龙荫树。何奈羊肠荆棘，遂会虎观丘墟。九年之壁既颓，百神之觞安寄？安惟游人断白苎之响，抑且景物负赤城之霞。而请曰：肆今宇内提衡方岳者，佥谓两间之巨镇，所以立天地而不毁，冠古今而独隆者，无如四大名山；而不知此黔中之胜地，有古佛道场，名梵净山者，则又天下众名岳之宗也！旧说者以弥勒、释迦二祖，分管世界，用金刀劈破红云

④ 贵州省地方志编纂委员会编：《贵州省志·宗教志》，贵州民族出版社，2007，第113-114页。

顶，于是一山分为二山。是山也者，上之穹窿接天，而三十三天不为玄渺；下之厚重住地，而九十九京不为幽翏。虬螭结蟠，林木郁苍，剑气横天，仙梯接斗。叠经台，炼丹台，层峦耸翠；献果山、凤凰山，飞彩流丹。四时有不谢之花，缡缡然蓬莱三岛；八节有长生之景，炳炳兮阆苑瑶池。霞光万道笼金鼎；普天圣真如云集；紫辉千丈罩玉门，率土明神似雨临。至若九十九溪一溪不知之说，尤见此山之广大。宝藏兴，货财殖，囊括天地之万有以为储，且夫崔崔巍巍以示其险，默令焚香顶礼者履险如夷；巉巉岩岩以恶其势，阴使敬重三宝者率蒙善报。所谓大地乾坤，无边法界，极乐天宫乎！”美景需要人的欣赏、培植、传扬，梵净山经僧俗两界数百年辟建，名扬四海，吸引了大量香客和游人，“盖自开辟迄今，海内信奉而奔趋，不啻若云而若水；王公大人之钦谒，恒见月盛而日新。久已灵驰于两京，倾动于十三布政，劳旌于抚按，频顾于道府，诸侯莫不期以魂交黄帝而梦接安期。古来得道成真，又莫不于斯疑神，于斯蜕颖。他如仙迹所遗，标题所载，种种灿著，[难]以殚述”。碑文的写作采取由远至近、由略到详、由物及人的手法，层层递进，引人入胜，具有很强的可读性。

吴纪①《灵峰纪胜并序》，描写毕节灵峰寺之美景：“山径崎岖，高峰耸峙。陟颠遥望，则黔中万山历历在目，远有高山环抱，近有峭壁绵亘。峰前小山如珠夹石，磊落深广廿丈。峰下古寺萧疏颓废，只一径甚曲折，游人几莫测所在。峰顶时有白云去来，故称‘灵峰’，又称‘仙境’。峰之开窍，离峰二里许，白石磷磷，洞壑险怪，大雨则泉如瀑布，有铛革合声。寺下平畴一湾百余亩，无泉灌溉，岁不能稔。予凭眺之，窃叹斯境不易得，何荒烟蔓草，荆棘纵横，绝无识者出而培植乎？”并赋诗云：“灵峰高插白云中，此日栽培回不同。三沼迭飞泉滚滚，千峦环抱霭濛濛。栏杆处处飘金柳，坊表层层引玉骢。道泽当轩穿嶂翠，彩虹跨院映莲鸿。鹤亭下绕希夷草，鹿苑高攀罗汉松。卷石法华朝古寺，长堤慈竹护深宫。终朝鸟语催仙梵，半夜钟声动谷风。岗伏山溪疑虎踞，崖悬绝顶似鹏翀。煮茗慧井双行满，玩月崇台四野空……”②

---

① 吴纪，安顺人，拔贡，乾隆年间任毕节教谕。

② 碑存七星关区三板桥办事处灵峰村灵峰寺。

《重修观音阁碑记》①（吴寿昌撰），刻于清乾隆五十二年（1787），摹写思南观音阁："盖中和一山，壁立万仞，阁居其巅，俯视一切。雄关四扼，群峰朝拱，形势之宏壮也。阛阓②喧阗，甲第连甍，市井之富庶也；德江环带，舳舻上下，商贾之流通也。矧松桧蓊翳，竹柏峭蒨，烟岚缭绕，变幻昕夕。飞泉出壑之响，建牙③吹角之声，恒与寺钟相间；山光水色，远迩延揽，以怡耳悦目于朱栏碧槛间。"

齐圣渭撰《华严洞碑记》[清乾隆五十二年（1787）]④，摹写安顺华严洞："郡南崇仁里，有古华严洞者，奥区天开，灵泉四注，石室轩敞，吞吐风云。空翠深而冬夏一色，烟霞簇而俯仰百变。小有大有之胜，仿佛斯存。造物者苟无意焉，应不虚构是奇也。而古刹旧存，短檐半掩，若仍留一未雕未琢者然。"

清镇《龙门寺碑》⑤描述寺之景云："仰观对山，罗列拱揖，不可名状。有溪水缭绕，承向坡一线迂回，逡巡朝拜；左右绿畴千顷，而于中汇深渊，为覆釜状。画影山光，暮吞蟾魄，疑有老蚌含珠，兴云吐雾于其下，旧名曰'滚月潭'。潭以下水之玄流而渐趋于洞，洞固寺址之足也。石壁千寻，下通奥窟。怪石磋砑森立，如猛兽奇鬼，狰狞欲搏人；水石相激，澎湃潮涌，如骤雨欲来，声作天河鸣；又如大壑长松，风起涛吼，旧志谓之'水落松风'。吾乡以此得名，而寺亦因之号'龙门'也。洞前有石笋，大可数十寻，高与寺等，名之曰'砥柱'。旧为飞梁，与寺通。于上建吕祖亭，岁久梁崩。咫尺千里，矶磴依然，而亭不可复设矣。寺址广十亩许，三面壁立，下临万仞，后枕山梁，若大鸟张两翅环抱。而狭处稍低，旧通以木桥。桥坏，乃为石桥；桥又圮，乃为石梁。今之稳步登临，皆石梁之功也。夫以是山

① （清）道光《思南府志·续增艺文·记》。吴寿昌，浙江山阴（今绍兴）人。清乾隆三十四年（1769）进士，五十一年（1786）以户部员外郎任贵州学政。

② 阛阓（huán huì）：街市。

③ 建牙：古谓出师前树立军旗。

④ （清）咸丰《安顺府志（卷48）·艺文志（5）》。齐圣渭，普定县（今安顺）人，乾隆壬辰科（1772）进士，官教授。

⑤ 龙门寺，始建时间不详，嘉庆初年曾重修。咸丰九年（1859）再度重建。寺之三面为绝壁，佛殿为两层，周围以砖石为栏。

之奇，诚系乎寺之有无。而以是寺之高，则必资于重建。使露柱残碑，荆榛满目，其何以助游观之兴？是不特山水羞，抑亦吾近乡人之过也！乃同襄义举，公助金钱，委僧重建。不敷，僧复稍为募化。寺成，仍其旧名而榜于寺门之额。乡父老子弟置酒其上而乐之。视向之高者益高，而奇者益奇矣。或谓是山之奇，方诸吕梁诚不多让；使移置中枢，冠盖当道相望矣。而顾乃处万山僻壤之中，诚不得与昌黎之衡山、子厚之愚溪、东坡之独秀坡①，同传诵于文人学士。”②

刘蕴良③撰《重修观音山佛寺碑》，以优美词句（骈体文），赞颂溪黎平观音山佛寺，“溪涧千缠之外，冈峦万叠之间；灵秀葱然幽深，窈若尘寰斯隔。仙境特开，云木重重，虬姿矫其四匝；烟萝袅袅，螺痕媚其半空。依稀牧笛以迎来，隐约仙鬟之抹出……凉阴袭其满襟，松涛沸耳；清籁戛乎一磬，蕉水澄心。万景萧森，玉洞常留鹿迹；三清缥缈，墁霄时听鸾吟。斯为选佛之场，此即降真之所。盖是山绝顶，突现观音像一躯，不知降自何年，飞从何地也……阅大千之界，草窃尘嚣；谒丈六之身，荣毗烟暗。……空空色相，岂犹两造之拘；莽莽劫尘，终赖群仙之挽。兹者，鸮曾音革，鹤尚踪停，幸我辈以能来，喜山灵之无恙。烟榛露莽，费以芟除；画栋雕楹，工其缔造。长愿芝廊竹所，重瞻满月之容；莫教玉宇琼楼，轻返彩云之驾……”④

---

① 分别指唐代文学家韩愈诗《谒衡岳庙遂宿岳寺题门楼》，柳宗元散文《愚溪诗序》，宋代文学家苏轼词《定风波·莫听穿林打叶声》。

② （民国）《续修安顺府志辑稿（第十三卷）·祠祀志·清镇县》。

③ 刘蕴良（1845–约1914），亦作韫良，字玉山，号我真。贵州贵筑（今属贵阳市）人。同治十年（1871）辛未科进士。光绪元年（1874）任云南恩安（今昭通市昭阳区）知县。著有《壶隐斋联语类编》等。

④ （清）光绪《黎平府志（卷2）·地理志（下）·坛庙》。

下　篇

碑刻、摩崖、塔铭辑录

一、贵阳市佛教碑刻、摩崖、塔铭

（一）明代

大兴寺记　时季照

大兴禅寺在贵州城之中。贵州西南裔，地杂苗僚，曩未闻有寺也。元至正间，有江西庐陵县道人彭如玉来创精舍，奉普庵祖师，导释氏后法，后土僧真贤嗣其业，拓政[故]址建大雄殿、毗卢阁，庄严设像，遂名大庆寺。

皇明洪武四年（1371），贵款附，立军卫，开都司，戍守之士，概率笔簪名流，禳禬于浮屠，而夷俗亦渐知向慕焉。且贵西距南诏，东接荆湘，列城相望，轮蹄上下，当通道要路，由是寺之名益显。

二十年（1387），长沙沙门南宗游方至寺，苦行洁修，真实不妄，缁素推重，寻留为住持。宗悉心殚力，以葺造为己任，施者填委，构四天王殿、山门、僚舍，重塑三宝、毗卢诸佛及观音、地藏十八罗汉等像，并五十三参涌壁，傍植松柏，外周垣墉，焕然增美，宗寔能作兴其门者哉！相其成者，其徒圆智与有力焉。二十七年（1394），都司官今总戎镇远侯顾公，尝以寺之来历启于蜀王殿下，改赐今额，复妙选解宗乘者性空补其处，空造僧堂，延纳同袍，及其而去，永乐二年（1404），都指挥佥事李正言于总戎公，谓寺居兹土，实祝祈道场，遐迩瞻仰，首席不可久虚。乃物色平越卫圆通寺慧智俾领南事，智质□厚恬静，志存本教，其先亦庐陵人。八年（1410），宣慰使复举智赴京，准设僧纲司，就授都纲，贵之僧有官有署，昉于智。智首营大室三间，为栖禅之所。念遐陬荒服，罔知佛祖演说微妙，乃购《大藏经》一部，六千三百五十余卷，为钞以贯计，凡二万有奇，翻阅三月，致祥云覆统之征。又于大雄殿之前，甃以石台，缭以石栏，作两壁厢廊庑各十有五间。智白于总戎公及佥事李君曰："寺幸苟备，乏者钟楼、藏殿耳。"遂同以贵为列卫都会，司有钟，实昏昕之号，藩垣所不可缺。即相与卒赤铜七千五百斤，鸠工铸镛，仍架重屋于廊左，筑藏殿于廊右。智汲汲穷早暮，他无私营，惟匠石是视，若有程督之者，可谓劳已。且曰而以是而峻，当勉求吾佛息心之旨，而遂吾之身矣。今榱甍翚飞而云霞掩映，楹础鳌负而舟艭辉煌，巍巍猊座，翩翩彩幢，既鼓既钟，鸣雷吼鲸，乃祝乃诵，香霭灯光，若弹指而开楼，俨化城之现宝坊者焉。

余以巡历屯田抵贵，尝诣寺瞻礼，方悚然，亦为之改容。而智以寺之创建，不有文以纪其颠末，则曷足以俟其后来，亟以为请。洪惟我圣明声教所被，幅员之广，远迈汉唐。贵虽夷壤，而渐摩涵煦，驯致华风，因思柳子厚《柳州复大云寺记》，讥越人董之礼则顽，束之刑则逃，唯浮屠事神而语大可，因而入焉，有以佐教化，谅哉言乎！夫贵之士民出入操刀弩，动辄斗狠贼杀，固习俗，然其中去国为尤远于柳，而浮屠之在夷有不宜于贵耶？况朝廷设释老氏之官，盖使严其道而尊其典，警世以祸福而趋于慈爱也。然则贵之寺，华夷人士之往来，或闻其教，或履其阈，耳之目之，起敬起信，其本然之善，岂不油然而生良，于王度阴翊有助焉。予既歆艳我朝统一之盛，又嘉智之能缵集之绪，其志行有颖出者，遂为之记，而系以诗曰：

维佛曰觉，觉彼蒙迷。明固吾有，迷亦匪亏。
爰自身毒，式为导师。以传以塈，于华于夷。

我朝统御，际天覆帱。一视同仁，光无私照。
为释建官，聿阐其教。俾淑昏器，是则是效。

于贵之邦，西南遐荒。粤自国初，归隶职方。
夷落种性，易于敓攘。威而弗诱，渎我典常。

既列兵卫，亦有佛寺。盛于我朝，创自元季。
大庆肇额，大兴改赐。克趾乃暮，法徒不匮。

孰为道人，来自庐陵。筑室礼祖，梵仪首兴。
绳武匪一，恢宇弥宏。后贤慧智，克集厥成。

宝刹耸构，困盘夷阜。绣闼雕甍，丹楹朱牖。
玉偈雷鸣，金奏鲸吼。祇园讵远，兹美匪苟。

为国税厘，为众有祈。祸福斯劝，庶几信依。
于以善行，于以化夷。翊我王度，具曰是宜。

懿兹胜区，实基化力。人上慕瞻，思神辟易。
熟为记之，垂祀千亿。我制斯文，永刻贞石。

[附记]选自（明）弘治《贵州图经新志（卷之2）·贵州宣慰使司（中）·寺观》。时季照，名时铭，字季照。浙江慈溪人。少机敏，好学能诗。曾任四川按察司佥事。有《梦墨稿》行于世。

弘福寺成化铜钟铭

皇图巩固、帝道遐昌、风调雨顺、国泰平安
钦差镇守贵州都知监右□监郑忠
钦差巡抚贵州右副都御史陈宜
钦差镇守贵州总兵官南宁伯毛荣
布政使司左布政史萧俨
巡按贵州监察御史王埙
按察使司按察史杜民
贵州都司指挥佥事王聚
参政熊俊
参议叶鸾、李芳
副使陆平、吴立
佥事赵亦、季述

贵州前卫监造指挥知李钺

贵州宣慰使司水东长官目胡琏

百户□潜、范仲荣、陈□

匠人洪飞

大明成化五年（1469）龙集己丑春正月十五日吉旦

[附记] 钟今存于云岩区黔灵山弘福寺。明成化五年（1469），钦差镇守贵州都知监太监郑忠[①]等铸。高约1.50米，纽高0.50米，口周5.3米。

永祥寺记 万安

寺在贵州城西南隅，据山瞰溪，一径曲折，甃石为磴，而通于中，周回松竹参天，苍翠可爱，诚清胜地也。旧有观音祠宇及僧室，岁久弗葺。今都知监太监涞水郑公忠，天顺初以征苗功，御命来镇兹土。下车之明日，首先谒寺，睹其痺隘，不足以妥佛灵，慨然欲重修之。度其时有未可，力有未能，每早作夜思，修举废坠，以抚绥军民为己责。久之，苗僚畏服，境域安宁，遂捐赀市木，取砺取锻。购邻壤以广之者，凡若干丈。已乃命工兴作，撤故易新，先建正殿，次建罗汉阁，又次建禅台僧舍，与夫庖湢库庾，门垣冈下，以次完具。其规制轩豁，藻绘辉巧，甃砌安固，非复往昔可比。是役经始于成化四年五月，成于十年四月。先期公恳辞请乞额名，诏为“永祥寺”，仍赐玺书护持，命至之日，祠宇为之改观，缁流为之欣踊。公乃望阙拜，稽首称谢。讫窃惟寺之建，颛以上祈利于国家，下祈利于生民，幸荷天宠汪濊[②]，命名赐敕若此，苟无文演其说，何以垂示将来邪！于是状其始末，介诸子锦衣百户表特诣京师，属笔于予。

夫惟佛氏之书浩瀚不一，予未尝经日而究之，兹不敢援引妄为之说，

① 郑忠（生卒不详，约生活于永乐至成化年间），其事迹见（明）弘治《贵州图经新志（卷之3）·贵州宣慰使司（下）·名宦》“李贵”条附载：“时贵境苗夷抢攘弗靖，贵同太监郑忠竭力抚捕，未久而宁。忠亦多智有为，孜孜以便民为志，尝修创境内桥道及建谯楼，制壶漏以明时节；葺祠庙以求福民，奏增乡试举人名额以劝后学，郡人为建生祠焉。”

② 汪濊（huì）：亦作“汪秽”。深广。

姑取吾儒之书之言推演之可乎？《书》曰："作善，降之百祥。"① 祥即福之谓也。《易》曰："积善之家，必有余庆。"② 庆亦福之谓也。言人能久于为善，则诸福之积未始有不永久矣。永祥之旨，岂非有取于此者欤！公于来之建，上祈福于国，忠之至也；下祈福于民，爱之至也。一兴作之间，忠爱之心兼尽，其为善也，固有在焉尔。公以简命守镇斯藩，地方安危所关，军民休戚所系，顾所为善，初不止此，尚于号令政事之布施，悉与巡抚、巡按以及藩臬有司商榷之，务求上合天理，下合人心，可以经久无弊者而后施布之，是能耿耿之善为己之善，其为善也不亦广且大乎！然将见一藩之内，下为人心协和，上为天心庇佑，四时顺序，五谷丰登，百姓享饱食暖衣之天，诸夷无兵革战斗之虞，则祥祉毕降于一藩者可既言耶！圣明赐额之意，诚在于兹，而佛书为善获报之说，抑亦殆相合欤！予特书之于后，俾将来继公镇斯藩者，观此惕然有感，而图称委副以召延祥祉云。

[附记]选自明弘治《贵州图经新志（卷之2）·贵州宣慰使司（中）·寺观》。碑原立于今南明区遵义路起点处、朝阳桥北侧永祥寺（今寺、碑均已不存）。万安，字循吉，四川眉州人。正统十三年（1448）进士。成化五年（1469）兼翰林学士。历官礼部、户部尚书、文渊阁大学士等职。

勘合碑

贵州等处承宣布政使司为请颁寺额事，准礼部柔字三百三十九号勘合，该镇守贵州太监郑忠奏称：贵州城内西南隅旧有观音堂一所，系洪武初年创建。本处官吏师生于此延祝圣寿，成共瞻仰。但年久岁湮，日久圮坏，不足以妥神。忠自备钱物，变易木石，及令寺僧劝募义财，雇倩夫匠，修理完备。本僧请立护持禁约等。因奉圣旨，该部知道。该礼部议覆题，奉圣旨："都准他，与做永祥寺。钦此。合行本司，转行郑忠钦遵知会施行。"

---

① 语出《尚书·商书·伊训》。意为：常行善举者，上天会赐给其诸多吉祥。

② 语出《周易·坤卦第二·文言》。意为：积德行善之家，恩泽将惠及子孙。

[附记] 选自（明）郭子章著《黔记（卷55）·方外列传二·寺观·贵阳府》。碑原立于今南明区遵义路起点处、朝阳桥北侧永祥寺（现碑、寺均已不存）。永祥寺，旧名潮音寺。明成化间太监郑忠重建，敕赐今额，后稍颓。万历二十九年（1601），贵州巡抚郭子章檄都司王纳忠、指挥杨祖禹重修。碑文为礼部下达的文书：镇守贵州太监郑忠出资维修贵阳城内观音堂，奏请颁寺额“永祥寺”。经礼部“勘合”，“奏奉圣旨”，赐额“永祥寺”。

东庵记　王训

贵城东北一里许，有寺曰“东庵”。诸山盘旋，丛林蓊翳。由林之外，攀跻石磴以入，可百余武而至山门，其曲折清幽之景，可以湔涤烦襟，回隔尘世。其间梵宫朴隘，门庑周回，仅可以庇法王宅缁众而已。然其负郭不远，境界佳胜，故骚人墨客多所游咏，公卿大夫亦颇往来。粤自皇明有国之初，贵始归于职贡，而是庵创于前人，盖有不可考其建置之繇者。历兹百余年，而其殿宇倾颓，草木蒙闭，比丘散逸，久而不居，其不至为狐兔之墟也者几希矣。然而地有胜境，得人而后发；人有心匠，得物而后开。

成化丙戌（1486），总戎南宁伯毛公荣[①]作镇兹土，乃于治政之暇往观之，慨是庵迹古而地灵也，乐为修营，尽撤其旧而易以新。材木不取于有司，轮奂悉资于饩廪，募众鸠工以致完美。适游僧智灯，以戒行端谨，恪守清规，久居空门，淡而不斁[②]。公遂命为住持，以事佛阐教。自是晨钟暮鼓，壮观山门；草色岚光，庄严法界。岂惟奂然而一新，又将有加于往昔矣。不幸南宁物故[③]，而镇守太监郑公志尤乐施予，乃以己资购田密迩于庵者凡五亩，以为常住。智灯又以云游者众，岁之所入无以充其日之所用，乃即东郊近庵隙地可为畎亩者，尽力垦之，遂得田若干亩，于以补其用之不足。而智灯用心之勤，亦可嘉尚也已。自兹以往，至于将来佛有香火，僧无匮食，经久之规于是而肇立矣。郑公既殁，灯复虑其久而无征，恐为有力而贪得

① 毛荣，蒙古人，明成化二年至五年（1466–1469）任贵州总兵。

② 不斁（yì）：不厌弃。斁，厌倦、懈怠、厌弃。

③ 物故：亡故。

者所效，无以示证于后人，乃具修建及置田之繇，请于镇守总戎巡抚方岳诸公，欲刻之石，众皆可之。灯因请予为文以纪之。其常住田亩之丘垅四至、沟浍之经由、租税之定额详刻碑阴，以示永久，庶为之后者有考焉。

[附记]选自（明）弘治《贵州图经新志（卷之2）·贵州宣慰使司（中）·寺观》。碑原立于今南明区东庵（从碑文记述看东庵应为东山栖霞寺），碑已不存。

乌当朝阳古佛洞记　李在公

僧性荣，富城望族子。蚤[①]孤，恃姑氏食力治生。而生饶，顾独特，素以所蓄，首修桥兴福，无厌。已，披剃出家，开刹云锦，奉西方三圣。刹前掘得朝阳古洞，因遂拓之，像十大弟子，思本尊精禅业焉。刹，故司宅旧墟，有三桂，绿水湾环，景异甚。先是珠顶鹤无数，翔鸣其间。未久，而荣开是刹，洞乃出，其冥感非偶矣！登上人嘱为记，故云。

万历甲寅（1614）朔三日

天台头陀生平越大夫蜀阆李在公和南书

（下为200余人姓名。略）

[附记]选自贵阳市志编纂委员会编：《贵阳市志·文物志》，贵州人民出版社，1993，第126–127页。碑立于乌当区东风镇云锦庄银屏山（亦名云锦山）山腰。左右壁嵌有石刻两方，均长0.91米、宽0.31米，楷书竖书阴刻。

① 蚤：古同“早”。

（二）清代

观音寺碑记①

贵阳城南，一水中分，峙其上者为来凤阁，阁前水来自西北，环城南折而入于巽维，逆之以阁之堤，岁且久矣。傍小阜，旧有祠，祀汉武侯，北向。形家言，逆水以堤，其气固。巍然阁峙于巽方，风气之聚为倍，故国主新其阁。登之周览已，指祠地是宜寺，寺宜观音；另建祠祀武侯，存旧迹也。高将军恩夙有愿焉，建大士寺，请得国主谕命，嘱某为之记。

[附记] 选自（民国）《贵州通志·金石志》（三）。观音寺，初名拱南阁，在南明河畔翠微园中。南明永历王朝在黔期间，孙可望的部将高恩（陕西西安府人）于南庵中建拱南阁，大殿三楹，又建大士殿于阁后，改名为观音寺。

新建莲花寺碑记　徐昌

开阳，黔之僻壤也。其初为正内地，山高水驰，林木深阻，环而居者，雕题鴃舌，椎髻文身，是不一类。王化斯摩，垂廿十余年。甲申以后，兵燹燎原，征歛狼藉，胔骼通遍野。啼号载道，几于草昧矣。我大清辟黔时，余奉命守兹土，其间征伐供亿，奔走于深山大泽中，往复稠叠。因而一州之境，皆足迹所历。至思顺里，滨江阻山，万峰峭削，人烟晨星。以其东距湄、瓮，西连播、蔺，思里于开尤僻也。六年以来，粗有可观，其于王化之所难喻，不得已而托之神道设教，于是偶而役车，其休我稼既同之日，凡有寺刹祠庙，因乎人情之必欲修举者，从而易其丹雘，补其废缺，此莲花寺之所由建耳。

寺形如涡如盘，峻岭横空，流泉下带，古柏千株，恠后岩倚，宛肰秦

① 原注："按，高恩，据寺藏铁钟亦永历十年铸，上有'火器营总兵中军都督府右都督高恩陕西西安府人'，则恩乃秦王孙可望乡人也。时永历驻安龙，未至贵阳，在贵阳者为可望，则碑所谓国主，即可望无疑。"

汉间法物。游其中者，虽鸡犬桑麻，回无可异，而午篁松风，虚檐皓月，竟不知有晋魏，又安所谓□□怀葛哉？余因慨然构木伐石，建此楼于旧寺之前，以祀大士。使此方之人，一入塔庙，生恭敬心。愚夫愚妇，即不明于理，而孝弟忠信之心可以油然而生矣，勿谓释天子吾道有二也。南海北海，有圣人焉，此心此理同也。神道之设，以补王化，亦其一端矣。予尤愧，何足以勒之贞珉，以供后来者之成毁随意哉！若以志予足迹之所遍历，又不妨远观于成毁之外。似亦不可以已也。

康熙甲辰三年（1664）八月上浣撰

[附记] 选自（民国）《开阳县志稿·第十二章·艺文》。徐昌，江西东乡人，贡生。顺治末授开州知州。时当兵乱之后，官吏无衙署，寓寺观中，捐500两助修城池、衙署、学校、祠庙等。

语嵩塔铭　钱邦芑

语嵩和尚，法名传裔，原籍四川重庆府巴县来凤乡宋氏子也。生于辛亥（1611）五月二十五日。幼失怙恃，育于祖母。至二十三岁，祖母殁，遂祝发出家，修忍辱行。

师本农家，不识文字，亦不明宗教。苦行三载，一行脚僧悯其志，问曰："汝出家何为？"师答曰："欲求作佛。"问曰："佛岂可如是求？若欲求佛，当往见破雪师！"于是参破雪和尚。每有问难，同辈咸服其精勇。往六年，破雪□去，遍参诸方。

丙戌（1646），同书云于重庆道中遇破山弟子长破杲和尚，印证相契，遂与书云同日得传正法。从此隐真安州铁村坪深谷中，拳石支庵，草衣木食，啸詠自得。

己丑（1649）春，芑巡檄事竣，由夜郎出黔水，道遇书云，始得师踪迹。辛卯，芑弃官隐居敷勇卫之三潮水，适师来相访，遂同止焉。因请师住牟尼山上堂说法，宗风大振，从者如云。相国文安之、总督范鑛、宗伯程源咸咨访焉。所亲授佛宗、佛海、佛智诸弟子咸得正印。癸巳，入西望山隐居不出。

庚子（1660），行脚入楚，众请住德山，适远庵和尚来德山扫塔，与师言论相契，遂有入浙之约。

辛丑（1661）秋，师始至湘潭，众留住淡齐庵，与孝廉郭金台为莫逆交。甲辰秋，芑过湘潭，因同游南岳，瞻礼祖塔，上祝融峰，望苍梧，吊九疑，后复转湘潭。芑谒师曰："今大道沉沦，公何不一出，为群迷指点？"师叹曰："道自在天地间，我非有余，彼非不足，何指点之有！且我门中，今日以此为市，甚至趋谒权要，曲意逢迎，依附□□，交游光宠，复假其嚬笑，以簸弄士绅，欺诳愚俗，骄矜傲兀，是非颠倒，贪嗔自恣，恬不知耻。甚至背师叛道，操入室之戈，立门户之帜，人情如此，吾惧斯道之将灭也，安可复煽其焰，而扬其波乎？"于是仍隐淡斋庵，与芑闭门结腊。

乙巳（1665）冬，吴门刘居士以舟迎师入吴，欲至天童扫塔，因允其请。丙午（1666）夏五月至苏州，忽遇远庵，相见大悦，因邀上天童礼塔。毕，师遂病，至十月初五日坐化于天童寺之客堂。临化，侍者请偈，师答：

欲去便去，何须辞世。笑杀痴人，强我留偈。

遂端坐而逝，远庵和尚为起龛举火，偈云：

泥牛海底行，石虎高插翅。
人间天上尽无拘，古佛放光留不住。

化毕，侍者宗照、道开、照崇等负其□□□□。丁未夏四月，其大弟子佛海、佛宗、佛智等自黔来楚，迎归西望山，为师建塔，请芑为铭。铭曰：

昔从何来，今日何去？大地虚空，本来无住。
渊默竜雷，三昧游戏。石火电光，瞥然陈悟。

镇江钱邦芑撰并书

[附记]选自（民国）《息烽县志（卷33）·献征志·铭》。参见（民国）《民国修文县志稿（卷6）·献征志》。塔铭位于息烽县鹿窝乡西望山凤凰池语嵩墓塔旁。青石质，方首，高2.4米、宽1.27米，厚0.20米。碑额"望松碑"，无碑题。碑文风化严重，部分字形已难辩认。钱邦芑（1599–1673），

字开少，江苏丹徒（今镇江）人。明崇祯时秀才，南明唐王时授监察御史。桂王时以原官巡按四川，占守有功，晋右佥都御史。清顺治七年（南明永历四年，1650），隐居余庆蒲村山中（今余庆县松烟镇境），次年祝发为僧，自号大错和尚。永历帝走云南，仍授右都御史，兼掌巡抚云南。在奔缅甸途中，君臣相失。仍僧服隐鸡足山，撰《鸡足山志》。清康熙三年（1664）隐居湖南衡山。九年（1670），永州太守刘道经聘修郡志。著有《他山·易诗》《话溪志》《鸡足山志》《九嶷志》等。

重修忠烈庙碑记　吴中蕃

贵阳有忠烈祠以祀南公霁云，旧名黑神庙，盖人不知其所自来，从其貌而称之也。明正统间，臬使王公宪请于朝，赐今额，且命有司致祭焉。

公之功著于睢阳，其详附见于《张睢阳传》。在唐固已立庙睢阳，图像凌烟矣。其所以得祀于贵阳者，则以子承嗣尝为清江守，巡行牂牁、夜郎间，多善政，民爱戴之，因及其亲，而公又往往显灵异于兹土，故至今不废。不独其忠义大节足以起敬畏致瞻仰也。然以近市，祠颇湫隘。僧西竺自蜀来为住持，每欲修葺而未有。会康熙癸丑春，殿宇中夕忽动，僧疑地震，相率避出，比晓视之，中梁已断，不绝如线。以木撑之，乃免坠压，观者异之。正谋新庙宇，忽于城西狮子山下，获巨木数根，长数丈余，围可九尺，挺然美材。又于仡佬溪中得一，亦如之，不知始于何年而见于今，众以为是有神助，相与市金捐廉，以成其功。又扩其后隙地，建藏经阁五楹，余为蔬圃、香积、僧寮，莫不具备，遂极壮丽宏敞，为诸刹之冠。

因忆大中间裴休建广教寺[①]，黄檗禅师募得松萝木，以神通力皆自井涌出；而曹溪之寺则自空中飞来。或以法力致，或以神力输，莫不有其因缘。今黑神之庙梁中断而不绝，木自出以供用，其为神自不待言。而西竺以广长之舌，宣报施之说，为时贤所倾向，得其信从，不可谓非法力之所致也。

庙成而西竺已西归，其徒碧昺欲乞一言，以勿忘其师之力，故为记其略如此，亦欲使入而生敬者，知其所自来也。

---

① 唐大中三年（849），宰相裴休奏建广教寺。

[附记]选自(清)道光《贵阳府志·余编(卷之7)》。吴中蕃(1618–1695),字滋大,一字大身,晚年别号今是山人,明朝末年贵州贵阳人。早岁通经,青年时曾漫游吴越等地。明思宗崇祯十五年(1642)举人。南明永历年间出任遵义知县、重庆知府、礼部仪制司郎中兼吏部文选司郎中。后隐居贵阳。清康熙三十一年(1692),应贵州巡抚卫既齐之聘,主纂《贵州通志》。

觉仙桥碑记

岭皆山也,□乎水脉生水处,大都细流,众流集涧,合涧成溪。正当春夏之间,雨雹骤至,洼涂充盈。俄焉杂恶□汹涌而来,沛然莫御,遂多难。夫其为桥,遂者不察,每误录,其为龙之行,蛟之走。噫!天下之水莫楚若,则天下之桥莫楚若,或砌石作道,形益坚刚,甚至萝系藤盘,松扶柳靓,扶生忧死,若夫维其巩固,不可挠者,是岂楚之土神,善于守护,而楚之蛟龙,乐于遁藏耶。盖由经营之始,相其地形,度其水势,宁高大以容澎湃,毋至小以破沙堤。诚如居士之建小箐桥是也。

夫小箐之桥,昉自何代创,自何人典,夫路连楚粤,地接蜀滇,为黔西北之通衢,尽人知之,固无待述。荣居士舍故墟移新址,高俗若上,谙腹空中,吾其服其有材也。虽是需匠、需工,悉出雇募,或饮或食,或费金钱。当兹扰攘,干戈浩烦,贡赋保皮骨,已无奇术。过谁氏庐而问一粒之施居士,竟不数月,而坡路俱告竣焉。吾固服其有材,而尤异其何以能全其材也。不知有怀夙抱,克遂婆心,解腰缠以布金,功藉众果而济于小补。噫!有材不有其材[①],可邀誉于世俗;有材不有其财,徒抱膝于山林。孰若居士有材以用财,财之利可以有财以全材,材专功可大,故居士之材与财出。而黔之蛟龙隐矣。相成居士者之书与财出,而黔之蛟龙来矣。居士谓谁,武攸刘觉先也,因名曰"觉先桥"。

皇明洪化[②]二年岁次庚申(1680)暮春月谷旦告成

---

① 材,通"财"。此句前一个"材"指财物。

② 洪化,清初吴世璠年号(1679–1681)。吴世璠乃吴三桂之孙,吴三桂于康熙十二年(1673)举兵反清,十七年(1678)在今湖南衡阳称帝,国号大周,同年病逝。吴世璠继位,改年号为"洪化"。

虎牙左将军韩 守卫总兵王

贵阳军民府正堂何 敷勇卫正堂郑

金吾右将军王 黔西副总兵田

濯灵所正堂刘

桥庚 己未、甲戌、戊午、庚申

信官督建 贵州清军粮储道按察司副使兼布政司参议吴

东山寺嵩目大和尚 雨花庵剖石大和尚

知非庵云峰大和尚 本师破朗大和尚

（后列捐资者姓名及数额，略）

[附记] 选自修文县交通局编纂：《修文县交通志》（1329-2005），2006，第279-280页。修文县小箐乡大桥沟觉仙桥（为贵阳经修文县至黔西州必经之处），清初佛教居士刘觉先捐建。

云腹智禅师塔铭 魏峻

天童密云悟和尚，崛起东南，中兴济北，即今天下振振皆其裔也。躬承记莂[①]者十有二员，破山明其一也。破山嘱累[②]亦多人，象崖珽其一也。象崖之嗣有所谓云腹禅师者，余不识其人，但余宦楚日久，师之飞誉流声，震震在耳，神交有日矣！己未秋，其法嗣我净禅师谒余武陵溪，以铭塔见属。余既心存向慕，又岂可以不文自外也耶？

按行状：师讳道智，字云腹，西蜀顺庆渠县人。父姓李。母氏何夜梦异僧托钵于门，觉而有娠。乃壬子五月午时诞生也。总丱[③]时，深厌世相，志求出家。父不许，而母怜之。遂从其志，送至本里水月庵，礼六度公为师。二十受具，听绳朴法师讲法华经至"若坐若经行，除睡常摄心；以是因缘故，

① 记莂，亦作记别，佛教语。指佛为弟子预记死后生处及未来成佛因果、国名、佛名等事。

② 佛教宗门中，每以传付佛祖大法，令后人护持，称为嘱累。

③ 总丱（guàn）：古时儿童束发为两角。

能生诸禅定”①，恍然有入。

未几，参雪门舍璞和尚。值上堂，便问：“三江水响，即不问高境关头事若何？”璞云：“千人万人过不得。”师云：“学人争得到者里？”璞云：“拿公验上来。”师便喝璞，直打出。

久而辞去。往黄檗山参斑和尚。入门便问：“从天放下即且置，就地转身事若何？”斑云：“脚跟下好与三十棒。”师当下疑情顿释，炙脂帽子，鹘臭汗衫，一时脱落。自此机辩横生，莫敢撄其锋者。亲承付嘱：“六载巾瓶时节到来，应缘出世。”当献寇入川之际，蜀中几无完土，公数婴其难，行道一如平时，无少沮焉。首住三圣悟灯，继住黔之云归，安顺之清凉、长寿。复后有新城宰沧溪陶公者，倾囊倒橐，兴复永宁之中和，致币敦迎几处住持。大似草鞵②着脚。一日，发楚游之兴，士庶遮留不止，有“独留明月与人看”之句。乘槎南下，止资江之崇福寺三载，将作终焉之计。寺与西峰接壤，西峰荒废，与议请复劫灰。先是逢人不出，坚执再三；继则出，便为人。不三年顿还旧观，绀殿琼楼，绿疏青琐，焕然一大宝坊也。自甲辰仲春入山，住持十载，百废俱兴，群英毕集，乃迁本师斑和尚塔于酉阳，瘗诸寺后。晨昏瞻礼，即此仁孝，足风千古。

癸丑五月初三日，示现微疾；廿七日，嘱后事书偈云：“破屋一把火，灰飞地绝尘；露出铁牛机，应物任随行。”至廿九日，沐浴更衣端坐而逝。世寿六十一，法腊四十二。继席本寺嗣法门人我净益闻禅师等，建塔于寺之前峰，与开山传法禅师塔相上下也。其嗣法弟子如太峰鉴等六人，唱导一方。监寺如印公辈，廿载丛林，多方勤苦。师之得人有如此。语录行世多年。其正法眼藏，向上关□，自有诸方法眼赏鉴。余按行状摭其大略，昭示来兹。复陈短句，用抒景仰。铭曰：

乘悲七步天中节，来论风幡扬祖烈。
辽天鼻孔没囊藏，舌头拖地眼睛赤。
刀山剑树纵横行，应缘宁拒虎狼穴。

① 语出《妙法莲花经·安乐行品（第十七）》。

② 草鞵（cǎo xié）：即草鞋。鞵，同“鞋”。

光风霁月即之温，冷露严霜人共觖[1]。
数婴其难若家常，七坐名坊声赫赫。
夷荒竞戴法中王，黔壤幸留教外别。
榔栗横肩渡汩罗，千人万人难挽辙。
喝断资江水逆流，倒卓浮丘山顶月。
祥麟威风破山孙，电卷星驰黄檗舌。
胡然一旦哲人归，草木丛林皆泣血。
起家麟也征余铭，笔端难把虚空诀。
无缝浮屠插峰西，绿水青山无间歇。

康熙己未（1679）中秋前三日　三韩坦之魏峻槃谈撰

[附记] 选自《黔灵丛书》编辑委员会编：《黔僧语录·云腹智禅师语录》，巴蜀书社，2000，第480–482页。塔铭存于湖南益阳西峰寺。云腹道智，四川渠县人，俗姓李，母何氏。早年在本里水月庵出家，二十岁受具足戒。后拜黄檗山参象崖性珽禅师，貌承印可。张献忠入川，阖境不宁。云腹辗转入黔，先后驻清镇云归山，安顺府（治今西秀区）清凉禅寺、长寿院，永宁州（治今关岭县城）灵应山中和禅寺，弘法宣教。后入楚，挂锡于资水崇福寺。后应众善信之请住持潭州益阳凤山西峰禅寺，“住持十载，百废俱兴，群英毕集”。未几，卒于该寺。其侍者岳贤、联升辑录《云腹智禅师语录》（二卷），刊于康熙十九年（1680）。其中记云腹住贵州清镇云归山、安顺清凉禅寺、长寿院、永宁灵应山中和禅寺小参、法语、偈等，是研究贵州佛教史的珍贵资料。故将其塔铭收录。

弘福寺碑记　傅作楫

丙寅（1686）春，余奉命来黔，由建昌发轫，所历名山古刹，其形胜奇特之地，不可枚举。及抵紫池，惟见羊肠一线，满目荆榛，虽有群山屹翠，而黑子弹丸，局促不堪，余心窃慨之！谓黔省古称罗甸，接壤滇蜀，蜀有峨眉，

---

① 觖（jué）：不满意。

滇有鸡足，胡黔山之叠峙，竟无一可览者。

闻西北二三里许，有泉曰“百盈泉”，其上有山曰“黔灵”。余遂揽辔登临，见梵翠凌空，簷花印谷，颇足壮观。山之中有赤松者，乃临济三十三代孙，即此山诛茅卓锡之上人也。余考其来由，系前抚军曹及司道诸公之所创始；迨后杨、慕、阎众抚军，提军侯公，滇抚王公暨制军蔡公、范公并现任诸君子接踵涂塈，遂使此山碧霭岎崯，苍然疏秀，虽不能媲美于峨嵋、鸡足，亦可称夜郎之一胜地焉！

惟寺后藏经阁修葺尚未告竣，家慈捐发生平余积，鸠工盖庀。复虑各僧无常住之供，又助百金赎回山下水田一份入寺收租，为永远接众之费。是阁已成而粮有余赡矣。阁旁一隙地，可建静院三间以为方丈，余与同人方伯亮天蒋公、观察长白李公、宪长霖雨高公共捐资构造，并装山门四大天王金像。且闢山前小径，尽导康衢。

工成，僧请勒石，问序于余。余曰：汝岂不知佛教云：“三轮体空，施受何必见相？”云：“勒石刊名，垂之奕禩，亦劝善意矣！”余然其言，爰为之记。并冀后之官斯土者，登山览眺之余，或由是而加培之，以同志不朽云。

黔粮驿使者三韩傅作楫撰

[附记] 选自（清）康熙《黔灵山志（卷 11）·艺文（上）》。傅作楫，广陵（今江苏扬州）人，监生。康熙二十五年至二十九年（1686–1690）任“督理贵州粮道事务兼分守贵东道布政使司”职。

修路碑记　赤松道领

贵州等处承宣布政使司布政使蒋寅

贵州等处提刑按察使司按察使李之粹

督理贵州□□务兼分守贵东道布政使司□□□

康熙二十七年（1688）岁次戊辰

开建黔灵赤松道领

[附记]摩崖位于云岩区黔灵山九曲径。高0.76米，宽0.56米。碑额“万古不磨”。碑题《修路碑记》。楷书，阴刻。

黔灵山弘福寺碑记　蒋寅

贵阳四面环山，山之秀拔可观者，曰，栖霞，曰，照壁，其亭楼烟树，可于数十里外见也。黔灵峙于西北，别有缥缈回异之致，然众峰攒之，游人必循山根转登峰口，而后幽胜之概，始接于耳目。若下望之，绝不知其真面目也。岂非乾坤奥府，率多邃密深藏，而不露其奇耶！

去山半里许，有漏汋泉，昼夜百盈虚，亦此山灵气之所致也。闻之此山二十年前，荒烟野树，人迹罕至，固虎豹之宅而狐狸之居也。

壬子（1672）春，上人赤松者临济之宗也，游于黔，怅望其地而即拟居焉。有山之主人罗氏妙德净观，亦乐与之。时中丞曹澹余[①]先生为之经营，命其山曰：“黔灵”。造殿二，一奉佛，一奉观音大士，旁置僧寮。王师恢黔，总制蔡公、滇中丞王公、黔中丞杨公、慕公、阎公、提督侯公，共捐赀修楼于殿后。

丁卯岁（1687），余官于黔，又与臬司李君，宪长高君，参议傅君，共闢险径，装修天王金像，后置一堂于殿旁，为方丈室于赤松上人。而上人复购募若干田亩供□粥，于是远近游缁每多往焉。殿阁辉煌，云树离奇，兹山之盛，遂冠于黔。余每暇日偕二三宾僚游，一觞一咏，如入蓬瀛，辄终日不忍去。又叹兹山之奇秀而得名独后，因知隐见之故盖有素焉！即山水亦有然也。

辛未（1691）夏，余仰奉朝命，行有日矣，上人以求记告余，因撰数语志开创之由，以附不朽；且以为山灵别。至于峰影树色，奇石清泉，共四时之烟景，朝昏之气象，览者各自得焉，非余所能罄述也。是为记。

---

① 曹申吉（1635–1680），字澹余，号逸庵，山东安丘人。清顺治十年（1653）进士。康熙十年（1671）任贵州巡抚。在任期间政绩卓著。同时重建贵阳阳明书院，奉敕修《贵州通志》，开辟黔灵山，捐修弘福寺等。康熙十二年（1673）吴三桂叛乱，曹申吉不降被害。

又

贵阳之西北五里，曰黔灵山。地非孔道，蹊径幽僻。然远近诸山，皆蜿蜒而环拱焉，宜其局省合之镇乎！其颠若莲花之形，峰密四出峦，列云霄，而中藏平壤，恍然别一天地。非蓬壶羽旆，乾竺香台，不足以主斯胜境，而土人未之谋也。

适禅宗赤松者，卜筑精蓝于此，故前抚澹余曹公则经营之。迨至西杨公、鹤鸣慕公先后抚黔，藩臬又恢廓之。继而制军仁庵蔡公、苏公、范公、在兹王公襄厥成功，于是梵宫禅院，规模略备云。山左危梯一线，游者必屡憩而登，前则峭壁巉岩，跻攀无自。虽经频岁欃枪[①]，独此栴檀[②]片地，尘墟不侵，殆佛力山灵交为护耶？

余承乏黔藩，与宪长李公长白、高公霖雨、少参傅公济川，公余登眺，芳菲满目，猿岛亲人，解带留连，啸泳弥日，自以为乐天卢阜，永叔平山，未能过之，因名之曰“弘福禅林”。而寺右圃余有隙地。山中烟霞泉石之奇，林密花竹之丽，大小悉献于前，李公倡议构亭其间，用资欣赏。余亦以后道纡，而山前新石磴复险而狭，相与捐俸而修凿之。繇是游者坦然纵目，兹山之胜，遂甲于黔省。

夫柳州丘壑，得子厚而始传；雁荡溪山，遇康乐而后著。信乎古今奥区，显晦有数。诸公先后肇造，而余辈得乐观其成，可不谓幸焉！然非时际升平，政多休暇，则虽有福地洞天，岂遑渐次开辟若是哉？登陟者又可以慨然论世矣。

赐进士第资政大夫贵州等处承宣布政使司布政使内升京堂蒋寅撰

[附记] 选自（清）康熙《黔灵山志》（卷11）·艺文（上）》。蒋寅，江苏丹徒人。康熙二十六年至三十年（1687–1691）贵州布政使。

---

① 欃（chán）枪：彗星。

② 栴檀（zhān tán）：即檀香。代指寺院。

普同塔（又名阴丛林） 赤松

序

黔灵老叟领撰　学人净容谨书　康熙癸酉年九月吉旦立

夫塔也，着地而有，观空亦矣，亦有亦无。而成塔者，不有不无，而又成无影塔之相也。如塔之始，乃吾佛见雁悲鸣而陨于前，令垒雁塔之所由来也，有八万四千宝塔之故。

乾坤区宇，庭庭有之，莫可量也。惟黔灵新建，儒士大夫，檀越信士，共襄已成宝所。四方僧腊从聚，修心养道，以成万古之规范。僧既聚，必以普同塔之安也。本山耆旧，共捐衣赀，信士喜相成就。塔工告竣，都监白之于予，予援笔率成数言，以表如来雁塔。僧耆乐安，始为之所，以有攸归也。

复云：

层峦翠苍，环绕幽扬；
黔灵风脉，山青水长。

[附记] 选自（清）康熙《黔灵山志（卷之 10）·塔垆及铭》。

胡大之净恒塔

大之者，蜀东垫江人。明末寇乱，避难入黔，妻死不娶，持斋四十余载。年六十四，到山投赤师披剃，尽出其生平所积数百金，买置田土，永供常住。

康熙三十五年（1696）四月十六日，沐浴更衣，合掌而逝，年七十有四。全身塔于本山。入塔之日，师为小参云：

七十四载奋精勤，一舍千金无挂碍；
今朝永证涅槃心，从此金刚身不坏。

[附记] 选自（清）康熙《黔灵山志（卷之 10）·塔垆及铭》。

宗明净尚陶居士塔

居士乃楚之武陵人，赋性诚悫，言不妄发。为商至黔，生理颇茂，赀累百金持斋向道，妻死不复再娶。初至本山，即出银二十两买田一份于五里屯，供天王殿灯油之用。又复捐赀，请书本《藏经》一藏于山供奉。因自备衣食住山阅藏，每日当以讽诵礼拜为课。

康熙三十九年九月初十日无疾而终，享年六十九，全身塔于本山。入塔之日，师为小参云：

昼夜五千四十八，繙来字字尽珠玑。
今朝打破娘生面，花满春山水满溪。

[**附记**] 选自（清）康熙《黔灵山志（卷之10）·塔垆及铭》。

黔灵赤松领禅师塔铭叙　蔡珽

师讳道领，字赤松，潼川人也。幼耽法喜，长入禅关，受慧于白云，契同音于敏树。盖自南望归宗，九峰失脚。灯花一绽，爰续破山之灯；天鼓恒闻，遂叩云门之鼓。韬光住世，因请出关。大事因缘，普结天峰顶上；正法眼藏，独昭一指机中。半偈说于临行，全身示于直下。固已风靡万有，流截三沤者矣。

夫其辟金界于荆榛，建祇园于巢嶂也。象王所至，虎豹潜踪；宝藏之居，林峦焕彩。名木自涌，有同济颠之井；佳石尽出，无劳秦主之鞭。是以佛日照入遐陬，宗风被于群野。罔不倾心，皆知合掌；化诚美矣，功莫巨焉。尘缘既终于是山，金骨亦塔于兹岭。

高足瞿脉者，能可传衣，妙堪得体，继主法席。每念师恩，以笔西来之迹，以章法化之源。邀我数行，铭兹片石。余夙慕三空，久钦四诲。狮子歇吼，虽未遇于生前；木樨闻香，已相逢于觌面。叨居莲社，殊愧兰言。铭曰：

卓卓赤松，破山之宗；陡明捏目，大阐元风。

面自有目，空自有花；徒劳一踏，眼岂着沙。
乱山磊砢，佛宇嵯峨；化行边表，道启牂牁。
竹树萧疏，山川不改；绝去来今，无在不在。

辛山乙向。

师生于崇祯甲戌年四月二十四日巳时。终于康熙丙戌年七月十七日午时。塔于本山寺后之毗卢峰。

康熙五十三年岁次甲午（1714）八月
松山无勋居士蔡珽撰　闽海林之濬书
传临济正宗第三十四世继住黔灵嗣法门人净和率阖山弟子同立

[**附记**] 选自（清）康熙《黔灵山志（卷之 10）·塔圹及铭》。赤松生平事迹见《黔灵山弘福寺碑记》。碑立于云岩区黔灵山毗卢峰赤松墓塔后石壁（嵌入墙中）。青石质，圆首，碑座高 0.37 米，碑帽高 0.62 米（刻有“塔铭”2 字，每字 0.20 米见方），四周有卷草纹。碑身高 1.93 米，宽 0.95 米（嵌入石壁，不知厚度）。碑面严重风化，碑文多数无法辨认。

重修城隍庙记　温安独

修邑，古龙场地也。龙冈自南来，蜒绵十余里，天马高山耸翠于邑门之西，中出奇峰，迤逦而下，为黉宫佳址。左护之山，横抱北阁，而其一则若迎若揖，与东郊四水合于白马潭之岸。斯地也，前襟万卷，后带三潮，城一邑之关锁，圣朝之屏藩，其有关于修邑者，良非小也。故明崇祯初，安氏既平，版筑告竣，一时坐镇诸公，爰建城隍之庙于斯，地最灵也，神最妥也。越今八十余年，风雨飘摇，祠宇朽塌，将从前郁葱之区，一变而为瓦砾颓垣之地。□□之不安，即非一县生灵之福也。

关圣祠和尚，名元一者，先君子之剃度僧也。口不读书，苦行五十余年，目睹寒烟荒草，不禁慨然自任。谋之于余。余因甚壮之，以成其美。师徒不辞艰巨，相继沿门持钵，寡妇孤儿，亦乐为之助。募得白金若干两，午夜奔驰，鸠工修葺，越三年而庙成焉。又云新祠三丈有余，实难迁就，

□□秉烛焚香，拜祷神前，架木作竿，不片石之力，而法像已就新位。片金寸土，毫无捐绽。乡城士女聚族而观者不下千人，莫不共仰神威之默助也。

丙申（1776）春，三祠宇告成。□□殿俱已庄严，所恨者，山门道路安置未妥。元一复谋之于余，余周匝审处，遂按堪舆家八门之法，得延年方，于本山之左，坐坤望艮而立向焉，其向山呈双，水漾澄清。登斯门者，目睹长桥深潭，中潆一派，云波纵□□□明，不□□尘心先洗矣。此山为一邑外缠，最斜飞不顾，故曰山门。出不数武，其路即而南。两行盛栽栽花木，中作甬道，数十丈纡回盘曲，以完其回护盘旋之势。曰：斯道翡翠盈眸，□□挹，不独身近蓬壶，而且回头是岸矣。斯门也，斯路也，其立方立向之处，不必拘拘求合天官之书，五门之伦，惟顺乎情者，自可近乎理。天下□平，有不□□谓之类。□□绵力，不能独任，故此山之门与路必迟之又久，而后竣之，今则诸事落成矣。元一师徒复诣余而曰：斗粟尺布俱属取人，为善之□□片瓦寸椽，无非好善乐施之意，□□善男信女捐助之物，僧不敢没人之善，必须勒石旌名，用垂永久，方不枉慈悲路上走一遭乎！余闻之而欣且感也。盖施之而不望报，于阴阳一定之理，又况城隍王者，为一县生民之神主，山川社稷之所凭依。使无元一师徒，不终听其香灯寂寂冷落长年，以贻□□我父老子弟为耶。今日者，庙貌巍峨，规模宏壮，辉煌坚固，大倍从前。虽由元一师徒之焦劳跋涉，而后鼎之新之，其实皆一县之善人君子所勋襄乐助而成之者也。窃慰自兹以往，钟鼓长存而香烟弥盛，历百世而常新，亘千古而不朽。行见忠臣孝子，义夫节妇，入庙而加荣，则君子光其光；刀山血海，马面牛头，登堂而生畏，则小人悔其恶。羽仪学校[①]而造福苍生，水火不惊而祲氛[②]不作。□斯邑之士气，□□□风，端赖振作，默佑于神庥，正方兴而未艾也。是则此庙之成也，其有功于修邑之国计民生，岂止一人一世被其乐利，蒙其福泽哉！欢欣敬□而记之碑云。

［附记］选自朱五义编撰:《修文名胜风光诗文选》，1991，第115–116页。碑原立于修文县城北门（今修文二中校址）城隍庙内。该庙本属道观，但

① 羽仪：比喻居高位而有才德，被人尊重或堪为楷模。学校：学习效法。

② 祲氛（jìn fēn）：邪恶之气。

自明万历十三年（1585）起由僧人住持。新中国成立后改建为学校。今碑已不存。温安独，贵州修文人。碑文撰于清康熙五十五年（1790）。

永茂兹山　刘必贵

云峰一寺，距县治东门十里许，赴省官道之左。孤峰矗立，烟云缭绕，蹊径峻隘，升降吃力。僧人道是与师金纯住持多年，盘砌石磴，若广路然。山顶旧建阎罗正殿，山腰新建观音佛堂，金碧其容，卅□□□□□辟院开生面，而又僻□□矣。讵得以一□一藐之，且住持苦行凿积，增置田土，恢扩前规，僧□安堵焚□，弗替犹虑代远年湮，豪强□□，因请碑文于余，以垂不朽，第余甫司铎清邑一官，□□安能□住持，作此碑年来然倍令传后地认人故，即扰事直书，亦犹存及稗史遗□之□线已耳，是为序。

清镇县儒学正堂刘必贵题

（此处镌刻刘必贵两枚篆字印章，分别为 7.2 × 6.2 厘米，6.5 × 6 厘米）

（碑文的后半部分是另一人所书的寺院田土面积和四至界线情况）

乾隆二十五年（1760）岁在庚辰季冬月

石匠孙以贤刻信士朱珩撰

徒金纯及徒孙（6 人）立

[附记] 选自耀家昌：《云峰山上古建筑》，载政协贵州省清镇市委员会编《清镇文史资料选辑（第 14 辑）· 清镇文物古迹专辑》，2004，第 127 页。碑嵌于清镇市青龙街道办事处石关村云峰山崖壁。青石质，圆首，高 1.90 米（碑拱高 0.34 米），宽 1.00 米。刘必贵，贵州普安人，雍正乙卯科（1735）拔贡，时任清镇县儒学正堂。

瞿脉和尚禅师塔铭序　何经文

黔灵山弘福寺释参之，道行勤修，兼属诗文，持身清净元默，缁流中杰出也。以其师翟脉上人塔，请予铭。予维大夫士，有墓则有铭，志其里居，著其姓氏，并其官爵，载其事迹，以示来者，知为某某墓地。

若夫禅宗洞教，色相俱空，宇宙为虚，何有予身？既无其身，何有予铭？虽然西来阐法，视无为无，视有为无，是其教也。至若僧之行谊卓卓可传者，端赖有人焉，发其幽光，教垂于后，俾之拈花微笑，乃是庄严色相，实也而非虚也。

矧今圣天子崇儒重道之余，间于搜求宗教。盖明心见性，濡忍慈和，其所谓佛田善果者，规规焉总期放下屠刀，亦归正祛邪之一助耳。然则祇园中，果有超世界外作精进之比丘，乌可令其泯灭而不彰耶？

夫僧之品有三，上者习儒以逃禅，其次断臂而传宗，下者酹酢应付也。僧之自论亦有三，上者心依八竟；其次生超早脱；下者行脚头陀也。

上人生六岁就塾师，即知辨“性善”二字，问难如成人。及长，苦志读书，昼夜咿唔弗辍，达于闾里。赋性不茹荤饮酒，已早欲供伊蒲之馔矣。遵父母命，勉从奠雁①，侍奉汤药，安于窀穸。至病剧而后剃发，视世之置父母之言而不顾者，为何如耶？度脱后纳戒悟参，历吴越十五载，当明心性，所疑永释，所昧镜彻，非苦行蒲团而能若是乎？

黔灵为省会胜景，当春和时，车盖云集，应接不暇，旃檀片地，颇难卓锡，非志洁行清，乌能主席二十余年如一日。微疴诘旦，即趺坐维摩，召诸弟子，择参之付以丛林重任，此外无一语。非宿有灵根，精明强固，而能若是乎？及从问讯，不留一偈，惟以“不作世情俗态”答之，更可谓超无有而独存者矣。

上人少而奉亲；长而参悟；壮则挂瓢担簦，游历名山大川，与诸公相往来，挹江汉之风，揽金陵之胜；探越峤于禹穴，跻天童于石梁。所谓习儒逃禅，心依八竟者非耶？故其襟期旷远，顿超尘俗，濡毫饱札，不类凡响！殆庐陵所谓习儒子也。是不可不铭。

上人瞿脉，蜀之内江人，姓笪氏，净和其名也。生于康熙壬寅年正月二十日子时；圆寂于雍正三年四月二十六日亥时。其徒藏其塔于本寺后毗卢峰。至若圆寂后，有蔡姓者遇上人于平越道中，问答如故。蔡远出乃归语寺中。追数圆寂时已三阅月矣。是殆将乘星载云，神游八极者欤？然予不敢详其事，惧诞也。为之铭曰：

---

① 奠雁：古代婚礼，新郎到女家迎亲，献雁为贽礼，称“奠雁”。

卓哉瞿脉，继赤松灯。入林狮吼，覆钵龙驯。
龙华之忏，鹿女之经。微言折角，精义入神。
荷瓢游历，立雪悟形。檀林首屈，法海本惺。
青松谡谡，白石磷磷。刺天立地，不坏金身。
非树非台，千载迦陵。

时雍正五年岁次丁未（1727）桂月
浙江山阴何经文撰 正白旗刘成谟书
传临济正宗第三十五世继住黔灵嗣法门人德广率众弟子等同立

[附记] 墓塔位于云岩区黔灵山毗卢峰塔林主塔左侧。青石质，圆首，四周有卷草纹，碑座高 0.32 米，碑帽高 0.57 米（有字。但风化严重，无法辨认）。碑高 1.95 米，宽 0.88 米（嵌入石壁，不知厚度）。碑文漶漫，多数无法辨认。选自（清）康熙《黔灵山志（卷之 10）·塔垆及铭》。何经文，山西山阴人，监生，雍正年间任安顺知府。瞿脉（1662–1725），法名净和，字瞿脉。俗姓笪，祖籍四川内江，生于黔北。二十岁出家，拜贵阳弘福寺赤松为师。广游名山大寺，遍参海内耆硕。清康熙四十三年（1704）继赤松任弘福寺住持。工诗、善书法，与当时名士周起渭、潘德征等交游唱和，有诗作传世。门人辑有《瞿脉语录》（5 卷）。

西山凤凰池木皮庵碑记 龚尚峻

盖闻莫为之先，虽美弗彰；莫为之后，虽盛弗传。以是，知天下乎泽者，固非易。易后之继者，真甚难也。即□西山凤凰池，上寺建□□明□□□□，兵火数遭，基址几改，倘非衣钵相源已成明月芦花矣。□知创之者，即山僧语嵩也。明末来自巴蜀，禅寓西山。斯时，草为衣而木为庵，刀为耕，而火为耨。心怜八景，风动群山，贤愚瞻仰，僧俗皈依。此木皮名庵有自来矣。

越十年而天童扫塔，飘然长往，西山中□几成荒墟。嗣有门人宗风者，□□共易木皮，而殿宇辉煌，塑像庄严，扫烟尘而佛法大振。况有徒□□

紫荆左右，勚[①]襄胜地名山，莫此为甚。无如沧田屡易，□几而基业颓倾。即昔之旧址，依然不改。念前人痛心而疾首乎？尤幸衣钵不坠，前烈增辉，有紫林之徒洪亮以承先为正以启后，为愿不忘先人之创建永坠也，而土筑之心起□□□佛像之隳颓[②]无存也，而庄严之心动焉。自庚子以适壬子，无岁不以修葺为念。由区捐以至募化，无事不以整理为心。迄今，基殿庄严，佛像威严，非后先继美者欤？不然，何古今人之相肖也！功成而请序于予。予诵其言之真而行之慎也，不揣固陋，爰笔而书之。后之兴者，亦将有感于斯文。

清雍正十年（1732）

[附记]选自（民国）《息烽县志（卷35）·献征志·碑记》。又见（民国）《修文县志稿（卷4）·秩祀志》。碑立于息烽县鹿窝乡西望山毗卢寺，雍正十年（1732）龚尚峻撰。已损毁。龚尚峻，息烽县人，生平无考。木皮庵，又名凤池寺，位于息烽县西北西望山天风岭东麓凤凰池右侧凤凰涧上，始建于明代。明崇祯年间，语嵩、瞿昙两次修葺。清雍正十年，僧洪亮重建。咸同年间毁于战乱。光绪年间，僧法华再度重修。

永垂万古

凡人建功立业，固贵于□大尤贵。于可以玉冠山之释子如传勉力植木数千株，捐□置田土□弋□，未几，国初颓□不患□之难，王入宿□□□佛□牛救之。不□□□有年□□后世者也。因□为之碑记，□以后来□□。

计开：

——置田□□□□土良（银）五两

——□山土□田弋坵良（银）二两

——手种本山四周嘉木五千四百株

① 勚（yì）：劳苦。

② 隳颓（huī tuí）：衰败；毁败。

□□□□□□□□

雍正拾壹年（1733）春三轂旦□□立

[附记] 摩崖位于清镇市犁倭镇玉冠山上山道旁，高0.60米，宽0.40米，碑额“永垂万古”（由右至左竖书楷书阳刻），碑文为竖书楷书阴刻。玉冠山庙宇始建于明洪武八年（1375），清雍正十一年（1733）重修。光绪初年再建。有正殿、玉皇殿、三官楼、观音阁等殿宇。

黔灵参之广塔铭叙　李云龙

黔灵山参之上人圆寂后，藏塔于山之毗卢峰。其徒兰浦请铭于余，余谓铭者铭其德行于后世，历久远而不替，将以信今传后，非可滥觞欺世也。以故古人于几杖、盂盘、巩带、鼎鼐、樽俎[①]之属，无不有箴有铭者是已。若夫树碣于窀穸，镌文于贞珉，炫德耀功，乃季世之所为，与古道相去，奚啻径庭。彼兰浦者释也，胡以塔铭请余，始怪而却之。寻思士大夫之子若孙，所以为祖父立碣镌铭者，以其人有德可范，有功可纪，世世子孙，读其文字，如沐手泽，如亲謦欬[②]。犹冀克绳前徽，踵武芳躅[③]，是以有墓则有碑与铭。兰浦于参之，有心丧之谊，今之请铭，亦犹是士大夫纪功志德之意耳。因询兰浦，得悉梗概。

盖参之者，黔之金竹人也，刘其姓，广德其名，参之乃其释号也。生七岁，入家塾，与凡童异。十二岁便欲解脱世务，遂剃发于紫林庵之东明释子戒。十九岁兼通诗文，然犹有以试科勉望者，参之皆唯唯否否，古之莲池，有同轨焉。

二十岁决志清修，求证于黔灵山之瞿脉上人。遂达自心，明自性，是以有万众森罗之偈，古之已公有同悟焉。迨后或驻锡三教，或开悟缙绅，此皆德已成、慧已通之明验也。或灭火救亲，或远涉葬师，此又以释子而

---

① 鼎鼐（dǐng nài）：鼎和鼐是古代的烹饪器具。樽俎（zūn zǔ），古代盛酒食的器具。

② 謦欬（qǐng kài）：指咳嗽声，引申为言笑。欬：亦作咳，咳嗽。

③ 踵武（zhǒng wǔ）：比喻效法或继承前人的事业。芳躅（fāng zhú）：指前贤的踪迹。

通儒理，克子职而尽弟道者也，勿论什陌于缁流衲子[①]，即在学士大夫中亦不数数觏[②]。兰浦之请，乌足怪乎！

上人生于康熙二十一年六月初一日戌时；圆寂于乾隆甲戌年十二月二十六日子时。遗有偈言，载在兰浦之记录，兹不悉赘。特考其修养之实迹，乃一心行阿耨菩提心，定卜登波罗蜜，超生于不生不灭之乡矣。爰为铭曰：

黔灵苍苍，富水汤汤。般若波蜜，神其徜徉。
石塔嶙峋，松柏瓢香。迦陵奕禩，为梵林光。
师肖天童，当仁不让。宗风大振，德播八荒。
棒喝临机，继祖联芳。鹫岭狮吼，爪牙狼当。
吟风啸月，或颠或狂。卓尔俨然，天人瞻仰。

大清乾隆二十七年岁在壬午（1762）夹钟月[③]　席巽书 霖村李云龙撰
传临济正宗三十六世继住黔灵嗣法门人圆慧暨阖山派眷等同立

[附记]选自（清）康熙《黔灵山志（卷之10）·塔垆及铭》。墓塔位于贵阳市云岩区黔灵山毗卢峰。圆首，无纹饰，书“塔铭”2字，每字0.20米见方。碑座高0.32米，碑帽高0.72米，碑高1.64米，宽1.00米（嵌入石壁，不知厚度）。碑面刻字漶漫，已无法辨读。

东林寺碑记　张凤池

名山皆佛地，到处为然。在吾乡如山阴之禹穴之胜，天台雁宕之奇，其间丛林森立，类极天巧人工。原夫创始，大都高人辟世，名士逃禅，参透上乘，既契心源之合，培成妙果，用垂清静之规。百十年后，抚松菊而恍见其仪，禁樵苏而思永其绪。岂云佞佛，亦寓好古之深心焉。

乙酉岁，余备员黔中，知贵筑县事。县治西隅，有梵刹一区，去会城

① 缁流（zī liú）：佛教术语，僧着缁衣，故谓之缁流。衲子：即僧人。
② 觏（gòu）：遇见；看见。
③ 夹钟月：二月。

二十里许，前僧东旭创于明季末年。相传伊系蜀人，随父宦滇而返，途次忽发狂痴，绻留不去，于此趺坐数年，乃欲诛茅构寺，因系臬署官山，直叩辕门，恳求施布，观察胡公怜其善行，尽官山之四至而与之。于是垦田建像，种竹栽杉，顿辟荒原，俨成净境。自号其寺曰“东林”，誓戒子孙，自食其力，山场树木，除补葺取资外，概禁勿剪。以故百余年来，葱茏日盛。

丙戌（1766）秋，会钱局鼓铸工严，需材锻炭。承办者朦胧以养马苗山林最广具闻。余奉宪檄躬亲相度，见其曲径周道之际，古柏参天，苍松映日，枫林郁郁，修竹猗猗材木信乎广也。追住持坤林面呈禀折，具述其山东界阿芒山、石坡、虎冲、癞壳山、潘严姓山、油榨房山；南抵罗姓土及芦梯塘山岭；西至王家冲、单身坡、骡马大路及小官山；北极丫口、穿洞、萧家坡、一碗井及长潭、大堰坎等处。俱系前僧躬承臬宪所施，自为开垦，深林密树，种植多年。故节岁以来，如造舡、建局、修署、立桅诸大工作，匠役辈无不贪就利便，怂恿采办。蒙府宪韩、本县韦，洞悉渊源，停其斩刈。余周遭审视，花柳缤纷，禽鸟和乐，且不禁流连不忍去也，而谓忍使之濯濯乎？

徐由塔院步转影堂，遗像俨然，确似儒而僧者，询其履历，立谈顷。虽不尽悉由来，然即寺号以思，不但翩翩浊世之佳公子也。为想东林之祸，烈于熹宗，沿至鼎迁，复社犹受遗奸之害。东林赤帜久不树于江南，兹特标其号于天末，藉非东林中人，谁复是东林者？避世高人，逃禅名士，于此乎又遇之矣。

归述其由，缕呈宪听，面承有永禁采取之谕。爰笔志之，呈乡绅玉山白公、碧山章公付寺僧，以敬结来者。

[附记] 选自道光《贵阳府志·余编（卷之10）》。碑原存观山湖区金朱东路（养马村）东林寺。寺毁后经当地居民张德华等抢救并保存。碑为青石质，圆首，高1.80米，宽0.8米，厚0.15米。碑额“宪府”。张凤池，浙江山阴人，乾隆进士，乾隆中人贵阳府贵筑县知事。

重修忠烈庙碑记　觉罗图思德

贵州省城南有忠烈庙，祀唐赠扬州大都督、忠烈南将军之神。德以乾隆三十七年巡抚其地，拜庙下，知神庇佑黔民，灵应若桴[①]响。顾庙制未备，不足称崇报之礼。商寮寀[②]，皆欣然同志[③]。遂择吉日鸠工庀材。凡前堂后寝、轩房、廊屋，悉仍旧制；易其朽蠹，加之丹雘。设东西厅为行礼者憩息之所，示虔也。建钟鼓楼各一，轩然翼然，噌吰镗鞳[④]，警听也。增神将四，屹然拱护，以将敬也。台榭阶圮（戺）[⑤]、僧寮庖福，莫不葺治。朱甍丹稜[⑥]，耳目一新。既落成，邦人大和会，作礼竦敬。万象一新，佥以为宜有词以丽之，石以永久。

尝考《唐书》，神于唐有再造功，故自肃宗后，凡国家有德音[⑦]，必于郭汾阳王子仪[⑧]，李西平王晟[⑨]，颜太师杲卿、真卿兄弟[⑩]，段太尉秀实[⑪]，张、许二公与南将军八族之子孙，各与以五品官，终唐之世如此。神之子承嗣，又以忠勇惠爱，克荷先业，著清名于涪州、施州、清江间。唐时，此地为溪硐，其酋长入贡，必涪州刺史为之请，则此地之祀神，自唐始无疑也。明按察使王宪始奏列祀典，忠庙则正统时赐额也。前巡抚、德州田少宰著《黔书》，谓明天启壬戌安酋作逆，城将陷，忽见神兵罗列雉堞，贼惊遁。康熙二十九年，南明河水忽鸣，邦人震恐，田公率僚属祷神，郁攸之患遂永息。黔地山多田少，非雨旸时若罔获有秋。每农人望泽，齐心默祷，克期立应。此则德躬亲被之，感神赐尤切者也。

然则，斯举也，为黔中黎庶达神庥于既往，迓介福于方来，慰众心而

① 桴（fú）：击鼓的槌。

② 寀（cǎi）：古代指官员。

③ 同志：志趣相同。

④ 噌吰（chēng hóng）：声音壮阔，多以形容钟鼓声。镗鞳（tāng tà）：象声词，指钟鼓声。

⑤ 戺（shì）：台阶旁边砌的斜石。

⑥ 朱甍丹稜：朱红色的屋檐和瓦棱。甍（méng）：房屋、屋脊。稜（léng）：同棱。

⑦ 德音：善言。《诗·邶风·谷风》：“德音莫违，及尔同死。”

⑧ 郭子仪（697–781），华州郑县（今陕西渭南华州区）人，唐代名将、政治家、军事家。

⑨ 李晟（727–793），别名李西平，字良器，洮州临潭（今甘肃省临潭县）人，唐朝中期名将。

⑩ 颜杲卿（692–756），字昕，生于京兆万年，祖籍琅琊临沂（今山东临沂）。唐朝中期名臣。颜真卿的堂兄。颜真卿（709–784），字清臣，别号应方，京兆万年（今陕西西安）人，唐代名臣、书法家。。

⑪ 段秀实（719–783），原名段颜，字成公，陇州汧阳（今陕西千阳）人。官至泾州刺史兼泾原郑颍节度使。

崇国典，又曷可以已！经始于乾隆三十八年（1773）十月，阅三月乃竣。勒石以纪岁月，且著灵迹之尤异，并系铭以昭来许。若神之精忠大节，昌黎、河东①言之详矣，兹不具书。铭曰：

贵山苍苍兮，富水洋洋。翼然新宫兮，跻神之堂。跻神之堂，临之在上质在旁，虎眉虬须黝而长。麟袍犀带雕锦裳，云车风马纷成行。增之卫从峙两厢，拥以华瑵②兮，佩以干将；曷以妥神兮，彤楹垩墙。曷以侑饷兮，笾豆大房；嘉粟食必芬，荔丹蕉黄。考钟伐鼓兮，厥声喤喤。灵之来兮，从天阊。佑我下民兮，降福穰穰。曰雨而雨兮，曰旸而旸。麻麦黍稷，重穋稻秔。露积被野如茨梁，闾阎富寿乐且康。睦婣任恤厥心臧，仡僚佬儸仲佯僙。白狼咏化歌三章，羊肠九叠成康庄。椎牛酾酒刲黄羊，虔修祀事敢不薆。惟忠惟孝扶天纲，聪明正直庇黔方。我作铭诗叶浩倡，千祀百世垂耿光。神之听兮惠我无疆。

[附记] 选自（清）道光《贵阳府志·余编（卷之9）》。觉罗图思德，满洲镶黄旗人。乾隆三十六年（1771）任贵州布政使，次年，擢贵州巡抚。官至湖广总督。忠烈庙，位于中华南路，建于元代（本名南霁云祠，因所塑像面黑，俗称黑神庙）。明清时期多次增修、重建。南霁云，唐魏州顿丘人，作战勇猛。安史之乱时与河南节度副使张巡守重镇睢阳，被叛军所俘，不屈而死。后其子南承嗣任清江守，多善政，惠及黔中，民爱戴之，故贵州一些地方建祠祀其父南霁云。随着历史变迁，部分忠烈宫（庙）延请僧人住持，虽未更名，但实际上成了佛教寺院。

三教寺碑

神道设教，由来尚矣。先祖袁了凡先生，尝言庙宇神像，总宜修饰而尊礼之，夫岂无所见而云。然是三教寺感梦而建多宝佛塔，良非偶然。

---

① 昌黎：韩愈，字退之，自称“郡望昌黎”，世称“韩昌黎”。河东：柳宗元，字子厚，河东（今山西运城永济一带）人，世称“柳河东”“河东先生”。

② 瑵（zhǎo）：古代车盖弓头伸出像爪的部分，多用金玉做装饰。

郡麦西里乡，地否下立，军民不满百，而崇山峻岭，茂林修竹，望之蔚然深秀，胜境也。儒业农修，男耕妇绩，有古遗风善良之俗也。里门之外有庙，曰“三教寺”。栋起二层，其上栋则三教佛、神、圆觉、牛王、马王莲座矣；其下栋则三生娘孃、四官、韦驼、土地、龙神。钟鼓之所颓旧，新修也。

僧了尘自楚至黔，勤因果，精能入妙。所过者化，广结良缘。其所致而兴者，若修邑之扯泥、龙滚、巫洒索桥，开邑之沙锅寨，贵筑之扎佐司等处，俱有成功。盖亦空门中之有功弟子，江湖上之大志高人，非等闲僧也。余等今岁春，清水众姓，募化捐资，延请复修斯庙。始亦守前之创，因于后之守，亦继述先人之雅意。僧欣然而诺其请，虑赀费不足，爰作十方，募化一簿请序。予曰：“定之方中，揆以日作于此宫，作于此室，惟冀四方善男信女，共襄厥成。千狐之白，集而成裘；一篑之土，累而成山。一大快事也。神得其栖，人亦得其宁。况乎僧来道往，何处更访湖山；鼓发钟□，此地一关风水。知胜地之匪遥，比桃源而犹近；得善俗以流长，访蓬岛于咫尺。神道之设，利用大哉！”爰作功德一簿首序。

乾隆四十一年丙申（1776）十二月初五竖碑

[附记]选自（民国）《修文县志稿（卷4）·秩祀志》。参见清水村支部、清水村村民委员会编纂：《修文县清水村志》，2007，第213页。扯泥堡三教寺始建于明末。清乾隆年间修复。现为清水小学校址。

弘福寺护法碑

贵州省贵阳府贵筑正堂，加五级纪录六次董，抄奉钦命贵州等处承宣布政使司布政使用权，加五级纪录十五次汪，为严禁砍伐竹木，以培山林事：

照得北门外有黔灵山为会垣之屏障，风水攸关。康熙初年，抚部院曹，相其形势，乃捐金建寺，供奉诸佛。山既高爽，寺颇幽静，实为省会第一禅林。乾隆五年（1740），藩司陈以山场宽展，界址广阔，谕令住持僧启遍种竹木杉松数万余株，以覆荫寺宇，而壮观詹。并禁附近居民樵采。嗣是，数十年来，竹木成林郁葱在望，颇为□观。

但距城太近，地方官间或因公伐取一二株应用，并无大害。乃差役等藉称公用，肆意砍伐，而附近奸民，因而效尤，十数年来，掺[①]斧斤入山者，殆无虚岁，若不严行禁止，则千章万个，向之葱然深秀者，转盼间化作童山[②]，省城风水，渐恐凋伤，不得不明切示禁：

兹据住持僧圆奇禀请禁示前来，除行贵阳府贵筑县加意保护并一体严行禁止外，合行出示晓谕。为此，仰示住持山僧及军民差役人等知悉，嗣后，山内一切竹木，务须任其长养，勿得作践砍伐。倘有差役等谎称官用及奸民等公然砍取，并游人等顺便攀折，许寺僧扭禀地方官，先行枷号山前示众，从重究办。若有不肖僧人勾通合货卖取钱财，一经访闻或别经发觉均按律重究。本司言出法随，勿稍宽贷，各宜凛遵勿违。特示。

右谕通知。

乾隆五十二年（1787）三月初九日示

（布告实贴山门晓谕。）

[附记] 选自贵州省地方志编纂委员会编：《贵州省志·环境保护志》，贵州人民出版社，2002，第842页。碑文记载：署贵阳府贵筑县知县董梁（内务府汉军正黄旗朝庆佐领下人，举人），根据贵州布政使司布政使汪新（浙江仁和人）的谕令，发布严禁砍伐黔灵山竹木，以培护山林的告示。

弘福寺护法碑

贵州省贵阳府正堂加四级纪录五次刘：

为恳恩示禁事，乾隆五十二年三月十七日，奉布政司禀开。据黔灵山住持僧圆奇呈称："缘黔灵山始于康熙十一年间。蒙前抚部院曹游观所临，以为此山关系通省龙脉，捐金创建，庙宇维新。招僧赤松住持，历蒙各大宪筹划经营。嗣于乾隆五年，复蒙潘宪陈吩咐：种植杉木，以为培风水之

---

① 掺（chān）：同"搀"。持，握。

② 童山：无草木的山。亦指砍伐林木，使山光秃。

计，历久无异。至乾隆三十年，经前臬宪高修理神庙，发禀差役赴山砍树。不惟不发价值，且有饭食绳索之需。自此端一开，培植风水之山，即为公事动用之山，即或官取有限，而执役者或十倍之，或百培之。僧情不得已，只得冒昧渎禀，仰恳赏准批示，严禁砍伐，俾山寺渐兴隆僧等盛高厚于无暨矣。”等情，据此，查黔灵山为省会地，风水攸关，理应培植。今据该住持僧圆奇具呈前情，殊属可恶。除出示严禁外，合行饬之。为此仰府官吏遵照。嗣后，凡有应办一切木植，不得赴该山采取，以培山林，以护风水。并严查□差役需索，严□居民寺僧盗卖之弊。仍即出示严禁，并专差查，本司亦不时差役查严察。倘有去山砍木需索等事，立即严拿究治勿违！速速。

等因奉此，合行出示严禁：为此，示仰差役居民人等知悉嗣后凡有应办一切木植，勿许在山探取，及差役人等假公需索。倘有不遵，许该僧立即具案，以凭严拏重究。倘居民于该寺僧私砍盗卖，一经查出，亦即重究不贷，各宜凛遵勿违。

特示遵！右谕通知。

乾隆五十二年（1787）四月

[附记] 选自贵选自贵州省地方志编纂委员会编：《贵州省志·环境保护志》，贵州人民出版社，2002，第841–842页。碑文记述，因贵阳府有的差役任意砍伐黔灵山属于弘福寺管理的树木，这些差役不仅不给钱，反而向寺院索取饭食等。黔灵山住持僧圆奇所呈请官府处理。

重修黔灵山石路碑记

天地灵秀之气，结而为山，其到名五岳者固已。他如梁为晋望，会稽名浙，英霍缘以立县，蒙峄因之称鲁，亦各据一郡一邑之秀，而名以传。

全黔皆山也，连峰迭嶂，一成再成者不数里皆是。即以省垣论，去城西北三里许，黔灵一山耸处万壑之中，三台、锡杖诸峰，罗列左右，上则翠竹苍松掩映禅宇，后则一泓澄沏圣泉在焉。虽不敢与五岳称尊，亦可比一郡一邑之秀，考古者略之何欤！

夫蓬莱琼室，不能使视听之外者，详其地而纪其胜，足迹所经，期有稽之言，可传而可信。原此山之始地，为大罗木寨苗民所有，木不拔，道不通，乌此山之灵也。

自康熙十一年，有僧赤松策杖来游，见群峰环绕，堪为选佛之场，谋修建禅院。尔时，居住栖息，不过班荆荫松；高下出入，不过攀萝扪石。仍由大罗木寨故道，荒径未辟，人亦罕至。逮康熙二十七年间，有方伯蒋公、廉访李公、观察傅公三君子者，始于山前开辟大路。因地之广狭，累以石，俾来者得拾级而登，乃共知有黔灵也。然迄今越一百一年矣，上雨旁风，苔侵路毁，山石荦角[①]，行径甚微，畏而裹足有之，山之灵终未得著。

余自丁未岁，秉臬事来黔，闻此山清净峻削，陟其颠可睹全黔形势，公余至，止及山腰，肩舆不能进，缓步以上。因动念捐资，并劝同志者，共襄厥事，旋命土工、石工重修之。

其径较前广而方，无颇无偏，荡荡平平，徒步可行，山车可入，庶几幽谷无私，有至斯响。览胜者接踵而游，访道者梯山而至。由此荫法云于真境，曜慧日于通衢。灵山之胜，流播寰区，使探幽之士，纪其实以笔之简编，佥知山之佳者，于黔称贵阳黔灵为最，可附群岳之后传之不朽！则此山效灵于黔，黔亦借兹山灵矣。功成，爰书数语以纪事。其捐金各姓氏并录之碑阴焉。是为记。

署贵州布政使司布政使按察使司使按察陈大文撰并书

署贵州布政使司库大使试用州同唐英篆额

乾隆五十四岁次己酉秋八月榖旦

（各姓功德未便录）

[附记] 选自（清）康熙《黔灵山志（卷11）·艺文（上）》。陈大文（1742–1815），字简亭，号研斋，河南杞县人（原籍浙江会稽）。乾隆三十七年（1772）进士，曾任吏部主事、郎中，云南迤东道台，乾隆五十一至五十四年（1786–1789）任贵州按察使司使按察使。官至兵部尚书。陈大文清正廉洁，精明干练，严惩贪官污吏，曾得朝廷表彰。

① 荦角（luò jiǎo）：怪石嶙峋貌。

水口寺碑记

粤自定权衡而凭阴骘，道应六匡，完大节以笃忠贞，名高三国，宏文宣化，储天地之精英，荡寇伏魔；秉乾坤之正气，以故神明如在。庙貌几偏寰区，灵应丕昭馨香特隆，历代二圣之神在天下，如水之在地中，固无往而不在也。

吾乡水口寺，创至有明，上下两殿，俱供佛像。近因住持僧铢集寸累，欲邀二圣之精灵鉴临斯土，爰集乡人卜地于寺门首，鸠工庀材。第工程浩巨，所集无多。欲成圭壁之观，尚翼分金之助。所幸集腋成裘，图终不懈于厥，始积铢成两，众志得期于同仁，将见层楼耸翠，作保障于一乡；飞阁流丹，壮观瞻于四境。神灵妥而风水有资；文教兴而武功丕起，实文武帝君在天之灵，当亦默佑而深许也。是为序。

又

如来之胜于东土也，将以福世庇民，非真为浮图作护符已也。然梵堂壮丽，佛像森严煌煌，创厥制者，实作尘问保障，岂仅为耀观哉。倘住持乏人，则香烟不继，灯烛萧然，岂能历久不敝乎？是寺之所以赖于住持者耳，住而持之赖以资生者，田产也。

乌栗水口古刹，建自有明，世远年久。前姓舍田，纸毁字朽，坵段难稽，恐后不无侵遗之患，主斯山者，实贻之戚也。因此众姓等捐资勒石，将田型四至界限、坐落、坵段，粮册亩数，逐一刻载碑记，永垂不朽，是序。

乾隆五十四年（1789）己酉秋立

[附记] 选自（民国）《修文县志稿（卷4）·秩祀志》。碑文主要是记载寺院田地产。

常住碑记

和尚以空门为名，常住亦伺常之有。有之固足幸；无之亦不足忧。何则盖有乐善之檀越雅意栽培而际清净之。僧人尽心修理，将见佛像庄严，殿宇竣[俊]秀，法门之香火继，施主亦流庆于子孙，相得并彰，斯为美也。不然间有不法之僧出而遇奸吝之徒，或因边界而侵占土田；或乘嫌隙而斥逐寺僧，彼此构怨，讼狱频生。则前此垂成之功果，岂不因此而败坏哉。是有之不如无之之为愈也，良可慨也。如我莲花寺，创自康熙三十三年。有周成相弟兄乏嗣，变宅为庵，于山顶建立殿宇，所舍山林田土，载于舍白之上。其后无人住持，以致梵宇灰颓，香火冷落，已经数十年矣。继而有乡约刘其会具禀其事，蒙前任府主胡给照，与龙兴寺师祖通准领袖诸山。凡寺之凋敝者，饬令焚献补修。僧师租、师父领照之后，于乾隆三十九年，与为首之蔡玄筹捐资募化，以故址高旷，移下数丈。所立正殿三间，厢房二所。自僧师卓锡于兹，则山林蓄养之田土则培补之。葺其残缺，补其废坠，夙兴夜寐，已经十数年之经营。况痒而后敝而复振，危而后安，庙貌维新，焚献不缺者，此皆众施主维持之功，而亦吾师苦心耗力之所致也，岂非一时之美哉！又宁敢忘其所自哉！虽然，使无碑记以铭之，但恐世远年湮，而寺僧不肖，众善之功德，或至掩然。豪强得乘衅而侵夺之，此亦事之未可逆料者耳。爰是将前后施主之姓，田土之多寡，田粮之升合，勒诸贞珉，共垂不朽云。后有乐善之君子，亦观此而兴起矣。

乾隆五十七年（1792）九月二十八日　住持僧世永立

[附记]选自（民国）《修文县志稿（卷4）·秩祀志》。碑原立于修文县城东北75公里龙坑顶莲花寺（今属息烽县养龙司镇灯塔村）。莲花寺始创于清康熙三十三年（1694），周成美、周成相弟兄因乏嗣，舍宅为庵，于山顶建立殿宇，并施舍山林田土供寺院焚献。乾隆年间，乾隆二十五年（1760），移建于山半。后遭毁，复重修。

万兴桥碑记

黔即南幅，所在皆山。水势分流，恒多险峻。发源于滇，若上江、下江与盘江、清江，合共汇而入粤。又若支分派列，入于镇远沅州，归于楚汉，实为黔江之门户，其最者矣。贵阳为省会之区，水之由定番入于南城，而东郭、北郭、西郭四面溪涧汇集，则九眼沙州，桥梁有设，不须舟楫，而渡由省而入于开州之落望，至于鸭池、六归，在在有舟楫之济矣。至若省会之北，百里龙洞，四注洪川壑会，流于水外六目之北，则六广、黄沙而下，西南二望，对峙耸屹，山势绵延，自南而北，逶迤围绕。首郡七邑为中都，其间瀑布湍流，指不胜屈，若筑邑之掺格都，修邑之扎佐落邦，渐入于北，归于其源于底寨、小堡、团圆、插旗、高山、龙堰并羊朗、息烽，俱有山峭壁壑渠会于腊适，上则七星坛之涌波，下则五色树之回澜，合众流而入乌江，经夜郎而入涪临，以归于蜀，四百里之间，通衢四达，车马辐辏，商贾往来，每遏泛涨，非厉揭之可涉，凡兹行人，以及耕凿，男妇至此，望流而叹。两岸青葱，尽是洋洋汩汩；平田万顷，莫非叠叠森森。非石磴长堙所可攀级而登；非渔舟小艇可能掉□而济。欲寻迂途曲径，绕道以就，则险阻逾越，跋涉维艰，莫此为最矣。幸诸君子思结万人之缘，以集八方之庆会，集福德之莘，致兹履荡之平。用是或捐或募，倩匠架勒，为桥之洞，颜以万福。拈囊中之红杉，饰地上之黄金。兹原伟举，八阅月而落成。虽方隅小筑，亦大方幅绩，彩虹青背，小观中之济媲前庥也。今将功捐涓滴镌刻于石，万人有福，福在万人，有与桥而俱永者。是为序。

又华严胜地也，梵刹幽居也，开建者不一代，守成考不一僧，未尝不培补焉。第以伐木为桥，水涌则朽败堪虑。后易以平石搭之，终不耐久，不如请匠鸠工，作一巨桥为永远计也。故诚禅师与住持名常，又与名佩者三人叔侄共商之。省衣灭食，积凑数十金，于是年奋然喜曰：前有为之者则不固，继有为之修则不坚，全其心愿作一巨桥，为山间之丽观，谁云不宜！且此地茂林修竹，清流激湍，而不为之以培其光耀，岂不负此景之幽趣也哉。此特跬步，固无可虑，即行人亦未病涉也。兼溪水暴涌，永无惊惧，而后人享其便利来游者，必羡此禅林鲜所观也。桥成之日，予重禅师叔侄之苦行，爰笔书之，志其不朽云。是以为序。

嘉庆二年（1797）庚午秋月立

[附记] 选自修文县交通局编纂：《修文县交通志》（1329–2005），2006，第281页。万兴桥，原名万福桥。清嘉庆二年（1797）建，道光十年（1830）重修。碑立于息烽县西山乡底寨村万兴桥。

重修东门文昌阁碑记　冯光熊

会城诸山来自修文之木阁箐，绵亘数十里，至扶风山而一峰矗立，形家所谓木笔文星也。南拱栖霞，北环相宝，若张两翼，蜿蜒而赴城东门，脊起平冈，实扼全黔之盛。昔人相其阴阳，建阁三层，上祀奎星，下祀武安王，中祀文昌。借以邀灵贶，培地脉，意良善也。阁始自有明万历时，国朝康熙中莅斯土者，制军卞公、甘公，中丞佟公、卫公，前后修葺，卫公所为文实载省志，言阁之所系与神之赫濯特详。

雍正年间，经略张襄平，方伯陈武兴，捐俸重修，而乡之缙绅先生亦继维持培护。凡以斯阁之有裨于黔省甚巨，而非同登临游玩之所也。自重葺后，迄今七十余年，风雨剥蚀，不修且坏，乡之善士等目击心忧，醵金鸠工，诹吉重建，而其栋楹梁角板栏之腐黝挠折者，盖瓦级砖之残缺者，而加之丹垩焉。缭垣益坚，金碧重焕，阅两寒暑而落成。复虑既成之后，保护不易，以为地属公所，非一人一家之所得护持也。得勿为游人寓客之所蹂躏，谐谑喧哗，亵孰甚焉。列状请之当官，申严禁令，以崇棰祀，何其意之诚而奉之虔也。

尝考天官书，斗魁戴匡六星为文昌，道书称神，屡降于世，在周为张仲，《诗》以孝友闻。人皆知文昌掌科名之籍，禄仕之阶，而不知默以阴阳相下民者，无非以为臣尽忠，子尽孝之实行，风厉颓俗予无穷也。黔虽苗民杂处，而士风淳朴，人知节义，百余年来，衣冠儒雅，科甲蝉联。仰赖圣朝文教之覃敷，何莫非神明呵护之力欤。邦之人入庙思敬，求其无愧乎神明者，以对越乎神明者，可矣。

禁条开列于左：

是阁系阛城保障，风水攸关。阁之前后左右毋得积渣垦土。

文昌阁山门，除朔望神会外，住持僧不得擅开。

不得在此教书习武；科岁乡场应试士子及异地栖留云游僧道，均不得招住。

游人过客及踏青男女，均不得擅入饮酒喧闹。

藩署每岁所给香灯银六两，住持僧不得私用。

子城内空地，一切军民人等勿得在此造屋搭棚，致干究戾。

凡官弁士民，不得在此停棺寄轿；阁中桌几、铺垫、器皿等物，原因神会制办，不得倚势借用。

以上数条，除由司专发府县照录存案外，合行勒石，俾阖省仕宦绅士、军民僧俗人等一体永远遵照。如有不遵禁例，许该住持指名禀官究治；如住持不守清规，众绅士立行将之逐出。遵之勿忽。

贵州等处承宣布政使司布政使、志勇巴图鲁常明

贵州等处提刑按察使司按察使、统辖全省驿传事务方昂

督理贵州通省军粮储道兼贵西兵道、兼理驿务孙文焕

加接察使衔、贵州分巡贵东古州等处兵备道兼理驿务周纬

置贵州贵阳府事、镇远府正堂程煜

贵州贵阳府贵筑县正堂王湛恩

置贵州贵阳府贵筑县正堂吴名馨

嘉庆四年岁次己未（1799）秋月上浣谷旦　张大学立

[附记]碑立于云岩区文昌北路文昌阁。撰者冯光熊（？–1801），字太占，浙江嘉兴人。乾隆十二年举人，历官户部郎中、江西按察使、甘肃布政使。嘉庆四年（1799）任贵州巡抚。参见贵阳市志编纂委员会编：《贵阳市志·文物志》，贵州人民出版社，1993，第119页。文昌，全称文昌帝君，为道教尊奉的掌管学问、文章、士子功名禄位之神。文昌阁，奉祀文昌帝君。云岩区文昌阁虽为道观，但住持为僧人。

重修三官庙碑记

盖闻诸佛居于遐岭，书乃利利人天。则庙宇威严，无诚不格；佛像整饬，有感皆通。灵运丕昭，远近不乏叩拜。劫造昔人，补理于今，在在皆是。但我蓬莱永兴寺下三官庙，建立多年，神会屡屡，四时供奉，不灭当年。无如历年久远，风雨淋漓，庙宇倾颓，遂成萧条之境。本地施主视此不胜致慨。代为之化，斯成壮观。众姓人人发心，异方之民效力。财聚如恒河之沙，功成如法轮之转，则钟鼓复震于虚谷，神灵助三昧之威，显应

在于天地（缺字）。窃以工兴，石块瓦片，无非布施之金钱；一草一木，必借檀那之力。众等公议，僧设一粗斋，募化功德，共结善缘，永奉香灯，不惜囊金，凑少成多，使辉煌于前者，复继盛于后焉。今后庙宇增辉，神灵显应，僧所口望。倘得四方绅士，仁人君子，乐善完功，勒石垂名，永垂万古。谨将众姓捐资芳名开列于左，永垂不朽。

（以下捐银者姓名及数额。略）

潘士元书　住持僧明礼

大清嘉庆十一年岁次丙寅（1806）三月十二日立

[附记] 选自贵阳市志编纂委员会编：《贵阳市志·文物志》，贵州人民出版社，1993，第 127–128 页。碑原存白云区蓬莱寨三官庙（1982 年由贵阳市白云区文化馆收藏）。青石质，高 1.90 米，0.97 米，厚 0.15 米。碑额“永垂万古”，无碑题。碑文竖书楷书阴刻。

惺慧奇公行铭碑　王翔

师俗姓周，黄平旧州人也，生具夙因，长嗜净业。悼昏波之易缁，感机缘而契会。因而远慕宗风，乾隆十五年，薙发于复初和尚膝下，立断尘鞅[①]，苦行修持。于明年即秉具戒，竭志坚贞，参公遂以少室之旨相传，由是命住阳关，嗣主麦西，火种刀耕，辛勤食力。

四十一年，本堂及诸山接主黔灵。师自主法席以来。凭一身是胆，冀百废皆兴，阴霾尽除，群魔自灭，天人感应，善契众缘。凡宰官士庶，一睹师颜，顿生欢喜。废举颓兴，赏数百金之积债，清各处之侵田，恳免永远差徭，祈禁山场树木。乃至方丈钟楼，一时鼎建；各庭殿堂，莫不金碧重辉。然皆众缘之成，无非钦师之德；且重修白雪与法雪，功德俱备。

二十年来，丛林大振，师腊已逾古稀，调鹤驯鹿，植木莳花，提片句偈，开喻后昆，钳锤拶逼[②]，以晓当来。创兴黔灵者赤祖也；振典黔灵者吾师也。

① 尘鞅（yāng）：世俗事务束缚。

② 拶（zā）逼：逼迫。

嘉庆八年，念年高愿足，退守白云，将法席全传法徒等，使践此者，谆谆念僧一片苦心也。

师生雍正五年五月二十六日吉时，生而天性醇朴，不喜粉饰。虽年登耄耋，矍铄康强，乃于嘉庆十年九月二十五日申时，尘缘既尽，撒手西归。择期于本年十一月二十一日奉全塔于兹山。其高徒暨诸法嗣，立雪有年，妙能得髓，每念师恩，欲笔一生之行，铭诸片石，以彰千古。但翔密迩狮林，屡承尘教，参无字禅，未免蜂钻窗隙，示片句偈，几时月印千江，若得他日闻木樨香，二三子，吾无隐乎尔！余未明就里，勉成梗概，以叙云尔。铭曰：

岩岩苍峰，森森古木；卓卓高行，朗朗面目。
续破山宗，传敏树钵；秋月在潭，片雪归壑。
二谛俱融，四禅非缚；大阐元风，禅灯永烛。
虬松长青，灵泉不涸；允矣吾师，道隆大觉。

传临济正宗第三十六世惺慧奇公法师之塔
拣选知县甲寅恩科举人惺圆发晚王翔时庵氏拜撰
嘉庆十一年岁在丙寅（1806）律中大簇孟春月谷旦立
嗣法门人善闻暨阖山派眷等同祀

[附记] 碑文选自（清）康熙《黔灵山志（卷之10）·塔垆及铭》。墓塔位于云岩区黔灵山毗卢峰塔林主塔右侧。圆首，高2.30米，宽0.94米（嵌入石壁，不知厚度）。碑上部以卷草纹装饰。刻字大多已无法辨认。

重修圆觉殿记　广文

五岳为天下巨镇，尚矣。降而名山之在各封内者亦昭昭焉。

黔壤辟最后，其名山不见经传。自前明始建省，而全黔之灵，钟于兹山为特著。逮荷圣朝泽深毓秀，而兹山愈大发其奇。顾维山有灵，灵于其神；维神有觉，觉于其圆。念吾赤松一世祖，粤康熙初创丛林，历建梵宇疏寮，代经修举，焕然在望，第惟圆觉殿廊，久圮未葺。

僧自嘉庆己巳年，座挽方丈，此物此志，即虑福缘之难其人已久。辛未夏，通有大檀越张公名景铉者，随喜祇林，目惊心动，讯圆觉之因果，僧特敬募之。景铉张公性好真善，乐为首倡，劝捐醵金，鸠工庀材，将见宗风丕振，而黔山之灵，光昌益炽；金绳之觉路，圆且通矣！福果告成，不可以不记，用请勒石而为之永垂。谨胪众善芳徽[①]于左。

（以下记功德主名。略）

方丈广文和南谨识 嘉庆十六年辛未（1811）菊月立

[附记] 选自（清）康熙《黔灵山志（卷12）·艺文（下）》。

“报享万年”碑

盖闻备物致敬，按则□□也。缘诚而敬有加，亦缘物而敬□□□。置洁必有所资也。明甚今合寨□公置田亩，明□□永□记，并□石以垂，免后浸蚀之患。俾以似□续□享以介量□□年为记　计开洛湾万松阁观音会田土：

壹坋（份）水西田，壹称零柒分，坐落长山脚。

贰坋（份）水西田，共玖称，坐落长山脚。

贰坋（份）水西田，共贰称叁分，坐落长山脚。

壹坋（份）私田，坐落蝦蟆井。

壹坋私田，坐落小寨山背后。

□崇德施土壹块，坐落打铁洞。

李恒施私田壹坋（份）、土壹块，坐落大山顶。

壹坋（份）水□田，贰称零□分半，坐落□□。

壹坋（份）私田，坐落□□。

嘉庆拾柒年（1812）桂月谷旦众姓公立

[附记] 碑立于乌当区东风镇洛湾村万松阁（方经寺），青石质，圭首，

---

① 胪（lú）：陈述。芳徽：即徽芳，意为盛德；美德。此处代指功德主。

有座。高 1.40 米，宽 0.70 米，厚 0.12 米。碑额为“报享万年”（楷书横书阴刻），无碑题。碑文楷书竖书阴刻。万松阁，又称方经寺，始建时间不详。清道光年间，因住持法慧管理不善，寺院破败不堪。后经贵筑县令干预，逐走法慧，另凭住持，寺院重振。抗日战争时期，著名地质学家李四光曾在万松阁居住和工作。

灵永寺碑　黎世杰

（约缺 16 字）[洪]武后皇太孙建文帝避难此间，始肇锡以嘉名[①]，曰“墨石果”。何妨与形□者谓（缺字）墨石甡丽，而又二水潆洄生水月山，交锁真气墨池照耀□，波淪□漪墨光晃（缺字）名焉。然要惟风水不坏，斯人文丕兴，此康熙癸亥先人于冠盖山下青龙左（缺字）也。无如百余年来风雨侵蚀，昔之金釭华烛乃而鬼燐瑩□□之鸟□飞（缺字）感慨系之矣。是以乙亥春，众姓商议各捐数金，遂鸠工庀材，□□□□石坎新□□祖师上殿玉皇文（缺字）□地各庙，但其事艰巨，故照先人成规拨水月山常住添用，□□□□水月山□隶中十此寺，乃其统辖（约缺 17 字）取名曰灵永寺。盖谓神灵地灵人亦灵也。然缔造难承□□□□易苟□存心于乐善，尊□上帝（约缺 17 字）□不垂诸功德以昭兹来许云。是为序。

□首士生员黎世杰□□书（缺字）

（以下记捐银人名及数额。略）

嘉庆二十二年（1817）十月二十一日中 十墨石堡众姓仝寺僧弥秀斋士易金凤 公立

[附记] 碑立于观山湖区百花湖乡三屯村灵永寺，青石质，方首，高 1.61 米，宽 0.916 米，厚 0.134 米（新配须弥式碑座高 0.294 米）。额题“□载丹图”，碑文楷书竖书阴刻，计 28 行，满行 45 字。碑于 20 世纪 60 年代毁坏，今重新收集拼接，并配碑座。但上侧右半部分尚缺失。参见梁太鹤:《百

① “始肇锡以嘉名”，语出屈原《离骚》：“皇览揆余初度兮，肇锡余以嘉名。”意为：父亲察看揣度我的生辰，赐给我以美名。借以言明建文帝避难来此，赐给该地嘉名曰“墨石”。

花湖灵永寺碑》，《贵阳文史》，2017（2）。建文帝名朱允炆，是继明太祖朱元璋之位的明朝第二个皇帝。建文四年（1402），其叔燕王朱棣夺其位，改国号为永乐。相传建文帝逃到云贵地区，贵阳灵永寺曾是其留居地之一。

发心供众剃头缘叙 大澈

夫以在家出家，布种因缘；八福田中，方便第一。然虽毛发之念，莫不由心所立。盖有禅人文亮者，为念五德六和，僧伦同堂共住，水乳相餐。自隗未能参访，承事十方。是竭鄙志，谬发胜心，为诸大僧师剃头，服役于每月望晦之辰。但未知末后以为何如，将来有违众心。是以罄其二十余年看诵囊蓄苦积之需，捐买李姓之田一份，坐落地名长凹，大小五坵。捐入本山常住，以作每月二次拣利达之匠师，为大众剃头之项，永远无异。敢谓福报因缘，惟乞破悭心而求寂静欤！

于是具仪以告，余偶忆二僧争施，一则衲辈中馨名嗜利者众，轻金重道者寡。今仁者一旦勘破身心，洒落神情，若非铁棒着力，安得绳头两断。既不吝其身血，是以展笔记石，恳勉后之当代执事者，悯伊一念之因，庶不负其初志，共证真常，获无量果，是为叙云！

主刹沙门大澈谨识

嘉庆二十三年（1818）十二月佛成道日立

[附记] 选自（清）康熙《黔灵山志（卷 12）·艺文（下）》。碑文记述弘福寺僧文亮发心，“为诸大僧师剃头，服役于每月望晦之辰。”为了使这一心愿延续下去，文亮捐出 20 余年的积蓄“买李姓之田一份”，捐给弘福寺，以其租金作为每月二次请剃头匠师的费用。

隆兴场碑

盖此场之开也，自康熙乙卯岁，太高祖彭龙公奉州刺史李公示，开赶便民，又修武林寺院为彭氏香火。置摆省 [谷] 庄业为常住，买地为一境场集，计收店房七十三间之租银，为本寺香灯之费，每间定收租银六钱，纪于石勒阁。高祖正国、曾祖理□□□□□□□□□□□□□缠绵补葺，于今七世百六十年矣。先因商民滋逞，以人命陷害杨正先，曾祖遂封禁此场不赶，只留房租入庙，继因族内不肖者出，将房基市地尽行盗卖。乾隆四十三年，如溢公命子维聪等鸣之公庭，州主李牧当堂讯明，责惩买二家，仍追入武林寺为庙业。奉州主命，复勒石垂后，其原篆碑文曰："且夫报应之说，由来久矣。惠迪从道，载诸《尚书》，余庆余殃，传之《周易》，可知神堂庙宇之设，非徒新一时之耳目，所以坚人心向善之念，俾其以善继善，而相垂不朽也。自康熙乙卯年，□□之先祖彭龙建立武林寺，为合族之香火，期历久而常新。当是时不辞劳瘁，不惜资财，于辛酉年买置谷庄业田地，以租谷为僧人常住之资，复买隙地，请示开场，收房钱为神灵香灯之费。其房共计七十三间，每间租银六钱，盖先祖原竭力为公，毫无私念。是以刻石垂后，郑重分明，累世相传，纤丝莫紊。奈相沿日久，见利忘义之徒，忽起贪私废公之举。族中不肖者，谓此场乃先人所设，竟至硬行变卖，是不特先人之善念难存，即神灵之凭依安在也。如溢不得已，始将碑记舍白讼之公庭，蒙州主李公当堂审讯，断令买主退还归庙，令僧收租，曲直攸分，具结存案。如溢窃念善始贵乎图终，遵行期于永久。□将原委勒志石上，用志州主廉明，永绝将来弊端，并祈当代正人君子共秉公心，各存善念，偏私者化之，贪残者锄之，则隆兴场得其清正，武林寺借以常垂，俾后人有所遵循，豪强毋得浸蚀焉！是不特如溢之幸也，于是乎记。"

迄今年湮世远，碑石剥落，文字凋残，□□□恐后失据，豪强幸进，浸蚀复起，则先人创建之苦心不几废坠乎？为人子孙而坠厥先绪，莫如世守何也！裕等爰捐微资，延工凿石，敬述前言，重勒□志，是以垂永久云。

□□□ □□□ □□□同立
住持僧通□ □□ 郭元盛
大清嘉庆二十五年岁次庚辰（1820）桂月 吉日重建

[附记] 选自贵州省地方志编纂委员会编：《贵州省志·文物志》，贵州人民出版社，2003，第338页。碑立于花溪区党武镇旧场寨西头园坎上。碑为两方并立，青石质，各高1.40米，宽0.75米，厚0.10米。

九龙山茅坡寺告示碑 夏之瑚

□□□□□□□□□亦是清邑名山，重岗叠横其中，□日毓无多修竹，□□□□□□□□□廉耻，以致寺多游徒或手持官票因取以苛求，□□□□□□□藉口檀那，垂涎，香积之斋，廪颐之粟，不顾乱佛面，□□□□□飧，此往彼来，希图醉饱持物卖，信势估押以供佛给僧。□□□□春，香火歇寂，常住倾颓，幸邀神君降临，宿云开翳，是以联□□长老、住持，袛诵经礼佛，沙弥、行者亦当课偈守规，勿以熟识□□而滥为应诺，果系正士端人，结纳无碍，如餍游民匪棍交际，有□□。

清镇县正堂加五级纪录七次夏，为封禁山门，以免滋索攘茅坡寺等。具禀：茅坡寺近有不法匪徒，往往入寺讹诈，多方磕索等情致县□，合行出示严禁。为此示仰绅士军民人等知悉嗣示。

后闲杂毋许入□□。有无赖棍徒不自悛改，仍蹈辙，许寺僧该立即扭禀以凭究治，决不姑宽。遵毋达。特示。

嘉庆二十五年（1820）仲冬月十三日　五堡衿耆茅坡寺住持　公立

[附记] 选自李志荣：《茅坡云天寺》，载政协贵州省清镇市委员会编：《清镇文史资料选辑（第14辑）·清镇文物古迹专辑》，2004，第29页。碑存于贵阳市观山湖区百花湖乡九龙山茅坡寺，碑已残，只剩下半截。

青龙寺碑

盖闻大千世界，不致遽尽于沧桑；无量福田，到底常存于天壤。前人乐善，功德既著于当年；继起扬芬，芳名讵湮于后代。念我谷龙观音寺有常住田数亩，皆先人所布施以定于今者也。窃恐世远年湮，今名无考，风微人往[①]，舍白难凭，于是偕我同仁，纪功德于片石，勒其碑记永昭著于

① 风微人往：亦作人往风微。此处指人已离世，相关内容没有传下来。

万年。庶几青精①供佛，钟鼓永振于虚空；伊蒲②斋僧，香火重光于宇宙。既以彰前辈好施之德，实以启后人乐善之心。亿万千年，永垂不朽。

宋永高、宋启祥、龚智弘等，均各舍田于庙，以作常住香灯之用。

嘉庆二十五年（1820）立

[附记] 碑文载（民国）《修文县志访稿》。参见朱五义编撰：《修文名胜风光诗文选》，1991，第 178 页。

佛硐山碑记 陈醇

盖闻天下名山洞府，皆为仙佛所栖。顾其间，有天工生成者，有人力配合者；亦有天工少而人力多者，又有天工半而人力亦半者；更有天工而无人力补之，而遂设天工者；亦或有天工而以人凿之而反掩其天工者。

惟我濯灵城西五里有佛洞山者，则回异焉，巉岩展画，峭壁陈图。石门锁径，出入辟一隙之机缄；河水横腰流行，着两间之化育。嘉客来游，前无双地；引人入胜，后别一天。空门兮风云有会，盘结兮雨雪无飘。其名为佛洞山者，真命名之无忝也。故佛供有观音大士及诸佛像。创建妆塑，不知始于何人；崇奉焚献，不知始于何时。迨至康熙年间，有李公讳斗南者，大发菩提，大施田土，以为常住香灯。当是时，佛虽有僧焚献，而洞犹荒芜也。及嘉庆初年，得如相和尚住持修砌佛堂、石坎、入殿阶级，而洞府新状一观焉。然香灯虽无冷落之霎，而佛未有巍峨之像。又幸得相徒海依，克承师志，矢奉佛心，遂以人力而补天工之缺，爰苦行修行，齿积募化，辉皇台堂，神像烂漫。诸龛新建，洞外一阁，洞内左右两廊客舍、僧房，俱有赖斯时也。朝佛者济济，游观者林林，莫不称大壮厥观焉。书曰：“得人者昌。”又曰：“善继善述。”其海依上之谓也。夫爰石磨碑，以记其始末，以志李公之功德于不朽云。

信善李斗南，室人罗氏施兵田贰亩乙分，坐落六广河下相连有土乙分

---

① 青精：即青精饭，道家所食。此处借指佛堂供品。

② 伊蒲：即伊蒲馔（zhuàn）。斋供，素食。

坐落西门外名六绿田，有土相连外沙子坡土乙形，喻家洞大土乙块麻窝乙个洞山后并㟥谭满共土一十八块。

嘉庆十九年住持僧如相得买范铭孔园土乙块，坐落地名范家湾蔡家丫口各处山俱有界。

道光廿十二年岁次壬寅孟秋月中浣之吉 住持僧海依敬刊

[附记] 摩崖位于修文县六广镇新中村贾家洞佛洞山寺左侧岩壁上。落款为“六广绅士陈醇撰”。陈醇清嘉庆修文县学诸生。寺院始建时间不详。清康熙四年（1665），李斗南重建。嘉庆四年（1799）和道光二十二年（1842）分别由僧如相、海依增修。碑文参见修文县地方志编纂委员会编：《修文县志》，方志出版社，1998，第 1018–1019 页。据原碑勘校。

朝阳寺文昌阁碑序

朝阳一寺，殿宇四重，系众姓捐修，碑志昭然，无烦再述矣。惟是卜地立庙，原合城风水攸关，神所凭依，地宜必肃，岂容亵渎于其间哉。

乃乾隆四十三年，土酋班廷献因祖祠被灾，倏移乃祖泥像于寺中，敢与文昌帝君并座，妄言修祠迁徙。乃竟久假不归。

至嘉庆六年，仁宗睿皇帝特旨崇祀文昌帝君，允列祭典。此时王章赫然，前班廷献固蠢尔无知，厥子玉磷或将克盖前愆。顾因循怠玩，竟忍率父攸行，蹈祖不义。我同人俟之又久，始知其欲逐逐，意有所图。是以道光四年二月初三日，恭迎圣诞，爰将泥像送回，并给手书，劝以尊圣敬宗，只冀化其顽梗，息讼无争。乃虺蛇为心，豺狼成行，敢以荒唐之词三叩署。我同人赴辕对质，于本年四月内蒙府主色太尊当堂亲讯，谓班玉磷不遵上谕，亵渎文昌，律应重究。但念土酋无知，姑从宽免。因断伊祖泥像，不准入庙，并饬仍在阁上山原地修祠供像。是府主以悬镜之明，照澈奸人之胆。而青城数十年之弊，一旦逆除焉。夫文昌垂象，在天为司禄之星。将见殿阁前清，而神无媟嫚[1]；春秋享祀，而（人）获祯祥。他日（岳）降[2]生申，吉人应征凤翔；行看榜开，黄甲[3]多士共□。□廷于□□科第遍于□□，诸福之休，聿彰其盛。此固府主片言之折，抑我同人至诚所感与。是为序。

大清道光四年岁次甲申（1824）五月吉日　青城众□□

[附记] 选自张惠泉：《青岩地区的三块碑刻简介》，载政协贵州省贵阳市委员会文史资料研究委员会编：《贵阳文史资料选辑（第13辑）·少数民族资料专辑》，1984，第111页。碑立于花溪区青岩镇朝阳寺文昌阁内。新中国成立后文昌阁拆除，碑石被铺在住房门口作垫脚石用。

黔灵弘法师行实碑序　广清

吾师讳广弘，号文亮，祖籍江南，继徙西蜀，迁移黔都。父熊公讳宣，母陈氏，系熊姓后裔，距生乾隆丙申午十月初十日子时。昔母怀师之际，夜梦神人骑大白象入舍。诞生之日，闻木樨花香，睹琉璃光相。生即颖悟，年将七岁，父即西逝，母苦志守师。迨至十二岁，母愍念此子年幼孤介，心悟禅宗，非吾门后，乃送入黔灵焰翁门下，披剃为徒。

师入空门，如宿善因，同登莲社，智慧流芳，阅看经藏，触目了然。品行端庄，勤止安静，立定主宰，愿登法幢。幸惺祖结冬开戒，一心领受，承三昧毗尼性海，学无上般若菩提，左右侍侧，追随不倦。

俟惺祖辞院，深隐白云。相依三椽之下，跏趺两膝，究心宗旨。一日祖曰："吾西识祖训，赤老人万法归一语句，公案大事因缘，合盘托出。"师侍立拱听，神清气爽，得澈师上人将临济家风一一剖示，心境明了。

近往习安，闻东、怀二长老曰："龙天石柱入室请益，授与教外别传旨意。"师默然。东曰："教外无别传，西来大意虚矣。"参怀翁一喝曰："指外有月乎！"师点首出曰："钟鸣人听，听者是谁？原来原来。"一日师诵《大

---

① 媟嫚（xiè màn）：轻薄，不庄重。

② 岳降：称颂诞生或诞辰。

③ 黄甲：科举甲科进士及第者的名单。因用黄纸书写，故名。

乘经》，至“为实为不实，一而不二，何况有三”，戒定生已。

师阅《嘉游集》，至“到处有山容驻，何方无寺为家。”恍然静中发动，怀想母命白象之兆，遂以荷担风月，跋涉峨峰，酧愿进香，睹普贤愿王，观万行明灯，因礼永庆长老。乃曰：“将此身心奉尘刹，可谓报恩乎！”印曰：“出家四十余年未悟真如实相，何敢妄为。”复礼华严长老曰：“平生穿破草鞋尖，三十夜里筭钣钱。”师默然。径越名山胜境，旋绕回山，操练揵捶，教持后学。于甲申季夏，阖山两序大众，请师主持法席，上堂曰：“白云出岫本无心，拈来答谢祖师恩。”示众曰：“领众行道，随缘应物，指事传心，行深般若，非观鹿苑家风，岂厌倒赵州手段。”数十年来，具戒者千余众，嗣法者数十余人。

其年某某岁，虚度某某秋，师叹曰：“常自在，还洒脱，直身归去无栖止，白云深处娑婆诃。”是以徒性灵悟成等请建塔于黔灵山之后，谨制序言，祈书于碑，系以铭曰：

卓哉广弘，脉接天童。续破山宗，敏祖列翁。
药西大笑，松掌黔蓬。系流四代，惺祖圆融。
澈师慧鉴，推出祖筒。演唱般若，传戒流通。
开权显实，妙用莫穷。非实可实，亘古崇隆。

传临济正宗三十八世黔灵第六代文亮弘法师寿塔
署贵州大定府事仁怀隶军粮府正堂徐玉章定稿
灵峰法弟广清撰 嗣法门人悟成等同建
道光六年丙戌（1826）夏黔灵主刹法弟真益同立

[附记] 选自（清）康熙《黔灵山志（卷之10）·塔垆及铭》。墓塔位于云岩区黔灵山毗卢峰塔林主塔右侧，碑嵌于塔后石壁，青石质，方首，碑座0.24米，碑帽0.50米，碑高1.74米，宽0.72米。碑额“分身半座”。两侧有联：“水绕云峰藏舍利；山环甲秀结菩提。”碑面风化严重，字迹漶漫。

黔灵澈翁法师行实碑铭 静然

师原籍系湖南衡府，流寓于贵阳属龙场，曾氏子也。父讳朝栋，母李氏。临诞梦神人曰："汝当生贵子。"产时但见祥光缭绕。及送儒训诲时，师不甚好读书，素来即屏绝酒荤，每厌浊世，喜出世法，故无心于廛市。

曾于乾隆二十六年，父母送入黔灵哲翁门下，薙发为徒。由是竭诚秉志，离脱尘嚣，朝参暮课，了脱生死。忽有一客曰："凿壁偷光，岂能明心见性？欲识了悟，必须参学游方。"是以荷担风月，云游名山。路遇施秉，绅耆见师，即延住西华山。

不数年重修殿宇，焕然一新。师抚心自问，岂不虚度光阴哉！乃于四十年回山，在朗祖名下，圆具足戒，根基永固，行力愈坚。忽于四十二年城垣绅耆延师住持雪涯洞，复皇经阁，到处培修，辉煌佛像，天人同鉴。

忽一夜独步，仰观星斗，自觉朦胧，窃叹不知老之将至，因定脚根，一心参投惺祖。祖曰："只看万法归一，尔将日前学得记得，扫入东洋大海，看者一归何处？"嗣法于门下，钻透金刚眼，无笔判虚空。不意俗缘未了，于五十七年府主徐翁委任万兴山，重修殿宇，壮展佛都。

嘉庆五年，程府主[①]复调选府都纲，承充十余载，诸山莫不钦崇。师回忆传灯续焰，心印相叩，而法法融通，遂具禀辞职，偷闲养静，因阖山法派两序及诸山恭请主席。

师阐扬佛光，别开生面，调和两序，云蒸海众，不吝身心，勤劳谨慎，忍辱含悲，护蓄常住，引缘护法，重修梵刹，庄严佛像，罗汉圆觉，金碧流辉，此皆仰体赤祖初辟之苦心。增置常住，报檀那之厚德；丕振宗风，几见开堂说戒。度脱者千余人，拈花推出者，不可胜数，乃师一世行实。

近年七旬有余，推位而言曰："灵台新放一林春，续脉亘古永传灯。"享年七十九岁，自延回首偈："松声应谷谷应声，人能弘道道弘人。"徒众谨叙。复继以铭曰：

---

① 程府主：程煜，湖北人，贡生。嘉庆四年（1799）任贵阳府知府。

黔灵秀峰，高标天童。人天眼目，赤松遗风。
素蓄衣钵，悭翁传宗。创竖遮啰，报师恩荣。
松螺结顶，拳石砌硔。岑阁南倚，古树蓬鬆。
梅岗发秀，野圃丛丛。幽谷淋响，泉水溶溶。
金刚不朽，撒手归空。瞻侍顶礼，豁然贯通。
叙也铭也，山水莫穷。师哉徒哉，万古典隆。

传临济正宗第三十七世黔灵第五代大澈闻法师宝塔
钦命贵州承宣布政使司布政使调升兵部左侍郎兼防隘学政
特升山东巡抚部院加三级纪[记]录九次皈依佛弟子陈预[①]校订
贵筑庠生冉廷桂谨书
道光六年丙戌（1826）孟秋月初八日建　黔灵主刹达远率两序同祀
灵峰静然和尚谨撰
楚南李永茂镌

首座普成赞：光含舍利，翠穆流芳。人天标旗，尊胜法幢。

[附记] 选自（清）康熙《黔灵山志（卷之10）·塔圹及铭》。墓塔位于云岩区黔灵山毗卢峰塔林左后，碑嵌于塔后石壁，青石质，方首，碑座0.10米，碑帽0.40米，碑高2.20米，宽0.85米。无碑额，碑题《黔灵澈翁法师行实碑铭》。两侧有楹联："宝塔高悬地辟云开山色秀；浮屠耸竖夜深林静月光华。"碑刻字迹漶漫，约有半数以上无法辨认。

重修塔院碑记　广宏

窃闻儒之塚曰"墓"，僧之塚曰"塔"。其塔之名相，盖得自西域，故塔之名不一，而级亦无定相。如法华经有多佛塔，纵广二百五十由旬。杭之宁波有阿育王塔，乃如来分布诸山建塔之由来也。嗣后诸佛皆藉此以藏舍利。世尊入灭，化身如雨，诸天人民各以瓶钵均盛，分流十方国土，

① 陈预：北京宛平人。乾隆进士。嘉庆十三至十五年（1808–1810）任贵州布政使司布政使。

或七宝建塔，种种庄严，而为供养。及至东震旦国，凡声闻比丘等或五七级，亦犹建竖法幢，永作人天标识之意。

如我赤祖于康熙初年开建黔灵，剪土伐茅，沥胆披肝，彼殿堂、寮舍、云厨、田业各款告成，方为丛林。其集安海众，粥去饭来，晨钟暮鼓，一切婆心，不可胜数，咸赖赤祖之创建，作后来之模范者也。

这边花开，那边果熟，然应缘已毕，即般涅槃。葬于本山之毗卢峰下半月穴，建塔以藏金骨，流光永裕，并四代之窣堵波成共祀焉。

复□□惺祖之塔，其先建于沙坝山，无如地势甚低，频遭浸湿，因于道光戊子秋迁建于此。然惺祖虽云得所，奈各祖塔世远年湮，风雨剥蚀，基□倾颓，光辉尽掩。闻等仰承法乳之恩，能不目睹而含悲哉！遂约集本山裔眷法派，同心公议，酌捐各衣钵之赀，命匠重修围墙，兜金栏□墁，各塔方台，焕然一新，始获龙象瞻仰，永孚春秋，聊以崇德报功，庶不失水源木本之意云尔！

各善信功德芳名今不录。

道光戊子（1828）年小阳月　黔灵主刹广智等公立 广宏撰并书

[附记] 选自（清）康熙《黔灵山志（卷之10）·塔垆及铭》。

重建普同塔碑记

黔灵修建普同塔者，由赤祖上人之门下高贤哲士建立于毗卢之左旁，因地势偏狭，绕塔上供，难以观瞻。今有佛果师，重培方台石坎。窃思有其塔，必有化身之浮图，是以重建，庶使观望之雅。劝捐同堂大众，些微分金，报前人修建之功，必赖后人之培修耳！列名于后：

（以下为捐资者姓名。略）

联云：宝塔林中业舍利；金莲界内证菩提。

道光八年（1828）仲夏月吉日立

[附记] 碑文选自（清）康熙《黔灵山志（卷之10）·塔垆及铭》。

碑　文

盖闻莫开之于前，有善弗启；莫承之于后，虽美弗传。诚以前人既举坠补遍，后人贵继志述事，以绵延勿替也。忆我莲花寺，创自康熙三十三年，系周成相弟兄乏嗣，变宅为庵焉。是故，后时之为僧、为俗，因咸处太平无事之天，如安步履独行之愿，继而有不法者出，盗当大地，侵陵蚕食，遂致和尚之常住日见萧条，佛神之山门频为倾败。所以先祖钟岱灵、乡约刘其会，不平于心，禀覆于事，限有给照可凭。照云：贵阳府正堂加五级记录四十八次胡：为禀覆事。案：据养龙司中水保绅员钟岱灵、乡约刘其会具禀：莲花寺重修缘由一案到府。据此，当即批饬扎佐迎检查报去后，据该巡检查明：此庙原系周成相弟兄乏嗣，变宅为庵，名曰"莲花寺"。招僧住坐后，因周姓及土守僧俱已亡故，未及数载，庙宇倾颓，致邹文芳将前后地土盗当。俱经查明，久已叱退[①]入庙，重修寺宇，另行招僧焚献。详明请照前来，合行给照。为此，给生员钟岱灵招僧道住持，即照周姓舍白，并退回各当契，内田土执掌管理，清静焚修，勿得懈忽，凛之勿违，须至照者。乾隆二十五年九月初五日，府右附讫。先祖与刘其会于是募化重修，捐资成美兴，举其废坠，以肃其貌之观瞻，请佛于木林，以昭神威之赫濯。经今十余年，常住固匕鬯不惊[②]，而寺僧亦安常无事。文等言念先人之勤劬[③]，情深克缵[④]，兼蒙府主之诰诫，莫敢或违，恐世远年湮，或至泯没。爰将给照勒诸贞石，以垂不朽云。乾隆二十五年重修莲花寺。

道光十一年（1831）十月十三日立

[附记] 选自（民国）《修文县志稿（卷4）·秩祀志》。（民国）《息烽县志·祠祀》载："莲花寺。在县城东北四十五里养龙司柳坑右侧，清

① 叱（chì）退：大声呵斥的让对方退下。

② 匕鬯（bǐ chàng）不惊：匕和鬯都是古代宗庙祭祀用物。形容军纪严明，所到之处宗庙祭祀照常进行。

③ 勤劬（qú）：辛勤劳累。

④ 克缵（zuǎn）：继承前人事业。

康熙三十二年，周成美、周成相乏嗣，改宅为庙。乾隆间补修。民国以来祝融为灾，经里人募资修复。宣统元年，曾设初等小学堂于内。民国三年停。”

明翁和尚塔志　洪明

忆昔黄梅夜半祖，卯初传至今，立成后裔，达摩苇傲履西归，想我师出自胡族，幼入空门，红尘不染，成为释氏高僧，得其三衣具足，示镇不二法门，设马祖禅堂，立百丈清规。斯时也，我师上人头顶毗卢，身披伽黎，手转数珠，口念弥陀，而六根清净，五蕴皆空，宗风示镇，道德常存，萱补风池，焕然一新，庄严佛像，布积功因，然而无堆金于后，赎敏前当之常住，并新置之业而有乎余之金，虽云微末之根，然我等徒孙辈未成丕成建功，沾师之悬，仰赖上人之德，净界预种金布祇园，即心佛之也。偈曰：

天贤和尚德业清，明机喝道海潭深。
功成果荡莲台去，凤凰池畔万载馨。

传临济正宗第肆拾壹世大戒比丘上天下贤字清明和尚禅翁宝塔位前
乾隆甲中年三月十七日未时　于新寨沟菜子田受生人氏
道光辛卯（1831）年二月初六日亥时　凤池禅院丈室西归
孝徒：泰、崇
孝徒侄：文、学
孝徒孙：慧、胜、华、智、顺、兴、轮、果
孝曾孙：铨、聪、念、联
等仝奉叩
法弟洪明赞撰
道光十一年岁次辛卯（1831）二月　日建立塔

[附记]选自政协息烽县委员会编：《胜景佛天——息烽西望山》，贵州民族出版社，2005，第109-110页。塔墓位于息烽县鹿窝乡凤池寺后北百米处，由条石砌成，圆形，高1.50米，直径5.00米，墓上有塔二级，高2.00米，成六棱形。塔第一层正面有竖书楷书阴刻“徒真崇、泰祀”，第

二层塔正面竖书楷书阴刻“清明和尚”。碑嵌于塔墓门，碑额“贝叶流芳”。碑文楷书，阴刻。碑上端中刻“一尘不染”，右刻“辛山乙向”。两边碑柱有楹联：“四山荫佑禅林塔，龙脉永锁祖师风。”

重建普同塔碑记

夫此塔之所有，创自赤松祖师，于康熙年间驻锡此山，建寺于中，阐扬宗教，即建此普同塔，迄今将近二百年矣。数年风雨剥蚀，倾颓自敝。由是本山主刹弗云，商同两序大众，共捐衣资，鸠工重建，仰体祖师之遗规，永垂万古之洪范，盖亦前之视今，亦犹今之视昔之意云尔！并列大众法名所捐银数于左：

（以下为捐资者姓名。略）

道光十八年岁次戊戌（1838）十一月　主刹沙门弗云同两序大众谨立

[附记] 选自（清）康熙《黔灵山志（卷之10）·塔垆及铭》。

真一智公塔

主刹方丈弗云谨颂：

真空妙相，宝塔玲珑。层层珞荫，舍利增雄。
传灯续焰，法由澈翁。来自龙泉，果证重峰。

咦！到这里金吒唎萨嚩贺娑婆诃。

道光十八年戊戌（1838）小阳月建

[附记] 选自（清）康熙《黔灵山志（卷之10）·塔垆及铭》。

福有攸归

盖闻民以食为先，黍稷重穋之年，人无鹤形菜色之苦；毂禄不平之岁，野有饿殍堪怜之忧。迨为足食之年，而不能以信自立者三。今我定耙众善仰荷神光拥护，见古人之大经学，古人之大法乐，岁累积谷石，以全耕三余一[①]之计，又收寨众放出演戏之银八十余两，以作庙用，兑换净谷肆十余石，以成耕九余三之谋。每年限定六月初十放与场寨，不拘贫富，每石加利米壹三，以救饥馑。倘有十余人口如数加倍出借，亦可再有余剩。放与邻寨，每石加利米两斗，以救饥寒，准定十月初壹日本利送寺赔还。立券之时，务要三人连名躭[担]保，以备不虞。准积贰百石，足以全其用利。刻碑后场寨，子孙毋得以米价高昂，亦不得以庙貌损坏，刁俊发卖，如有不法之徒，大众子孙竭力扫除奸党，势不准卖。眼见盛朝乐事，贫富咸宁，而无饥馑矣。

再将捐银承买新场地基等事开列于左：

宝鼎寺捐田价银三十两，每年首士随众安职；耕余会捐银十五两，每年首士即是监理寺头人接事；清醮会捐银十二两，每年醮首挨户安职；顽灯会即斗给也，捐田价银贰十伍两，每年头人即是醮首接事。

以上庙会醮斗各照其簿办理，大众公议，用不准耕余一之人包被，耕余三之人家射影作弊，查出加五取利。勒碑刻铭，永远存照。

道光十八年戊戌（1838）孟秋月 穀旦

[附记]碑立于乌当区水田镇定扒村宝鼎寺。青石质，圭首，高1.74米，宽0.89米，厚0.12米。碑额“福有攸归”（横书楷书阴刻，每字0.12米见方）。碑文楷书竖书阴刻。

黔灵山募化重修藏经楼，添补两廊对亭，复建古佛硐及补修关圣殿、观音殿，并修葺各廊庑墙垣路道序

粤稽自有黔灵，惟结茅茨，始由先赤松师之开创，继赖大护法之捐修，

① 耕三余一：语出（西汉）戴圣所编《礼记·王制》：“三年耕，必有一年之食。九年耕，必有三年之食。”意为耕种三年，必须累积可食一年的余粮。

庙貌初成，规模略备。嗣于乾隆四年（1739）奉上谕：“藏经馆告成，饬今各省大寺院供奉藏经。”又蒙各大宪捐造经柜、经龛，并建关圣殿、天王殿，于是丛林胜境，乃巍然而改观矣。

无如历年既久，风雨飘摇，多就朽坏。弗云身托空门，念切佛地。殚一心于既往，仰各宪之宏施，前有倾圮，补葺求坚；今有增修，观瞻须壮。且睹路崩道险，虑来往之多危；廊缺将倾，惧关阑之不谨。因加修理，实费多资。幸各宪暨诸檀越大展仁慈，随缘乐助，始得典修。今工告成，爰缀数言，以彰善果。所有芳名，谨列于左。

道光辛丑二十一年（1841）闰三月立

[附记] 选自（清）康熙《黔灵山志（卷12）·艺文（下）》。

万松阁（方经寺）清理庙产碑

环阁皆殿宇也。右殿则毓灵。左殿祀文昌，而三官殿居其前，中附两厢焉。所以培护斯阁者为独至。然稽修殿宇之后，当面复缀以戏台。我洛湾、官庄、湾子、后寨、三边各处，实领阁中银四十两，每年生息以为酬神演戏之资，迄今并无混乱也。惟本阁之重建，碑记泯灭无存，且并庙梁所载年号字迹毁去，好善者能无寒心欤！故蒙贵筑县主陶，责逐恶僧法慧后，众等出具另招住持甘结在案，复遵断清理庙产，除当堂断令废弃碑文不计外，实存新旧碑文九面，其余田土山林之有契无业者，姑俟详察。至于田土山林之有契有业者，亟宜备载，以示来兹也。田土山林清单如左。

（以下记田土山林位置、面积、四至。略）

道光二十五年（1845）十月谷旦

洛湾寨堡众姓立

[附记] 碑立于乌当区东风镇洛湾村万松阁（今名方经寺）。碑额为“众善实录”，碑题《万松阁清理庙产碑》。青石质，方首（有座）。高1.62米，宽0.80米，厚0.12米。基座高0.18米，宽0.90米，厚0.86米。碑文竖书楷书阴刻。

龙井寨告示碑

龙井后□皆山也，其西岫地名木路山，山下幽谷一窝，自康熙以来，罗、王二姓所买地土也。□南山下井畔，系付姓私［施］入龙泉寺也。各业各管，莫□，突有住持僧戒香者，借庙业具控二姓在州。承乡长说息，两造具结。呈明吴大老爷下。二姓人等恐日久无凭，遵奉州主勘□□□，刻石为铭，栽石作界，所呈甘结列于左：

戒香结：蒙恩差提，兹有寨邻乡长，不忍参商。于中查明，付姓将田私［施］入龙泉寺，仅有私田，并无老契。此田先年系王老九祖人耕种，至今亦未短少租谷。不料本年僧戒香新住龙泉寺，与魏起□等将庙内施自契据查阅，清查王老九耕种之田，意欲□安，恐其不允，赴案妄控罗、王等在案，今伊处令王老九退佃，僧等日后不敢再行多事，所结是实。

王老九结：蒙恩差提，因□王老九祖人，种付姓施入龙泉寺之田一坋［份］，至今并未短少租谷。因新招僧人戒香住持，意欲借庙业为由，妄控□罗、王等在案。兹伊等自知情亏，请乡长于中说息，令□王老九退佃，各照契管业，日后伊等不敢多事。□心悦服亦不敢再行多事，所结是实。

罗金矮、罗有地、罗士能、罗士豪、罗士聪、罗士兴、罗士奇、罗士杰

罗士念、罗士易、罗士哲、罗典、罗王、罗沛、罗全、王建模、王化

道光二十六年（1846）五月吉日立

［附记］选自张惠泉：《青岩地区的三块碑刻简介》，载政协贵州省贵阳市委员会文史资料研究委员会编：《贵阳文史资料选辑（第13辑）·少数民族资料专辑》，1984，第112页。碑立于花溪青岩西门外布依族聚居的龙井寨寨门路旁，无碑额、碑题。

岱钟墓志铭

大兴堂临济正宗一派源流第四十一世上妙下寿岱钟和尚之墓。

铁锁重关，了却今生愿，玉液金丹，迟速难为限。不坐蒲团，西方掉

臂还，不戴莲冠，南华合眼看。灵台一寸问，任他世事如闪电，结就欢喜缘，此外何须多留恋。

寿域营成景足夸，漆灯影射走金蛇。
琅环洞里传千载，嵩岳云中道九华。
自有牟珠辉皓月，无劳前席问长沙。
灵光一点通真气，人境何如佛境佳。

大清咸丰辛亥岁（1851）七月谷旦立

[附记] 选自罗登宜：《下坝乡川祖庙》，载张斌、王宗宇主编：《乌当史志概要——附报刊采用文史稿件》，2011，第217页。墓位于乌当区下坝镇下坝村宋二寨和尚坡半山。青石三合墓碑。三面石碑镶嵌在四根长方体碑柱之间。碑帽为瓦棱及鱼尾形，下配青石碑座。石墓与石碑至今保存完好。四根碑柱镌刻两副楹联，内容为："矫猿献出三生果，信手拈来百尺竿"；"三级巍岑成般若，一坛清影现如来"。

修山路碑记

为善必昌，古之道也。自国朝康熙初年，有赤松祖师，云游四海，遍访名山，寄迹黔南隅，见城之北隅，有一荒凉之地，山明水秀，层峦耸翠，有仙人之境界焉。于是创修佛殿，大兴法门，名曰"黔灵"。二百年来，葺修屡矣。

癸丑（1853）主刹悟证见山路嵯峨，险处甚多，每至佛诞之期，纷然拥跻，失足不少。久欲修栏石，以便往来，庶几稳步无虞。惟心有余而力不足耳。乃承于檀越大发慈悲，捐资葺修，新铸鼎炉，并建天子台，补修古路，添砌栏石，永垂不朽！爰将善姓芳名开列于左。

（以下为捐资者姓名。略）

咸丰五年丁卯（1855）六月　黔灵主刹悟证等公立

[附记] 选自（清）康熙《黔灵山志（卷12）·艺文（下）》。碑文记

述了赤松创修贵阳黔灵山弘福寺佛殿事。以及咸丰三年（1853）主刹悟证募捐扩修上山道路经过。悟证时任弘福寺住持。

龙门寺碑

金筑西八十里有龙门寺，不知始何代，成何人。其至今可得而知者，嘉庆初重修，则眭公大猷、乔公经及僧明儒、僧宏法等已也。然寺景甚奇而地甚高，故屡修而屡坏。吾近乡之父老子弟登临其上者，常指顾而乐之，复慷慨而惜之。

仰观对山，罗列拱揖，不可名状。有溪水缭绕，承向坡一线迂回，逡巡朝拜；左右绿畴千顷，而于中汇深渊，为覆釜状。画影山光，暮吞蟾魄，疑有老蚌含珠，兴云吐雾于其下，旧名曰“滚月潭”。潭以下水之玄流而渐趋于洞，洞固寺址之足也。石壁千寻，下通奥窟。怪石磋砑森立，如猛兽奇鬼，狰狞欲搏人；水石相激，澎湃潮涌，如骤雨欲来，声作天河鸣；又如大壑长松，风起涛吼，旧志谓之“水落松风”。吾乡以此得名，而寺亦因之号“龙门”也。

洞前有石笋，大可数十寻，高与寺等，名之曰“砥柱”。旧为飞梁，与寺通。于上建吕祖亭，岁久梁崩。咫尺千里，矶磴依然，而亭不可复设矣。寺址广十亩许，三面壁立，下临万仞，后枕山梁，若大鸟张两翅环抱。而狭处稍低，旧通以木桥。桥坏，乃为石桥；桥又圮，乃为石梁。今之稳步登临，皆石梁之功也。

夫以是山之奇，诚系乎寺之有无。而以是寺之高，则必资于重建。使露柱残碑，荆榛满目，其何以助游观之兴？是不特山水羞，抑亦吾近乡人之过也！乃同襄义举，公助金钱，委僧重建。不敷，僧复稍为募化。寺成，仍其旧名而榜于寺门之额。乡父老子弟置酒其上而乐之。视向之高者益高，而奇者益奇矣。

或谓是山之奇，方诸吕梁诚不多让；使移置中枢，冠盖当道相望矣。而顾乃处万山僻壤之中，诚不得与昌黎之衡山、子厚之愚溪、东坡之独秀坡[①]，同传诵于文人学士。命之曰“龙门”，其毋乃增山灵之愧欤？然是山经安氏之乱，未尝倾残；及孙可望屠贵阳，道经威清卫，近乡人避于上，赖以保全。虽其高且奇者，足以邀眷顾之灵；亦其荒且僻者，足以自为呵护。管幼舆谓“潜龙以不见成德”，殆是山之谓欤？况寺成，而吾乡之父老子弟暇日登临，相与聚会，将与父言慈与子言孝。风俗美则善人多，道谊立斯文章盛。人材蔚起，科甲联登，河鲤之变化，将于寺乎卜之矣！

抑又有说者：是山非高，不足以成其奇；而惟其高，故寺常速朽。彩云易散而琉璃脆，物之理也。所贵乎有力者维持而调护之，继起而经营之，即谓是山之登如龙门焉可也。余将义举芳名，勒石以垂永久。为之记，令寺僧立于寺侧。

僧名觉怀，明儒其徒。能继其志，亦可佳云。

[附记] 选自（民国）《续修安顺府志辑稿（第十三卷）·祠祀志·清镇县》。龙门寺，始建时间不详，嘉庆初年曾重修。咸丰九年（1859）再度重建。寺之三面为绝壁，佛殿为两层，周围以砖石为栏。

吾师弗云老和尚行实碑序 黎庶熙

师，习安人[②]。根行深，操守固，功德宏，固大有造于吾门者也。俗姓舒，未生时，其父梦善法堂默昭僧入室而生。师九岁入学，见沙弥心慕之，即愿脱离尘世。亲殁，安葬毕，年十五在外寻师，绝粮三日，三夜三梦，俱为二妇指引。行贞丰天台山，途遇寺僧止宿。劝入释，忽睹观音二尊，宛然梦中二妇像，因悟前生，本是衲子，今承菩萨指引，岂可失此机缘！遂立心削发，越年受戒，其根行之深如此。

年二十一游方访道，野菜度日，苦蒿充饥。其后三年，上兴义，赴安南，高峰古观，锄山种土，劳而不怨。后遇贼乱，甫至黔灵当职。次年养马苗

---

① 分别指唐代文学家韩愈诗《谒衡岳庙遂宿岳寺题门楼》，柳宗元散文《愚溪诗序》，宋代文学家苏轼词《定风波·莫听穿林打叶声》。

② 习安县：今安顺市今西秀区。

欲举住庙，又为皇经阁绅耆举为住持，良以贫不易心，苦不移志，故争相举之，其操行之固如此。

三十四岁受业于知老和尚。数年来募化官绅，重修皇经阁前后殿宇。三十九，众举为本山方丈，传戒皈依者数百。重修藏经楼以及路道亭台、牌坊，翻盖补修各殿房廊，焕然一新。事毕交卸下山。历数年黔山众复举主刹，修七善法。愧身虚度，窃思年近八旬，悲心自切，乃回皇经阁，令将屡年齿积经赀，陆续置买田园，以作二处常住，冀其相承勿替，其功德之宏大又如此。盖上报如来祖师之恩，下开后人之绪。吾既嗣法于门，谨叙颠末，永垂不朽云尔。

拂云惯逐白云程，祝法空门恣远行。
賸①得天台山寺在，谁从石上证三生。

钦命贵州巡抚部院翰林院编修上书房行走教习记名御史洪雅枢元曾璧光题

卓尔贞童，操之有要，甘受艰辛，足征梦兆。
殷勤胼胝②，悠游瞻眺。志壹神凝，年高德劭③。
四相皆空，三卓齐跳。再续禅灯，独弹古调。
南国归真，西方应诏。不却尘缘，拍手长笑。

赐进士出身翰林院编修武英殿协修国史馆协修
乙丑科会试同考官加三级榻先菜顿首拜赞
学正衔候选训导七旬发弟黎庶熙顿首拜撰并书
传临济正宗第三十九世上弗下云杲公老和尚塔铭
嗣法门人真文同祀
同治七年戊辰（1868）闰四月谷旦　本山主刹铁湘率两序大众同建

---

① 賸（shèng）：同“剩”。
② 胼胝（pián zhī）：俗称“老茧”。
③ 年高德劭（shào）：年岁高，德望随之而高。劭：劝勉，自强，美好，高尚。

[附记]选自（清）康熙《黔灵山志（卷之10）·塔垆及铭》。塔铭位于云岩区黔灵山毗卢峰主塔右侧。方首，碑座高0.17米，碑帽（檐形）高0.60米，碑高1.6米，宽0.8米（嵌入石壁，不知厚度）。碑额“无得可说”。两侧有联：“镌文白石惊星陨；挂锡青山伴月归。”刻字已无法辨认。

光灿徽公塔　黎培敬

赞：“悟得真如，空诸色相，不生不灭，无来无往。真体居中，慈云顶上。耸兹灵塔，全身想像。”

钦命贵州布政使司黎培敬题

同治七年戊辰（1868）　门人真书等祀

[附记]选自（清）康熙《黔灵山志（卷之10）·塔垆及铭》。题者黎培敬（1826–1882），字开固，又字开周，号简堂，湖南湘乡（今湘潭市）人，咸丰十年（1860）进士。同治六年至光绪元年（1867–1875）任贵州布政使司布政使。官至江苏巡抚。

永垂百世

（缺字）等，蒋呆平寨、杉木寨、百果寨、长寨乙（一）共四寨（缺字）卖，汪宋、陈其祥□买为业，又卖□硐（缺字）为业。二姓角□，道光二十五年纳蓅（缺字）。高坡兴隆寺，其田八场，共二十二垭。秋粮五升，如府上纳。条银三钱，兴隆寺内上纳（缺字）□以四寨□□干恐无后凭，立碑为据。

大清光绪元年（1875）九月二十二日　立

[附记]碑文选自孙俊：《土司盘剥苗族人民的物证——高坡杉坪断碑》，载政协贵州省贵阳市委员会文史资料研究委员会编：《贵阳文史资料选辑（第13辑）·少数民族资料专辑》，1984，第117页。碑原立处不详。今存花溪区高坡乡杉坪村，被用做铺路石（已残缺）。碑额“永垂百世”，无碑题。

修建柏青老和尚塔铭原志

先老和尚原系西蜀潼川府安岳县属一箭潭人也，俗姓魏氏第三子也。父名正达，母氏唐，原本善门之家，名播乡里。其母午倦依枕，梦蟾光入室，因而有妊，怀胎十月，后产一男，即先老和尚临褥之时也。自幼不食母乳，不茹荤辛，性好清净，每见山林寺观，心怀念慕。忽因一日□□白母曰：“儿见出家之人，方袍圆领，甚觉可爱，儿愿出家学佛，愿母放去。”母曰：“汝有此意，吾必见舍。”于是择吉□□本处宝华寺昌怀老和尚座前，披剃为徒。

数年后，老和尚只履归西，办理丧葬一切事宜周毕后，自思吾身虽出家佛门，规目一概未知，不如朝拜名山，访道参学。朝山后一直入黔，到新城五显庙，有老和尚如修上人者，原本安岳人也，师于是相依其□。感上人之提携，蒙上人之教诲。数载后上人回川，将庙中事务交付于师，师亦不改旧规。又于甲戌岁，蜀省官弁修建四川会馆，蒙抚院曾宫保及诸同乡官员，招充本馆住持。经理数年，后承诸山本家法眷举为本山主刹。住持三载，开期数次，受规戒者百有余人。三载后退隐城垣。

师自身躯微弱，偶染病疾，诏诸徒众于榻前嘱曰：“吾本蜀人，只身到黔，你等当体吾志，但吾未了之因缘，尔等与吾代办圆满，则不负所嘱，无使禅灯灭熄，吾虽死亦瞑目。”爰至三月十七日辰刻，端然西逝。坐脱时年五十四岁。呜呼：

浮生空长六九年，撒手西行顷刻间；
但得衣钵流传远，依然回首结金莲。

今则宝塔将成，用志数语，以垂颠末，不负吾师之苦行云尔！铭曰：

至哉和尚，方袍圆相。戒圆圣水，接续灵岘。
法出书公，白光常放。佛自西来，吾不东向。
撒手任行，无疑无障。塔标千古，毫挥万象。

光绪十年岁次甲申（1884）三月立
传临济正宗四十一世柏青盛法师塔

[附记] 塔铭嵌于云岩区黔灵山毗卢峰塔林左侧柏青老和尚塔后石壁。方首，碑座高 0.10，有檐形碑帽，高 0.30 米。碑高 1.37 米，宽 0.66 米（嵌入石壁，不知厚度）。由于石壁渗水严重，背面布满青苔，刮去青苔，上部部分字略可辨认。但下部已无法辨认。参照（清）康熙《黔灵山志（卷之 10）· 塔垆及铭》录入。

福寿寺碑

闻之，圣教昌明，通佛教之微妙；阴灵隐约，并用灵为感通。惟我福寿寺，两重庙宇，素极尊严。故于罗布洞一带地方深为护佑，胸藏卍[①]字之文，大圣人西方显应，指贻血书之恨；奇男子东土传闻，结牟尼之串珠。释迦诚可仰矣，射浮屠[②]于一箭，贺兰岂不警乎？所以文宣王极为表异；唐天子赖其精忠也。至于帝君在文墨坛上宝司鉴衡，大士居紫竹林中原纾苦难，诸神圣之名号有异。众士民之恭敬，则同众士民之智愚不同，诸神圣之呵护岂异。

呜呼！恨前日兵燹屡过，氛扫搀枪；喜今兹庙貌重新，爰除瓦砾。纵不克雕梁画栋，壮耳目之观瞻；犹幸得片瓦短椽，避随时之风雨。伸下民之恺悃，俎豆馨香，答上圣之鸿恩。光明正大，虚空渺渺，监察昭昭。是为序。

[附记] 选自（民国）《修文县志稿（卷 4）· 秩祀志》。福寿寺清中叶建，后毁于兵燹。光绪间，里人集资重建。碑文记述咸同年间战乱后，地方士民重建福寿寺事。（民国）《息烽县志 · 祠祀》载："福寿寺，在县城南二十五里罗堡洞。清康熙时建。咸、同乱毁。光绪间，里人廖立亭等，捐资重修。"

---

① 卍（wàn）：为佛教相传的吉祥的标帜，出自梵文，意为吉祥万德之所集。

② 浮屠（fú tú）：梵语音译。有佛陀、佛、佛教、和尚、佛塔等多种含义。此处指佛教。

重建庆寿寺碑

盖闻三皇治世，五帝以下，从古至今，国朝有太庙、诸侯大夫庙，世俗人亦有宗祠佛堂，永飨祀典。我刘氏先祖讳海公，原籍江西吉安庐陵县大水塘高坎子刘家村。自洪武初年，南征黔地，于国有功，随封中山侯之职，我先祖不愿官高职大，只想子孙永袭不替，与国同休。传至十一世祖国柱，于天启元年（1621）承袭，至崇祯末年，圣朝太祖开辟，柱祖率土投诚，蒙佛祖庇佑，官迁原职，永袭勿替，所以现有衙门，后设佛堂。于康熙初年建设重修庆寿禅林佛堂，永继祀典。圣朝以来，风调雨顺，四海扬清。待至咸丰年间，何逆□匪倡乱，至九年（1859）岁己未，号贼窜入州境，于次年庚申，大兵赵德昌剿贼，驱贼过河，在平瓮两邑之地上太平玉华山，兴扎营寨；又同治二年（1863）岁癸亥，贼复入州郡。九月初六日夜，将城打破，众民逃散，贼扎白岩营，次年甲子，提督军门赵辉堂率大兵恢复开州，在本寺兴设粮台，于七月十八日夜破白岩营，贼偷劫粮台，将本寺佛殿概行烧毁，只有观音堂、文昌阁三间，片板不全。连年兵燹，四围人众，住扎本寺，于丁卯年概行逃散，并无人烟。领首刘尚卿禀祝诸佛护佑：如刘氏宗族不灭，得归故郡，再来捐资重修。果蒙佛祖庇佑，于同治戊辰（1868），大兵统领安果二军唐刘，恢复全黔，将贼平服。众民沾恩得回原境。本寺中原僧人只存三单，一切常熟、香灯、碑记、文约并无。于同治十一年（1872），州主龙声洋发给执照管业，田土渐渐开辟丰熟，于光绪十一年（1885）岁甲申正月十八日，创修大殿，氏族中乐从捐资，及客边各姓募化善缘，凑积建修，本寺中常熟渐丰，特将殿宇佛像金身，功完勒石垂碑，将本寺田业、地土注明，永远为记。

正长官司杨永清　承领刘尚卿

光绪十七年岁辛卯（1891）仲夏月日建立

[附记] 自（民国）《开阳县志稿·第二章第十一节·寺观）。碑文记述刘氏先祖刘海，明洪武初年南征黔地，因功封中山侯。明末其后嗣刘柱率土依附清朝，官迁原职，永袭勿替，因而感佛教之恩，于衙门后设佛堂。

康熙初年建设重修庆寿禅林佛堂，永继祀典。至咸同年间，寺院毁于兵燹。至同治戊辰（1868），全境平。寺院恢复。光绪十一年（1885），族人捐资，客边各姓募化善缘，创修大殿，并置寺田业、地土。功成勒石垂碑为记。

青岩龙泉寺昆老和尚碑记　妙纪

人本应时而生，事须待人以著。一身之岁月不虚，千载之声名乃树。昆老和尚者，遵义府永安庄人也。俗本李姓，超群绝伦，佛本领袖。未生时，夜梦一老衲，持明珠一粒授母咽之，因而有娠。嘉庆乙丑年（1805）十二月初八日分娩，有清光幂历。异香萦绕。甫五龄，椿萱并逝。性好寂静，嗜读佛经。遇有禅人佛子，极相慕焉。及至十有五岁，欲入空门，未得如意。不料北方流寇猖獗，城乡蹂躏，孤云野鹤，无所栖止，出家之计遂决，于是访道南游，亲临省垣，择拜名师。幸逢真一和尚主刹黔灵，收随杖履，送至青岩龙泉寺披剃，得称平生之愿。三规谨守，五戒恪遵。道光六年（1826），更入弘福祖堂，得领菩萨大戒。面命耳提，弗忘重训。晨钟暮鼓，常儆乃心。不偷燕息，大兴龙泉。道光八年（1828），始将斗姆阁观音殿重建。十有三年，补造两厢韦驮殿及天井、牌坊、围墙。十有八年初告竣。并将合堂，神像装金，庙宇油漆，至三年工初告竣。只冀考道修真，以卒晚岁。殊知咸丰三年（1853），诸山启请主刹黔灵，匝至一载，见四方盗贼蜂起，辞任还寺。时遇本乡慰三赵老大人补葺城垣，重修楼阁，派监北方一带。竭一二年之精力，鸠工垒砌，城郭完固。……□徒踵起，均未遭害。不惟德庇于沙门，似觉爱及于梓里。生逢世乱，不惮时艰。日则谋衣计食，夜则拜佛诵经。纵有养精练气之功，难补竭力劳心之苦。同治庚午年（1870）正月廿日，一旦撒手归西。嗟呼！我师祖虽近古稀，光阴迅速，岁月蹉跎，未得浮生半日闲也。兹纪之，恐泯前人之苦辛，特为后世之启迪。不揣鄙俚，缕晰志之，以是为序云。

赞曰：红尘扰攘种金莲，参透先天与后天不识本来真面孔，乘鸾仍到鹫峰巅。

又赞：祖属金玉偈，圆觉参妙谛撒手入涅槃，孙乃随时记。

大清光绪二十年（1894）孟冬月吉日　徒孙妙纪谨撰并题

[附记]选自贵阳市志编纂委员会编：《贵阳市志·宗教志》，贵州人民出版社，1996，第121-122页。塔位于花溪区青岩镇大坝村和尚墓地昆[①]老和尚塔前（墓地存塔共3座），白绵石质，高1.50米，宽0.60米，厚0.15米，字约0.3米，欧体竖书阴刻。塔壁嵌有青岩状元赵以炯手书颂词石刻，铭“状元赵以炯”印。颂词云：“菩提树，种得早，身本西来谁知晓。今日涅槃归静定，德沛沙门岚名表。慧窟修佛骨，宝塔造矗立，光皎皎，永共青山终不老。”落款：“翰林院修撰赵以炯谨赞。”

僧广文灵塔志

大清光绪廿八年壬寅（1902）冬僧广文灵塔志

本堡永兴寺住持僧法名广文，原系贵阳府广顺州但氏之子（比丘尼），广文□□□父晓云，母氏金文，乃六女，俗名宝□。窃自道光戊申年广顺被兵之□，流离至郎岱厅，娘孃庙□发皈依，披剃师照开所传也。□□同治□□□□河秋、永春等力劝还俗，文志□失，誓不从命。癸酉年方至金家寨三教寺投师方成。延至光绪丙子年（1876）师游历至贵阳府贵筑县属金官□永兴寺相协厥居，乃安禅于此。特志之。

法徒□正、□□　孙洪福　奉祀

[附记]碑原立于贵阳市云岩区金关社区金关村永兴寺，2014年迁建于云岩区永兴寺山体公园内。碑为青石质，方首。嵌于塔底层。有少数字迹风化难辨。广文为比丘尼，但碑题书“僧广文灵塔志”，碑文又记为“但氏之子”，估计是出于尊重之意。

重修长庆寺序　何赞清

今之长庆寺者，昔之云凤山也。载入入州志，共处山林泉石，蔚然深秀，

---

① 昆（chǎn）：意为日出山上，日光照耀。

颇为州属胜景，文人学士多游玩其间。州主周讳师皋公，居官清正，爱民如子，时值师旅，因之饥馑捐廉数万拯救饥民。雅爱此处清秀，解组时令家小各回原郡，公与夫人即在彼处养静安居，置田业，修屋舍，殁后卜墓近侧。州人思其惠泽，与僧智海建立祠宇，奉祀公与夫人。岁时拜扫坟墓。又接修大雄佛殿，塑神像，立亭台，山门雄壮，殿宇巍峨。兵燹后，焚毁既尽。僧如琴复合众力建修。迨其寂化。僧莲山即踵其迹，竭力兴修，功已完竣，不幸去腊不戒于火，木石被灾，全为灰烬。莲山伤惑不已。复率僧众矢志兴修。惟兮功果浩大，独力难支，仰求仁人君子，共发慈悲，仝心好善，竭力助赀，俾宝殿复成，神栖有所，庶几同沾福庇，共荷嘉庥，功德永垂，善量于无尽矣！岂不尽欢。

时光绪二十九年（1903 年）五月谷旦　僧莲山和南募

候选训导何赞清敬序

计修下殿、两廊

塑佛四　菩萨十八　罗汉　三官　韦驮

龙神　土地

监斋　铸钟

踩□

[附记] 匾存于开阳县南龙乡官庄村，刻于清光绪二十九年（1903），木质（保持完好），匾文为楷书，字迹工整，雕刻精细。长庆寺建于清康熙年间。相传大周时（吴三桂之年号）蜀人周师皋（四川铜梁举人）为开州知州，卸任后夫妇选择此地隐居。去世后以舍宅为寺，以遗产为庙业，每年分谷千担。后庙毁于火。光绪年间重建。长庆寺建筑保持完好，寺内现存木雕工艺精湛，内容丰富，为贵州近代寺院中所罕见。具有极高的历史价值和艺术价值。长庆寺为省级重点文物保护单位。

重修大佛殿、弥勒殿、库房、斋堂、厨房碑记　恬淡子

黔灵山为贵阳第一梵刹，峰峦环绕，林木葱蔚，胜境天然，省会壮观。

自清初赤松禅师创建以来，已历二百数十载，殿宇房廊，渐就倾圮。虽其间时有修葺，而梁栋虫蚀，椽桷风雨，终难久耐。

宣统二年春，经本山主刹智明及两序大众，观规佛殿阽危，亟谋修建。爰商之乐善绅商，余曰："可！"有刘君、张君、喻君、双君、严君、华君、许君、蔡君、雷君、谢君、黄君、王君、刘君、高君、曹君以及杨、刘、柴、甘、拓、冯、姜诸君，上达昌、百川通、天顺祥等号各输巨款，且负职务，或竭力劝募，或司纳银钱，或监督工程，或经理庶务。自春徂秋，昕夕筹画。又仗本山材木为大宗，因将正殿及初殿一律改修，规模比前崇闳，形势亦极稳固，佛像从新庄严，金碧分外增色！前后三年，告厥成功。

是举也，固由承办绅商等之一片善心，而亦该山主刹智明及两序大众之洪深愿力所致。猗欤休哉！

兹者浮屠合尖，梵王永镇，亿万斯年，兴劫终始。所有各君芳名及捐助功德数目，理合分晰泐碑及嗣支工料，一并镌录，寿诸贞珉而垂永久，是为记。

天运庚戌（1910）八月　恬淡子撰

[附记] 选自（清）康熙《黔灵山志（卷12）·艺文（下）》。此碑为一通功德碑，记清宣统二年（1910）春，黔灵山住持智明及两序大众捐资修葺大佛殿、弥勒殿、库房、斋堂、厨房事。

（三）民国时期

扯泥堡三教寺碑又后序

盖闻大千世界，廊庙不宜付榛荆；无量寿佛，助赀悉本于庶姓。我扯泥堡自先人由明住居数百余年。众姓集金数万，创修三教寺一座，庙貌巍峨，神光华丽。彼时各寨士庶，莫不并驾齐驱，尺楮瓣香，骏奔走在庙也。不幸极盛之后，连遭兵燹，庙宇无存，神像毁坏。

俟至贼平国清，诗书普化，礼教渐兴，迄今数十余年。我辈当体前人之善念，克尽后辈之公心，何难神灵复旧，庙貌重新哉。但惜白金数乏，苦无成功。于是广集乐善仁人，各寨募化。众欢喜曰："神赖人力栽培，人赖神力护佑。"各愿助金雕塑神像。于是培修有资，幸同人共同赞助，数月而厥功告竣。纪碑泐石，历万世以长存，猗欤休哉！洵不殁诸君之善心，众姓之功果矣。

是为序。

大汉四千六百零九年步次辛亥（1912）十月（按贵州反正之次月）立

[**附记**] 选自（民国）《修文县志稿（卷4）·秩祀志》。

重修永寿寺碑记

孔子曰："吾闻西天有圣人焉，不食而治，不言而信，名之曰'佛天'。"① 则佛在西方，则佛即天也。士君子事天曰克谨，天戒曰具严天威而已。故赵清献昼之所为，夜则焚香以告天；② 司马君平生所为，未尝不可对人言。③ 此亦何待入庙而思敬哉！

殿宇之设，始于汉季，或谓其为一时邀福者之所为，而疑其近于亵。既曰圣人，则必有庙之可感格，有象之可凭依，以致其尊崇敬事之意，此亦人情之所不能已也。况乎乡间朴顽，日指天以示之，援神以告之，亦悍然不顾。迨入庙瞻像，恍若鬼神之阿其侧，雷霆之震其旁，则祸福之说有以惕之也。其在《易》曰："圣人以神道设教而天下服。"④ 则庙所在何，莫非君子存心养性事天之一大捧喝哉！若吾寨永寿寺，左供如来，右奉观音，诚万代之香火，百代之福神，乃湫溢卑陋，甃乱石以为壁，鸠杂木以为材，

---

① 语出《列子·仲尼篇》，原文为："孔子正色而道曰：'丘闻西方有圣者，不治而不乱，不言而自信，不化而自行，荡荡乎，人不能名焉。'"原文并没有提到"佛"。有研究认为：此处所言"西方"，并不是佛教发源地印度，而是位于鲁国（山东）之西的楚国苦县（今河南鹿邑东）；所言"圣人"，不是释迦牟尼，而是老聃（即道家创始人老子）。

② 语出莲池大师《竹窗随笔》。原文："赵清献公尝自言，'昼之所为，夜必焚香告天，不敢告者则不为也。"赵清献，原名赵抃，是北宋与包拯齐名的大清官。

③ 语出《宋史·司马光传》：原文："吾无过人者，但平生所为，未尝有不可对人言者耳。"司马光，北宋政治家、史学家、文学家。

④ 语出《周易·观》："观天之神道，而四时不忒，圣人以神道设教而天下服矣。"

且历年已久，受风雨之飘摇，殆不敢登，始疑立庙以事神者，为亵而知荒芜不治，其亵神也滋甚。于是谋所，以易于旧址之旁，得吉地焉。重修正中大殿，复设左右两厢，神龛佛像，焕然一新。始之狭隘者，今则廓然有余也。始之卑陋者，今则巍然可观也。自冬徂春，聿观厥成，此岂以邀福哉！凡以明其不敢亵焉耳，独是我以敬天者，事天而后之登者，亦以畏天者格天。则斯庙之设，其为吾寨子若孙修身之藉，其即吾寨子若孙作福之基也夫。是为序。

[附记] 选自（民国）《修文县志访稿》。

岭南吴、龙公书经祈雨碑 陈矩

矩宦蜀近二十载，凡牧令地不幸遇旱灾，辄斋戒修省，或制文祷神祠，或解古玉带珮（黄玉带水苍珮）投之深泽，无不立应，绅民成刊碑记之（天全城隍祠、武庙有祷雨碑，天全能潭、井研龙门有龙雨记碑）。

乙卯里居春旱，巡按使龙公念切良事，焦灼甚，矩因举吴公荷屋藩黔时（道光甲申六月），以所书《金刚经》施弘福寺（寺在黔灵山）祈雨获应故事告公曰：吴公与公同里，公惠士爱民，与吴公同，而书法奇妙，不让吴公，盍补书心经祈雨，以成合璧，公允许。二月晦，烈日当空，挥汗书经讫，遣使斋至图书馆，焚香展诵，生清净心。读至后跋，论天人之理，精卓透闢，发前人所未发，而为民请命至诚恻怛之意，尤足沁人心脾，不禁悚然起敬。

窃思公惠政遍于黔疆，久足感召祥和，兹复出经为民祈泽，必有甘霖之霈。默想未终，雷雨骤至，屋瓦震动，簷瀑如注，雹光闪烁，照几案间。觉公书之奇妙，如龙蛇之奔走，辄恐乘雷雨飞去。乃静坐掩卷，雷雨达旦，惠泽溥沾，足征公之仁心妙墨，能动天地鬼神。当与吴公金刚经合装一册，衣以束锦，置之檀箧，藏之灵山，属方丈智明和尚、管经僧藏主法师珍守。另石印数百册散施名山古刹，为民禳灾祈福，永惠黔疆无极矣！

贵阳陈矩撰　刘灵僧书

民国四年（1915）观莲节立

[附记]选自（清）康熙《黔灵山志（卷12）·艺文（下）》。陈矩（1851–1939），字衡山，贵州贵筑（今贵阳市）人。著名诗人。清光绪十四年（1888），以军功入仕。曾随遵义黎庶昌出使日本。光绪十七年（1891）回国后，曾任成都知府。民国二年（1913）回贵阳，任贵州图书馆长、贵州通志局编纂等。碑文题及“巡按使龙公”，即龙建章，字伯扬，广东顺德人。清光绪三十年（1904）进士。时任贵州巡按使。碑文提及“吴公荷屋”，即吴荣光（1773–1843），字殿垣，号荷屋，广东南海人，道光三年至五年（1823–1825）任贵州布政使司布政使。

重修华盖洞记 张绍銮

县城外西山之麓有洞焉，开朗宽平，为吾黔所罕觏[①]。右隅石凸成座，其土则岩溜攒凝形同张盖，藓痕斑驳，色俨增华，华盖之名，由斯以起。左方有石微起，扣之隆隆然作革声者，鼓也；又一石倒垂如瓠，击之铿铿然作金声者，钟也；然则造物殆将辟此境以为安禅地乎。相传建文帝蒙尘时曾驻此，虽年久无征，而署名一碣，实万历时李御史本固所立，则其得名固已久矣。洞口巨石秀耸，屏翳天然。

前清光绪末年，好事者醵金建阁覆之，石之真象既隐，洞之光线亦蔽，人为不臧，天趣反损。今县长孙公嗣煃，政务之下，访古莅之，慨建筑之失宜。爰召地方绅耆，共谋改良，并亲为规划，移阁洞左，阁前添左右两席，为游人憩息及住持食宿之所。石之碍者伐而去之，地之凹者筑以补之，以至缭墙垣，辟门径，靡不尽善。凡所需费，由公筹发，不足则更募诸境内之乐输者，鸠工庀材，五阅月而告成。于是乎真境既复旧观，而禅院亦别成新构焉。其原祀诸像，一皆仍之，不欲拂社会之心响也。夫吾邑以贫瘠故未设公园，幸斯洞与巢凤青龙诸山，距城俱近，每逢佳日，游者络绎，其为用盖与公园等。而公皆先后为之经营，俾适游观，是其为吾民谋者，无微不至，初不仅在富教之大者也。

---

① 觏（gòu）：遇见；看见。

昔归氏有光曰："令诚贤也，其地之山川草木亦被其泽而有荣。"[1]由是观之，公之泽且因人而并及于地与物，使山果有灵，不将叹昔人之言为不欺耶。绍銮幸际斯盛，因述端末，请志诸石，为来者告，斯举也。总其成者孙公，承公命而襄理者邓君汝权、郭君顺、高君昭熊、高君廷襄、李君大泽、陈君述德均与有力，而高氏合族之祠宇土田皆相接近，其所捐助为尤多云。

民国八年岁次己未（1919）仲春月

邑人张绍銮撰

临江刘履福篆额　贵阳何彦辉书

[附记] 选自（清）光绪《清镇县志稿（卷12）·艺文述要·文·记八》。张绍銮，字叔眉，一字幼辉，贵州清镇人，光绪庚子、辛丑并科举人，曾任省议员。能诗善文，《清镇县志稿》收录其多篇诗、文。

方顺老和尚塔志

生于咸丰壬子年（1852），郎姓后裔，系四川丰都县人也。于酉阳黔江县投五灵山削发；至光绪己未（1895）年求戒万县钟鼓楼弥陀院，嗣后朝谒名山，亲近高明。今住林下，舍赧安养，略志之。

民国　年　月　日修建[2]

[附记] 选自（清）康熙《黔灵山志（卷之10）·塔垆及铭》。按（清）康熙《黔灵山志》记载顺序，时间约为民国十七年（1928）。

黔灵慈云顺和尚塔序　雷锡霖

恩师慈云者，川之酉阳州彭水县郁山镇人也。秉性特达，聪敏过人。

① 语出明代学者归有光《吴山图记》。

② 此塔为塔主生前预建生塔，故未填时间。

兼之幼而好学，所学必有心得，事理无不通达。最回异乎人者，以仁慈居心，专好佛学，富有大悲宏愿之思想，乃其特性。是以铲除烦恼，看破俗尘，幼年削发，甘心事佛。时而出省，时而在黔，半生云游，无非访寻高僧，参拜明师，谈讲明心见性之学，参悟佛法妙谛。

所历境遇，俱属困苦，尚无栖身所。及至中年，稍有寸进，住持汉相祠以来，十数年间，讲经说法，参禅入定，始终无间。及黔反正后，黔阳秩序紊乱，始往鸡场白云寺清修。日出则偕伴工作，日入则偕伴休息。

迨至□□年，黔灵山方丈退位，幸为大众推举，接方丈事。任职两次，费尽心力，清操苦谊，久为徒等钦崇。方期永享遐龄，久镇黔山，使徒等得奉为模范，岂不甚善。乃忽于戊辰午三月二十六日无疾假寐而卧，竟圆寂西逝矣！

兹当建塔之期，徒等夙受深恩，吾师一生真修高谊，知之最详，不忍令其湮没，爰撮其颠末，泐诸贞珉，以志不朽云尔！是为序。

少田雷锡霖敬题

耀堂张寿敬书

嗣法门人觉崇敬修世明本端德明等和南

民国十七年（1928）八月建　是为四十二世

[附记]选自（清）康熙《黔灵山志（卷之10）·塔垆及铭》。

智明和尚塔志　李彬

昔季路问死？孔子曰：“未知生，焉知死。”[①]若智明僧，生以乙丑（1865）九月二十七，死以丙寅（1926）九月二十七，何生死不二也！礼经云：“之生[死]而致死之，不仁不可为也；之死而致生之，不知不可为也。”[②]一则智明之生死不二，佛法不二也。法不二，生死不二，稽之龙藏全经中，

① 语出（春秋战国）孔子弟子编撰《论语·先进·第十一》。

② 语出（西汉）戴圣所编《礼记·檀弓上》，原文：“之死而致死之，不仁而不可为也；之死而致生之，不知而不可为也。”

是一是二，是二是一，屈指有几耶！

至其黔灵山方丈，三届苦行十年，世值荒乱，拓修大佛殿，观音殿，继了塵和尚立佛教支部，联合南北城隍反安，卓哉！有功佛门，赤松而后，更有其谁乎！和尚享年六十有一，圆寂北门外五通寺，平伐羊场人，氏姓周。

贵阳素生李彬撰 云谷万定仁书 孝徒继先

民国十八年岁次己巳（1929）孟夏吉日

戒弟子黔灵主刹觉崇知客永常　皈依弟子等谨建

[附记]选自（清）康熙《黔灵山志（卷之10）·塔垆及铭》。

息烽县西望山毗卢寺访碑记　任可澄

民国二十年（1931）八月，老友桂君，自息烽来，譝西山林壑之美。[①] 爰歗俦侣[②]，为汗漫游[③]，遍览凤池、瞿昙诸胜，纵浪山水外，并及山阿篆刻，半碣残础，摩挲殆遍。顾诸山石刻，仅上极清初，即语嵩禅师梵塔铭，钱开少譔文，字画亦颇荒率。予笑谓诸友：“兹行极游观之乐，差恨竟无韩陵片石堪共语耳。”山行向尽[④]，抵寺曰毗卢。同游王君天梯，谓有“永乐石刻”，虞渊[⑤]已薄，未遂过访。

翌晨，乃群趋碑所，则巨石枕垄畔中，泐“万古丛林”四字，字径三寸许。额字二，右“日”左“月”，外形圆形。后一行曰：“永乐五年正月盟誓”。[⑥] 笔划苍秀，如出魏晋人。诸友相顾色喜。顾疑于“盟誓”之义。予曰：“此奇迹也，殆必有异。夫‘万古丛林’，恒语耳。然盟誓云者，是非僧侣所为。尔时，地属水西，安氏谓于此诅其部众，如滇南宁段氏三十七部会盟碑之比，

---

① 譝（shéng）：赞誉。

② 歗（xiào）：呼唤，招集。俦侣（chóu lǚ）：伴侣；朋辈。

③ 汗漫游：语出《淮南子（卷12）·道应训》：“吾与汗漫期于九垓之外”。后借指世外之游。形容漫游之远。

④ 向尽：将近，快要。

⑤ 虞（yú）渊：又称隅谷，古代中国神话传说中日没处。

⑥ 相传为建文帝旧部36姓为整合力量，免受地方势力欺负，商议合为赵、谢二姓时的盟誓碑约。

则必著所以约誓之词。而曰‘万古丛林’何也？吾意，永乐五年，正老佛微行西南时也。[①]当时逊国靖难，幽光表忠诸记野乘流传，勿虑十数，王鏊、薛应旗、钱士升、许相卿辈，并有称述。陈继儒、钱龙锡、乔栱壁、尤致美、史氏、朱愚庵杂作，亦谓其乡父老，言之凿凿。虽王世贞颇斥杨应祥之伪托，犹未敢谓传说之全诬。至钱谦益乃以十事断其必无。朱彝尊更据正史以诀《致身录》之由于妄作，要出悬断未叶，人心且谓史，遂可尽信乎？矧宫中火起，史本传疑，故永乐元二三年间，郑和、侯显等中使四出，遍于海外，胡滢之踪迹张邋遢[②]，并乃穷边。史以为，皆为建文发也。而僧溥洽[③]且以嫌疑故，坐系至十余年。则当日不知所终，皦[④]然信矣。一时遁荒泣蕲，夫岂尽构虚词？又若割股纳肝，湛九族濒万死而不一顾者，古有其人，亦岂得谓二十二士之皆属子虚乌有耶？

清乾隆中，诏以叶希贤、程济等人祠，下至燕山卫卒、乐清樵夫、云门僧衣、葛翁补锅匠，皆令列祀，谓不忍听其湮没，宁过而存之。故傅稚鳞《明书·忠节·隐逸传》中，并载从亡死遁诸臣。夏燮《明通鉴》，直书建文为僧行历之事，而斥朱彝尊立说之非，亦见人心之未能恝也。惟诸书称建文往来湘、蜀、滇、桂，历历有序，独不详在黔事。而罗永《牢落西南之什实题》，于滇武定之龙隐庵，故疑建文未尝至黔。然邵远平《后记》有‘癸巳夏，行至金筑渡马岭遇盗’之语，盖周行西南，宁能不一至黔，特‘一宿名溪’‘三诗锲石’，则出后人附会，如道家之言黄帝耳。然则，是碑所言，安知非从亡诸人，秘密集会于兹土，共矢衔石移山之志，故为指天誓日之词，又姑以‘万古丛林’云云，逃侦者之目。观碑首‘日’‘月’合为‘明’字，所以志也。或谓苟出诸臣，当如靖节之绝笔，义熙，胡复以永乐为纪？

---

① 老佛：指建文帝。

② 张邋遢：即张三丰。建文帝自地道出也，踪迹甚秘。明成祖朱棣遣胡濙托访张三丰为名查寻建文帝。胡濙自永乐五年（1407）起连续寻访14年未见踪迹。永乐二十一年（1423）才得旨回京。

③ 溥洽（1346–1426），明初名僧，建文帝的主录僧。靖难之役后，有传闻指溥洽知道建文帝逃亡之事，甚至指他收留了建文帝。明成祖于是找个借口囚禁溥洽，把他关在监狱15年。

④ 皦（jiǎo）：古同“皎”，洁白，分明，清晰。

予谓树石而不著时王之号，尤易滋疑。直书永乐犹揭橥[1]‘万古丛林’意也。且碑字绝非邨俗所为。持斟寺内安氏天启时立碑，工拙已相悬绝。黔方是时山川榛莽，虑无能为此者。遂出史仲彬、程济诸贤，未可知也。是诚臆测，要非寐语。他日续有寻获，倘得有所证明，姑以此券焉可乎？”

诸友曰，“善”。遂记之如此。

嗟嗟，兴亡之际，史有难言。草野之传，时存真相。既难指袈裟瓶钵之妄，谓帝尸之必真，宁忍尽没鲧山野井之烈，并臣节而不著彼虞山秀水振振之辞，于人心实有戚戚焉者。此则兹记之微意也。

[附记] 选自（民国）《息烽县志（卷35）·献征志·记》。任可澄（1878–1946），贵州普定人。光绪癸卯（1903）科举人，任贵州教育总会会长等职。辛亥革命后，任大汉贵州军政府枢密院副院长。1916年6月6日任云南省长（未就职）。1917年7月护法之役，任广州军政府内政部长。1920年被推为贵州代省长。1936年任云贵监察区监察使。曾主持续修《贵州通志》，编印《黔南丛书》（共7集，每集10册）。此碑为民国二十年（1931）8月，民国要员任可澄等人应息烽县长桂诗成之邀游西山时撰。内容主要是游览观感，以及对西望山毗卢寺“万古丛林”碑及建文帝遁迹黔境事迹的考订。

西望山铭　桂诗成

黔疆开府，肇自有明；西望乌江，惟北之镇；当毕路开基，褒斜凿道，勒铭剑阁，钻禹之功，或有人焉；乃时代处迁，经界分合，九驿西绕，使节不经，夷险易位，竟等荒陬。

迨明季，钱巡按邦芑，以家国沦没，皈依法界，携语嵩大师结茅此地，渐起宗风，据石讲经，结筏度众，丛林既启，教义斯宏，法即普传，于斯为盛。于时萃华严、瞿坛、凤池、知非、雨花、东山、报恩、万寿八庙兴焉。夫茫茫浩劫，渺渺众生，盛衰之数，有若符券。

---

[1] 揭橥（zhū）：标志。

有清中叶，迭遭兵火，梵宇琳宫，于时俱尽。嗣后虽有法侣持重清修，因基构宇，规模粗具，然以地属边荒，没为贼垒，僧粥本少，转充贼粮，于今为烈，尚虞烽燧，良可叹也。

然而，青山白石，不改旧颜；明月清风，依然并在。山灵有知，固不因时代而改度也。惟年荒地僻，文献九湮，惧堕前修，无以示后，爰采嘉石勒铭山麓，庶后贤得以览焉！铭曰：

积石岩岩，襟江带蜀；赑屭穿空，蜿蜒平陆。
峻气为岳，屏障西南；蒸民与雨，惟民所天。

[附记] 选自（民国）《息烽县志（卷 33）·献征志·铭》。桂诗成（1878–1968），字百铸，贵州贵阳人，清光绪癸卯科乡试亚元。入民国后，曾任教育部普通教育司佥事、贵州省省长公署教育科长，黔军总司令部秘书长，息烽县、独山县长等职。新中国成立后，历任中国美术家协会贵州分会主席、贵州省文史馆副馆长等职。桂诗成在文学、艺术上造诣颇深，有诗文、书画传世。

觉崇禅师预建生塔铭　颜少□

觉崇□□□□姓，为黔北正安人，世业农，孝友□□幼失孤侍，为乃兄抚养，每有出□□□心，尽手足之情，以慰其心，嗣欲为之□婚，禅师因□其兄，决意出家，以遂初心，即往□□双塘寺□□□□，不遗箴规，其师见其勤勤恳恳，遂以衣钵传授焉。迨至民国成立时，□末劫佛法不振，意欲□□□内□□□□□□因来□□□□□□□于黔灵弘福寺。时值智明方丈改建佛殿，百废待兴，深资臂助，迨观厥成，禅师□□有力，□□两侧之□□□□藏经楼，□□年□□，风雨剥蚀，势将倾覆，虽智明方丈□此热心□，实有志而力未逮也。民国十六年□，师被□□举为方丈，创办佛学会□□□为会长。是誓发宏愿，欲续成智明有竟为尽之功，且为此山作一劳永逸计。□周主席上山敬香，禅师遂将改造情形面禀，即得周公、毛公赞许，捐金同建。于是约请黔中绅商学各界，会□赞同禅师先将历年所积□资□为倡导各界乐□□□□□□□□□□□材鸠工，百堵皆兴，以昔日倾□倒斜，岌岌乎危，而且□者，今百□崇隆，而焕□□□□矣。于是，晨钟暮鼓，□□应时，内□□经□□□□□□□谓以有限之材力，而作此无量之功德，所谓有志者事竟成也。嗟乎！设无智明，谁导先路，若无禅师，谁步后尘，两尊者□□后，□□□□咸应兴此山，长此不朽矣。今禅师虽退院已久，犹乎执法华□一净土，一文见人□□□□□□□□□□□□□□□□□□□□□之心尽至，老而弗□焉。□是诸弟子见其容颜苍老，精神渐衰，欲□石塔，仿司空之生□，作生西之预备。盖禅师□已达观今□解脱□首肯而允许，□余因何君羡周送来节□□□□特为之铭曰：

莫为之前，虽美弗张；盖为之后，虽盛弗传。前有智明方丈，此山改建佛殿，七宝庄严。遗□□楼，东倚西偏。楼名藏经，代久年湮。风雨剥蚀，势将□□。□□□□，□□□□。□一檐肩，誓发宏源。□□□□，□□□建。愿□□□，□□□□。先筹巨款，□□□缘。各界乐助，踊跃争先。经之营之，焕然改观。两□不朽，功德无边。今建石塔，仿司空具，□□□相。□□□□，□□挺□。八面玲珑，为□□□。□利光放。熊熊他年，生西胜连。花□花开，□佛□□。神去迹在。塔即遗踪。梵僧拜绕，与延寿同。魏巍□□，对照赤松。

民国甲戌年（1934）□月中旬
贵阳居士颜少□时年七十有三拜撰
溪山陈东□华拜书
法徒：圆□、竹青、仁□、□□、性□、妙应
孝徒：昌和、昌□、昌鸿仝

[附记] 塔铭位于云岩区黔灵山毗卢峰主塔左侧。有圆形碑帽。碑帽及碑之两则雕刻精细。无碑额。碑题《觉崇禅师预建生塔铭》。两侧有联：“天性生成黔灵正气，人心悟道山水清音。”碑座高 0.20 米，碑帽高 0.60 米，碑高 1.64 米，宽 0.80 米（嵌入石壁，不知厚度）。字迹工整，雕刻精细。但碑中下部断裂，加上风化，一些字无法辨认。碑文大意：觉崇，黔北正安人，出家于双塘寺。后到黔灵山弘福寺。协助方丈智明方丈改建佛殿。

民国十六年（1927）继任方丈。创办佛学会，当选会长。发愿承师智明之志，振兴弘福寺。值贵州省主席周西城等上山敬香，觉崇将改造弘福寺情形面禀，得到周西城及随行的毛光翔赞许，并捐金同建。终使寺院焕然一新。

观音洞摩崖 陈鼎

观音洞深五百余里，从洞中行，秉七日炬可达都匀境，从来少人穷其穴者。明有直指方君（方绍宗），曾尽游焉。余有好奇之癖。困具十日炬，裹一旬粮而入，初数里甚宽敞，愈入愈窄，止可容一身，若是者十余里，及后愈窄，侧身以行者三里，三里之外，则可驰五马驾高轩矣。中有楼、台、殿、阁、人物、花鸟之景，皆碧乳融成者也。至七十里，举炬四照，则无涯。因循石壁以行，壁之畔有泉一泓，甘香如醴。泉之畔，有铜鼓一，可容十升。壁上有题句云："隆庆三年，钱塘方绍宗于此煮泉。"笔墨淋漓，字面遒劲，大可爰是。盖直指公所书也。余亦续题云："康熙十年江阴人陈鼎于此煮泉。"行十余里，则不复广荡矣。竟行九日半始得达后洞口，乃都匀府之东尽境奄麻地方。再五里，即苗僰中矣。

民国二十三年（1934）七月，录陈鼎《观音洞游记》一则，以示□人探洞搜险之胜，属寺僧心月勒石，以助后之来者。荣县但懋辛书并识。

［附记］摩崖位于南明区油榨街青年路观音洞左侧石壁。高 1.10 米，宽 1.10 米，无碑额和碑题。陈鼎（1650-？），原名太夏，字定九，号鹤沙，晚号铁肩道人。江苏江阴人。少年随叔父到云南，长期生活于云南、贵州，潜心研究当地地理、历史、少数民族风俗民情。书者但懋辛（1886-1965），四川荣县人。同盟会会员。国民革命军陆军上将。新中国成立后任西南行政委员会委员兼司法部部长等职。书法造诣颇深。观音洞，位于青年路马鞍山（又称山帽山、天马山）西侧山腰。清嘉庆二年（1797）创建寺院。道光二十二年（1842）重修。民国年间，几度修葺。因"五百里观音洞"堪称世界长洞，历史价值、文化价值极高，民国二十七年（1938），贵州省政府饬贵阳县对观音洞进行探察。次年，陈恒安为名胜古迹保管委员会撰《观音洞开掘纪实》，"施工数阅月，深入十余米，殊无旧通迹象，更

无一窦一穴，可容潜行。”认为贵阳观音洞与陈鼎所记观音洞不符。有学者认为，陈鼎所记观音洞应位于龙里与都匀之间。1983年10月，龙里县人民政府组织13人寻找，未找到。其后，贵州建材地勘大队与龙里县文化局联合组成8人小分队，查找“五百里观音洞”及其他有价值的溶洞。自1984年2月2日起，历时61天勘察洞穴66个，但仍未发现。

华之鸿神道碑　任可澄

民国二十有三年（1934）三月，贵阳延仪华公卒于里第，乡之人伏公钜人长德，一时仰怀夙泽，谋所以饰终而垂后者，志状之文，私谥之仪，罔弗具。其孤子永源复来泣言曰：“先君子遂弃不肖等而长逝，葬有日矣，而隧道之石未立，非先生文无以章视四方观听，而假宠其子孙，敢请。”予与公交久且至，不得辞，乃论具公族出操履行治之实，属以铭，且为序曰：维华氏远胄隆周，代有名德，其枝裔昌于章渍之间，族望于临川。有清初叶，始迁黔遵义南乡团溪，最后定居贵阳……光绪壬寅（1902），奉母夫人讳在会城，时清廷迫于内外忧侮，议变法停废科举，黔最塞陋，士方冥行以摘埴。公与其友唐慰慈、任志清首以兴学牖众为帜，创立通省公立中学，捐资三万余金；续办优级师范选科、宪群法校，皆躬其劳而任其费。清廷特奖郎中分部以旌其义。复以其间设两等小学于团溪，设小学于母夫人葬所底寨，助成遵义中学，所成就皆至众。又以近代报章之发行，与图书印刷业之演进，皆有资于群治，先后开办黔报、贵州公报、永丰造纸厂、文通印刷局图书部，输入国内新旧图籍，科学仪器，行于全省……辛亥黔光复，由咨议局议员推任银行总理。滇军北伐，会泽唐公留督黔属，任财政司长，仍兼理银行。当光复之初，某某等始假秘密会社所谓汉流公口者为号召，一既乃兢立公口，以张其势，不期而蔓全省，而省门尤其薮主，诡状奇服，招摇过市，分曹而群哄，城市日夕数警，群情汹惧。公与地方耆老，冒险难，力挽宿将胡君、和君，立城防保安营，以绥辑良善。复与张君复初倡首立致数千金，事乃集，而兴义刘公如周，帅靖边团营亦至，相为提挈，众倚以为安。顾省库不名一钱，银行持空券为支应。公斥私财钜万为质剂，人亦以信赖公者信赖银行，始得资为流通。唐公既定黔，军政费增巨，奉令发行银元券三百万，资金短绌，市贾恒缩于券面，以公揩柱之力，信用卒无失坠。时有议增田赋以济用者，力持不可，独以廉饬率其下，凡诸税计吏，指付必堪其事，赋入靡所漏失。又确立预算为之轨范，故民征就宽，而军给无匮。计自长银行，司财政，先后做饷十余万金，所保全至大，耗亦不资……年五十以后，国难革，黔事亦愈坏，又多更忧患，不复能自祇力，乃以研精释典自誓，尝谓佛法普济，冤亲平等，其地狱轮回之说，尤足儆示愚顽，于劫末众生，庶几万一之救助，故勤修梵行，吐弃世事，此宁自放废，犹利济初志也……①

乃为铭曰：黔辟而塞，敝于清季。懿矣华公，傲开其兑。相彼南明，一水萦带。作人之泽，既与无既。清民之际，阳九之会。魏既赋鼠，汴亦惊猁。处困能亨，反乱以治。几毁厥家，维公之赐。大宙其沈，触战愈剧，会伤老矣，遂遗世累。入大愿海，受菩萨戒。誓离十苦，以证三昧。公谓众浊，积无量罪。庶几佛力，澹此劫坏。维摩曷病，由众生致，世界一尘，出入岂异。穹碑播征，永翼其隧。

民国二十三年（1934）五月

普定任可澄撰文

荣县但懋辛书丹

修文王延直篆额

［附记］选自贵阳市志编纂委员会编：《贵阳市志·文物志》，贵州人民出版社，1993，第246–249页。碑原立于白云区沙文镇扁山村（现藏白云区文化馆内）。华之鸿（1871–1934），字延仪，号延厘，贵州贵阳人。清末附贡生。曾任仁怀厅（治今赤水市）儒学训导、贵州省商务总会会长、贵州都督府财政司司长兼官钱局总理等职。后辞职专门经营工商业。创设永丰机器造纸厂、文通书局等。热心公益，捐资助学。晚年信佛读经，受菩萨戒。所营企业交其子经营。

---

① 碑文过长，加“……”为辑录者删节。

二、六盘水市碑刻、摩崖、塔铭

（一）清代

善权和尚塔铭　萧登崇

黔南普阳，安普连壤，有山奇秀：前临滇东，后倚关岭；左跨粤西，右驾陇北；嘉相西来，翠松东向；峭壁层岺，名胜佳焉。盖天造地设，为待哲人飞锡浮杯所也。虽然，厥地为美，厥境为伟，而无高人达士散花点头，絜沾水印未始不动，有心者叹耳。

庚子（1660）春，不意天人作缘，松岗有主，感善权和尚之至矣。

权公名达位，楚北人也。万历戊午（1618）九月廿三日午时毓于辰溪。父姓瞿，母王氏。十三岁，二亲早逝。公以方便智度为父母。后因兵燹入黔，寓安顺府，礼太虚和尚落发禀戒，日精毗尼。次禀寒光和尚圆具。领道无高矮之句。寻住安南广福寺。

适幸兰溪月幢禅师应请安龙，道经广福。权公一见，喜自庆焉。盖幢禅师得昭觉丈老人之传，造诣深远。权公坚留参扣，即得牧牛法。明年，进安龙同住，随迁普坪。屡次入室，机锋迅捷，真有当仁不让之风。幢禅师虽未许可，然临济得其儿孙，颖悟生死之旨，而宗匠会乎归要，三玄三要，已探源矣。一日，幢禅师指水津处验之，公冲口说偈曰：“石津水汪，彻骨清凉，一滴盈岸，润流八荒。”幢师休去，随受总戎陆公君祥请，主楞严寺，开律堂。虽云水日增，公犹不自肯，决意辞退，迁龙场万寿寺，掩关自誓：“不悟必不出关！”凝坐数月，豁然贯通。银山铁壁，当下粉碎。待见兰溪，被诘公案。觌面应酬，似风转虚空，横竖无碍。始知都卢秪在里许，古今淆讹，直下承当，有何难哉？噫！异矣！临济正脉，于权公屈一指矣。

幢禅师特留分座，公不从。时阳春扑屋，欣然率诸门人杖锡东行。

时有隐士前郡守许公，偕境人谭、戴众善姓等，观公道风雅重，梵相奇伟，于是生信，迫切坚留，瞻恋不舍。公默识其诚，从而驻锡，率众诛茅辟土，躬耕务必首众，亲得百丈之真风，小参煎点尝蹈死心之用。农务稍暇，随即限期。或学者颇钝，是必委屈开导；堪雕琢者，直以本分钳锤。公或时云："踏着顶颈上一着，十方世界瓦解冰消。且道诸人向甚么处安身立命。"鲜有契其机者。或谓：临济而下，提唱益高。机锋益峻，近日诸方模仿之。公独守平实之旨，何也？吾窃读宗门心书道："若大路然，岂必舍平易而求高险，以自苦耶？"窥公见处以佛祖直指见性为宗，古人随机设施，平险高下，皆一时权宜，岂得已哉？不求其本，而狥[①]其迹，务为穿凿者，公罪人也。其上堂、小参，一味干曝曝语，真古风也。颂古、赞偈，全无文字，何异睡虎口吻。

公平实之名，风动边疆，上游郡邑，文武当道，每以拨冗谭心，无不善其道也。如安龙镇台王公，驰书请会，渴仰心敬，理出常情。癸丑冬，泉台张公、粮驿参政陈公，军务安南，落意入山请益，因时未遂，犹走书致敬。一时，从白业明哲贤士，皆常与公为方外友。再可异者，总戎龙公天佑乔梓，举署倾诚顶礼，视若六通神，冀真慧日普照、智月长圆也。次而陇北诸营司遥闻道范，不远而来，日觐躬参，亲承记莂。宛如鼻祖之风。先开六宗沉迷，既而震旦直指，遐迩仰慕，如瞻星月。

于甲子（1684）秋，偶示微恙，自不为介。凡遇参请，如常应勉。仲秋廿日，诫真俗门人："时当末法，各宜精进向上。"别无一言。廿三，嘱侍者圣机曰："清净奉持，如老僧在日，报恩足矣！"又谓身心疲倦，就枕少憩，复起警众，端坐而逝。春秋六十有七，夏四十有五。手度弟子若干众，授戒弟子几数百人。得法而分居列刹者八人，居士四人。三会语有录成帙。

公语言虽无润色，亦无枯寂之态。公赋性纯厚，履践真实，如说而行，如行而说，终身一志，是不可夺。夏蜡之需，随缘而至。随即供众，不畜长物。寂后棺殓之理，龙公欣然如子弟之孝父兄无异也，喜施塔基于松岿前十里许，

---

① 狥：曲从或迎合他人。

山川绣错，松柏郁葱，真美境也。监院副寺大祥、大修、大耀等，不惮劳苦，建立石塔，此所藏不朽骸，留不磨迹。是又天造地设，待哲人之归境也。

法嗣如纯者，索铭于予。予曰："未睹其人，未履其地，乌乎铭哉！"及观行实，读录语，恍然若睹其人，履其地。又乌乎不铭哉！盥手焚香。敬而铭曰：

大哉至道，无忧无恼。乐意自在，药山长笑。
机心自息，法融独妙。不药不病，钵瓶永笑。
散花于雨，点石鱼跃。得意忘言，慧灯常照。
面壁得来，竖拳悟窍。而今而后，梅熟龙跃。

镇阳萧登崇沐手拜撰

[附记] 选自张新民等整理：《续黔僧语录·善权位禅师语录》（卷2），成都：巴蜀书社，2000，第328–331页。塔位于普安县罐子窑镇谭家湾松岿寺山门前左侧路边，立于清康熙二十七年（1688）。青石质，高1.74米，宽0.79米。碑文楷书阴刻，字迹清晰，叙述善权和尚生平及主持修建崧岿寺事。善权达位（1618–1684），明末清初临济宗僧。湖南辰溪人，俗姓瞿，字善权。十三岁丧父母，到贵州安顺府观音硐出家，数年后，参礼含光和尚，受具足戒。后受月幢彻了之印可，历住安南万寿寺、普安松岿寺等。门人大悦等编有《善权位禅师语录》（二卷），刊于清康熙四十六年（1707）。萧登崇，贵州镇宁人，清康熙辛酉（1681）科（壬戌年补行）举人，官教授。如纯（生卒不详。活动于清康熙年间），贵州习安（今西秀区）人，俗姓张。十七岁出家。历住平坝天龙山普德禅寺、普安松岿山普光禅寺。撰《黔南会灯录》（八卷）。

静室寺碑记

鹦鹉山险峭高峻，古木耸峰，辟处幽雅，侠[①]一洞天佛地，而寺于是名焉。

① 侠：古又同"挟（xié）。

忆□崇祯四年（1631）仲秋月建庵，修真时濯灵所主，及阖邑绅耆军民，钦是师之清规，助力襄善，而殿宇焕然。康熙规模渐圮，住持率多究之能为禅中生色之辈。幸雍正年间，有释子如意者，年甫十余，志□□此立定脚跟，逸绝俗情之。既未，几师众圆寂，胞弟杜登榜夭亡。值兹宗支乏人，湛□□俗业，竭力菩提道阻，勤耕牧养，余三余一除，重修前规，庄塑佛像，以及焚献，饔飧足□□，载册田土，永作此山，上下两殿。□□□□在伊，释如意颇阕，其年满甲，回首当年，几有状志，已非之感，欲书其事于石面，予代后、代垂、代叙，□□□□耳，过化师爷净居，师父真修，□□□□□□□□龙泉，传有堂书，诸师祖清池、师爷净心、净意、净法、净敏、净叔，□□□真宁，常□□□□□□修真、诺乐、真洪、真德，师弟如淳、如星、如伦、如壁、如钊、如珍、如碎、如智，侄海洪、海长、徒海月、海元、孙湛梅、□□全立。

□□□□□□明□扎坐苗田土一型，四至上抵杨柳树，下齐路，左右依路为界，并无夹杂。□□□□□□一丘，自垦烟沟田一段，共七丘，新旧共粮六斗三升。□□□□□□□东南俱至贾宅土坎，西至王、严二姓土坎，北至万宅土直下。□□□□□□山林一型，共科田四分五厘，四至上下左右俱以路为界。又麻窝土一块田，□□□□□□□□□□，田坎上土东抵大路，南抵垭口，北抵王老四园子，西抵本山田土。□□□□□□□□□□□，四至东抵水井，南抵青龙山，北抵岩头，西抵箐脚。□□□□□□□□□□□□□□家坝田土一型，刘遇奎补土价二十五两，当□□□□□□□□□□□□□大安家田土一型，补价二十两，其有粮谷，纳四升五合。

师工牟文元、刘兴发□□□□□□谷旦立

住持妙超等重立

［附记］选自六广镇志编纂委员会编：《修文县六广镇志》，2007，第510页。碑位于修文县六广镇岩脚村小白岩静室寺。静室寺，始建于明崇祯四年（1631）。清雍正年间重建。

修葺大威寺泮园碑记　朱右贤

普安北郊，有大威寺焉。纪载不传，游踪罕到。厅人熟视之若无睹也。戊申夏，余权是邦，公余之暇，访求名胜。适过此小憩，见竹径曲通，环峰回抱，疑其中有千岩万壑者。慨然叹曰："是非佳境耶？胡听其永埋榛莽也。"归以语宾友，咸欣然醵金助葺。因即其客舍三楹，蘘除而修饰之。室也奥如，窗也洞如。玦[①]其墙以为园，规其池以畜鱼，矩其岑[②]以养花。克日兴事，木石交施，未及工竣，而阮屐纷如[③]矣。落成之日，宴集宾僚，凭几而观，花影含笑，烟光醉人。其晴峦星罗，如人之旅行而见髻也；其乔松翠滴，如鹄之耸立而长鸣也。宜步月，月光浮动；宜玩雪，雪韵清洁。宜纵谈，谈锋铮铮然；宜敲诗[④]，诗兴汩汩然。盖至是别有一洞天矣。酒酣，有执爵而言者曰："文不必苏海韩潮[⑤]也，结构精严，则奇文共赏；人不必郑旦延娟[⑥]也，布荆修洁，则秀色可餐；地不必西湖九嶷也，一邱一壑，布置得宜，自足以游目骋怀。此园在数月前，雀鹿是宫，犬豕是游，樵叟牧童过而陋之。吾知山灵必愀然不乐也。今君不靡费，不饰观，因陋就简，化腐为奇，使灭色于数千年者效灵。一旦人人有一大威寺泮园在心目间，能不动山灵知遇之感，而庆运会之奇哉。鄙者乃执西湖、九嶷以律天下山水，而曰是无佳境，将无令猿鸟笑人。善用因者善用创，以是知君之佳惠士林，培植民俗者，亦如此园矣。"予起谢曰："何敢当哉！"乃援笔为之记。时助葺督工者为小山朱君，溶川许君，伟堂冯君，楚材王君，芝庭胡君。

[附记] 选自清光绪《普安直隶厅志（卷21）·艺文》。碑立于盘州市城关镇天目山大威寺（寺建于明洪武间）。朱右贤，四川人，进士。道光

---

① 玦（jué）：通"决"。

② 岑：小而高的山。

③ 阮屐：阮屐，泛指木屐。如：到。指游人到此。

④ 敲诗：推敲诗句。

⑤ 苏海韩潮：指唐朝韩愈和宋朝苏轼的文章气势磅礴，如海如潮。

⑥ 郑旦：春秋末期越国美人。越王勾践未实施复国之计，将郑旦进献给吴国国王。延娟：周昭王妃。

二十八年（1848），任普安直隶厅同知。

公订约章

薪木山得为□人得为用，山无材木遮护，曾何□人不□□，将何用？乡固与木石居，石山濯濯，此岂山之性，古之风也哉？□境山场非无萌蘖护秧□，岂无根干，为□□□言告诫，尚有不遵约束之徒，贪图便宜，尤堪痛恨。故我境□议垂碑：凡遵上宪明示种茶、桑、菁杠[青冈]、冬青、梘子、白蜡、桐子之人，公议递禀请奖赏；倘明知故犯毁伤，放牛羊践踏，此后议处罚，条规于左。以仰该处人等悉知：

议禁井□□塘底下等山护前面，并塘不准入□□，大坉、小坉、罗家□坡、汪家后山、□子山，概不准伐；陈家大坡，不准砍；光棍坡、小山，不准打石；街上不准□灰石。□□若犯，各样罚。

光绪三十一年（1905）七月十五 □ 议 立

[附记]碑立于六枝特区木岗镇戛陇塘庆云寺韦驮殿后壁，青石质，方首，高 1.20 米，宽 0.80 米，厚 0.15 米。碑额“公订约章”（由右至左横书楷书阳刻），无碑题。碑文竖书楷书阴刻。

世代昭明

盖闻地灵人杰，□神妥人安。故礼让之邦，道路□□□降□□庙宇□□□□□□□□□□□六保白□祖父乐也安居于此地。荷上帝之鸿庥，瘟煌不作；蒙圣神之庇荫，□□□□。由是众志存诚，于康熙元年（1662）创建永丰寺一所，其前殿供有关圣帝君，后殿供有□□□□□□祖师各□□。雍正八年（1730）修财神阁一所，乾隆六年（1741）修无量宝塔一座，置□□僧供奉香火地，称名胜会号朝山。斯时也。地脉咸宁，景运维新，人寿年丰，高官□□□□□□□时之。迨至嘉庆二年（1797），陡遭□变，帝君之显圣，保阖境以无虞。祖父等念庙貌之不煌，于嘉庆二年（1797）重修后殿，工未告成，地方突遭兵燹毁，神灭庙殊，甚痛恨。直抵同治十年（1871），始见平承。幸□也。托皇天之眷，故因祸得福，沾祖宗之功德，否士（极）泰来，保障一方身□□望，□为□□广福□光，为地方培元气，年臻古稀，不惜余力，除塑理神像、监修学堂而外，目睹前殿偏斜，恐隳前□之□念，竭力维持，顿生作□之雄心，爰集阖寨老幼绅耆，公（共）同研究，协力同心，集□储□，纠（鸠）工备料，□良修阁，大兴土木，勒石垂碑，以补前人未备之功德。

伏愿皇图巩固，佛法常兴，□□□□，运转□□□实厚□焉。是为序。

今将助树（塑）功德银开于左：

（以下捐功德者姓名数额。略）

宣统三年（1911）季春月吉日 众姓轂旦立

[附记] 碑立于六枝特区折溪乡六堡村大寨永丰寺，青石质，方首，高1.20米，宽0.70米。碑额“世代昭明”（由左至右楷书阴刻），无碑题。碑文竖书楷书阴刻。碑文记述，永丰寺始建于康熙元年（1662），供“关圣帝君”“祖师”等。雍正八年（1730）增修财神阁，乾隆六年（1741）又建无量宝塔，招僧人住持。嘉庆二年（1797），遭兵燹毁坏。同治十年（1871）重建，并勒石垂碑，记载功德主名。

（二）民国时期

永兴寺功德碑

盖闻人之生也，从来五伦尤□□□，三教为□积德□神供佛，古今之所由来向矣。

我那玉[①]自前清康熙时立□兴寺，上下□以来，修则□之，毁则修之，前人苦□共存，□面两厢垂裕，于后岂不令人□恨之哉！故同治□□□□清平之福，杨正业、杨正芳、杨正朝、杨正川、梁□□、梁□□、王世

① 那玉坝，今属六枝特区新窑乡。

□、王文焕等，□□杨金清等，□□□□盛□□地□□□□助募化捐□元塑观音、文殊、普贤□□□前人之至意，佛之□一耳。始招住持，除香资收租五□□□□□仅收四五石，除□□□。至光绪十五六年，□□□辞尘避世正芳□□□持由是推□□□□□□租石自□□□十八年，首人协力追讨，□□□□□□□正殿完□日开无□□□□□□□正芳西逝之，□□□□□□面□□首□□力建□□□□□□之六合屏门外，□□□内容□□□时□□□除，耿耿于怀。迨至民国四五六年方请工师□□塑上下殿之□□□□□开募，□□□祖三尊神座崩颓，前□□□并请工师沈□龙、沈明峰监修，□□□生，魁神修□之，□约计廿余年，经乎出入四百余金，□完苟合矣。资助力岂非善哉！□善乐输出力众。

首士等□列于左

监修首士

（以下为捐资者姓名及数额。略）

民国六年（1917）□月谷旦立

[附记] 碑嵌于于六枝特区新窑乡那玉坝永兴寺石墙（与墙为一体，应为修建时嵌入），青石质，方首，高 0.60 米，宽 1.20 米，无碑额和碑题。碑文为竖书楷书阴刻，字迹工整，刻工精细。四周刻有卷草纹，镌刻细腻。碑面风化严重，一些字已无法辨认。

三、遵义市碑刻、摩崖、塔铭

（一）明代

金瑞山铜钟铭　杨辉

明成化二年（1466）丙戌，播州在城清湘坊蔺希珍，因兄希淳从役，发□铸造，重一百斤。铭曰：

取则凫氏，捐金是形。以摩以击，若雷若霆。
警发迷昧，振薄幽冥。镌功纪善，铭德唤醒。
昭垂千古，感格万灵。与神同休，与国同宁。
远延福寿，永播芳馨。叩之则应，以鉴斯铭。

功德主怀远将军、播州宣慰使司宣慰使杨辉

［附记］选自（清）道光《遵义府志（卷12）·金石》。钟原在红花岗区虾子镇金瑞山寺中。今已不存。撰者杨辉（1433–1483），字廷章，号退斋，明朝播州（今贵州遵义）人。明英宗正统十四年（1449）袭播州宣慰使职。景泰三年（1452）和六年（1455）两次受明代宗嘉奖。杨辉谙于武事，广涉经史，长于草书。在播州倡文教，建学校，育人才。他于明成化年间修筑团溪白果坪的“雷水堰”，至今仍发挥效益。

危济桥碑记　李敬德

夫桥之为济渡具也，其为世用广矣。天地之间，有山必有水。山静水动，此天地阴阳动静之理而生万物，所以知有山而必有水也。或百步而溪，或十里而河，山川由是所通。如人之血脉周流百节，稍有凝滞则营卫失理，而生疾病焉。矧江津要路，苟非桥之便，何以得通？是知桥为世用亦大矣。

去城之北三十里许，老木川之河横流而下，往者惧险，来者病涉，倾危丧生者，不可枚举。皇明弘治改元，戊申，侯府善士王公寿龄者，少事邦侯仁斋公，有大志，能方略。尝叹此渡之险，来往甚至颠沛，而无如之何，人情故所为恨。或者欲图其事，乃乏其资而微其力，故不能举。且王政以桥梁为急务之先，若夫有所陷溺，坐而视其危欤？抑以手援之欤？予当与国为万一之助，庶几可乎？于是捐己资匄工甃石以成。其桥极其雄壮，来往无阻，郡人称快。乃于桥之东建构院宇，绘塑佛像，舍田为寺，以镇斯桥。侯命之桥曰“危济”，寺曰“金壁”，又大书其扁。功成，征文以记其盛，且以识其岁月云。若夫壮观州治，济人利物之大，与天地同休，万世不泯，固有其迹，岂待余言之赘？铭曰：

长江设险，逝水浲浲。病涉者众，孰济不通。
嗟彼善士，德合天工。造桥鞭石，鳌背横空。
代彼舟楫，恩惠无穷。载驰载步，一任西东。
上建寺宇，永祈镇崇。镌诸碑碣，告厥成功。

大明弘治岁在戊申（1488）冬一阳月　哉生明之吉　冠带官李敬德撰

大功德主昭勇将军播州宣慰使司宣慰使杨爱

[附记] 选自（民国）《续遵义府志（卷7·中）·古迹（二）》。据（民国）《续遵义府志（卷6）·关梁》载：“危济桥，在城北三十里，明播州宣慰使司宣慰使杨爱建。”杨爱（1464–1517），播州杨氏土司二十五世，以嫡子袭宣慰使。明弘治十四年（1501），以军功授昭毅将军，赐麒麟服。

辰山铜钟铭文

天峰禅寺，古之未有，成化间，寿上人开创建立，巍然焕然，足为一方之表镇，群生之倚赖焉。夫寿乃缁流中巨擘，旁通经传，而合三教于一源。

初而脱迹龙山，终而养真天峰。竖梵宫，塑佛像，以为岁时向善之景仰对越。虽寸材片石，皆其精神念虑经纶所致。此寺之兴也，诚为不偶，寿之功之力欤！既落成，鬼神呵护，香火隆盛。于以祝皇图之巩固，于以赞我邦之绵远。然而寿一时天人相与之妙，将亦脍炙人口于不泯焉！寺宜有钟，以镇名刹。寿来告予，冀成之，予欣然捐资，命工甄铜以成其质，用述其由。寿，号天峰，俗姓刘，竹杖道人其别（号）云。以为铭，铭曰：

鲸音吼兮度寥廓，用之广兮缘体博；先天生兮声已作，后天存兮声愈阔。闻法界兮神欣跃，福苍生兮跻极乐；愿圣寿兮亨天爵，千万祀兮统万国。我邦祚兮同旁礴，证无上道兮，佛光弥满于六合。

宏（弘）治七年甲寅岁（1494）孟秋

功德主昭勇将军宣慰使杨爱 普福寺开山比邱兴寿 计铜重三百斤

[附记] 选自道光《遵义府志（卷 12）·金石》。辰山寺（原址位于今绥阳县洋川镇）原名普福禅寺（又名天峰禅寺），明成化甲辰（1484），宣慰使杨爱建，僧兴寿为首任住持。

增修普济桥记　李敬德

去城北二里许，有桥，曰“普济”。先侯六世祖忠烈公肇修郡之儒学、琳宫、梵刹、桥道，普济桥乃其一也。既建普济桥，于崖涘建庵宇为壮观，久而浸废，及忠宣公复重修。今郡侯仁斋公有怀古之志，叹先侯所建之迹，闻兴废之情，时则驱驰往来其间而游玩焉。尝曰：“肇基郡治，比先施焉，予欲继述先志未遑也。”迨圣天子之弘治元年戊申（1488），蜀播土人石永安、杨忠二人，感侯之德，兼亦有寄迹久远之意，然石□□□□□□惠，于是捐资匄工，增崇桥道，葺□庵□，竖僧堂、经阁、廊厢、斋厨，种植花果树木，寄乐其间。又舍田数亩，延僧住持，每以永久继葺整饰，俾往来车徒游玩。仰庄岩又合建□寿藏于桥之南，庵之□□□□蔚之，□视□知来行藏之道，可谓得其宜矣。然而论天高蹈事之事，情感侯之叹□好事焉。石均之忠亦□□之，均洁身相好，同处相契，切切偲偲，百年之事亦□□则□矣。于予记之，岂能无言，是为记。

□曰：

辟我之庐，护我之墓。种我之田，念我之嘱。
歌乐升平，□□清□。□□不□，□天□□。
负者卖□，子孙灭族。侵老叟者，分尸剜肉。
坐落寡纲，死入地狱。□□本院，□设水陆。
□昼□□，万灯万烛。宰白马牛，□□猿鹿。
竺地盟天，□庙□□。常在人□，□□□□。
一户李□，一尸鹿受。勿作排夫，永为香户。
□□以职，□我是务。地或不□，不违府咒。
地名□溪，竹鼦之水。工我之田，二十五族。
其中粮税，壹年四升九合八分，输□分明。

大明弘治九年丙辰（1496）岁夏四月既望 冠带官李敬德撰并书篆额

[附记] 选自（清）道光《遵义府志（卷12）·金石》。参见遵义市志编纂委员会编：《遵义市志》，北京：中华书局，1998，第2107页。摩崖位于遵义市汇川区高桥镇普济桥西北侧竹鼦溪北岸石壁，高1.00米，宽0.62米，竖书楷书阴刻。普济桥，又名后川桥、高桥。在离桥不远处有一座普济寺，桥即因寺而得名“普济”。桥为播州杨氏十三世孙、南宋播州安抚使杨粲创建。元明两代曾3次重建。至今桥基仍坚固。

普济庵铜钟铭　李敬德

大功德主、赠昭勇将军、播州宣慰使司致仕宣慰使杨爱，诰封播郡夫人田氏睿荣，昭勇将军播州宣慰使司宣慰使杨斌，恩荣冠带官杨峕、杨誉，信女德慧、善慧、懿慧，善士石永安，义男杨忠，捐己资产，绘塑佛像，葺庵完美，造钟一口，铜重百五十斤，并香炉、花瓶一付，共三事，永充普济庵供养。上祝侯祚绵延，身躬安泰，吉祥骈集，寿算遐长。铭曰：

阁皂之气，钟山之精。匪雕匪刻，以陶以钧。

资乎橐籥，化工妙成。名冠八音，是曰金声。
鲸鱼一击，蒲牢大鸣。扬动玉律，秋肃霜清。
魑怪远遁，蛟鼍潜惊。佛徒警觉，商旅戒行。
采文追蠡，优劣谁评。用寿于钝，亿万千龄。
祚我侯国，永称斯铭。

大明宏（弘）治十四年岁次辛酉（1501）秋七月六日良吉

冠带官李敬德谨赞　住持善圆　匠氏杨小章、张晟 总管韩善、童辅

[附记]选自（清）道光《遵义府志（卷12）·金石》。钟原存玉皇观。由府北隅普济桥普济庵移来（今已不存）。玉皇观，在今红花岗区城区（遵义市第十一中学旁）。相传建于宋代。历代均修葺。清康熙五十八年(1719)，知府赵光荣重修。

芝山正一宫梓潼栾笔记　张亚

大报天正一宫记

金阙上相、检校太师、混元内府三清上宰、大都督府行便宜事、虎符、龙券、总诸天星曜、判桂禄嗣籍、九天开化主宰、文昌司知贡举真君臣张亚谨撰。

曰祭之大者，莫大乎祭天；天之尊者，莫尊乎上帝。天子祭天地，诸侯祭杜稷及封内山川，此万世不易之大法也。故季氏旅泰山，孔子深责冉有①，而大林放之问②，及有“非其鬼而祭，为谄”之语③，其示训亦明矣。

---

① 事见（春秋战国）孔子弟子编撰《论语·八佾》。原文：季氏旅于泰山。子谓冉有曰：“女弗能救与？”对曰：“不能。”子曰：“呜呼！曾谓泰山，不如林放乎？”（季氏去祭祀泰山。孔子对冉有说道：“你不能阻止他吗？”冉有答道：“不能。”孔子道：“哎呀！难道说泰山之神还不如林放吗？”）

② 事见（春秋战国）孔子弟子编撰《论语·八佾》。原文：林放问礼之本。子曰：“大哉问！礼，与其奢也，宁俭；丧，与其易也，宁戚。”（林放问礼的根本是什么。孔子说：“问得太好了！就一般的礼仪来说，与其奢华铺张，宁可俭约朴素；对丧葬之礼，与其仪文周到，宁可由衷悲哀。”）

③ 语出（春秋战国）孔子弟子编撰《论语·为政》。原文：“非其鬼而祭之，谄也。”（不是我应该祭祀的鬼神而去祭祀，这就是献媚。）

播自唐乾符间太师杨端肇基此土，十有三传，至宋忠显庙威灵英烈侯价，天挺英豪，聪明勇智。公余之暇，常登高眺望，谓城西碧云峰下公府西北隅，夷衍清胜，隐然有神仙窟宅气象。由是慨念先公保此民社，贻遗子孙，实荷上穹显锡骘佑所致。夙莫荐熏，葵倾芹献，宜严厥所，舍是无称建置者。乃独断于衷，鸠工度[庀]材，即地创宇，署曰“大报天正一宫”，西据东向。北安大殿，榜曰“玉京金阙”，中严帝像，壁涌释迦、玄元主徒。埏饬环奇。左右廊庑，复阁斋堂，凡若干区，朱碧翚飞，实一时之伟观。盖宝庆丁亥岁（1227）也。历枢密崇德公文、平章事惠敏公邦宪、平章事忠宣公汉英，奉祠惟谨。天历己巳（1329），六丁取将，土木虽隳，而朵云驻空，瑞气犹在。元统元年（1333），嗣公宣慰使嘉真锦还自京，未构居室，首即旧址，扫除瓦砾，庚建是宫。凡十载而中殿、二庑、门、庖、斋舍始成。宝像装[庄]严，端居在上，三官五帝，列曜群辰，岳渎祀典，百灵环侍，壁绘咸备，规模宏广，视前有加。而奢俭得所，仍增常住田亩数十，户口亦如之，以给主奉者。且易故额为“昊天宝殿”，谒臣作文以纪之：臣钦惟皇皇上帝，其尊无对，高居九重之上，虽真仙侍宸，未尝获睹慈容。惟见红云郁蔼，即知帝临御焉。主张万汇，降衷下民，以自然为功，以大生为德，无一命不由其赋予，无一物不被其化育。巍巍荡荡，不可得而名言。故以形体谓“天”，以主宰谓“帝”，以妙用谓“神”，以性情谓“乾”，以气色情位相备，则曰“苍昊、旻上”；以方维则曰“皋变玄幽，皓朱炎阳”；以中央则曰“钧天”。合而言之，则一而已矣。古今有天下者，禋祀于圆丘，法象然也。今嘉真善继祖志，重设枫宸，恪恭小心，对越昭事。仰则归美圣君，祈绵景祚；俯辄悔戾臣职，保奠邑家。惕励孜孜，图悠久计，非亡谓也。或曰：诸侯祭社稷山川，播秩列公，乃建宫祠帝，以臣召君，于礼岂不谬耶？臣亚曰：然则然矣，是乃礼之经也，必有权焉，所谓“有其举之，莫敢废也”。《戴记》曰：“獭祭鱼，豺祭兽。”①豺獭尚知报本，曾谓人而不如豺獭乎？况播为西南大藩府，杨氏实千万世方伯连帅者也。时至正六年丙戌（1346）嘉平吉旦。

资德大夫、湖广等处行中书省左丞、上护军臣杨嘉真，资德大夫、播

① 语出《大戴记·夏小正》：“正月，獭兽祭鱼。”“十月，豺祭兽。”

州军民宣慰宣抚都指挥使臣杨忠彦重建。

右正德庚午（1510）秋七月，逆贼杨友等叛乱，攻劫州治，琳宇遂罹兵燹。仰仗上天恩佑，祖祢遗庥，再安宗社，凡十四载，旧规始复。仍各施田若干亩以供香火之用。上愿皇图巩固，侯祚绵长，福及子孙，泽覃黎庶。

大明嘉靖元年岁次壬午（1522）孟秋吉日，前昭勇将军、四川按察司按察使、掌播州宣慰使司事臣杨斌偕男怀远将军、播州宣慰使司宣慰使臣杨相重建。

[附记] 选自道光《遵义府志（卷12）·金石》。碑原存遵义府（治今红花岗区）城隅碧云峰下大报天正一宫。光绪三十二年（1906）碑移至遵义县学宫。青石质。现存残碑（宽0.90米，高0.24米）。

湖广偏桥长寿山永兴寺碑记　肖时芳

释教之行宇宙也，如水之行地，无处不之。或澄而为渊源，或流而为溪涧，或沛而为江河，或化而为霖雨。可以润枯槁，可以济亢旱，可以疗饥渴，可以解烦秽。顺之则偗流归蓉，逆之则怀山滔天。人性之分而为善恶也，亦如是；释迦如来立教也，亦如是。泛般若之慈航，渡众生于苦海，若罪恶滔天，王法所不能赦者，苟念皈依，尽从而超度之，故释教大行，普天率土，争先归趋，若慈航奉势而不可遏。

予卫乌江之西有茅坪耆寿官肖文俊、肖文德、肖必宥，远从其教，各备己资，卖播民之唐金山，建永兴寺，延蜀僧寿康吕遐舜以主。复舍肖昌号晓峰以嗣之。俾其梵修，以祝圣寿。今年秋，祈记石于予。

予愿人心宁为清流，无为浊流；宁登佛海，勿溺苦海。朝朝暮暮，焚香以祝圣寿，以报四大恩。则斯人也，斯文也，斯寺也，与皇明德亿万年共永也。庙之钟、鼓成于是年，殿宇立于癸巳年，佛像雕绘甲午年，天王、金刚雕装于辛丑，坊、碑立于己酉。寿官肖文德，处士陈凤，同住持遐舜，备置偿给，与业主石玉同族儿孙在内，将唐金山田土乙[一]方，立契舍于寺，永为常住，前后左右四置界畔，依契载碑。肖文德舍田捌秭，坐落地名龙刘冲；肖世勋施田壹幅，坐落地名南坎窝。各已分明，永允常住之业。

予题坊、碑之匾曰："祝圣寿道场"。又云："长寿山名古，永兴寺建新。四围排挞秀，一派清风溪。钟鼓鸣朝暮，烟霞伴寺僧。迹遗千万载，名贯满乾坤。"

金门献颂国子监学录衡湘主人肖时芳恒德

撰于嘉靖四十三年甲午（1564）岁良辰（吉）旦立

[附记] 选自：《湄潭文物志》（第1辑），1984，第10–11页[①]。碑立于湄潭县茅坪镇永兴寺（今已不存）。永兴寺由吕遐舜于明嘉靖年间创修。光绪十六年（1890）萧嘉宾等重建。萧时芳，号灵冈，明代贵州偏桥卫（治今施秉县城）人，明嘉靖岁贡，由四川遂宁县训导转国子监学录。博学多才，人祀乡贤。有诗文行世。[②] 吕遐舜（1490–1574），四川潼州府蓬溪县人。九岁出家。中年到余庆，后受肖文德兄弟之聘，至茅坪主持兴修建造永兴寺。

瓮溪桥路碑记

南无阿弥陀佛！

大明陕西西安府兴平县底张驿沉潜里信商陈君仁，偕缘虞、赵氏，会同寓贵州思南府婺川县管辖地名板场下寨居住。以仁□生中土，寄迹黔阳。窃见自三坑司由小黄坝、龙井坡、三潮水、细沙溪、瓮溪湾、鲁牙溪、黄茅井至县，道路崎岖，桥梁缺修，往来艰行病涉。夫妇发心，自备己财，鸠工命匠，买陈有二民地，以龙井坡至碓窝田改修起万历十四年丙戌岁（1586）四月廿六日，止十六年（1588）戊子岁五月十二日，桥成路就，便益行人。上干天神作证，祈保：合室眷缘清泰，家外嗣续繁昌；桥镇溪流巩固，路通场邑无疆！谨志。

弟陈君义，弟妇师氏、傅氏，侄男陈九德、九节、九枝，侄男妇□□、□□氏，□□孙陈□□、□□

---

① 原书注：碑文选自茅坪肖士贤家藏《肖氏族谱》。

② （清）乾隆《贵州通志（卷28）·人物》。施秉县政协文史委员会编：《施秉文史资料·施秉历史人物》（1368–1949）明清民国卷），2013，第240页。

时天运万历十六年戊子（1588）岁孟秋月 吉日立

石匠陈栋益

[附记]选自务川仡佬族苗族自治县县志编纂委员会编：《务川县志》，贵州人民出版社，2001，第1161页。碑位于务川仡佬族苗族自治县大坪镇东隅瓮溪桥，青石质，“凹”形碑首。碑高1.5米，宽0.75米，厚0.15米。

慈慧寺无瑕玉和尚塔铭

公讳明玉，字无瑕，西蜀安岳龙居刘氏子。公生不爱治生产业，性屈强，不与世情和合。长娶汪氏女，举三子，长儿聪慧笃孝，公虽心爱之，亦不为儿女子计，居常以佛为事，每供养二老，必以斋蔬为尽孝，二老以此自安。公以超尘脱俗为念，无顷刻置也。

二老谢世去，公年四十六，即判然弃妻子从方外游。是时长儿年十二，踯躅相随，至播州之楼头山，于东洋相海庵主所，父子俱薙发，为沙弥，受具戒。隆庆三年五月五日也。自尔公携长儿行脚，即督课业为弟子，父子相从，云游万里，遍历名山，参叩知识，苦行绝伦。每日中一食，糠菜不糁。树下塚间，随遇顺适，自是终身静不至席。

万历初，谒普陀，过金陵，至都下游，履五台，寓三塔寺，礼《华严经》，经六十万字，一字一拜，每昼夜必稽首三千，如是者经三匝。至十二年复至京之碧峰寺，礼《法华经》六万余字，一字一拜，昼夜不倦，如前者十二匝。长儿为沙弥者，年德日亦长，多亲讲肆，听习《华严》《法华》《楞严》《圆觉》《唯识》诸经论，善开晓发蒙，而事公日益谨。一时称诧，谓有师弟子如此者，业已风动中外矣。十七年内宫监太监王公辈欲开精舍，延公弟子为弘法所，且为公休老地。乃卜阜城关外二里许，捐资创寺以居，寺成请额，圣母嘉之，赐曰“慈慧”。大宗伯棠轩李公记其事。一日，公谓弟子曰：“吾以业系娑婆七十二年，侵寻老病，久住何益。吾将归矣！尔当以法为怀，勿生爱恋。”遂不食，念佛不绝者旬日，声响如钟，颜色若壮。弟子请问生死大事，公但曰：“嘻嘻呵呵，呵呵嘻嘻。不是妄念，不是真知。”良久云：“你说是个甚么？”自代云：“大通桥上交粮客，原是南方送米人。”临危，索浴更衣，端坐持珠念佛，益哀促，连大叫：“佛佛佛，倒驾铁牛归佛土！”声绝而逝。万历己未（1595）春王正月十九日也。

公生于嘉靖甲申（1524）七月，世寿七十有二，僧腊[①]二十有六，以某月某日奉全身于黄村塔，弟子一人真贵，即今为慈慧法师者，予持钵王城，住慈氏楼阁，贵持行实，哀乞海印状其事。公生不识一丁，临行快便如此，岂非脚跟线断，就路还家者耶？乃为铭曰：

生死机关，只在一窍；善来善逝，木人戴帽。
父子团圆，形影相顾；世出世间，有何回互。
昔日老庞，破家散宅；今日看来，大似未撇。
何如此公，一窍不通；生拗铁强，直出樊笼。
庞不嫁女，公不舍儿；一般主意，各得便宜。
七十二年，半僧半俗；今日风光，千足万足。
一塔凌空，十方常住；空怀塔存，法身弥露。

[附记] 选自冯楠总编：《贵州通志·人物志·方外·遵义府》，贵州人民出版社，2001，第1299页。明玉（1524–1595），字无瑕，四川安岳人。四十六岁时，携长子从方外游，明隆庆三年（1569）五月五日，在播州之楼头山东洋相海庵主所出家。后遍历名山，参叩知识，苦行绝伦。过金陵，至都下。万历十七年（1589），内官监太监于阜城关外，捐资创寺以居之。圣母赐寺名“慈慧”。

景福碑记　刘建明

粤稽佛自西来，教演东土，祇园净念，鹫岭恬神，而名山胜概固其所也。

景福寺者，始自唐乾符。宋之端平二年，袁氏祖号世明讳福，职勅三边，功纪武节，创兹儒地，名曰“龙塘”，灵威烜赫，境概异常。因而崇建殿堂，塑装功果。迄今宏（弘）治五年（1492），而庙貌更亲[新]，实袁氏之祖

① 僧腊：僧尼受戒后的年岁。

创孙培，世世与有功矣。

迨至天启元年(1621)，奢酋猖獗，功殿复煨烬无余。隆邑僧人续灯寓此，目击形胜巍峨，层峦耸翠，玉扉插其峰，江水锁其带，诚哉古迹，一甚胜境也。窃自惴，曰："入世而不作出世之果，当生而不结未生之缘，何异乎浮云之倏过太虚，螳螂之幻生人世也哉。况夫有定之成规，正可作新来之福果。"因而命匠鸠工，强勉建立，以完樗生之念，一以壮恢复之观，一以培袁氏祖德宗功之劳，一以演佛教如线不泯之脉。勒兹碑记，永示不磨。

[附记] 选自（清）道光《仁怀直隶厅志（卷之19）·艺文》。碑原立于习水县土城镇黄金湾村景福寺，1957年寺院拆除，碑亦不存。景福寺始建于唐乾符年间（874–879）。南宋端平二年（1235），袁氏先祖袁福（字世明），出任三边总制，出资修葺该寺。明弘治五年（1492）袁氏宗族再建更新。明天启元年（1621），寺毁于战乱，由僧人重建。因袁氏世袭儒溪长官司长官，故曾多次对景福寺进行改建、扩建，该寺遂成为集寺院、家祠、孔庙、书院、会馆功于一体的建筑群（由三个四合院组成）。

重饰洞内佛像记事　*颜师孔*

崇祯二年（1629）十二月，余参禅大士像，见其金碧为脱，色相黯然，余心动焉。于是捐金装饰。工竣，记志年月，并赋一律以记之：

巨雪辟岩坚，飞泪补陀山。
玲珑天外落，凿□固中间。
大士庄严相，禅僧定悬关。
登临神气爽，俯瞰白云还。

楚辰颜师孔书

[附记] 摩崖刻于碧江区文笔峰（亦称正人峰）文笔洞左侧，高0.60米，宽0.80米。保存完好。颜师孔，湖广辰州人，选贡，时任铜仁县知县。

重新殿宇碑记 陈盟

辅世而剪凶□害，□幽而奠境义民，是其生为名臣，为卓宦，而声华炳烺于当代也，则宜。其没为上真，为明神，庙貌祠之，血食奉之，而精爽昭于异世也，则尤宜。

昔在汉初，有李公为吾蜀益州守，冰，其讳也。德政并茂。当时水神作祟，川波泛壅，大贻民害，公奋然殪之于江，俾厥安流。其事甚奇，功甚著。灌溉之利，迄今千数百年，蜀民犹食其泽；而公之英灵，亦远与厥功不磨。迄今千数百年，蜀民所以崇奉尸祝之者，阅唐末至我皇明，犹凛凛如一日。是以三川形胜之地，往往建宇以像公。而夜郎之东，距城二十里，高峰屼嶂，俯瞩万山，台阁岿然，呼吸六虚，有公祠在焉。凡夜郎之民，岁时蒸尝者，趾相错于途，则以公之灵爽，较它处尤著；而荫庇斯土者，非伊朝夕之故也。曩自幺么弄兵遵城，千里烽燧，纵横一时，琳宫梵刹，鲜不罹于爇，而斯祠独存，其殆公之明威有以慑蛇豕之凶焰而悸其胆乎？于时监督宪副环水卢公、蜀镇朝石侯公、遵镇春宇刘公、协镇信吾陈公，剿蔺抚黔，首复遵城。扫天狼而集鸿雁，歌《狸首》而革鹗音。废坠俱举，百度维新。幸公祠之获存，而倾圮未葺，于遵民妥佑之意既弗惬；且规制湫隘，于国家崇报之典又弗光。乃相与捐俸而改创之。堂寝庑室，皆倍于旧；且买田若干亩，供四时焚献之需。用以顺民志而答神庥也。落成之日，予适因展垅，赐假旋里，卢公移书，俾予记之。予于是有感焉。夫有严有赫，好是正直，神何求于世？而世自求之，岂非功德在人，不可忘耶？然则内而卿相师保，外而岳牧连帅，□遵□庇民，丰功茂绩，各循其职，而不求人知，然而人自称颂于身前，且思慕于身后者，又何以异于神耶？嗟乎！鼎冲钧轴，大纛高牙，世岂乏贵显哉？乃生而碌碌，没而沕沕，其于世道无分毫补，以此事神，神其吐之。今四君勘定之勋，伟于兹土；辑怀之泽，洽于群心。《诗》云："恺悌君子，神所劳矣"①，则神之保厘凋敝，与四君之膏沐疮痍，

① 语出（春秋）左丘明《左传·僖公十二年》："《诗》曰：'恺悌君子，神所劳矣。'"意为"快乐平易近人之君子，是神灵所保佑的"。

其余休均未有艾，吾知其并垂不朽矣！是为记。

皇明崇祯四年辛未岁（1631）秋七月初一己卯之吉

翰林院兼修国史经筵日讲起居注国子监司业雪斋陈盟撰此

[附记] 碑立于遵义市汇川区河溪坝高崖祖庙（现更名为高岩寺）。青石质，方首，高2.00米，宽1.10米，厚0.10米，碑题《重建殿宇碑记》（由右至左篆书横书阴刻）。碑因风化有损坏。碑文对照（清）道光《遵义府志（卷8）·庙坛》辑录。高岩寺（高崖祖庙）唐贞观八年（634）创建，祀蜀太守李冰及子二郎。历代均有修葺。陈盟，字无盟，号雪滩，鹤滩。四川富顺人，明天启二年（1622）进士。历任检讨、国子监司业。曾因典试南京，出题获罪，罢官后居南京。崇祯十七年（1644），福王在南京立国（南明弘光元），被起用任讲读、吏部有侍郎兼翰林院学士，加礼部尚书。清军占领南京后，出家为僧，释名法藏，号雪公。陈盟学识渊博，长于治史兼工书法，名重于时。著作有《三朝纪略》《崇祯阁臣行略》《雪斋诗集》等。《四川通志》有传。

胜龙庵记

天启间，水蔺发难，城垣残破，一切寺宇悉被倾蹂，胜龙亦丘墟焉。佛像沐雨披风，灵莫妥矣。信善欧万贵不惮奔走，张盖以覆，结茅而蔽。仍发心捐资，精加绘塑，集众善重造殿宇，至今落成，勒石以志。崇祯五年（1632）。

[附记] 选自（清）道光《遵义府志（卷12）·金石》。碑为遵义府人、嘉庆三年戊午科（1799）举人张自信得之于胜龙山下溪中，遂立于府城北2公里胜龙山上。碑今已不存。

（二）清代

观音堂碑记 杨辅鼎

仁怀之地，旧属播州，近夜郎，杂夷汉。明万历时，始立县治，声教所及，方数十年，前此兵燹叠经，荒废殆甚。今康熙四年乙巳（1665），余奉命设防于此。斯时也，百费御侮之方，几穷招抚之术，间岁而稍就绪，然地极僻，而人颇淳，山［出］江上通嘉陵，下通渝州，抑亦扼要地也。县之西，原有庙址，余至之日，蔓芜荆棘，佛座倾颓，凭吊之际，不胜凄然。今昔之感，思为重建，复古初形，方作是念，已而梵刹之需材、需物，若佛像、若瓦椽诸形，日望我怀中而弗去。于是捐俸几许，共资之同城官属、绅士、军民，阅月而草创一殿，中设仁天大士像，外植桃柳花木，延僧香火。余谓大士慈悲能消苦难，愿与此方兵民共之。至边境澄清，灾祲不作，亦愿与此方兵民庆之。阅二年，兵民官属咸请于余，再为鸠工立外殿，傍建地藏，谓非大士灵显感应，曷克臻此，虽不敢谓较前起色，然视向之曰苇黄茅者，固自有别耳。或曰锡福之权可以自擅乎天然，则建像奉祀，将自永锡福欤，非也。城郭空虚，旧迹颓毁，彼菜佣者流，犹增叹息，矧守是土者，顾出庸庸下耶。余之建复古迹，又宁仅一观音堂已也。

今余北转东鲁，奉命将行，虽有所建，岂尽全美。谚曰："合力易，独力难"。若增补余之不逮，庄严璎珞，又俟后之君子焉。今者江城掩映，聊点缀乎清磬疏钟；静院辉煌，愿绵长于春风秋雨。余虽异地，敬刻于怀。是为记。

康熙十一年壬子（1672）仁怀城守营守府、功受都司、升山东济宁总河督左营游击杨辅鼎谨撰。

仁怀县知县张兴越，典史苏肇眉，遵义镇中军营中营事、都督同知陈福，遵判厅沈汉，叙府推官郑期发，中军千总马云、殷胜，左右二司把总吕俊明、张永祥，乡绅王世极、袁尚黄，生员陈子夏仝勒。

[附记]选自（清）道光《直隶仁怀厅志（卷之6）·祠祀志》。杨辅鼎，河南人，任仁怀营守备，授都司，升山东济宁河督左营游击。

栗溪纪事 闵相

相原籍禹江，因兵燹流落浪迹七省，虚度浮生者数十年矣。庚子岁侍镇主吴广随征入播，寓湘五年，竟不知有大觉寺也。

乙巳（1665）仲春，余以初度来游，见巉岩荒寺，茂树藤萝，止一孤僧，栖处寥状，是夜寄宿其上，雷雨暴作，分卷重茅，而见佛像露处，恻然者久之。少顷，仰视椽楹，云雾顿开，月明如昼。遂于丙午年（1666）伐木鸠工，幸诸公共襄，厥事补建上殿三柱，庄严金像，复削石成基，建大士阁。阁之下凿山开道，为台者三，亭栏石级具备，山之下建三官殿。殿前填河勒岸，岸之下建瑞笋亭，立波心与映月台相峙。殿之后有石隙游鳞，坦步数十武，得仙洞。洞之上，有天桥；桥之上，镇主新建飞阁；洞之中，有山腹奇踪，由奇踪秉烛深入里许，透山而出为岩悬梵境。由梵境山行为竹列。湖山搜奇数载，次第得八境。而三殿未成终非大觉之伟观也。余勉力图成，于三官殿之右址，平基可数十亩许，勒石为台，建殿五楹，左斋堂三楹，右禅堂三楹；阶墀数十丈周齐，堂之后，香积一楹；阶之前建文昌殿三楹；祟阶而下，灵官殿三楹；通道数十丈，山门三楹，周围沿墙百十余丈。各殿金像庄严。开凿荷花池，养金鱼数。种山茶二株、罗汉松三株，黄杨、侧柏、香栾、梧桐、紫荆、银杏、红白石榴、林檎、柑、枣、红梅、玉梅、松、杉、楠、桂各数株。曲径而行，并沿墙栽香柏数十株，竹数十丛，牡丹、芍药、兰蕙、海棠、芙蓉、桃、李、垂柳、甘蔗。寺中供桌、香炉、钟、板、鼓、磬，斋堂桌凳，锅、碗、碓、磨、石磵（缸）、木碾等物皆备。置买寺基山场田土一份，载粮二钱五分；有宅去年施舍常住一份，载粮三钱；在仙洞外又张应龙得当罗起蛟绝田一份，载粮二钱；又起蛟当日当出份内田粮七分，予备买共三钱七分，在红边桥下。以上田土，共计粮七钱二分，界置分明。置耕牛四只，于癸丑（1673）仲冬工竣总付。嵩目大师上座云宣，同兄云一永充常住，其田粮入北隅里三甲立僧户在册输赋，蒙免杂差。勒之于石，以记不朽云。

癸丑岁（1673）季冬月穀旦资中闵相谨识 督工行力闵先春监刻

[附记] 选自（民国）《续遵义府志（卷4）·坛庙寺观附·遵义县》。摩崖位于汇川区高坪镇十字村喇叭河畔灵碧峰山麓石壁（因今建水库已被淹没）。闵相，字弼亭，四川资中人。因兵燹流落浪迹七省，庚子年（1660）遂明军将领吴广入播，寓居遵义5年。后到了栗溪（喇叭河大觉寺段）扩建大觉寺。终老于此。

永兴庵碑 刘养纯

真城之西，距六十里许为北京堂永兴庵。先是土司时，于万历庚寅年（1590）有行僧能兴携钵来，爱其林壑清幽，涧岩翠碧，瑞鹤翔舞，香雾叆叇。拟为如来飞锡境界。因低徊不欲去。遂结椽其间。维时筚路蓝缕，草莱尚未辟也。会司侯桂垣骆公，恺悌慈仁，善修佛果，为之鼎创梵刹。播人余士晋购一区壤以为丛林地步。当时捐资舍业、踊跃赞襄者，如，任雕绘法像则有何虎、崔近宸、傅应升、岳尧相、沈日荣。逮其徒仁朝拮据底竣，琳宫宝殿，事事落成，金像□椽，色色装饬。自是蓁芜顿辟，山灵献奇，龙虎交晖，祥光耀五色之彩，僧徒附集耕耨，迭兴檀樾。何、崔、任三姓施田，永为常住，以供众僧，因之焚献，衣单有资，钱粮、差徭有备。僧之历今四百余年，传之徒仁朝、徒孙智善等，绵绵裔派，洵乎永兴，则永兴矣。

第僧俗错壤犬牙，相制久之，未免觊觎相侵，豪强兼并。一旦有荐食逼处者，莫非永寿无疆之乐利。僧仁朝深思远虑，请之功德主人骆侯兆全、瑞图伯仲，亟命鸠工勒石镌碑镂铭，以垂千万载不磨之固。俾佛像维新，圣泽弥覃而江山永奠，民物长丰。宁直为构刹赡僧计哉？是为志。铭曰：

燕北异僧来西土，缁衣皓首何年数。
伏龙豢虎行弥高，见性明心每妙悟。
辟草建庵衣钵传，衍宗流派锡盃跓。
菑畬既垦百年长，焚献有资千载固。

金石垂铭世之馨，□蕲宁宇清皇路。

时崇祯癸酉（1633）春正上元榖旦也。

奉直大夫、知真安州事张士选，土同知郑延泰，

土州判荫袭韦大梁、骆光禄，粮捕厅韦子韔、王之贞，僧正司真林

钦□游击将军署都指挥佥事骆麟

钦□守备以都指挥体统行事、署指挥事骆麒，

平蔺援黔功授守备傅应升、岳尧相、傅延泰、岳应甫、魏安

庠生刘养纯撰　欧荣书

[附记] 选自（民国）《续遵义府志》卷七（中），《古迹》（二）。碑立于道真仡佬族苗族自治县旧城镇永兴庵（今已不存）。

许氏功德碑记　罗士柏

梅桥精舍，南乡一胜概也。辛未（1691）春，余偕同人往游。瞻礼下殿，贯佛岿然丈六金身；仰观上殿，规制较前尤竣起焉。及俯视之，阶梯之高，几及栋宇之三之一，殿之高，高以阶也。余骇而羡之，未暇询为谁氏之功德。客腊，有许居士，婿与姪造吾廷而言曰：先老人平生好施舍，大渐之际，家事一无所嘱，惟谆谆于梅桥未了愿，今贯佛以庄严矣，石阶且竣矣。恨先人不及见也，因泫然流涕，而请为之记。予曰：功德不可朽矣！老人不及见，千万人共见之矣，为寿诸贞珉，且使后之人，知此千万人共见之功德，为老人之功德矣。老人系居士，姓许，讳登瀛，其副所托而终，厥事者婿与姪也。例得并书。

[附记] 选自（民国）《续遵义府志（卷4）·坛庙·寺观附》。罗士柏，字莱翁，遵义府（治今红花岗区）人。康熙己酉科（1669）举人。任山东日照县令，重视地方建设和文化教育。升刑部山西清吏司主事。

增设太牢碑记　王起龙

丙子（1696）夏，余承乏兹邑，恭谒圣庙，形势雄秀，栋宇巍峨，附室宫墙，修理完善，惟楹前两台，石工尚略。至春秋二祭，动支工项银八两，仅敷办诸品，而太牢未备。余于秋祭时，勉捐纯牸。正思工必续修，祀宜尝继。适有来告者曰："斯学也，创修于前侯詹公、支公，重建于前侯郑公，补葺于前侯李公及学博张公。而郑公之重建也，曾有变卖白云废寺之案，尚有欺隐田肆分、土一幅，屡经行查，至前任杨公，定为积谷充公之案。"予查卷宗，因命附近生员刘祥清算接手侵蚀谷石量，追银二十二两捌钱，修葺两台，尅日完工，并亲往清复界址。因白云寺旧有铜佛，现供洞清寺，于肆分中将任氏田一分焚献铜佛；石搭头一分焚献朗水梓潼阁；其张氏田小龙池二分，每年议佃收租六石五斗，平木台山土一段，一并移交儒学经管。每年收租变价，承办春秋二祭太牢，其粮务，肆股均摊计租，庶典礼可常继。勒兹碑碣，用垂永久。是为记。

[附记] 选自（清）乾隆《绥阳志·艺文·记》。碑文记录了绥阳县知县王起龙拜谒圣庙（即文庙）时，见"太牢"（祭祀仪式祭品陈设）未备，便将处理白云寺产变卖中欺隐田、土部分收益用于"承办春秋二祭太牢"。并"勒兹碑碣，用垂永久"。碑文反映了清前期绥阳地方佛教寺院经济状况，以及官吏在处理儒佛关系中所取的态度。王起龙，字一飞，号仰苍，江西乐平人，清雍正甲辰（1724）科进士。曾主管四川井研、绥宁、大宁县盐务。乾隆二十一年（1756）任绥阳县知县。

重修五涯寺碑记　任昌期

县治之南，去城十里许，有五涯寺者，乃禅林古刹也。甲戌夏，余莅斯邑，即闻有楚僧月茎上人者云栖于此，亦未暇一领也。乙亥春，适以民事出，道经五涯寺，遂税驾[①]而访焉。询其禅脉来源，则曰："自曹溪六祖以下，出破山老人，传佛心印于锦江昭觉也。"询其营筑根由，则曰："自前庚子平播之后，时有麻城詹邑侯开拓县署，遂领文田土而建设也。"案头有《语录》数卷，阅之皆释家传授心法，藉此而磨砺群徒。且耕且读，食无求于世；眠云卧雪，非无挂碍中人乎？继观殿宇整齐，爰追往事，皆云前已倾颓。自上人来山，捐衣钵资，仗檀那力，历五寒暑而告成。

知绥阳事任昌期羽诜氏撰

儒学训导丁世泰篆额

典史张俊立石

古怀白黄鼎书

戒弟子真定、寄名弟子任常庆 康熙三十八年（1699）初三日立碑[②]

[附记] 选自（清）道光《遵义府志（卷8）·寺观·记》。撰者任昌期（1650-？），字羽诜，号默斋，河南新乡人，清康熙五年（1666）举人，康熙三十三年至四十一年（1694-1702）任绥阳知县。

磻溪寺碑文节略

磻溪寺原名磻龙寺，正安古刹也。碑称唐有僧普达苦行精修，感通梦寐，奉敕建寺。按：季唐及后五代时，珍州未入版图，久为蛮窃据。事诚荒渺无稽，碑文更多纰缪。唯省志载：明万历年有僧名孤舟，面壁此间，示偈圆寂。而碑中只载嘉靖时，有僧正脱秉佛于斯，捡得本寺常业古契刻于碑。

国朝康熙甲申年（1704），州牧汪鲁垣，重为立石。兹将载磻溪寺原置常业，开载州志，以备稽查。

……

今将四置（至）刊刻于碑，庶后之裔僧，依界永守常住，僧俗不得混乱。刻碑一方，永镇山寺。谨立。

---

① 税驾：犹解驾，停车。谓休息。税：通"挩""脱"。

② 原记为万历三十八年，显然有误。

[附记] 选自（清）嘉庆《正安州志（卷之4）·碑文》。磻溪寺，古名磻龙寺，相传建于唐代，僧普达住此，苦行精修，感通梦寐，奉敕建寺。明万历年间增修，僧孤舟面壁于此。明嘉靖年间，杨慎（升庵）曾到此，题诗壁上。民国时期寺院改为学校。现为蟠溪小学校址。

白果寺王氏宗祠碑序并祠产界碑　熊作都

盖闻披荆斩棘，创始者固难为功；而补敝兴衰，继起者亦不易为力。此莫为之前，所以虽美而弗彰；莫为之后，亦虽盛而弗传也。

如吾乡之有白果寺者。其来已久，而文献云亡，创建之原，杳莫能溯，考诸近志，惟王太翁讳宾贤其创始者。翁于康熙间，目睹萧条。乃谓有庙无田，无以给焚献之资，于是始施田园，以作供养，并建设其先灵神主于寺内，此浮屠之相绪不坠，而祠寺之规模，是以犹存大概也。迄于今，数有百年，风雨飘摇，虽未鞠为茂草，而碎瓦颓垣，不胜今昔之异。乾隆壬寅（1722）秋，太翁之后，有好善二公，讳嘉会、嘉猷其人者，不忍无量佛天，终于摧残不振，有辜先人雅意，而补葺之念生。因约族人募化，兼招住持经理，鸠工聚材，一加补造。肇始于壬寅之秋，观成于戊子（1768）季春之月，一举而倾圮之祠寺，焕然可观。

功成之日，有僧净修欲勒石以志其原委，属余作文以纪之。余思斯寺之原，虽不可考，而田产林园，既有太翁指捐施以倡之于始，复有二公乐善以增补于今，洵可谓彰前传后，永垂不朽矣。爰约其概而为之序。

今将书升王太翁所拾七段之田，其界畔一并载明，以杜僧俗侵削之端。其田，一处地名水井田一段，上抵横路土擀，右抵板栗树擀子，直抵横路，下抵张宅田，以土坎横过，抵黄连树为界。一处芦槁林田一段，东抵雷宅水沟，直下为界。一处庙儿沟，左右大小四段，内除土擀下过水洞一丘，抵张宅田为界。一处落水田五丘、土一块，以张宅石墙直下，抵路为界。一处下毫田一段，上抵雷宅田，下抵张宅田为界。一处喻月元一段，上抵唐宅田，下抵罗宅田为界。一处月元沟田一段，上抵大路，下抵沟，左抵张宅土，右抵沟为界。其祠寺基，一并在内。

龙飞大清乾隆四十八年岁在癸卯（1783）十月中浣谷旦
仁怀县廪优生员熊作都谨识

[附记] 选自仁怀政协学习文卫委编：《仁怀历代文钞》，中国文史出版社，2009，第103页。熊作都（生卒年不详），仁怀茅坝两河口人，乾隆五十九年（1794）岁贡生。

考棚碑　赵光荣

为酌拨公田培学校以恤寒毡事：

致治之道，教化宜先；兴学之本，爱养是急。遵郡处在边徼，元气尚未全复。各属士子，类多单寒团敝、半耕半读之人。从前岁科两试，就棚渝城，道里遥远，生童俱以跋涉为苦。因赴郡具呈，仿照旧规，设棚于遵。历蒙各学宪亲临考试，诸生永免远赴之苦。惟学宪往来夫马长途需费，以及临棚供应，原系各属生童公同帮凑，上不累官，下不累民。然夫马必先雇倩[①]，往办棚厂及应用什物等项，又须预备修理安置。其如各生童必俟学宪临按，然后陆续到郡，不能先济其事。所以前项需费，议出管棚生员先行借垫，不免加息之苦。原议：生员每名伍钱柒分，童生贰钱柒捌分不等。但多士穷窘，提襟肘见，本府目击其间，故于昨之岁科两试，谕令两学每生名下酌量免去贰钱，费有不敷，俱系本府捐助以襄厥事，使寒生轻便乐从。独是守土之官，俸金有限，恐将来不能复继，年久事弛，终不免为诸生之累。本府虑后之念，时刻不忘置者，此其一。若夫本府来此邦，淡泊自矢，仰体皇上崇儒重道、督院与各宪兴行教化之意，因府县两学文庙及魁星楼坍塌已久，本府捐俸修理，今已焕然聿新。又见遵民困苦，不能家弦户诵，除在城内照旧设立义馆，又于东关外与该县创修湘川书院一所，捐金延师，以专训迪，俾贫寒子弟，得以负笈从师，学业有进；频年近悦远来，及门济济矣。惟虑本府他日量移，后之来者，必更留心书院，造士育贤；然恐地方事日渐繁，簿书拮据，力不能应，则在院塾师，岂能枵腹谈文？门前

① 雇倩（qiàn）：出钱雇请。

桃李，何由执经问难？若讲帐无人，馆事又废，穷苦子弟，虽欲进一篑之功，仍乏肆业之所，将见应考稀少，必致宫墙冷落，能不为远近生童思前虑后，期有始有终乎？此本府之谆谆系念者，又其一。至府县两学各设司铎二员，朝廷因职受禄，颁给俸薪，自应留心训诲，毋负职守。但别省乡邑，犹或设有学田，散给贫士之外，稍有余剩，亦可借以自给。遵义郡县原无学田，两官同食俸，分领有限，若不量力体恤，有负上宪生成！本府怜此寒毡，每欲资助，其如无术点金，因是廑怀夙昔者，又其一。凡此三者，俱皆眼前急务。本府再四筹画①，查通平里田土，地方每每告称有荒废庵观寺院，倾颓已久，瓦砾坵墟，欲使重建招僧，则荒凉地面，势有不能。所有当日常住粮田，或为连界豪强霸种，或为别寺额外贪占，且招后悔，致遗里甲空赔粮赋者往往有之。与其委之于无用之地，不若充诸公田，犹可稍补急务。随檄据该县将各处倾废寺院遗粮开报详覆前来，本府设长酌议，分别支给。除湘川书院、府县两学公田，另于书院儒学碑记开载勒石外，所有拨给考棚田地共二十三处，共田粮叁拾两肆钱零，约计租谷每岁玖拾余石，土租银伍两肆钱零，俱令两学新设斋长经管，收租支用。计自五十九年（1720）为始，三年即有租谷贰百柒拾余石，土租银拾伍两零，除按年纳赋外，其余悉为学宪临遵夫马供应之用。有此粮田收贮谷价，临时可免周章，无预先加利借垫之事，许多轻简。即尚有不足，诸生共帮亦属有限，较之从前，岂不大为稳便乎？今将拨给田粮里甲、亩数，租谷若干，粮额若干，逐一分晰，开载勒石，以垂永久。惟愿官师士民共相体谅，各为遵守，勿滋后弊，有负本府慎始要终之苦心也！

[附记] 选自（清）道光《遵义府志（卷之 24）·学校（三）》。赵光荣，陕西神木人。康熙五十五年至雍正三年（1716–1725）任遵义知府。（清）道光《遵义府志》载：知府赵光荣“康熙末守遵义，民风士气，多方救补。以府学官颓圮，倡募新建。旧时学使供给，一切派之应试生童。光荣取僧田之构讼者数十分，以为棚田，收岁租、给院考之费，士民至今德之。”②

---

① 筹画：筹划。

② （清）道光《遵义府志（卷之 30）·宦迹（二）》。

《考棚碑》对研究贵州寺院经济和“庙产兴学”有重要参考价值。碑文撰于清康熙五十八年（1719）。

长礦寺碑记

长礦寺建自有明，越明及今，数经兵燹，徼福者时加修葺，乃复堂皇可观。寺界正、绥间，地假且险，林木蓊翳，非停午不见日光。溪谷之夷者，不过数丈，辟为田，以给僧食。地既幽奥，又复有食可仰，故僧徒云集为多。近奉功令：寺观淫祠废者勿复修理。邑侯郑公体皇上崇儒重道之意，凡绥属废寺之田，悉变卖以修学宫，而长礦寺嵬然独存者，何也？以其所从来旧矣。僧福垣更廓其宇，清其田土，嘱余为文以记之。

[附记] 碑原立于绥阳县温泉镇长礦寺（又名长嵌寺）。建于元代。清康熙六十年重建。20 世纪 50 年代被拆除。今碑已不存。碑文载（民国）《绥阳县志（卷 2）·营建（上）·坛庙寺观》。文中提到“邑侯郑公”，即郑松龄，直隶丰润岁贡，康熙五十七年（1718）任绥阳县知县。

渡头河记 唐椿

望五甲椒溪沟有渡头河，为正、绥孔道。春夏设舟以渡，秋冬架木为桥，往来称便。渡夫工食及构桥之费，各有田土：一在望二甲下村，地名石卯关，大小干湿田二十四坵，载粮仓石一石二斗。其田由鸡公堰水灌溉；一在望八甲石水村，地名茅台，中田大小二坵，载粮仓石八斗，水自赵元朝田接。二处共田十亩，坡地七十亩，经本县查勘造印册存案，并给渡夫收执耕管。桥田二十三亩，坐落河边，原付寺僧管理，水源自黄排洞开沟引灌。碑志有年，非他姓之田皆可仰沫而承流也。

乾隆二年（1737），偶值天大旱，该僧照应契沟不获，黄排洞水为鱼户蒋琳截取，诱伙该僧于架桥之下别筑车堰以救田。不思木桥原就浅处以便行人。乃场圃既登，留堰蓄水，以取渔利。经行桥上者，既虞磋跌，亦病沦胥，雨雪寒风，厉民尤甚。廑有心者之殷忧切叹久矣。

今据士民等公呈到县，当即拘唤该僧究责，将堰立毁。嗣后悉遵古制，桥用宽厚板片，田水仍用黄排洞护沟引灌；并取蒋琳“无得截水”甘结，更不许于桥下筑堰，再为临渊之羡。审毕，书谳附卷。士民犹恐日久弊生，准录谳语勒石永垂，以资利涉，俾后人有所省览。以是为前车之鉴云。

[附记]选自（清）道光《遵义府志（卷9）·关梁》。唐椿，广西桂林人。副榜，雍正中期至乾隆初年任绥阳县知县。多德政。

拨田焚献记　朱东启

窃照遵邑东门城楼中，旧塑有明时刘将军讳綎神像，当日原有僧人在内焚献，因无常住田产，以致无人看守，像貌倾圮。

本年二月内清查废寺，查得东七甲永福庵田，条粮三钱九分七厘二毫；南又六甲赵氏庙田，条粮四钱零；东又十甲虎头庙田，条粮三分；平又七甲水口寺田，条粮二钱五分。以上五处寺院，久已寺废僧逃，所遗常住田土，向为寺邻佃户等侵蚀。伏思刘公当日保全遵义，大有功于士民，今欲崇隆伟绩，惟有将此等废寺田产拨归神庙，以作焚献之资。业经详明各宪，批准允行。招佃认租，每年计可获市斗谷石，除登印册永远遵奉外，恐日久淹没，复为佃户人等侵夺，特勒碑记，以志不朽。

计开田亩界畔：一处，南又六甲赵氏庙田，条粮四钱二分，田土一幅；一处，东又十甲虎头庙，条粮三分，田土一幅；一处，平又七甲水口寺，条粮二钱五分，田土一幅，地名花水田，上抵山脚，下抵河坎，左抵杨宅田坎，右抵杨宅田坎；又杨四田一分，上抵寺林，下抵河坎，左抵杨宅土坎，右抵杨宅田坎；又寺基山土一幅，上抵山顶，下抵姚宅坎。

乾隆十一年岁次丙寅（1746）

[附记]选自（清）道光《遵义府志（卷8）·庙坛》。乾隆二年（1737），知府苏霖泓奉祀刘綎像于城东门楼上。乾隆十一年（1746），知府朱东启拨废寺田产归僧焚献。后东门楼祠废，像移祀桃源洞。道光二十年（1840），知县杨书魁在洞口建祠。苏霖泓，云南鹤庆人，举人，雍正十年（1732）

任遵义府知府。撰者朱东启，江苏泰州人，贡生，乾隆三年署遵义府知府。

清虚洞碑

昔邑侯杨公，玉柱其讳。荣膺湄封，性乐山水。自城南循小溪而上，转二里许，见奇峰峙立，□出重霄，乃高山也，开帐抽系，辞楼下殿，座下一穴，方广数丈，中有清流，倏见桃花流出，时盖三月矣。遂憩息于斯，令人拔去荆棘，逐走狐虺，奇而赞曰："是洞也，有清虚之象焉。"及时转在志册，由是而传为清虚洞。迄乾隆壬午（1762）岁，佐主陈公讳世铎，游玩至此，问洞有名否？苍老对曰：志云清虚洞。陈公喟然叹曰：昔杨公深达其玄妙也。

良以清则必净，适合三摩之地[①]；灵则同空，□契真如之心，且呼吸风云，吐吞日月，虽非香国琉璃之境，何非真人显化之区也哉。□□□□即便垂灵，奚必泥诸南海，救人出乎千手，到处可作普陀。是以用莲木镂装观音大士，□□□远瞻仰者，遂相传为观音洞焉。洎乾隆戊子年（1768），张星铃、韩英、冉求胜、韩雄、陈名魁、谭□□、□□□等，虑其倾颓，募化砌修，架桥碚路，建造楼阁，装金换彩，买田为住，招僧焚献，佛像显然。□□□弗纵横于旁，狐虺自今绝迹于内。窃念洞中之寂静，不闻人事之纷华；洞中之清冷，□□□之炎热。自洞而入于泉，可以激浊扬清；由洞而登于山，可以游目骋怀。诚湄阳一□□□。令楼阁峥嵘，非一人之微资告竣；□求石巩固，幸众姓之衬匡成。但善士济名，难□□□且□言，永志同心，庶千秋以下，几达士游人，皆知今日之观音洞，岂彼昔时之清虚洞，所能□□□似也哉。是为序。

贵州平越府湄潭县正堂加三级纪［记］录八次 赵德 张俞 陈蔡

儒学正堂加三级 刘 张 祝

驻防左哨总司加三级 邓 李

督捕厅加三级 于 刘

募化头首陈名魁、韩雄、冉述圣

① 三摩地：又称三昧地、三摩帝等，汉译为定，意为住心于一境而不散乱。

住持 □达□、□福、达真

书 唐汉 余应训 陈文龙 谭宁世 □□

大清乾隆三十九年岁甲午（1774）夏月 吉立

［附记］碑立于湄潭县湄江街道清虚洞（亦称观音洞）内。青石质，圆首，高 1.74 米，宽 0.96 米，厚 0.15 米，碑题《清虚洞碑》。碑文楷书竖书阴刻。字迹漫漶，多无法辨认，参照湄潭县文化馆编《湄潭文物志》（第 1 辑），1984，第 66–68 页。清虚洞，位于湄潭县城南隅，为天然溶洞，洞深而阔，顶部岩乳融结参差倒挂。文中提到清虚洞的发现者“邑侯杨公”，名玉柱，字石臣，陕西阶州人，清康熙二十一年（1682）任湄潭县知县。重视地方建设，主持重修《湄潭县志》。正壁下有横跨拱桥，高约 3 米，建于康熙年间。洞左侧深不可测，有清泉穿洞而过，由洞外石壁涌出。观音洞外建有灵官殿、钟鼓楼和牌坊等。洞内外岩壁有摩崖 10 处。观音洞自元明开辟以来，以其地理优势成为游览胜地。

万世永赖

粤稽大水田堰，肇自唐时，姓杨名端，乃应龙二十七代以前之祖，其职九门提督，因平播剿夷安汉有功，敕封侯伯，永镇播州。上齐乌江，下齐重庆，左抵合江、泸州，右齐湖广柳阳、石柱，凡州内所属钱粮，永为杨姓供费，以故命修四十八庄。此系太平一庄，创造大堰一口，其制周围九亩七分，将此堰内二十四两条粮拨出堰外。其堰两层清坎，上下俱是海底，水门在两旁，石柱凿槽，用木板堵水，灌救忠七、八两甲之田。其田条粮共一百有零，各沟皆安石涯，历唐宋元明以及国朝，内外确遵，无敢擅议利害。突于乾隆二十四年（1759），冤遭婪僧智慧以统霸住田具控县主，蒙恩差查提讯，曾具合约在案。又于三十六年（1771），复遭回龙寺僧寂锡以吁恩委勘情词具控沈县主，蒙恩委捕主临勘，详情讯明，断：众仍遵杨氏旧制，僧俗具结在案。

越至三十九年（1774）五月，寂锡又以违断积水诳情捏控罗县主，蒙恩亲勘提讯，斥僧多事，不用住遵。屡遭暗害，悉蒙电鉴，众等各遵旧制。

第恐年远患生，缕析原由，爰铭于石。俟后，堰坎两旁内倘沙下堰，系要地主尽挑，各边沟坎必行得人，不许犁铲；如有崩坏，任砍田主竹木补修，不得阻拦；其引水放田，不分春夏秋冬，大小门坎不得私背水番[①]，照例轮放。倘有不遵，查确罚水陪还，决不饶讨。各项规额俱系古制，并非新设。使依旧制，安享无忧。如越规条，具诉有凭。以是为记。

忠七八两甲公立

大清乾隆三十九年岁在甲午（1774）季冬月谷旦

[附记] 选自遵义县地方志编纂委员会编纂:《遵义县志》(1978–2007)，中国文史出版社，2014，第840页。碑立于播州区（原遵义县）龙坑镇大水田堰前，1984年移至大水田鹤鸣洞口。碑高1.50米，宽0.80米，厚0.15米。

古碑叙　杨傅

观音山，亘古以来，荆棘之以生，狐狸之所掩息，达士游人所不到之区。而一旦焕然发其光，宣照其盛。□□□□□□航天，玲珑洒普陀之甘露。有求必应。左阙郡邑之佑，士女顶焚，无感不通。五城之官民辐辏，虽为祸为福不□□□□□。救难容有感然之理，但其地僻其山之果，非有以增修而润己之，则望而思返者，救苦众矣，诸君子有见斯集□成，□□□□□，修其庙观，命匠勒石，鸠工取材，雏事犹未意，而好善者□□助观成，何尝无碑于天地之精，山川之秀也哉。是□□□□□。

乾隆四十八年岁次癸卯（1783）孟秋

[附记] 选自遵义市汇川高坪镇编：《遵义市汇川区高坪镇志》，方志出版社，2012，第527页。碑立于汇川区高坪镇观音山庙南下侧，高1.67米，宽0.87米，厚0.13米。青石质，竖书楷书阴刻。杨傅，字肖说，号梦岩。乾隆戊戌科（1778）进士，选授河南内乡知县。

---

① 水番：轮流放水的秩序。

桃溪寺田产判词碑

遵奉

特简贵州府正堂署遵义军民府事，加四级记录八次，记大功一次，钱讳受椿府祖大人，勘判桃溪寺碑记曰：窃闻法林振响，固由灵爽之式凭；兰若增辉，尤在声威之呵护。

城西有桃溪寺者，创自二百余年。规模宏广，而山回水绕，飞翠停红，真掬香之胜境，翻叶之仙都也。迄今事踵增华，香火绵更，为阖郡之瞻仰，实众庶之福源。额产共壹百零贰丘，环绕寺基，皆就地善姓施舍，历年已久。今春为暴者觊觎，几至被占。蒙府祖钱大老爷亲加履勘，判语煌煌，凡我林总，莫不皈依，何物冥顽，尚希侵蚀？自此掎钵沙弥，尽游青石，乘鸾华表，共散天花。非维众僧戴德，亦且诸佛蒙休。将见瑞霭霏凝，光照腾骧之路；昙云闪耀，永符钟鼎之模。用是敬勒丰碑，以垂不朽云。判语列后：

审得桃溪寺对河黄土坝水田，据梅俊等称，系玉皇观之产，因本□□二和尚兼管桃溪寺，将田契带去，成为寺田。而岑蛟以此田系伊祖舍入桃溪寺，并非玉皇观田，被梅俊等赴寺将碑记铲削，经遵义县审讯，以寺产盈余，观田歉薄，将此田断给玉皇观在卷。本府亲加履勘，集讯之下，玉皇观栾碑只有桃溪寺水田三十劳，并无田亩数目及黄土坝字样。此外别无所据。若谓本观二和尚兼管桃溪寺，将此文契带去，更属影响之词。查二和尚于本年二月病故，当其未死之前，梅俊等何不控争？迨其故后，欲以绝无对证之言，妄冀争产。今查桃溪寺所呈粮票文契，虽无伊祖岑姓名字，然自万历、崇祯迄今，经二百余年，阅此即系凭证。其田又与伊祖坟墓相连，当经丈量，大小共四十三丘，约出谷六十石，则非三十劳可知。况梅俊等将桃溪寺碑记私行铲去中段，明系碑土镌有岑蛟之祖施舍黄土坝字样，欲使其无据以为图占地步，尤属显然。前署县杨令讯断，及今署县程令复讯，皆系迁就结案，无怪岑蛟之哓哓[①]具诉也。今仍将此田断还桃溪寺，照旧管业。梅俊等扛帮[②]争产，重责儆。此判。十月初四日判。

---

① 哓哓（xiāo xiāo）：争辩不止。

② 扛帮：结帮。

户 王开元

本府刑科经承

李希圣

礼 袁秉彝

李传诗

遵义县儒学生员阎永和敬书

大清乾隆四十九年岁次甲辰（1784）仲冬月吉□ 主持照抄刊

[附记] 录于遵义市志编纂委员会：《遵义市志》，中华书局，1998，第2111–2112页。碑立于红花岗区桃溪寺山门外，勒于清乾隆四十九年（1784），青石质，高2.50米，宽1.20米，碑额“永垂不朽”（由右至左楷书横书阴刻）。碑文楷书竖书阴刻。程延楷，河南浚县监生，乾隆四十九年（1784）任遵义县令。

红花寺碑 通圆

盖闻梁皇舍身而寺刹兴，大般若堂请高僧讲明经篆，广义人天，免众生受迷途之苦。遵郡乐五甲兴隆寺开山祖广宣法师，系川蜀内江人氏，发广大悲心，割爱辞尘，舍万劫愆尤，自明万历年间，随带百金创造兴隆寺，置买常住载粮四两有零，兴祇园说法之地，① 善莫大焉。使后辈僧众、远近檀那 ② 早登彼岸，悟彻本来。

不冀高僧西归，殿阁楼台、佛像、神祠颓败不堪。田土尽作丘墟，界畔被贪婪之徒侵占者不少。护持者亦不少，于乾隆己卯年（1759），有甲众士民李仙、李仪、杨子伸、何士焕等招僧焚献。僧体祖德，竭力□积，重修上下二殿，左右禅堂，佛像、钟鼓、神祠、乐音器用无一不备。清理界畔，广开田园，置买常住。

是老僧费许多波心，愿后辈住持，净守清规，述先人之德行，朝夕行

① 祇（qí）园：“祇树给孤独园”的简称。梵文的意译。印度佛教圣地之一。此处代指寺院。

② 檀（tán）那：梵语音译。施主。

六时之佛事，唤醒愚昧，同登彼岸，不枉削发为僧。后辈僧众以及云水挂锡①学人等，参明心地，按先悟毗卢性海，后修普贤行门，使慧灯不灭，灵光不昧。若意念如同情急，与上诸圣又何尝隔一丝毫。老僧恐一夕西归，将木本水源叙列于碑：老僧系重庆府定远县人，原命甲辰年（1724）九月十七日丑时赋生。自幼□山善觉寺，披剃师讳普瑞碧云和尚。为徒不易师，故云游遵郡东江日莲寺驻锡，竭力苦修数院。今以六旬愿满功圆，磨石镌碑，永为后念，垂万年不朽矣。

开老僧通圆得买田土田契，坐落地名炭窝沟、荒田湾，后开饿鬼凹，共价银二百有零，条粮七钱二分三厘。是然上下二殿佛灯五盏不熄灭。如僧众灭一盏，永堕轮回，永无出期。

挂锡有德之僧，务要粒米同食，不可轻易放过。远近邻人求请，儒士教读，不准饮酒看牌，有□清规。如遵者子孙科甲连登。如违者永无轮回，再无出期。

清界。清系邛中山、双黄清、黄土坎等处，界畔已经府、县、司、道、江县主亲勘，绘图五张，定界分明。本寺存一张，府、县、司、道各存案一张。禀公护法，名目开列于后：李仙、李仪、李碧玉、李钟玉、李楚玉、杨子伸、余廷瑞、何士焕、李梅、李椿、杨子佺、赵玉尺、余廷碧、何景盛、李源□、李国桢、余正海，后辈子孙，科甲连登。

开老僧所置乐音全堂，大包壶一把，大茶壶四把，小茶壶四把，锡□八个，宣德炉二架，香炉花瓶二堂，瓷瓶二对，大茶碗、小茶碗、五寸盆、酱酒盆、茶杯各八副，纱灯数对，方桌十六张，板凳六十根，椅子十六把，后辈住持遗失者，照价赔还。

临济正派：智慧清净，道德圆明。真如性海，寂照普通。

后续云：心源广续，本觉昌隆。能仁圣果，常演宽宏。惟传法印，证悟会融。坚持戒定，永继祖宗。

师兄：澄意、海洁，侄清广、清纯、清□、清月

侄孙：法祥、法伦、法相、法用

传临济正宗三十九代法讳通圆号徹问和尚，嗣法弟子：心悟、心德、心定、心来、心永、心贤、心惠、心亮、心法、心愿、心了、心修

---

① 挂锡：即悬挂锡杖。游方僧投宿寺院。因投宿时把衣钵锡杖挂在僧堂钩上，故称。

孙：源明、源光、源润、源亨、源善、源文、源详、源祯、源法、源兴、源泰、源悟、源道、源喜、源伦、源照、源本、源正、源钦、源动

曾孙：广林、广明、广惠、广□、广柱、广□、广□、广□、广□、广□、广□同建。僧会司普铨，乐里总册书涂金榜。

乾隆四十九年甲辰岁（1784）仲吕月朔一日谷旦

老僧亲书建立

楚南匠师陈翔凤、陈晏凤　男陈桂镌

[附记] 碑立于红花岗区虾子镇红花寺（兴隆寺）。寺始建于万历年间，由僧广宣筹建。碑文记述，“红花寺”原名“兴隆寺”，开山祖师为广宣法师（四川内江人），他于明万历年间，随带百金创建此寺，并购置田土等寺产。广宣去世后，寺院逐步破败，田土多被贪婪之徒侵占。乾隆己卯年（1759），延请僧人住持寺院，重修殿堂，塑佛像，清理和置买田地等寺产。碑文并记寺院田土四至，宗派法脉等。

东岳庙碑记　刘大有

缘此庙乃系古刹，不知创自何时，始于何代。幸昔有住持僧性融勤修苦绩，置买大田甲弥勒庵性量田土一幅，坐落紫霞山之坎下，载粮二钱一分一厘。又于崇祯八年（1635）重修殿宇，四维乐助，□□成功有施主王凤岗舍常住水田一分，载粮二钱四厘八毛；施主刘武臣舍常住水田一分，载粮二钱四厘八分，并修东岳圣像，斯时地灵人杰，庙宇辉煌，历有数十余年，风雨久损，应合补修。有性融之徒孙普会，请同寺邻郑惠也，募化修补，自雍正元年，亡前三年补毕，外有东岳后殿五间及普会之徒侄孙寂沉捐银修以为报恩之所。迄今已□无，何□世道沧桑，即有飞锡临兹者不遇，仅为衣食计，一任败瓦颓垣，目不一睹，以致庙宇倾颓，舍白买契尽失无存。于乾隆壬辰岁，净先师徒奉县沈公委住焚献，师徒其自甘淡薄，勤俭苦积，力行修庙宇森严，焕然维新。有寺邻郑怡，始将昔年掌管会遗嘱一帋[①]，

① 帋（zhǐ）：同“纸”。

凭众交僧，方知常住原由地界。僧恐后世远年湮，故照遗嘱原由□众勒石，并书地界，永远焚献为记耳。

——住持僧性融于崇祯三年置买大四甲弥勒庵性量田土一幅，载粮二钱一分乙厘，坐落地名紫霞山之下，其界上抵紫霞山之顶，下抵龙神堂水沟横遇大土蒿坎直上中山顶为界，左抵水沟直上当漕至紫霞山大□三倒拐达叶坪为界，右抵□□坪上白虎响山顶，下抵郑家水源岭岗直上中山顶交界。

——施主刘武臣舍水田乙分载粮二钱八分，坐落地名大三甲高坪场侧，田共贰坵，永为烧香田。

——施主王凤岗舍水田乙分载粮贰钱四厘八毛，地名青枫坝田大小七坵，永为东岳田。

——奉委住持僧净先，号普度，从道馗、道毋，建立其粮，原僧自□东岳众户同单。

乾隆四十三岁次戊戌（1778）季秋月吉旦

遵义府学庠生刘大有书

[附记] 碑文选自遵义市汇川高坪镇编：《遵义市汇川区高坪镇志》，方志出版社，2012，第546页。碑立于汇川区高坪镇东岳庙，高1.28米，宽0.77米，厚0.12米。青石质，碑文行书阴刻，文字有脱落。刘大有，遵义府学庠生。

重修宝盖山玉皇阁碑记　陈达

吾地有玉皇阁者，衔远山，俯长涧，峰际无际天接，未是云联树空，太空露甘奚尝雨霰，落霞飞处怪石相宾，倦鸟飞还，古木迭主，依稀朝礼，胜概颇附修养。名山顾日久，栋摧讵关瓦木无性，年深宇圯宁，遂风雨不情，鼠印经床，几叱五蕴非有；莓侵香案，恍疑四大皆空。数尺榱题参差，客雀行来思将补；几眼疏棂颠倒，织蛛牵去恨欲修。

赖有寺僧慧权，誓起住持领替。然而寸砖寸石，必藉长者之施；一椽一楣，全荷善人之力。金钱长物，不惜铢两。百千布舍，福田微问工商士庶，或捐涓流于巨海，或分升斗于太长仓。广种善因，共襄胜举，将见星簷飞翠重新。钟鼓之音，斗拱流霞，长拥云山之气，宫仿太微元穷之湛。寂圆通阙，现紫金彼苍之光明普照矣！

[附记]选自（清）光绪《湄潭县志（卷8）·碑记》。陈达，贵州湄潭人，乾隆乡试副榜，官四川灌县知县。

修里应山碑记　罗震生

盖闻神化无方，借莲台而讲偈；降观不爽，凭庙貌以招灵。是以渡杯江上，幸开南国之宗；飞锡峰头，大启东林之寺。不有精蓝，奚由选胜。吾里有里应山者，地气清明，山原秀淑，旧有古刹，邑人崇祭祀焉。乃精舍自经劫火，几致沧桑，荆棘铜驼，荒凉特甚。

吾祖，邑优庠生罗公，讳人和，始建普灵寺。乾隆戊子，叔祖斯和公相率族辈铸钟于此，叹福果之有因，惜庙堂之非所，不避嫌于道谋筑室，爰断迁于仰止景山，志图革故，大壮神威。计决鼎新，允升祀事，第非结因，人胜果力，独何支诚，欲创祇树新宫。功分乃任谋于邑人，众佥曰：善。斯和即倡赀乐助，将远祖总兵官罗象乾所遗业一□舍为香火费。并募十方，共襄善举。而乐善诸公，一倡百和，倾囊相助者，有葱岭莲荷之庆。于是即支硎[①]之僻地，竖兜率[②]之崇宫，鸠工庀材，历数星霜而庙功落成，以“里应山”名焉。

迄今楼阁烟霄，恍入兜罗世界；神威赫濯，具见法相庄严。维摩殿上，咸瞻贝叶千寻；迦叶云厨，共仰莲花十丈。此故神功之浩荡有然，而诸君子乐助之忱，亦有足多者也。谨勒贞珉，用志不朽。庶民安物阜，人人蒙乐利之休；户祷家祈，处处竭香花之供。后之作者良亦有所观感兴起欤！

[附记]选自（清）道光《仁怀直隶厅志（卷之19）·艺文》。普灵寺始建时间不详。乾隆三十三年（1768）重建。

---

① 支硎（xíng）：山名。位于苏州市西郊，以东晋高士支遁（号支硎）得名。此处代指寺院。

② 兜率（dōu lǜ）：佛教名词。是欲界的第四天。释尊成佛以前，在兜率天，从天降生人间成佛。未来成佛的弥勒，也住在兜率天，将来也从兜率天下降成佛。此处代指寺院。

天台寺碑　萧旃年

特授贵州仁怀直隶厅正堂加五级纪 [记] 录八次萧

为晓谕事

照得府东十里之天台山大佛坳建造已久，其寺宇上属仁怀，下系川省合邑所管。田地分两属，查察难周，诚恐有云游僧道及远近匪徒、乞丐，并藉公胥役人等混入庙内任意住宿骚扰，秽污殿宇，亵渎神明，不得不严加惩治。并查府属前有李姓施舍田土在案，年中租息，除供焚献及僧人食用外，余者存贮，以为修补之用。闻原舍主子孙辈，不念祖宗土经施舍即属寺内产业，每年常在此任意肆行入寺磕索。除札谕经理首事并饬差密查拿究外，合行立碑晓谕，为此示布首事居民人等知悉，嗣后凡有此方周游僧道及附近居民游手好闲三五成群，概毋许入庙硬估住宿，不论骚扰并舍主子孙，不许任其磕索，倘胆敢仍蹈前辙，该首事住持一并索解究处，如有徇私容留等事，一经查获，并究不贷！毋违！特示！

右谕周知

大清嘉庆四年（1799）十二月十四日

告示　押

实贴　天台山晓谕

[附记] 选自王光烈：《天台山古石碑》，载贵州省赤水市政协文史委员会编：《赤水文史》（第 10 辑），1996，第 191–192 页。碑存赤水市天台山寺。萧旃年，山东福山人，乾隆癸未科（1763）进士，补贵州省清镇县知县，独山州知州，嘉庆三年（1798）五月升贵州仁怀厅同知，在任 10 余年，政绩卓著。后署贵州大定府知府。

普传墓碑文

盖闻仕宦之家必有行述，佛纳之门则传语录。如吾师字普传者，谱出庐系，少入沙门，投师祖字东明者为师，即于遵邑湘山落烦恼之发，一闻皈戒即守清规。一钵一盂觉性于大千界内；无乐无病悟真于不二门中。罗刹逅于市，城旂旷胥绝，师祖顾而乐之。上口下口口衣钵有缘，继随师祖移住永庆。前僧婪劣，席卷潜逃，此寺几于冷落。师如弟淡饭黄韭，苦行修积，广开田园，平治道途。殿宇增其亦新，佛像焕其辉煌，并未假四乡檀越之资，昭以示听，孰炙吾师之沐风接雨戴月披星而修葺也。用勒诸珉，以为纪（记）录。

[附记] 碑立于播州区（原遵义县）沙湾镇冉村岩口垭永庆禅院（又称岩口寺）西侧山梁半腰墓塔旁。碑嵌于正面二层。青石质，碑额“纪录”。无碑题。塔由塔基、地宫、塔身、塔刹及护墙组成。塔身共 7 层，高 11.80 米。墓塔为生茔，是永庆禅院主持傅曹溪正脉三十九世、四十世弟子懋暹觉灵、密授普传师徒二人合葬墓。塔建毕于清嘉庆元年（1796）九月十三日。撰于清嘉庆五年（1800）。

龙神祠工竣碑记　赵宜霨

是祠始创，余与从事朱君捐廉首助，工用不敷，原拟以州中存费三十余金，藉资兴作，继思此系书院公款，即延院师已为掌教薪水矣。祠工初启，旋经士民等踊跃捐输，不阅月而祠宇告竣，庭阶榱枋，颇壮观瞻。从可知乐善报功，人皆有同心也。是役也，经始图成，不辞劳瘁，鸠工购料，不苟丝毫者，则维吴正龙、李垣之力。除经报销工费外，尚余银壹百两正，即令吴正龙等领去存，俟置买田地，并筹划州城。乡约王兴凤、李显扬所捐口斗余米，每月分给三斗，永为守祠僧人口粮。常业得藉焚修，以传香火。既成且久，于兹可告无愧焉。今将州中士民乐助诸名泐之于碑，以旌其善。

守祠僧人按月收乡约王兴凤等口米三市斗，每年收入老龙洞佃户青学泰地租钱六千文，作为薪水之费。随又裁改。

先农坛前土一块，拨给祠僧就近耕种。

存贮吴正龙等足纹银一百两正，俟置买产。所有息租变价，每年酌给祠僧四两外，余息作为祠内岁修，并修葺老龙洞殿宇之用。

每年签点殷实会首四名，轮流充值，经管祠事，算账交代。

嘉庆乙亥年（1815）夏五月立石

祠僧食米，因乡约王兴凤等□米无几，不敷办公，诚恐日以难继。今于嘉庆二十年（1815）七月二十九日，据德二甲善缘寺司事郑崇崑等，并寺僧海深情愿每年捐寺谷十京石入于龙神祠协济。又于本年八月初七日，据德六甲水口寺司事郑文玺等，寺僧悟宗情愿每年捐寺谷十京石入于龙神祠协济。以上每年共得两寺捐谷二十石，均为祠僧焚献之资。且详府宪立案。是年冬十一月，据善缘寺佃户任珍具结，以寺业庄子台租谷，每年交纳京石十石归祠：又据水口寺佃户郑光鸾具结，以寺业金钗田租谷，每年交纳京石十石归祠，结状均附《州卷》。

[附记] 选自（清）嘉庆《正安州志》（卷 4）。赵宜霦，江西南丰人，嘉庆十四年至十八年（1809–1813）任正安州知州。后奉旨赴滇买铜。十九年（1814）四月回任，捐廉修志，亲士爱民，革除陋规，实心为政。龙神祠，嘉庆十九年（1814）知州赵宜霦捐建。

碑　文

夫创始者难，而守成者亦不易；盖守成者非仅守已成之局而已，将即其势而张大之也。

原夫清虚洞建有年矣，非无田园以而焚献，非无庙宇以壮观瞻，但历年久而荒芜者有之，颓坏者有之。德住持以来。上赖神灵之佑，下沾地王之光，珠积守累，幸有余资，因而增其田产，修其庙宇，计前后所费□□余金，由是而振之，非敢必有功也。惟使前人之所创者，不至于废堕耳。

今将本庙新置买田亩各界畔勒碑于后。

（以下为田土数及地界。略）

[附记] 选自湄潭县志编纂委员会编：《湄潭县志》，贵州人民出版社，1993，第 822 页。碑立于湄潭县湄江街道清虚洞（亦称观音洞）。碑文撰于清道光四年（1824）。

双城书院碑记 苏敬商

文教之兴，由于培养涵濡而后人材始盛成周党。庠塾序之设，俊秀书升[①]实基于此。顾或向善有时矣。而守土者无人焉，为之经尽周详，鼓舞振作，则亦迟而有待。

仁郡之双城书院，创自席公，然无定宇。继则积公择基建置，规模一新，顾只堂舍斋厨束脯延师，其余诸生膏火膳饩之需，缺如也。

岁乙酉（1825），司马南垞徐公擢升斯郡，慈惠廉明，仁心为质，湔涤剔厘，尤加意于学校。未数月，檄权大方以去。阅岁复范斯郡，士民欢悦，颂神君而歌来暮者，众口交誉，而公悃幅无华，以儒术为治术，不尚赫赫之名。下车后，首崇教育，月捐廉俸，作诸生膏火。适云顶寺僧徒不法，为乡邻讦控。公廉知该寺常住甚多，以致僧人凭藉滋事滥费，拘至鞫实，按法示惩，将该寺田租，除佛门香火及庙祝僧人食用修葺等用外，拨出租谷六十石，归入双城书院，为肄业者膳饩之资。于是兴学造士之方，秩然备具，鼓箧横经而来者多多益善。每期集诸生于署，勗以立品敦行外，命题试艺，肫肫[②]焉。饮食教诲，若父兄之勉其子弟者，虽案牍旁午时，有谒必见，汲引宏奖之心，乐此不疲。凡闾阎之抚绥听断，一秉虚公，群知其实心实政，出于至诚，洵地方之福星，士林之山斗也。

夫体朝廷养士之意，以培植英才，风声所树，教化旁敷，行见诗书比户，仁让连乡，倡率修明，厥功不小，彼蜀之文翁，黔之阳明，其大较也。风俗人心，将由是而蒸蒸日上，何止为弋取科名之梯哉。都人士颂扬盛美，佥谓不朽之业，宜示将来，爰不揣而为之序。士之讲肄其中者，尚思濯磨奋励，扩充其聪明硕茂之材，以无负大君子之用心也夫。

[附记] 选自（清）道光《仁怀直隶厅志（卷之19）·艺文志（二）》。苏敬商，贵州桐梓人，嘉庆戊午（1798）科举人，道光六年（1826）任仁

① 书升：人才卓越出众，日日提升。

② 肫肫（zhūn zhūn）：精细致密。

怀厅训导。道光八年（1828）重修大成殿。十一年（1831），建外泮文汇桥。碑文提及的“南垞徐公”，即徐玉章，字南垞，浙江乌程人，清嘉庆庚申（1800）恩科举人，嘉庆十三年（1808）大挑一等分拨贵州安平县（今平坝区），以治行著，道光五年（1825）迁仁怀直隶厅同知。

云台寺碑

盖自老释西来，始得教流东土；汉明崇佛，方能化及遐方。厥后五祖契妙法之渊源，一行绍灵山之统绪，无畏悟道归真。飞锡挂锡，皆□苦行，明心见性；出定入定，悉堪师事，皆守戒皈。故能不生不灭。然多结蓬庐偃息，曷尝有宫殿之森严。欲壮观瞻，须宏梵刹。顾斯庙也，建号“云台”。水秀山明，俨然生成鹫岭；地灵人杰，即是造就祇园。鸾啸凤唱，无非堪舆之淑气所钟；虎踞龙盘，悉博厚之精英所致。第恨雨蚀风销，碧简绝刊题之笔；年湮世远，青篇无注述之文。不知始于谁朝，难明创自何代。逮至康熙九年，复集众善而再补。迄今道光十载，有竭独立以重修。伏念□也，髫年受剃，粗知晚课朝参；中岁持家，惟思勤劳苦积。自信一尘不染，洞观万相皆空。窃叹楹桷将颓，榱题欲堕，继先师未逮之志，动俗人肯构之规。朱题白粲，咸捐赀于沙门；翠柏丹枫，不敢募化于檀越。木石并举，前后兼修。上栋下宇，朝飞南浦之云；左室右厢，暮集西山之雨。兹当盛夏，复际落成。纪功录善，非敢夸伟绩于来兹。勒石镌碑，实欲示丹畏于奕冀。仍愿一国有庆，四野成安。僧俗同□，幽明胥泰。凡我宗友，当思守成之不易。是吾法派，须念创业维艰。言不赘矣，尔其□哉。是叙。

颍川钟朝谟敬书

□□池钟朝柱代识

共银贰两玖钱四分四厘九毫，加□壹石零壹拾叁升。

住持照□　师弟照先、照桂　徒普寿

徒侄普庆、普修、普明　徒孙通圆同造

石匠杨□明、萧□吉

道光十年庚寅（1830）岁秋七月朔一日吉旦

[附记]碑立于播州区尚稽镇八一村云台山云台寺。青石质，高0.86米，宽1.02米，厚0.15米。无碑题。碑文楷书竖书阴刻。参见黎铎：《遵义县宗教志》（讨论稿 油印本），内部刊印，1989，第233–234页。

朝阳寺碑序 朱龙鼎

吾乡有朝阳寺者，居乐溪之中，四邻环拱，群山秀拔，每当暮鼓晨钟之际，杂以通里鸡犬之声轰轰然，诚一乡之盛景也。盖寺宇则金□山三府庙之改造也，基址则张、石二姓之绝业也，大佛与钟则钟塘寺之遗留也，其他创造之年莫得而纪焉。考之《湄志》，有朝阳寺者，乃柏杨坝之住持，而此寺不与焉，大抵自普学建寺之时，寺基微藐，故不与焉。诸寺并载与，抑其时未有是寺与，百年之间漠然徒见，寺清而佛古。欲问其事，而遗老尽也。

乾隆初，僧祥祐建造正殿梵宇一新。今僧广溶入寺已四十余年矣，开堂基，广僧舍，垦田畴，收蓄业，丛林重振，基业屹然，与诸寺并峙，种福桑门岂小也哉！其徒姪清源，孝性倜傥豪迈，与余甚相得，惜其隐于浮屠，然而左右诸寺力譬之猎焉。功则人也，实见其叔之有成与。余等共襄其事，爰为勒石纪功并载田土界畔、钱粮，以志不朽云。

[附记]选自（清）光绪《湄潭县志（卷3）·营建志·坛庙附寺观》。朱龙鼎，贵州湄潭乐道溪人，嘉庆九年甲子科（1804）举人。曾任山东馆陶、浦台、沾化、历城、肥城、安丘、平原、平阴等县知县。

中寺积谷培修序

盖闻无量福田，常留宇宙；庄严胜地，不变沧桑。亦由建告而美，以彰作善，培修而盛。今如永三甲云龙庵，建自明朝，乃人数百年而庙宇如故。历今圣世，补修两次而梵刹依然，犹历久而隳颓，故益思积凑以培补。今从壬辰为始，每岁积谷五十石，以为将补修之资，佛祖证盟，为善自然获福。神灵鉴察，保佑善缘，著福田于万世矣，是叙。

——中寺自乾隆年间起至道光五年（1825）止，该由甲邻滋事，以致前后拖欠众佃户二百余金。甲邻等见僧胜禧年幼老成，可有发迹之日，自道光七年（1827）起，积凑谷石，捐利还本，将二百余金还明杨约，大窝凼田一丘，了子塘土一块收回寺中，永不准另放另顶。

——不准甲邻人侵□三宝，无账妄讨，倘有起心害三宝者，子孙绝灭。账凭众还明，指约不给，一并声明。

师：宏绪、宏寿　徒：住持胜禧、胜宁、胜贵、胜发

侄徒：熙禅、熙林、熙元、熙荣、熙发等

执甲邻同住持公议，积凑还明账项培修之碑

甲邻：高凤鸣、周洪业、冯思德、杨应中、陈世顺

毛永理、王洪举、陈元玉、冯思禄

道光十二年（1832）十月立吉旦

［附记］选自遵义县文物管理委员会、政协遵义县委员会、遵义县文化馆编：《遵义县文物志》（第1集），1983，第110页。碑立于汇川区板桥镇中寺村谭家湾组中寺钟鼓楼。碑为两通，道光十六年（1836）碑已残。

摩崖诗　刘宇昌

道光十七年丁酉（1837）夏，余治湄数阅月，簿书稍暇，觅清虚洞者游焉。洞中灵异及建刹颠末，均载志史，兹不赘。惟万岩玲珑，水源清远，巧有寺神工者，因僻在偏隅，少题咏，以是人罕知奇辟也。时偕游张君辅臣，穆生少邮，季弟雪樵，均各执所见，或抒情于景，或寓志于时，或壮岩石之奇谲，实能道其窍要。兹洞中之灵异益显且著，余拈韵得二首，特镌洞壁，以志不虚此游，非欲为山增色故也已。觉初刘宇昌，四川璧山人。

东接渝城指顾间，溱洄二水护烟鬟。
人皆仰望因流泽，境有奇观只在山。
鹤唳清声栖老树，龙蟠灵气镇禅关。

隔溪农圃争相迓，喜我来游得暂闲。

坐久浑忘溽暑侵，四时宜夏此山深。
云施甘雨生前岫，日照丹梯映晚林。
莫辨花香来远近，全凭水气课晴阴。
遍游五岳曾题石，胜景而今乐再寻。

〔**附记**〕摩崖诗刻于湄潭县湄江街道清虚洞（亦称观音洞）内。摩崖高0.60米，宽1.10米。刘宇昌，四川壁山人，翰林院庶吉士，道光十七年(1837)任湄潭县知县。碑文字迹漶漫，录入参照湄潭县文化馆编：《湄潭文物志》（第一辑），内部刊印，1984，第71页。

公捐鸣凤书院经费碑记　周溶

珍州鸣凤书院建自雍正十一年（1733），至嘉庆间始拨龙塘寺租谷四十石为掌教薪水。此外别无经旨，故肄业者寥寥，甚非国家培养人才振兴文教之至意也。

余履任之初，切切以此事为念。而厦难建于一榱，裘必成于众腋。爰与诸寅好各捐廉俸为之首倡，幸得绅民好礼尚义者合力襄助，获有成数。购置田产以其租息，筹备掌教、修膳、生童、膏火及宾兴诸费用，妥议章程，详请立案泐石，以垂久远。

自丁酉冬（1837）迄戊戌（1838）夏，凡八阅月而蒇厥事。夫边远之地，久沭作人雅化，多士咸有日新月异之机，今而后问难执经，乐群敬业，列前茅者皆思向上，落后劲者共切争先。人才日以盛，文教日以兴，凤翥鹏抟①，不可指日俟乎？余故乐为记之，俾合州士民即其事而思其所以然，以共期振作而无替，后之莅斯土者，继事增美，蔚起人文，所为广栽培而大鼓舞者，将必绵延于无穷焉。

道光十八年岁次戊戌（1838）仲冬月　署正安州事蔚州周溶谨撰

---

① 凤翥（zhù）鹏抟：形容奋发有为。

谨将书院经费总数及置买田土、山林、房屋价值开列于后：

署正安州州知州周溶，捐钱二百千文

（官绅士民捐钱数额，略）

各寺院捐钱三百八十串零九百文

以上置产共价钱五千五百一十四串文，除置产外，作为十八年延师、修膳、生童、膏火、修理书院、制备碑石、匾对、桌凳等项及一切零星用费支销，逐款记簿开销，呈州备案，合并登明。

道光十八年戊戌（1838）嘉平月立

[附记] 选自（清）光绪《续修正安州志（卷之10）·碑文》。周溶，河北蔚州（今蔚县）人，举人。道光十七年（1837）任正安州知州。

公捐鸣凤书院经费碑记　周溶

特授遵义府正安州正堂加七级纪录十次寿，为刊碑晓示事：照得鸣凤书院虽经前署州倡议劝捐置田收租，以作延师、主讲、月课、生童、膏火需费，惟司事者鲜能以实心从事。遂致六千四百捐项每年所得租息不敷支用，经费不充，焉能垂久。本州莅任斯土，亟欲完此义举，询访州属士民，率皆若瘠，势难复议捐输而功亏一篑，又未便任令中辍，又喻州属各寺僧，于常业充裕者酌量捐助，共得四百六十串文，于附近买得田业，招佃纳租，以补经费之不足。从兹岁入有常，庶几可垂永久，今将捐钱各寺僧捐助书院，以备稽考：

计开：

复兴寺僧觉后，北京堂僧通作各捐钱一百串文。

木盘寺僧慧川、普陀庵僧果修各捐钱四十串文。

蒲村寺僧圆聪捐钱三十串文。

鲁村寺僧元星、蟠龙寺僧印华、南京寺僧济□共捐钱一百串文。

龙华寺僧戒林、本刚寺僧照提共捐钱二十串文。

高岑寺僧方全、小寺僧大用共捐钱二十串文。

观音寺僧祖镇捐钱一十串文。

道光二十二年壬寅（1842）孟春月 立

脩膳膏火，泐碑不朽。作育人材，为补衰乎。
凤何不鸣，名存实否。奸民饕餮，十废八九。
前官义举，化为乌有。田非能飞，土非能走。
昔日公田，今日私亩。官若追还，士林稽首。

[附记] 选自（清）光绪《续修正安州志（卷之10）·碑文》。此碑所刻内容为正安州知州发布的处理鸣凤书院经费事发布的告示。并记“捐钱各寺僧捐助书院”数额。时正安州知州为任寿元渭，顺天大兴（今河北大兴县）人，道光二十年（1840）任，二十四年（1844）复任。任内重视教育，肄业者百余人。周溶，河北蔚州（今蔚县）人，举人。道光十七年（1837）任正安州知州。

截角丫义渡碑记 赵鸣岐

□□□□跨赤水河之西者，为河西里纵横几百里地，而由郡治越河之西津，以截角丫为要目其道亦可。

□□□叙永来往颇众，土人设小舟以济，而取其赀需，索行人之弊时有焉。道光乙酉（1825）南坨徐公守斯郡，悉斯弊，□拨郡治北渡义舟一以济，而饬里士：声远王君、提武郑君董其事。北渡义舟者，锡山张公典郡时，拨前明尹公所施建龙龟寺寺田之租入而为之者也。舟有二，而其一常闲。故徐公移一于此也。王君、郑君以为此举虽一广于张公，再广于徐公，而实基于尹公，不可以不为尹公祠，且即以便司渡者止宿于是，王君竹林捐地以为祠地，复与郑君募里之好义者捐赀以建祠，并治河东道数十里直达郡治，由是道平渡便而利于行人者。□岁戊子（1828）余应徐公聘，滥厕[①]双城讲席，适王君以建祠落成治道亦毕，属余记。余维好义之举，以有功斯人，斯也者为大而释道之说，不与焉何以龙龟寺之创也已数百年，

---

① 滥厕：此处用作谦辞，谓混充其间。厕：参与，混杂在里面。

而斯渡即密迩寺境，寺有余赀而前人得不知为，必待诸公辗转迁就而后及此耶？于见义举之不偶然，就非尹公先有是举，则诸公之就此，不若是之易也。然则尹公之遗泽及远，张公、徐公之留心疆事，王君、郑君及里人之好义乐善，皆可传也后之守斯土居斯里者，能继而理之，庶斯渡之永不废矣夫！

贵州壬午科举人吏部拣选知县珍州赵鸣岐撰

（以下为捐资人名。略）

以上共收钱三百卌八千六百九十文奎光阁帮钱
十九千文向思诚所募失名钱十千文罚项钱十□文
二百一十文修大路并渡亭镌碑，通共用钱三百八十六千九百文
大清道光二十二年岁在壬寅（1842）仲春月下浣吉旦　曹志远书

[附记] 选自赤水县志编纂委员会编：《赤水县志·文物篇》，1984，第21–22页。碑立于赤水市大同镇截角丫码头映江寺正殿右侧，高2.29米，宽1.24米。今寺址已建民居。但碑基本完好。赵鸣岐，字梧冈，道光壬午（1822）科举人，制行不苟，力学程朱，尝著《佛道论》，戒子孙勿崇佛道。碑文内容反映了在官府协调下，位于截角丫义渡旁的映江寺僧出资资助了渡口建设等费用。

重修大鹏山永翔寺石工碑序　傅凝仁

畴昔之吾方近村中，山之道观修而未成，仅存其概，木石将焚，春秋已几度也，几为摧坼。遇者目之相焉，曰：是山也，其峰峦之辟势，得溪涧之潆洄，无异洪都之阁，仿佛其泉之馆。此地灵也，人杰安在？此天宝也，□曲直参差，是非反复。座有严姓，表字起猷，诺诺而淡金石，独断崛起而荷匠石之任，慷慨赴事，勤苦骈臻，诚不吝情以稍懈。宗族慕其德行，尽出金以助之，期在必成。历旬月而始奉性，重刊佛相，复辉神宇，措置悉当，雅秀宜人。日过八砖，月来三径。炊炉烟袅，氤氲携两袖之间；金鸭云兴，缭绕出重檐之底。石磴移来傍花道，柳□寻句钓台边。处剩水残，山天赐□。幽人舞踏而返驾，王孙率意而来前。其始也，度地利，督匠氏，

竭绸缪，一段闲情，横□寒山之刹；其业也，补败废，辉先烈，冠前勋，十年幽梦，长寄□景之楼。夫所谓善善恶恶者，非耶，其于人之贤不肖为何如也？愚以为世不多见，为之歌曰：

有宝树兮兰香，结氏门兮琉璃光；

渺渺兮予怀，望美人兮天一方。

思塘编修大学士钦赐提督史者贾祯门生莲仙傅凝仁题赠

皇清道光二十六年（1846）阳月中浣谷旦

[附记] 选自湄潭县文化馆编：《湄潭文物志》（第1辑），1984，第80–81页。碑立于湄潭县天城镇马鞍山西麓之大鹏山永翔寺，碑高1.67米，宽0.92米，厚0.14米，圭首。底座宽1.15米，高0.25米，厚0.55米。碑额“德耀空门”，无碑题。碑文竖书楷书阴刻。撰者傅凝仁，贵州思南人。

重修大鹏山永翔寺木工碑序　傅凝仁

道光二十六年（1846）□达望秋，有谈、张二姓聚会于古刹彩狮之庙中，祝圣事也。当其时，山门间□佛殿，萧霜满目，□然感激悲叹，意欲捐金披绣，自恨力薄。乃揽善缘，广觅佛根，杀兹朽蠹，养我龙心。略贻资财，可督工师。遂卜吉以开木马之门，饬佛宗，辉神相，移破馆，振盼甍，安诸天之座，补前人之功。寸心可表，忆念墟伸。呜呼噫嘻！可以对圣尊，可以质彼苍，旷观斯世，其有几人哉？其有几人哉？后之有心于斯庙者，请览是序。

思塘莲仙傅凝仁题

大清道光二十六年（1846）十月下浣　建修

[附记] 选自湄潭县文化馆编：《湄潭文物志》（第1辑），1984，第80页。碑立于湄潭县天城镇马鞍山西麓之大鹏山，高1.67米，宽0.92米，厚0.14米，圭首。底座宽1.15米，高0.25米，厚0.55米。碑额“功辉佛地”。永翔寺，始建时间不详，道光二十六（1846）重修，寺院由正殿、两厢和下殿（下殿设有戏楼）。该寺于1963年被拆毁。现存碑刻两通（另一通为

《严起猷重修大鹏山永翔寺石工碑序》）。

永同一心

立公议堰户人等，住西四甲。梳池大堰一口，历系古来之堰，积水灌救之田数百余石，载粮数十余金。因龙塘堰基沙泥所溢，公议每石启工夫二名，不得推诿。如若不遵，众议照工夫以论水番。如若不来帮工，永无水分。倘有不遵。罚艮 [银] 五两。有堰内龙塘，年远被沙泥所填，公议淘井开沟及砌龙塘花费多金，水出堰门，仍照古牙所放，无得佩塞水牙，若查出，罚艮 [银] 五两。

议各豪[①]过水以及沟坎放水者，凭众安牙所放，无得私行透漏，倘若查出，罚艮 [银] 五两。

议各豪水路田，务要自己填平，无得攘水，倘有攘水，众议抱 [刨] 沟凭牙放过，倘有不遵，罚艮 [银] 五两。

议天干年岁，各户之田坎各人照看，无得漏水五甲，如若查出，罚艮 [银] 二两。

议各豪沟坎田坎牛马践踏，查出罚艮 [银] 二两砌沟。

议前人花费多金，外来创业者，众议帮艮 [银] 十二两，以挑堰内之泥，无得推诿。

议水番五天一轮，无得错乱水规，倘有错乱，罚艮 [银] 二两。

议堰尾新旧之田，无得势 [恃] 强估霸侵占，贪耕夥放，或借是以为取钱之术，私怀利己损人之心，暗中图吞神艮 [银] 神谷者，尔等子孙绝灭。又于佃耕者，众议押佃艮 [银] 贰拾两，仍照示轮流。不论贫富，耕栽后，秋收盟誓，四六均分。倘有透漏升合，神天鉴察，尔等子孙绝灭。

议方中春秋二季收割之时，有偷窃之徒，倘有拿活 [获] 凭众议罚。不遵理剖，协同扭禀赴送公庭。

议乡邻人等，或未 [为] 田边地界，饮酒滋扰祸端，务要二家亲自请凭乡邻理剖，礼 [理] 愧者议罚，无得私行襄讼。如有不遵，协同公禀无紊。

---

① 豪：通“濠”。

议川主驾下神阁一座，众议学堂，永不招僧，地基买契陈□贤一并舍出，每年提出神谷二石，以请先生设馆训蒙，以作一年费用。如读书者，不论贫富，各人自议学资，一无争多论寡，下剩神艮[银]凭众积凑，以办公事。所在条规，此系同众公议，并非一人私设，倘有一件不遵，以强凌弱，横不理剖，以将神艮[银]，众人出据公禀，勿谓言之不先矣，是序。

议众粮户[以下十二人姓名略]，共有上豪[濠]十石一番，中豪[濠]十石一番，下豪[濠]十二石一番，三豪[濠]各照前规，有田相连者，各派水番，不得恃强估放，亦无错乱条规。

川主驾下总头人陈仕遂每年三豪[濠]，外议首人三名，轮流经理神艮[银]，无得私漏分厘，如若抽摘，神灵显报，永乏嗣。

众请夏元明沐录

大清道光贰拾捌年戊申岁（1848）月届仲春中浣日吉旦

[附记] 选自贵州省遵义县县志编纂委员会编：《遵义县志》，贵州人民出版社，1992，第1167页。碑存于播州区（原遵义县）龙坑镇梳池社区梳池堰下右侧，刻于清道光二十八年（1848），今存。碑文。碑文主要内容为地方公议梳池堰的管理条款。其中“川主驾下神阁一座，众议学堂，永不招僧”反映了当地群众对道教、佛教信仰的看法。

福坝字库塔铭

永垂不朽

皇清咸丰二年岁次壬子（1852）夷则月①中浣日，秦公：

盖闻凤阁龙楼，实为神仙所居之地。观寺院塔，亦系释道容身之所。且有库存其宇宙，而文笔达乎人间。鼎峙重隆，固藏坟丘之简藉；轩光华丽，亦培境地之文人。试思三代未遂，愿欲斯时而兴隆；而一心有为，何难高攀以畅意。斯时大振文峰，不拘武事。从之者，自卑而登高。违之者，由贵以转贱。眉寿遐昌，因建库而有获重禄厚养，亦由库以增添。此为尔

① 夷则月：七月。

方之美景，亦出同人之勤功。三载五载，突有风云之会；一人两人，具成龙角之班。教化由兴猛励时畅，历久不懈。丹桂常攀，故境传人，传而后日之高上者，亦无不传。是以为序。

[附记]塔铭碑嵌于凤冈县新建乡官田村福坝字库(现存两层)底层侧面，青石质，碑额“永垂不朽”，碑文楷书竖书阴刻。

万世不易

从来，前事为后事之师，前车为后车之鉴，古语良非虚也。今有中观音寺，肇自大施主潘讳正□，变宅为庵，舍田作塾，相继相承历有年所，或具或废信有明征。嗣因前僧放浪押当常业，借贷民钱，田园山土日就荒芜，佛□庵堂渐即沦落。施主等念前人缔造维艰，悯佛祖香烟冷落，乃选请海会庵僧隆寿承领住持，将前僧押出常业陆续赎回，众善放出银钱捐本收转，助庵院补葺之资，作佛祖香灯之费，倡众和鼓舞乐从甚，盛举也。然诸檀越既不忍没僧之劳，僧又何敢忘众善之德。于是，勒石镌碑以纪前功，以警后惰。自此，邻民不得贪利以当常田，后僧不得图便以借民用，杜绝诸弊，僧俗两全，庶几善始善终，此寺于以安如磐石也。今将前后施主檀越名讳逐一刻刊与此，寺永久云尔。

（后记功德主名。略）

同治七年戊辰岁（1868）小阳月

住持僧隆寿　徒能高、能举　徒孙仁修、仁良、仁德 合什立

[附记]选自政协正安县委员会编，田茂国主编：《正安古建筑》，中国文史出版社，2015，第234页。碑立于中正安县中观镇鲜光村街上组观音寺原址（中观镇人民政府办公楼前50米）。青石质，方首，高1.65米，宽1.18米，厚0.24米，碑额“万世不易”。

永安寺记 程天章

尝思勒石铭功，方道然也，镌碑著序，今岂废之。是事之纂于一时。要必之垂于万世。如永安寺也。自始祖刘宗臣于明朝万历辛巳（1581）创建以来，施地舍田，以著千秋之楷模；修庙建像，爰垂百世之芳型。善莫大焉，功亦伟焉。待至宗臣公之子青山、华山，新铸钟磬云板，无非鼓乐备举，盛世备全。亦不过父为作而子为述也。复后，臣之孙启联、启芳等，因僧多产少，难资日用之需；田窄地偏，岂给时行之费。所以舍田地，修佛像，不过助寺院之隆，以应方隅之仰。芳声远播，名烈长昭。尔时公德广崇，亦见前碑所著也。

惟忆代远年湮，宇殿岂无倾颓之势；时殊世异，佛像亦有凋敝之形。即世代培修，亦难恢复其先之统绪也。后至同治癸酉年（1873），有十一代嗣孙刘正兴字益兴，念前辈之遗徽俱在，不忍一旦而悉亡，想先代之垂典未湮，岂忍一朝而遽坠，殊难袖手旁观，必不忍心坐视。方同众首募化四方，培修上下四殿，俾同日月以俱延；始造东西两厢，尤期河山而并寿。佛像巍峨，殿庭耸翠。

噫！重修功德于崇朝，未尝铭碑遗远泽。不幸贼匪经过，功德遂至迷烟矣，后虽新建，亦不过把常产之捐资耳。第至益兴之子刘麟枝字志裕，隐念旧制纷非，谁作承先之嗣，无心滋戚，孰为绍绪之人？追思前代宏献，考父骏烈，深令人依依莫置、耿耿难忘者也。所以独木难支，子肩莫负其任，乃约众首及四方善士等，新塑玉祖金容，并建两旁侍卫。

由兹以后，俾星云有庆，同享熙皞之天；雨露恒沾，共乐升平之日。愿风调雨顺，物阜民康，岁多富而年少凶。家舷户诵，是善之事由人作，要不过福自天申也。所以功圆勒石，千载尚有余馨；告竣堪碑，百世尤留旧德。恬然获乐，大有恒歌。是以序云。

[附记]选自仁怀政协学习文卫委编：《仁怀历代文钞》，中国文史出版社，2009，第172页。碑立于仁怀市五马镇云安村永安寺。程天章（生卒年不详），仁怀大坝簸英坝人，清同治年间秀才。

永垂不朽

从来治业之事，初兴者固匪异人，而继作者亦匪易事。要岂寻常所可拟哉。吾乡复兴寺，亦归乌有。又值江县主抽收庙租，几有庙之名，无庙之实矣。迨其后，连遭……蹂躏，庙中诸僧相继死亡，惟道有僧独存，而此庙更自毁坏。是时，道有亦避难在外，略有余积，闻本方贼氛稍靖，因与乡人逃归本庙。日夜勤苦，开垦荒芜，更添资帮助。不数年而房屋陆续修葺，当业迭次赎还，庙貌神像焕然一新。

吁！复兴寺之败而复兴者不甚，赖有此人哉。乃其为庙谋者无不周，所以历年亏空，多因庙租赔累。道有爰约集各庙等度禀请，既而果蒙恩批示，俯允豁免，则此累始得永除。若非有大识力大慈悲，乌能恢复旧业，世世相延如是。至于平日乐善好施，和睦邻里，表率徒众，远近莫不称善。其行事为人，非住持中表表特出者欤。予居去此不远，因得深悉其故，不禁当其实事，略为表彰，俾后之览者，庶共知此中原委，而道有功德相与共传不朽云耳。

平远团首事王九德拜撰

本庙亡徒德恩　徒孙圆松、圆昌

大清光绪四年戊寅（1878）八月谷旦

住持僧道有敬立

[附记] 碑嵌于播州区（原遵义县）龙坪镇小湾村复兴禅院（瓦厂寺）石壁。青石质，圆首，高约 1.30 米，宽约 0.70 米。

重修东岳庙碑记　何贞亨

大四甲有古刹焉，不知创自何代，始于何人，有呼为“报恩寺”，有曰为“东岳庙”者，桑田沧海，屡废屡兴，世远年湮，无从深考。独存乾隆戊戌年（1878）石碣一座，上书始于住持性融，置买弥勒庵性量田土一幅，载粮贰钱弍分弍厘，崇祯八年（1635）王凤岗出舍水田贰分，载粮贰钱四厘捌毛；又刘武臣出舍水田贰分，载粮贰钱八分。

雍正元年(1723),性融徒孙普惠请仝邻人郑惠也,募化培修三年,功竣。至乾隆壬辰（1772），寺中争界构讼，沈县主清查昭雪，绅耆有邻老郑公名慬，始将昔年老僧普惠遗嘱当官凭众交僧，方知寺中田土界置原粮数目，以此了案，并勒石永久计。

嘉庆年间，寺僧负债庙宇几颓，甲邻等清伦师徒接理勤积苦余，开清前债，齿积多年，于道光己丑年置买马南坝何国应水田贰坵，曲尺阑一，一名棕树田原粮贰钱贰分，买价纹银二百伍拾两，水在小沟六日六夜一班轮放，另立买田大碑为准。

同治乙丑年（1865）……庙毁碑亡，不留片瓦，只存乾隆戊戌古碑弍座。寺僧净广、净荣、辛勤苦积，于同治乙丑始置上殿，同治甲戌（1874）道芳及道奎、德禅又立下殿及两廊神所，陆续竖造神佛，金容将禾木者至。复大震，马亨谊□桑梓意欲为古刹留永久计，爰命住持道芳、道奎及道福、缘寿等另立八尺丰碑，将寺中田土界置修粮数目并古碣所垂护持沙门，耆苟创建辛苦，沙弥逐一纂而辑之，不没前人善举，不令奚日无征，后有同心者立为护持，禅门祇肃佛鹰，菩提庶鹫岭之，觉路宏开，□园之□灯永续矣。特此纂集前后扼要，要泐于后以垂不朽，云尔，谨将寺中施主及自置水田山土并护持檀越创建沙弥修粮界畔节录于左：

先僧性融崇祯八年置买弥勒庵，性量田土弍业载粮贰钱弍分弍厘坐落地名紫霞山之下。

施主刘武臣舍水田弍分，载粮贰钱八分，地名大三甲高坪场侧，大小共贰坵，永为烧香田。

王凤岗舍水田弍分，载粮贰钱四厘八毛，地名青枫坝，大小七坵永为东岳田，前碑系遵义府学庠生刘大有书撰。

伦于道光已丑年凭何国治、庠生何起凤置买马南坝何国应水田贰坵，一名曲尺阑，一名棕树田，载粮贰钱贰分，永为本寺焚献，原中系何国俊、何正刚、杨秀、黄应魁买田碑，系县学庠生黄钦书撰。

前碑悉行毁败，幸存乾隆戊戌一座，上载前后颠末，甚悉原立下殿门外，住持须善为护惜，以为古据。

何应国田碑原在左廊被贼毁，其今照前契书录，并无增损。

此碑均照下殿古石节要纂成，昭兹来许非擅为灭也，下择其要者录之以俟后之考古者不忘自出耳。

寺粮原立僧清伦在大四甲本户自行轮纳，并无外入内出。

石工刘正谦、张世祥沐手敬镌

戊辰岁进士己巳补行己未举人候选知县何贞亨敬撰并书，大清光绪五年岁轮己卯（1879）又三月中浣之吉，住持道奎、道芳、道福、缘寿合什敬建菇不朽

[附记] 选自遵义市汇川高坪镇编：《遵义市汇川区高坪镇志》，方志出版社，2012，第 546–547 页。碑立于汇川区高坪镇双狮村东岳庙（又名报恩寺），高 1.46 米，宽 0.77 米，厚 0.05 米。碑文为正楷浅阴刻，文字脱落较多。何贞亨，籍贯不详。同治戊辰（1868）科进士。

回龙寺碑序

今夫究委，本溯其源。虽有美而弗彰，图易不思其艰，亦何盛之可传。吾乡回龙一寺，自始创以迄今，兹三百有余年矣。粤自张彩、张彬二祖，于大明正德九年（1514），立契舍业，庆衍斯螽之祥。塑像装金，阁建回龙之号。从此禅依人灵，承祭祀者不已，洋洋如在上乎！乃阅年盛世。递至同治二年（1863），屡遭兵燹，殿宇毁倾，仰瞻失据。嗣至同治十年（1871），复经张应宗、张凤美、张凤奎等阖族捐募重建，仍使庙貌森严。招僧护持，无觉禅威赫濯。而数年之整理，推翼梵刹清净，馨香告竣已也。□□□□□□于光绪三十年（1904）有寺僧将庙地私讨霸葬。张鸣高等见其侵占常住，□理斥阻。□□□滋漫长经年。缕□□□□□□□□□□□□费，无所依据。是以原本及末，勒石以昭来兹云。今将被霸葬□□□□控□银两开列于左：

□□

僧具控□□估葬霸挖一案用银伍拾两。

僧捏诬具控透掳霸阻一案用银贰拾伍两。□上二案三起总共用清明会上银玖拾壹两整。

捕控僧娄晰补明一事用银拾陆两。

捐修重建共用银拾五两五钱整。

首人

张凤奎助银三两，张应智助银三两，张凤扬助银八钱，张凤清助银五钱，张承顺助银一钱，张应照助银八钱，张应清助银三钱。

张应泰助银三钱，张应奎助银二钱，张应辰助银五钱，张应万□□□□，张能容助银五钱，张作助银八钱，张凤泰助银六钱。

张凤海助银三钱，张凤佑助银三钱，张凤寿助银三钱，张凤伦助银三钱，张凤开助银一钱，张凤祥助银二钱，张凤升助银□□。

张凤鸣助银□□，张凤兴助银□□，张凤有助银□□，张智发助银一两，张智毕□□□□张富顺。

大清光绪五年己卯（1879）季春月下浣日　张凤扬、号鸣高等立

[附记] 碑立于播州区尚稽镇大坝村张家沟组回龙寺，青石质，碑额“永垂万古”。碑文记述，回龙寺始建于明正德九年（1514）。同治二年（1863），遭兵燹毁坏。同治十年（1871），张姓“阁族捐募重建”。光绪三十年（1904）“有寺僧将庙地私讨霸葬”。张鸣高等出面阻止，并诉诸官府，得以解决。特镌碑记之。碑末记刻碑时间为“光绪五年”，但碑文有“光绪三十年”一句，疑所记有误。

瑞峰寺摩崖

黔之西北，蜀之东南，有山高，山高出名曰“尧龙”，称为古瑞，其闻盖亦久矣。然国乘不胜记，父老未详言，文献无征，耳目有限，兴废盛衰之迹，后之人曷能悉其始末哉，但闻山寺老僧云云。

斯山也，自明时成化间，有浮图由川入黔，道经斯境，见其山势嵯峨，古木荫翳，旦暮间有紫气浮空，白云缭绕，心系焉，不能去。遂至其山之半，茶店有古刹，荆棘封檐，榛芜塞道，竟有心殆不欲去。夜栖禅所，恍惚间，见一虎开荆棘屏榛芜而直至，旦视之，果如其视。逶迤而前，得一洞，古佛三尊，莓苔满座，遂扫地而庙焉，尚有铁钟可志。噫，惜哉！仙境也！

不知兴废几时，何而至于斯矣。上玄层岩，下临万壑，洞中黄虎犹然蹲踞御风，石上盘龙宛若回旋待渥。朝坐，则日月当胸；夜卧，则星辰挂目。春夏则云云天际，秋冬则山山玉笏。噫！真仙境也。自明至今，又越数百年矣。戊午春……宇垣佛像陷于兵燹。从兹以始……锦江巴江悉是战场，贵山湘山几为贼穴。斯境也，上下其间，鲜有宁日。

噫，异哉！始则一山而蔓延两省，其系不大也哉。故昔者周室衰而兆现岐阳，圣人没而歌传泰岱，山所系非可征而亦信欤。其尧龙山也，保障南黔，主镇西蜀，尧龙之盛衰，黔蜀之盛衰随之也，黔蜀之盛衰，尧龙之盛衰验之也。是尧龙之为尧龙，岂仅住佛像供朝拜，区区一乡一邑哉。荒坠十余年，未暇修理，今锦亭杨君、恺堂张君及钱氏昆季一青泽生等，皆吾乡佛人也，主山政竞竞焉有志于斯，兼山僧圆喜为人勤苦，善储集，有经理才，斯举废而兴之，四围俱石工，墙垣砖瓦，较前倍固。约费千金，悉出僧手，虽有募化不过补万分之一二，其功三直寒暑而始成。既成，嘱序于余，余不惴因［固］陋，用伸管见，略陈其兴废盛衰之迹而也。至若山形古迹，花木异奇，可于游览间待之，是也不著。

光绪五年（1879）　古珍州庠生容斋赵师亮撰

杨昌智、胡大宇整录

［附记］选自桐梓县地方志编：《桐梓历代文库》，2004，第36–37页。摩崖位于桐梓县尧龙山镇尧龙山寺正殿石壁。宽约1.80米，高约1.2米。楷书，阴刻。部分字迹不清。

尧龙山瑞峰寺摩崖

尧龙山（约缺5字）有蛇（约20缺字）无功可□。道光己酉（1849年。以下约缺10字）僧（约缺12字）之（约缺14字）而此山之半（约8缺字）僧不惮（约12缺字）修（约缺20字）倘□有志（约缺25字）而勒石（约缺70字）僧圆（约缺8字）石□面□□值银六十五串，□□□□凭□□□桥大沟半腰白石板界直上，抵□塆跟□□□直上抵□，跟□岗直上□□□塆曲直上抵擦耳岩□岗横过，抵野流台□□直下□□坮跟专沟为界；

跟张姓界大梁直下，抵子垭，跟子垭直下□□□□□直下□□处为界；业为□□摘□。王金铭笔，书于同治六年（1867）十二月二十日 具

田土房、栏基、园林、竹木、水堰、柴材茶棕椒□人，令狐开□同男元蒲、元□，清凭中证将祖遗业坐落地名凤凰台右，宅□屋三间，田土二□□□共栽种一石三斗条□一□，卖尧龙山住持僧圆喜，□万年香灯之用。□□□□二百六十捌两整。买主父子凭中收清，毫无少歉。下界自中华山□直下□□，直下□田壁曲转跟田壁横过，水田角插蜡树，跟插蜡树□□□，下抵田角小沟曲转，跟田壁直出斜下抵□右堰沟，跟田壁斜上抵本己田角水□沟壁，上出转跟田坎横过，□□□□□干□曲转直进抵田壁，曲转跟田壁横过，斜上抵田壁曲转□□，直抵河沟，跟沟直上抵江姓野水转由□□□上抵田角，曲转跟田壁横过抵田角，□□□□材出壁跟□壁横过堰□□□□□跟土壁，横过斜上江□□上壁脚圆过，抵水沟直上曲转石冲上，曲转石□□横过抵元杨界，曲转斜下至抵中堂交界□□处，地各□□自无杨□□斜下抵大垃角，跟大壁□□横过，抵田角跟田坎，直出抵石冲，直下抵江姓田壁，横过抵沟曲转，跟沟□上抵江姓界石冲，跟落路石冲□上抵田角跟落路田壁□□□抵岗田□跟□□□大路直下抵水沟交界为界。□□□□□□他人寸地，水照古规引灌，阴阳二宅，凭□□□皆依禁步寸草尺木拳石锥土毫□摘，诸色人等不求业为称说异言。恐空口无凭，立约□山勒石，永流不朽。大清光绪贰年（1876）岁在丙子月二十七日。立卖约人令狐开□亲笔。

住持僧：圆喜 徒明莲、明□

徒孙：□□

光绪七年（1881）申月吉旦 王天锭、李光宗 镌

[附记] 摩崖位于桐梓县桐梓县尧龙山镇尧龙山寺正殿石壁。宽约6.00米，高约1.60米，离地0.75米。摩崖右侧风化严重，下部有破损，基本上无法辨读。摩崖内容主要是辑录尧龙山瑞峰寺田地购置、位置、面积等。是将几项内容刻在一处。摩崖镌刻时间分别是清光绪七年（1881）和光绪十三年（1887）。因所有内容刻于同一摩崖，故将其录在一起。

瓦厂寺复兴碑

从来善作必须善成，能创尤贵能守，世俗皆然，佛门不异。想予少孤，事佛拜师净修，既待皈依，朝朝防固。数载幸无乖僻之讨嗔，亦为勤劳之自谨。是时，师兄道品肆行毋忌，逸疏慵，聚众成欢。不数年，即将百余石之田产抵当殆尽，以及庙中神器全无一存。由是鼓钟寂寞，香火废残，至此已不堪言矣。复遭……践踏中原，日出夜入，此庙竟为息足之所。予因避贼窜逐他方，得遇槛内族长携入军中委办粮台。迨见事不可为，因又奔驰省垣。时值身中空乏，不得已半僧半俗，聚货为业。孰知天顺人心，十余年予阴有余积。斯时贼风永靖，始与乡人逃归本庙。及至，见庙宇隳颓，神像倾覆，诸僧无一，岂不伤感也哉。彼时华严寺僧清寿师，窥寺无人，借庙驻扎，任性讨赊，所欠五十余金毫无酬偿。又值江县主抽收庙租，屡次纠合诸山具禀恳告，始除私利。于是遍募俗子，继续善根，开垦荒芜。弥年所凑，稍有余存，即培毁坏。又将积年所凑捐出，赔还清寿所拖之旧债，更赎道品所出之田土。虽不能复先年之景况，而窃幸佛们又有所持也。兹将逐年所赎之田一一开列，使后阅者不诬余为虚诞。

乙巳、庚午、辛未、壬申、癸酉、甲戌、乙亥、丙子、丁丑、己卯、庚辰、壬午、癸未、甲申、乙酉

通计各处土田，不过择成业者略举其端，所有零星微者不及备载。特勒石以晓来者，使其知守清规，时时以道品为鉴。永不准后来徒子徒孙再结成群，日事樗蒲，乐佚浪费，复失田产。亦不许贪便宜，易辈子孙永远不得昌达。又不准不法之徒，□诱庙僧，轻其出业。一经逐出，勿得擅回。兹虽镌碑殿侧，未敢夸功，实则创业之难，而失业之易也。是为叙。住持道有撰立。

立出甘结恁字：僧德全、徒园开，在庙不守清规，以下犯上，被师公逐出。去在紫金山刁弄是非，师徒商议来瓦厂寺诬言磕诈，需银若干，常言提刀要杀瓦厂寺老幼人等。住持无奈，请团首甲邻捆伊送县官究治。德全自知情愧，愿出恁约，以下永不来庙滋事敲磕。倘来滋事，准住持协同团首甲

邻执约送县官。恐口无凭，将恁约勒石为记。

光绪乙酉年（1885）二月十一日

立恁约人：德全笔、徒园开笔

[附记] 选自遵义县文物管理委员会、政协遵义县委员会、遵义县文化馆编：《遵义县文物志》（第1集），1983，第103页。碑立于播州区（原遵义县）龙坪镇小湾村复兴禅院（瓦厂寺）。复兴禅院，又名复兴寺、瓦厂寺，规模较大，是贵州省内保存最为完整的佛寺。始建于明正德年间。清咸同年间遭兵燹，神像毁、僧侣散、庙产无存，同治七年（1868），僧道有回寺，赎田产，兴义学，修葺寺院。民国七年（1918），僧圆川仿照贵阳黔灵山弘福寺式样重建瓦厂寺。

募葺截角丫渡亭小引　官玉森

怀阳城西上流方廿余里有截角丫一渡，自国初辟。

除障碍取道大同关达叙永，四（缺字）服贾者咸由是入焉，虽非冲途，亦要津也。旧设义渡，由本城北关尹公渡移置并建修（缺字）镇江王爷、观音大士、尹公施主，左右为渡夫所栖。前司事长者之经营非不尽，并（缺字）风雨剥蚀几于凌替。光绪甲申秋，贡三陈君奉扎管理，始改招渡夫取稳银拾两以（缺字）亭，爰为数无多，乃募众裹集，余赀勉襄厥事，并劝渡头船户各起底金以作龛前灯油之（缺字）灯光明共睹，往来行旅利涉均沾，讵非神人胥悦之，一大快乎。适际功成，森不揣固陋（缺字）乐善诸公同勒贞珉，以垂不朽。

邑廪生舒堂官玉森谨撰

（缺字）

收取渡夫稳银拾两合钱十六千贰百文募众功德钱四十伍千一百（缺字）付培修渡房木料工赀食费去钱拾六千三百文，付修神龛一架去钱十七千文（缺字）工资食费去钱五千文，付安龙请客一切费用去钱拾□千二百支通（缺字）。

大清光绪十二年天辽丙戌（1886）桂月

[附记]选自赤水县志编纂委员会:《赤水县志·文物篇》,1984,第21页。碑立于赤水市大同镇截角丫码头映江寺正殿左侧，高2.29米，宽1.24米。今寺址已建民居。下半截严重风化，字迹模糊。官玉森，贵州赤水人，廪生。

遵义禹门寺摩崖　黎庶昌

山旧名回龙，顺治丈雪通醉来栖，易曰“禹门”。直郡东八十里，乐安江经其麓，支危隐秀，有幽奇之观。道光中，里人郑珍、莫友芝、黎兆勋乐此，率日月至。己亥（1839）秋霁，泛舟抵崖壁下刻石称显之。兹山一旦与涪溪，澹崖比，诚异遭也。世有漫叟、涪翁，当知余言。余后三先生游几五十年，手剔荒翳，履危扪石，读既竟，顾视斜日挂村墟外，辉映林薄，裴回古径，寂寥长怀，洒然见三先生风流、被衣崖谷闻也，恐来者阒不闻且旌，吾独为铭识之。

岁在光绪强圉大渊献孟陬[①]（1877）谷旦

黎庶昌

禹门巉岩，不崩不骞；上丛招提，下溯涸渊。文游所止，炳耀牂犍。企斯陈迹，视我铭镑。

[附记]选自黄万机著：《贵州省地方志参考丛书·沙滩文化志》，1986，第134页。

灵通寺培修碑记　陈秀俊

盖闻，神道设教虽帝王莫不皆然。亦以礼乐之化有所不及，势不得不以祸福慑之。此庙之所以立也。今我灵通寺并有城隍牌位副座于川主宫，相传古荣懿县[②]遗封也。自兴旺寺移修于此百有余年，乡人以其灵威显应，改塑神像，并建鬼卒，以昭赫濯。奈庙脚过隘，势不能容，因而捐募各界，

① 强圉（yǔ）：丁丑。大渊献：乙亥。孟陬（zōu）：孟春正月。

② 荣懿县：唐贞观十六年（642）置，为溱州治。治所在今重庆市万盛区西南青羊镇。北宋废。

创修神祠，以便崇祀，于今光绪十七年（1891）五月，经始四年，于兹以属告竣。略志数言，俾后之有心人相继培修，有以得颠末云尔。谨序。

[附记] 选自（民国）《桐梓县志（卷5）·舆地志（下）·庙坛》。碑原立于桐梓夜里后河坝灵通寺。相传唐时荣懿县城隍庙在此，后城隍庙迁白鹭垭，此处改建为改灵通寺（又称兴旺寺）。陈秀俊，桐梓人，光绪十六年（1890）恩贡。灵通寺为佛教寺院，但设“城隍牌位副座于川主宫”，并改塑神像，并建鬼卒，以昭赫濯”，佛教道教共存一寺。

捐修普济庵碑记

播城之北，有普济桥焉。地连洗马溪，号竹鼺，水声潺潺，石形齿齿，山势临溪而或扩，泉原出罅而遂清。寺结岩头，地高而稳；门开桥畔，路曲而通。大树老而参大，时花开而映佛。曲折登临，风景顿殊。其象纵横上下，山水大壮；其观屏嶂高排，青来风翥，川流环抱，泛鸭头。况有长堤杨柳，夹岸桃林。枝□□流，映带左右。虹桥锁水，济渡千万人。蛙舍（缺字）。

□清光绪二十九年（1903）□□□□□□□□□□□□□

[附记] 位于遵义市汇川区高桥镇普济桥西北侧竹鼺溪北岸石壁，竖书楷书阴刻。摩崖描述了普济庵周边的景致，“水声潺潺，石形齿齿，山势临溪而或扩，泉原出罅而遂清。寺结岩头，地高而稳；门开桥畔，路曲而通……”碑记后半段缺字，通常应该是捐修普济庵过程，并记功德主名等。

万古名垂

盖闻山川灵秀，豪杰代生；寺院辉煌，名贤接踵。此南朝四百八十寺，皆载之宪典，为文风之所关焉。以彼例此，如我湄之东有古刹，曰观音洞，创自元、明，盛至治、熙，载诸邑志。嗣因兵燹，庙宇倾颓。洎乎同治，邑侯曹、周二公来守斯隅，首建修洞府，精莹大殿金箔，而观音洞于兹又壮厥观矣。今已三十余年，风飘雨洒，洞口牌坊，预占崩塌，莲台殿宇，渐失光华。官绅士民，偶来随喜，胥为之咨嗟太息，流连浩叹。故住持僧戒禄邀集檀那，倡义培修。佥曰：所费盛巨，必先请邑侯卯簿，然后募众善缘，此功可以计日而成焉。是为序。

（以下为捐资姓名）

宣统二年岁次庚戌（1910）仲春月上浣日谷旦立

[附记] 碑立于湄潭县湄江街道清虚洞（亦称观音洞）内，青石质，圭首，高 1.63 米，宽 0.68 米，厚 0.30 米。碑额“万古名垂”楷书，无碑题，阴刻。书写及刻功俱佳。

金顶山①佛殿重修两廊碑记　宦懋庸

《周礼》：山泽林麓，皆有虞衡之掌，岳渎禋祀，凡在秩宗者，皆所以利人。自晋用绵祠介推②，周割缑祠王子③，晋秦以褒祠陈宝，越以会稽环山十里祠范蠡，而安期羡门之属，出于神仙家言者，皆在若有若亡，弗可究诘。而青要授简，玉女披图，几于不死可得，黄金可成。虽在百家，罔弗捃拾，杂诸谶纬④，以扬其波。而金狄十二，秦既有之，暨于汉朗，发乎梦寐，法显者流，远求三乘，遂以夺道藏之席。追达摩东迈，顿渐分途，六祖相承，宗殊南北，而天下名山胜境，胥为缁流据之，灌顶布施，奔走氓庶。国朝启疆西藏，庵有蒙回，控驭之宜，因仍像教，含宏光大，无细弗纳，以视经生，一得沾沾，以异端而摒斥者，渺乎末矣。

遵义之金顶山者，相传金桶和尚道场也。山本曰“九龙”，九派环拱，而金顶据其颠。违郡城四十里，削立万仞，晴时可望大定城。西去海

---

① 金顶山：即金鼎山。

② 山西介休绵山介子推祠。

③ 春秋时期周灵王在缑山（今偃师市东南 20 公里的府店镇府南村）建祠祀王子晋。王子晋，即王子乔，东周人，周灵王的儿子。从小聪明而有胆识。后随道士浮丘公，上嵩山修道。王子晋在缑山（今河南偃师）乘白鹤升天而去。

④ 谶纬（chèn wěi）：谶书和纬书的合称，为经学占验学说。秦汉间儒家编造的预示吉凶的隐语。汉代附会儒家经义衍生出来的一类书。保存了大量关于神话民俗文化的记载。

龙囤二十里。自九龙上金顶，十里而遥，猿猱所集[①]，云雾冥冥，盖即汉人所指不狼之山也。《郡志》以不狼为朗山关，亦疑朗山培缕婁，不足以当鳖[②]镇，则转以大楼说之。然大楼界夜郎，不得专在鳖，徒取边防，以名邦镇，庸得通乎？且大楼之阻，上下不过五里，以视金顶，得半而已。楼朗双声，似在可信。独不曰龙狼固江阳之通韵者。乎知不读为浮？以九龙拱一山，犹菡萏[③]之有不注也。予少尝两跻其颠，亲履林麓。崇嶂四合，或坟或衍，围以十数，胥附若塗。空气浮薄，艰于吐纳。流光在空，夜则四起，俗诧其神，谓佛示现。晨曦远启，金碧滉宕，而山趾之暗，夜适三商。停午雷雨，昼晦走雷奔霆皆起足下，而其上乃杲杲出日，曦驭正奔。其峻可知已。

旧有佛殿两楹，制极坚朴，足耐雪霜。每浴佛之辰，邦民偕来，夜无停履。于是好事者拓两廊而大之，多设床寝，以待偃息，收其租泉。而脱粟粝食，囊负以登，用备调饥，始犹苦汲，既而去庙百步，一勺莹然，若过耿恭之迹，斯亦山灵效职，而瑞用诞敷者已。夫教亦多术矣。民俗所存，心斯寄焉，有以范围，乃弗纳于奇衺[④]。王者无外，苟有所取，于何弗臧。矧彼教因缘亦繁，俊士因之，以润色鸿业，俾于大成。徒谓孤独有养，沙汰弗违，犹见之小焉者也。奚于三宝，必吝尊礼。爰为作记而系之。铭曰：

（一）

像教东度，达摩西来。梵音钟撞，呗叶莲开。

（二）

华严庄重，示现纷纶。亦有髦士[⑤]，赖兹舌人。

（三）

乃崇因果，乃尚声闻。宗分顿渐，义抉禅真。

---

① 猿猱（yuán náo）：泛指猿猴。

② 鳖（bì）：古县名，位于今贵州省遵义市红花岗区西。

③ 菡萏（hàn dàn）：荷花的别称。

④ 奇衺（xié）：亦作“奇邪”。诡诈，邪伪不正。

⑤ 髦（máo）士：英俊之士。

（四）

古有不狼，今惟金顶；延江启源，洋河作镇。

（五）

龙岩启宇，名山肇宗。辟阖蓝缕，奔奏庶氓。

（六）

斯肯榱栋，益拓庑廊。饥果于腹，偃兹在床。

（七）

民弗纳裹，用俾作治。劳得其安，俗斯用利。

（八）

大藏灭度，身毒①沉沦。谓予弗信，眂②被三乘。

[附记] 选自（民国）《续遵义府志（卷5）（上）·山川（上）》。宦懋庸（1842–1892），字伯铭，号莘斋，别号碧山野史，贵州遵义人。幼苦心向学，时值离乱，未就乡试，先后游幕江浙30年。贵州人上海知县莫祥芝（贵州人）聘他佐其幕。光绪八年（1882），京兆选为誊录，未就。著述有《六书略平议》《播变记略》《萃斋文集》《莘斋诗集》等。

释道有禅师捐建义学田馆碑记 赵怡

古者，乡里皆有塾师，举贫富子弟悉得入其塾而学焉。逮于后世，世家大族各延师教，而贫微子弟恒绌于力，欲学无由，故闾党之间，往往合为义学，以置田建馆设席处师，有力不能各延专师者，将于中而受业，因名曰“义学”。是义学大而市聚，小而村社，皆所常有事也。

邑南复兴寺住持道有禅师，身虽出世，而于斯世每存济利之心，其少时服贾从戎，致资数百，屡以施为善行。因念近乡龙坪旧无义学，遑遑创有所为，遂置田一股，即书契，请盖官印，并修葺堤坎，起造佃屋，共计银约五百余两，以为义学之始。田在洗牛水，杨氏之所售也。兼有

① 身毒（yuān dú）：中国先秦至隋唐时期对古印度的译名。其范围主要指今日印度河流域一带。

② 眂（shì）：观看，察视。

乐从之领士傅占文，□□绍兴□颜□光、李明諴；□傅三源□□□□。旋就圆通寺基址议建学馆，于是道有又捐十余金，以为修馆之费，一切皆赖领士苦心监工，落成其事，此举之兴，道有既为之首，龙坪行义之士不乏其人，将见蒸蒸趋义，当有继而助以大其成者，必自斯有兴而无废也。□□□□□□□，至于契纸当印交与领士掌管，冗繁不载，兹第以原中付于此。吴正贵、何王、何治并勒石，复兴寺僧徒圆山、明高、明顺与公同好。

里人赵怡撰文

光绪二十一年岁次己未（1895）孟冬上浣日　合团善士立

[附记] 碑立于播州区（原遵义县）龙坪镇小湾村复兴禅院（瓦厂寺）。碑文载（民国）《续遵义府志（卷4）·庙坛寺观附》。复兴寺简介，见《瓦厂寺复兴碑》题记。碑文记述了僧释道有捐建义学的原因及经过。

岗家寨新建观音庵碑叙　刘天星

盖万劫不磨之身，直与天地并永；千古长明之象，尚同日月增光。此观音之显然于世也，远矣。溯自诞降下生，只期超凡出世；殆其修真成道，誓愿救苦度人。一片波心，传来南海；千秋惠泽，深若西湖。当年般若传开，拯提陷溺；指日杨枝雨滴，挽劫回春。甘露盈天，济济生灵托福；慈云覆地，多多黎庶沾恩。所以感应天边万国，祀为香火；慈悲有验庙堂，永享明禋。

僧也，生逢末世，处近偏隅。学道归真，永把三田固定；安铅炼汞[①]，还知五蕴当空。欲遍访于名山，自知道阻；想参禅于内室，难悟玄关。凡宅喧哗，不堪养性；农家纷扰，安得静心。于是叔侄筹量，建一庵于室左，随舍我地土。为百世之香灯。

此地有崇山峻岭，遥望紫燕飞来；修竹茂林，又听黄鹂唱合。层峦耸翠，不殊小白花山；飞阁流丹，亦等普陀岩畔。地势阔而南溟深，秋江月映；天柱高而北辰远，云汉星辉。春来夏去，歌自牧童；野蔌山肴，采来老叟。洵堪为菩萨所居之地。

① 安铅炼汞：古代道士用铅、汞等矿物质炼丹。

命匠初成，鸠工之始，创经营于戊子（1888）之春，立造于庚寅（1890）之岁，工圆满后，问序于予，因即景志情，爰乐而为之序。

大清光绪二十八年（1902）孟秋月初十日

[附记] 选自仁怀政协学习文卫委编：《仁怀历代文钞》，中国文史出版社，2009，第185页。刘天星（1842-1924），字梅轩，仁怀县龙井小鹿乡人，终生任塾师。

（三）民国时期

重修复兴禅院史略纪念碑 沈鸿逵

盖闻自宇宙而有三皇，有三皇而有世界，有世界统一而后有三教之为圣为贤者，间一出焉。故佛法常兴，永崇殿宇，演之为政教，庄之为法律，有裨于国家，有益于生民，准之于四海，放之于六合，无不以宗教为本而须臾离乎道德也。

我佛自昌明于印度而到东林，迄今几三千年矣。[①] 溯自后汉永平七年（64）正月十五良吉，有摩腾、竺法兰贰师提倡东土禅宗，流传已久。降及五代时，有梁武皇帝讲求佛学，大兴禅宇，普增庵观，常召集十方之有大善根大知识者，削发为僧，焚然经典。时有西域二十八祖达摩为法求人又到东土，至六祖慧能传及二派，曰南岳怀让，青原行思。下分六祖五宗，而纪数已三千年之久，灯灯相传，焰焰接续。继到于有明正德时，吾太师祖如兴禅师，甫由川入播州城南平里龙坪之后台坝，始开仙凤山，次及复兴寺，俗称之为瓦厂寺者，实此寺之古名也。维时苦志经营，艰辛创业，历传数代，有法子性澄、海清、寂旺、照福、普祥、通正等，继续源流，慧灯不灭。迨前清乾隆时，得太师祖智仙老上人，生而颖异，高出庸流，能握管吟诗，飘飘然有神仙之趣。法徒慧禅、纲二上人相因佛种，衣钵流传，

① 此说有误，佛教创立至今为2560余年。

至清宁、静修时犹是香灯不缺。讵料盛衰有定，治乱相乘。咸同之年……十室九空。以致寺中□□摧残，不堪言状。殿宇之立者仆，田土之有者废。一切家具动用，逸荡无存，是有寺之名无寺之实也。

幸天心厌乱，剥极必复。我师祖上道下有，弃儒从释。不贰年，因匪势仓猝，投笔入营，督办粮台，专资转运。数载以来，匪焰稍息。旋及隐蔽筑垣，仍归旧路，参谒轩辕宫广馨禅师门下。光阴荏苒，忽忽三年，乃眷怀桑梓，由省归来，同治戊辰（1868）抵遵还寺。于是一心一念，锐意虔修，以囊积余资，将前僧所当出之田产赎回，任怨任劳，重新开垦。又义兴乡学，另买田业数十石，拨入学堂，以作常年之款，至今民国初小学校留为纪念，称道弗衰。所以年将及耄，精神矍铄，鹤发童颜，岂非得天独厚，曷克臻此。吾师上德下云，青年信仙，一意修持。由光绪丙申（1896）来寺祝发。日惟谨守三规，不萌邪念，于宣统辛亥年（1911）冬月朔五日度世，得寿六十有二岁。斯时也，清帝退位，民国成立，廿二行省相继反正，川、书因思时逢末劫，庙宇凌夷，国体变更，城乡震恐，常有跳梁小丑谝惑寺名，不时往来，谋劫数次，必欲推翻我佛像，掳掠我资财，散离我僧众，蹂躏我地方。不止川、书等目击时艰，绸缪未雨，日则约同甲邻，夜则召集佃户，得以不虞。民国纪元岁壬子（1912）孟春之初，不事耕作，乃复顾请工人，开山取石数月之久，甫将寺后墙垣另行修葺，共计四十余丈，一以绝匪徒之奢望，二以保完全之基础。又于是年九月，各省奉大总统令，振兴佛教，准将全体僧及蒙藏喇嘛等，组织中华佛教总会，亦以昌明仙学，提倡教育慈善为宗旨。即于是年冬月，成立正式大会，以补行政之不逮也。吾遵亦于是年就附城之湘山万寿禅院成立会所，川、书以一介沙门，过蒙妄举①，到所任参议员职，仍仿各省办法，讲求佛门经典，创办蒙养实业，推普济之深心，行平等之主义，以辅助国家政治进行。孰意行藏靡定，散聚无常，转瞬三秋，复会本寺。睹星霜之递嬗，思景物之变迁，爰与师弟磋商，新修煨芋楼一所，以补山川之缺陷，以培本寺之风水。乃工程甫毕，偕徒亲往省垣，仿照黔灵山式样，往返途程计六百里有奇，不辞艰苦，不殚辛劳。民国七年（1918）五月廿六日，即慎择良工，将前存明正德所创

① 过蒙：过分蒙受。妄举：轻率行动。

之旧寺，刻今近四百年，维时已久，且多偏废，鸠工庀材，大兴土木，将上下二殿，左右两廊，钟楼鼓楼，悉行改创，匝至全月朔七日，建竖檐楹榱栋，焕然一新。是举也，计时不下五月，计费总在四千以外，方能告厥成功，得达美满之目的。川、书自揆财力多所不逮，惟静夜以思，凡事当创始之时，非有明镜之眼光，敏捷之手腕，坚韧之毅力，不足以收效于将来，夸功于异日。故承之以来，力瘁心殚，惟有勉力驽材，克供乃职。尚望届今以往，川岳钟灵，当必有宏识远怀者一出而担负焉。是则川、书馨香祷祀以求者耳。谨述大意，以告佛子。是为序。

光绪丁未年（1907）新买杨三春新寨凹林土一分，杨正钧黄土湾山土一分，王安远上坝田土林一分，何宴氏野猪巷水田一分。其各界抵：杨姓本寺界，白玉寺何姓。

甲邻：李朝禄、李朝□、李正铭、杨荣昌、何聪、杨光银、杨光元、杨茂春、王昭德、李正林、吴正贵、何钟海、王纲、赵祖元

续源师祖上道下有　度世恩师上德下云

住持圆川、圆书　徒明忠、慈、清、显、贵

徒孙真奎、祥、觉庵　师兄圆先、山、升、喜同立

前清府学附生社友沈鸿逵代撰谨书

释迦牟尼文佛应世二千□百□□□年，即民国八年（1919）

夏历冬朔九日谷旦立

［附记］选自遵义县文物管理委员会、政协遵义县委员会、遵义县文化馆编：《遵义县文物志》（第1集），1983，第101页。碑立于播州区（原遵义县）龙坪镇小湾村复兴禅院（瓦厂寺）。青石质，高4.40米，宽1.40米，碑额“释教源流”，背面竖书阴刻“万古流传”，右侧题云：“民国玖年岁次庚申（1920）姑洗月望八日南阳行者云尘僧圆书题”，并钤“圆书印章”。

碑文　谌固良

桐梓县知事谌为布告严禁，立案永遵事。

照得酌提庙产兴办学校，明令早颁，已成定例。查有县属天池寺、观

音寺二庙，原系前明古刹，产业丰富，年收租谷合计约在八十石之多。昔年清理庙产时，被住持蒙蔽，提作学校经费者，为数无几。每值收租之际，遂有该地土豪令狐恩培、令狐兴和、令狐德安等，诈称该庙施主，统率痞棍，来庙盘踞，任意滥费，争纷不已，竟至酿成讼端。历年如此，以致该庙焚献冷落，学款无着。兹据该庙住持僧昌达以"窘迫碍公"等情，呈控令狐恩培等到县。核阅来呈，该土豪令狐恩培等，历年侵蚀该庙之租谷，约在数千石之多，因纷争缠讼，亦积年不解，实属可恶已极。除批准专案律究外，一面据情呈明防区司令、黔军第三师师长周指令，以"该庙所收租谷，历被土豪侵蚀，私人无益，损及公家。值此兵燹劫余，军需乏款，学校代兴之际，理应化私为公。准由该庙产内酌提数业，变价济公。余业即勘定界址，分别划作该庙焚献、衣单，以及兴办学校经费，裕公用以杜纷扰，仰该知事遵照办理，呈复备案。"等因，奉此：本知事遵即令委保董周献廷、乡绅令狐寿宣调查明确，勘定界址，呈复到案，查核无异。除酌提中天池祀田长榜、滥湾等处田土，定界另契变卖，得价归公外，令将该庙焚献、衣单以及办学经费之田土地名、界址、租谷，分别呈请立案，勒石镌碑，以垂永远。为此布仰县属人民，一体知悉：既经划定之业，焚献、衣单，交该二庙住持经管；办学经费，另行委员经收兴办学校。嗣后毋得紊乱，无论何人，亦永远禁止干涉庙产。倘有不遵，故意违犯者，准其团、甲捆送到县，依律重究不贷。凛遵毋违。切切此布。

民国十四年（1925） 月 日①

[附记] 选自（民国）《桐梓县志（卷28）·文教志·学校》。碑文为县政府所发布告。事由为：桐梓天池寺、观音寺二庙，在政府"提庙产，兴办学校"时，隐瞒庙产。而庙产又为地方土豪盘踞，因此酿成讼端。因此判："既经划定之业，焚献、衣单，交该二庙住持经管；办学经费，另行委员经收兴办学校。"谌固良，四川人，民国十三年至十四年（1924–1925）任桐梓县知事（县长）。

① 此墓为墓主生前预建，故未填时间。

培修金鼎山记① 乔运亨

金鼎山，邑之名山也，夫邑中名贤，前有盛览，后有郑珍，对此无碑碣留显，亦名山之一憾焉!

丁卯（1927）春，余来知县事。改斯山各寺之香会，以香会之香资划五分之一为各寺香灯衣单等费、五分之三为各基金及成修费、又以五分之一为斯山造林费。每届仲夏即委城乡士绅各二人核实钩稽其事，永著为例，以十年焕新各寺宇并蔚成绝大之森林，俾与终南、嵩、华、泰、岱、衡、岳、青城、峨嵋等山同为天下古今之壮观。第念从政日久，学殖荒落。②此来经或，又无文章足以润色山林，殊令人愧目。赵绅出此山，新建玉皇殿，记相祁。邑前贤黎公莼，于清光绪十五年（1889），因蜀僧大方之请，所著至今尚留人间，未刊者也。黎初本书先生上万言书于阙下，熙动公乡，嗣出使东瀛，累宦至川东兵备道。贤名与盛、郑等，日好为古文，派宗桐城，从湘乡曾相国游，名噪一时。今得此记出望外，如获拱辟言。道家之源流披衡空洞中，知读书别具，双眠不为古人所，斯唤醒愚迷不少。至山之灵异、远近人之朝拜顶礼玉皇之由来，玉皇殿修建之原起，虽落落数语，足点缀一切，不类流菩人记米杰也。乃于治遵之明年，嘱赵绅书一道，勒之贞珉冠之山头。由是山以文而名愈重，文以山而名愈付，相得益彰。可不谓谒懿歆况有如是之名山，名之必待余数十年后来此，合其文彩乃始。两相表见其遭遇，非偶□扶快意事也，特诚其崖略以候后来名贤继起而营之日。

---

① （民国）《续遵义府志》载：九龙山，人皆呼曰金鼎山，在郡城北四十里。前《志》称削立万仞，云雾窈冥，天晴始微，郡城之祖山也。而《通志》不载。兹山磐礴，不知其周，九脉下流，再三成起，楼巘上升，孤峰锐□，矫入天半，环县百里皆见之。每夜有灵光四耀，闪烁空际，或远或近，冉冉辐朝，朔望尤盛。由麓至巅，经二十四峰，一岭一折，乃陟金鼎。颔下坦若五亩居，万佛寺置其间。侧有泉水涌出，浩瀚喷流，倾泻成匹，游者无不就浣。上下共为庙九，灵宫佛殿，高低相属，年至盛暑，拜祷麇集，有来自邻省者，不可以万计。郡人黎庶昌以为，青城山杜光庭表称洞天，其高尚不及此，而纵观之阔亦远逊，因益曰三十七洞天，以续称之。是山之含灵负奇，将匹尊岷峨，誉尘区矣。土人称九龙，以金鼎山下小阜当之，犹泰山之梁父也，久假不归，几三字之袭爵矣。

② 学殖荒落：语出《左传·昭公十八年》："夫学，殖也，不学将落……"意为：学习，就像种植一样，不学习就要衰落。

民国十七年戊辰（1928） 夏知遵义县事镇远乔运亨撰

邑人杨葆宸书

[附记]选自遵义市红花岗区地方志办公室编：《遵义佛影——遵义金鼎山》，2008，第38–39页。碑立于红花岗区金鼎山镇金鼎山大庙（玉皇殿）。青石质，圆首，高1.40米，宽0.60米，厚0.15米。碑文为隶篆，阴刻。乔运亨（1878–1950），号筱衢，贵州镇远人。1905年考取官费东渡日本留学，并加入孙中山领导的同盟会。1912–1931年，历任贵阳、遵义、兴仁、贞丰、罗甸、思南、黎平及四川省江津等县知事。

大窝匡雕刻观音金像碑

盖闻皇天无亲，惟德是辅；作善降祥，作恶降殃。下民于乙丑岁（1925）为贼寇猖獗，恐其生命财产有亏，发心叩许，雕刻观音金像一尊。自许之后，果蒙有感，今则择期迎圣登殿，请师开光安位。惟冀神灵有应，四境清宁，圣德无私，两利冥阳，民自不胜佩德之至。谨祝以闻。

民国十八年（1929）九月十九日

[附记]选自仁怀政协学习文卫委编：《仁怀历代文钞》，中国文史出版社，2009，第188页。

怀阳寺摩崖

头耸

鸡啄咀有四川峨眉人孙子一、山西五台人饶正雅，二人遍历海内名山，咸抱出尘之想，于本年秋初来递此境，以鸡啄咀之名不雅，爰更其名为“鹫岭”。并题词曰：

天台得路，鹫岭当前；独立远眺，心目旷然。

金龙环舞，笔架撑天；□峰远眺，之水回旋。

郁行显晦，皆指顾间；俗尘顿净，即此是仙。

（以下字脱落，约缺70余字）

民国二十年岁在辛未（1931）秋晚　天台山农书石

[附记]选自赤水县志编纂委员会：《赤水县志·文物篇》，1984，第40–41页。摩崖位于赤水天台山怀阳寺山门外道旁丹霞石壁。高约1.10米，宽0.60米。两侧字已全部脱落。

遵义湘山寺法云上人碑记　杨文湘

郡城东门外顺流而前约里许，一阜特起，山水环绕，林木葱蔚，隐然一寺出于其际者，是为湘山。湘山自唐迄清代，不知□□□□□□□□人曰法云者，性情豪迈，体貌丰裕，善饮能画，为余生平之良友。方未殁之前，时为民国十一年（1922）七月，与余同客贵阳。一夕，忽□□□□□□见托，余以为梦呓，笑应之，未尝介意。殊是年冬末，上人竟殁于渝州。噫！是岂非数之前定耶？抑上人有先知之明耳。余素不能文，因笃于□似不能不践前诺以为之记。

上人讳道康，法云其字也，为临济正宗嫡传，俗姓高，其先为蜀之井研人。光绪初随父来遵。以多病祝发湘山，为寿林弟子。时方数岁，循循规矩，不事嘻游，识者重之。未几，其师病故。上人稔知湘山负累已深，势将倾覆，慨然有恢复之志。后余世丈喻宅心先生设帐湘山，桃李颇盛，上人从之学。被其教泽，智识日增，交游益众，且善居积。不十年，湘山顿改旧观，地亦加多，百废俱举，蒸蒸日上。是上人之有造于湘山为不小也。光绪丁酉（1897），上人膺府僧纲职，管领诸山。肃清规，严戒行，禅风为之丕变。然性尤聪颖，时有沱江画师杨君献廷，道出遵郡，小止湘山。见其所绘山水、翎毛、花卉，生动可爱，心窃慕之。与之学，不逾月尽得其传，下笔即成，颇中法度。后游长江诸名胜，获览名人真迹，业益进，其名益显。于是士大夫之往来遵郡者，无不重其人而乐为之友也。

岁丙午（1906），襄阳袁公玉锡来守遵郡，于上人特器重。时朝廷崇尚新政，袁公创建府中暨师范、蚕桑等学校，工程浩大，经费支绌，时以为虑。

上人代为之计，沐雨栉风，亲赴诸山调查，创办庙捐，岁得白金六千余两以为之助，工遂竣。是遵郡学校之得底于成，上人亦与有力焉。工人勇于治事。至如提倡实力以开风气，兴办工厂以辟利源，募设贫儿学堂以拯童孺，在在均有成效。因时局屡易，未得大展，深以为恨。当是时，海内士大夫注重佛学，各省设佛教会，遵郡应设佛教支会，上人被选为正会长。成立后，以遵郡地处偏僻，经典缺乏，无所考证，乃筹集巨金，于民国五年（1916）偕余同赴沪，购买三藏经全部约计一千余卷，运回湘山。往返一万四千余里，不惜劳苦，卒成其志。其热心毅力，有非寻常释子所能企及。尤难能者：遵郡地当孔道，反正后，军队往来，多干涉地方诉讼。每有冤抑，邦人噤不敢言。上人不计利害，挺身出而解释，无不生效。地方人民，俾得稍免于祸患者，未始非上人之力也。时上人精力尚健，正谋集资改修大佛殿，于民国十一年（1922）九月赴渝调查，十二月十九日旧疾坐化，时年四十有八。次年春，灵梓返葬湘山，地方官绅士庶及诸山僧众出城迎者，不下千人，观者如堵，途为之塞，真千载一时不次之荣也。

昔孔子有言："君子疾没世而名不称"①。夫人生斯世，无论为僧为俗，苟碌碌无所短长，行徒食粟，死与草木同腐，是不如不生之为得也。不生则不死，无生无死，是谓之空，空者万事皆寂，何名之有？不知名实之始也，有其实斯有其名。如上人者，名实相符，身虽泯，其名当与湘山并存而不朽。百世下知有湘山，即知有工人矣。吾意工人殆亦石涛、休休之一流耶！后有知者，或不以余言为妄。

杨文湘撰文 刘钟荫书丹

民国三十一年壬午（1942）十月谷旦

[附记] 选自刘庚扬：《湘山寺僧纲法云上人》，载遵义市文化局史志编写组编《遵义文化史专题史料汇编》，1990，第564–569页。碑立于湘山寺山门南侧法云墓前。青石质，高1.77米，宽0.92米，厚0.20米。杨文湘，遵义人，书法家。法云（1874–1922），俗姓高，名道康，法云其字，四川井研人。幼随父迁居遵义县新卜马家河，少小多病，入湘山寺出家，

① 《论语·卫灵公》。疾：担忧。没世：死亡。全句意为：君子担忧自己死后不被人称颂。

在寺中读书、习字、学画10余年。后继任住持。勤苦居积，修葺寺院，重塑十八罗汉。光绪二十三年（1897），任遵义府僧纲司僧纲。光绪三十二年（1906），创办庙捐，每年得银6000两，用于资助遵义知府袁玉锡建师范、蚕桑学校，办“百艺工厂”，救助贫苦儿童。民国元年（1912），任遵义县佛教支会会长。民国五年（1916）与杨文湘赴上海购得《大藏经》1000余卷，藏湘山寺。①

① 刘庚扬:《湘山寺僧纲法云上人》,载遵义市文化局史志编写组编:《遵义文化史专题史料汇编》,1990，第564–569页。

四、安顺市碑刻、摩崖、塔铭

（一）清代

高峰山田土碑序

盖闻高峰山者，乃洪武初年秀峰禅师创业，此山初开，梵宇丛林，山周十里许，该僧家祖治地也。后有产业，自然得买罗姓之业，更名石塘庄，因有石塘，故取名石塘庄。又买杜姓之业，先名孙家庄，后改名和尚庄。所有一切田产，皆僧自买之业也。非有檀越布施之业，亦非募化而创修也。所有田边地界契约开列于后。以垂不朽矣。

洪武三年（1370）冬月初三日　本山住持僧自然及两序大众立

（下略）

[附记] 碑原立高峰山卍华禅院（今碑已不存）。碑文选自张新民等整理：《贵阳高峰了尘和尚事迹》，巴蜀书社，2000，第 795 页。高峰山位于贵安新区马场镇。高峰山寺院元至元年间（1264–1294）开创。明洪武三年（1370），地方信众捐资，建寺置寺产。相传明初建文帝遁入贵州出家为僧，曾居高峰，题有“西来面壁”。清顺治八年（1651）新建殿宇，寺僧植柏树千株。后数度修葺、重建。

契约碑

盖闻创业者有来由也，僧法名秀峰，号清林，江西抚州府高氏后裔，自幼投佛出家，中年发心云游参学，始于洪武初年来至黔地谷垅山，观此处幽雅胜境，千山重叠，万山围绕，地灵人杰，山运当兴，故与苦尼刘都姑买得谷垅山一座。东抵锅底垅，南抵猪槽垅，西抵陡关坡脚，北抵平关坡脚，四至分明有界。时价值银伍两陆钱正，豆粮三升，买置停妥，僧始建立茅庵，更名高峰山。高峰之名从此而生也。兹恐后世僧人不知来历，特立石埋地，以期永久不没也。是为序。

大明洪武五年（1372）　徒本体、本云、本性同立

二月吉日

又买明班老久材垅、老岔垅，东抵罗姓界，西抵长垅，北抵本山界，南抵王姓界。时价银四两一钱正，豆粮四升。

又买明左有才猪槽垅土，东抵坡岭，西抵老岔垅，南抵本垅界，北抵本山。时价银三两二钱正，豆粮二升一合。恐后无据，附勒石说明。

住持秀峰

徒：本体、本虚、本性　孙：觉悟、觉心、觉顺等立

明洪武五年（1372）二月　日　良吉建

[附记] 明洪武五年（1372）立。碑原立于平坝区马场镇高峰山卍华禅院。（今已不存）。碑文选自白中玉、释慧海《高峰山志·第五章·高峰经济》，2004，第72页。

石佛寺记

石佛寺记

开山第一代祖

佛海和尚

（颍）国公傅友德

沐英

捐建

大明壬午（1402）年立

[附记] 明建文四年（1402）立。现存西秀区七眼桥镇云峰村大明屯堡

文化博物馆。碑题《石佛寺记》，高 0.27 米、宽 0.42 米、厚 0.16 米。碑于 2002 年 8 月在西秀区七眼桥镇二铺中心完小扩建拆除石佛寺时发现。“大明壬午年”，即建文四年（1402），此时朱棣即将取代建文帝，故立碑者不写建文帝年号。石佛寺，位于安顺城东时家屯，洪武十五年（1382），傅友德、沐英捐建，僧佛海住持。

高峰山碑记　卢大济

高峰山者，平坝之胜观也。在城东五十里，万山重叠，一峰崒然，独照云表。自阻遐裔苍莽中者，不知几千百年矣。景从土人言：顺治庚寅（1650），有僧自然者，从峨眉来，卓锡山巅，将月余，惟二侍名拾松煮野菜。四方善信，闻风影从。越明年而殿角廊庑，金碧焕然，乃开堂著律，大辟泥蓝，植柏树数千株，嘱其徒善首居之，遂飘然而逸。传闻若此。

予自顺治庚子（1660）承乏兹土，牛马风尘，竭蹷不皇，尚安得向白云深处，访维摩方丈乎？明年春，大师还京，往供军需，由便道归。路出马场口，有饷予者，藉草为席，仰望高山，矗立云际，气象岩岩，星罗云布，类大臣正笏垂绅，不动声色；又类师秉璧，庄静恪恭，望之者不能不肃然起容。叩左右曰：“兹何山而灵秀若此？”对曰：“此高峰山也。”辍食而起，系马逾关，梯云而上，一派林麓蒙茸，巉崖削壁，隐隐有飞泉自树间出。稍折数武，又逾一岭，则石磴盘旋，苔痕没屐，云声鸟声，花香草香，应接不暇，真不灭武夷九曲之胜也。登巅则平旷可容数亩，独憾殿庭卑隘，不足以称其壮观耳。然四望诸山皆小，绵亘数十里，如跪如拜，如立如侍，如鳞、凤、狮、象，鱼、鳖、蛟、龙，莫可名状。向之所闻，尚未悉其万一。数年来，游目之快，未有如此者，还忆杜子美“天阙象纬逼，云卧衣裳冷”①之句，不觉翱翔欲飞，徘徊未忍即去。

少间，循磴而返，有僧邀曰：“兹山开建以来，吾师之状未悉，愿公一语以惠山灵。”予曰：“唯，然予何能文！”如是者再，僧曰：“昔苏子瞻过润州金山寺，为佛印师赌其带，至今以为佳话。公曷吝此珠玉而使

① 诗句出自杜甫《游龙门奉先寺》。

山泉林木湮然削色耶？得不令子瞻笑人。”不得已，乃止方丈。第念天钟灵秀，原不以方域限，慨兹山阻绝于荒裔者多年矣。向非僧师，谁能使草树香林照耀今古！今幸圣天子以威武制诸蛮，复以文德绥荒徼，凡卉服鸟言，咸濡王化，遐陬僻址，尽隶舆图，即至一丘一壑，皆得登《王会》而成风俗之书。异日者，职方氏采风，或缘此而昭令甲，得不谓兹山之幸欤！僧又云：“山原多虎害，又限于汲，自刹竿立而虎遂潜逸，崖下方冽可濯。”

嗟呼！方今六合一家，百灵受命，连理甘泉，随在上瑞，而此蛮烟瘴雨中，沐天子之泽，固有在也，而又何异乎？窃闻之，佛以无住为宗，以无体为用，形形色色，莫可等论，而要不离于一性。《经》云：“若有色，若无色，若有想，若非有想，皆得令入无余涅槃。”① 而况乎合灵具德者之不可感格耶？古称钵龙驯虎，方食渌池，虽偶然之瑞应，然征之往事，亦足以见尔师之勤行也。

[附记] 选自（清）咸丰《安顺府志（卷之47）·艺文志（四）·记（一）》。卢大济，湖广沔阳（今属湖北）人，顺治十七年（1660）任安平卫守备，勤政爱民，民众称颂。康熙初年创修《安平县志》。

回龙寺碑　彭雪峰

晋阳之东四十里，有秀地一峰，笑傲玲秀，严若狮子形，故号狮子山，且隆大道，士缙绅不时登眺。飞锡善仰，每月游城（缺字）为黔南之名胜地也。（缺字）目击接待之烦，询诸父老曰：“此山之兴隆，何先人之所避。常往之乡也。”父老向来人答曰：“辟地开天以来，此山不知几万年矣！前，此山无寺，有山无田，自和尚始盖于明辛丑岁（1421），恒修师徒二人，手辟狮山五载。中殿菩（缺字）峻和淡泊，而尚勤俭。有常住地、常住田约三百余金者，该囊和尚之心血所置。”施主请为禅记，以志不朽，予不禁慨然兴曰：“山不在高，有仙则名；水不在深，有龙则灵；僧不在多，

① 语出《金刚经》。原文：“若有色，若无色，若有想，若无想，若非有想，非无想，我皆令入无余涅槃而灭度之。”

有田则行。”

再于康熙元年（1662），开始多募化于各处扩充设庙产。

习安后学彭雪峰拜撰

住持照华、照稳、照岑勒石

[附记]选自安顺市西秀区大西桥镇志编委会编：《安顺市西秀区大西桥镇志》，贵州人民出版社，2006，第457页。碑存西秀区大西桥镇中所村回龙寺，已残。回龙寺始建于明辛丑年（1421），清康熙元年（1662）扩建。

重修飞虹山碑序　*厂石*

东郊五里许，有山，名曰“飞虹”。境之士庶相传曰：昔明建文先皇到此遁迹所也。余幼习静于石霞久矣，而未获一登览焉。

一日禅余之际，忽有览胜之思。遂携二三子，拽杖步行前来。近斯山里许，有龙王洞者，亦习安胜概也，先往玩焉。谛观崆峒矗回，水镜幽悬，怪石玲珑，丹岩峇匼匝；且也潭源澄清，隐隐琼楼碧波内；渊深浩渺，沉沉海屿翠岛中。倒影之奇花馥郁，空悬之华盖嵯峨。石室仿佛西湖，浪苑依稀南海。溪光掩映，蜃气钟灵。讵非黔山之壮丽，习安之巨观哉！复见峭壁之上，诗阵纵横，巇崄崖头，笔迹灿烂，此皆明贤硕士之佳制也。憩观亹亹，弗觉日已斜曛。童子旁语曰：“登山逸玩耳，听樵歌唱晚，岂非理乎？”余便掉行。未里许，迎面一峰，其上之竹树交加，莺啼鸟噪。童曰：“此飞虹山也。”不胜怡然。于时童横牛背，杖疾如飞，不移时而抵斯山矣。

稍憩片晌，抠衣而上。唯曲径盘旋，巉岩壁立，一桥横空，扪萝而过。至殿礼佛竟，目击栋宇倾斜，尘堆苔靓，寥寥一僧，甚觉萧然。主僧曰：“后有观音阁。”余复再进，但见竹影扶疏，莓青石磴。不数武，见一石穴，上有“圣迹”二字，内有碑曰“卧龙处”。始晤文皇敷坐所也，不胜惕然。举步登顶，一阁插汉，内奉大士像。即踧踖而进，礼毕掉身出阁。阁前一石榻，遂跏趺其上。见其修竹徘徊，松风递韵，烟霞结集，境寂林幽。晏坐良久，似觉情爽神怡，喟然叹曰：“窃闻穴处巢居，能存至圣。所以先皇御幸于斯，岂偶然哉？此山与世邈然，诚佛地也，惜无能僧支持，以致荒凉难甚。”因谓主僧曰：“此山乃普阳首景，何倾颓至是也？且殿宇将危，能无虑乎？”僧曰：“奈只身何？”余曰：“坐居待毙，罪将谁归？”僧曰：“若和尚慈悲，肯留一二门人于此，不但此山有幸，即弟子终身有仰矣。”言讫涕泣作礼。余聆苦况，不胜矜怜。见其僧形单影只，耳顺年余，若恝然舍去，忍心乎哉？踌蹰半晌，遂命二人侣之。余自旋山。

不数月，其僧忽殒。余闻复来，值诸檀在山，叙及圮坼一事，坚留继席，意存修理。因难固却，勉以应酬曰：“修葺固善，奈时势多艰，难以募化。”众曰：“道德不厚者，不足以动众；道德如和尚，向善者未必鲜也。古云：人无诱而不能发心，非劝而不能摄性，此菩提种子，孰不具哉？”余又曰：“所虑路径崎岖，艰于搬运。若欲经始，辟路宜先。”众曰：“善。”于是鸠工命匠，拮据不停。高者削之，低者培之，不一月其路康庄矣。遂蠲吉①驾马，凿石平基。命持短疏遍叩多方，感善姓勛襄，不三载而前楼后殿、亭阁两廊焕然一新矣。幸获俗弟程毓见乏金像，捐资命匠雕修，前后满堂功德。随买田一份，以为佛前香灯。

一日功成，众曰：“此山赖和尚垂慈，成此万古不磨之果。当立石勒诸芳名，一则不负和尚之婆心，次表施舍之众念也。”余曰：“然。”是故不惜俚言露布，亦非沽名浪迹，俾其功德与此山共垂不朽耳。

[附记] 选自（民国）《续修安顺府志辑稿（第十三卷）·名胜古迹·飞虹山》。碑原立于西秀区东关街道飞虹村飞虹山寺（今寺和碑均已不存）。厂石（1643–1717），法名如圣。俗姓程。贵州习安州（治今西秀区旧州镇）伍村人。六岁入安顺圆通寺剃度，不久其师病故，到普定玉真山寺，依竺怀学佛法，二十岁随师入滇，在五华山等寺参修。数年后返回安顺，在石霞山掩关三载。之后，住持圆通、飞虹等寺院。

① 蠲吉：指斋戒沐浴，选择吉日。

开元寺常住碑记　周纪

州城开元寺，古刹也。历元明以迄于今，盖六百余年矣。几经兵火，市井为墟。州人之迁徙流散者不知凡几，而此寺岿然独存，岂山州灵秀特钟，久而弥耀，而创建者适与地灵相际欤？抑西竺先生，教流中土，而在在处处名山胜地可为选佛场者，必据而有之欤。虽然，地灵矣，而无人发其奥区；教兴矣，而无人嗣其宗旨。安见灵者不化而顽，兴者不渐而趋于废哉！

有明之际，兹寺将颓而废矣。蜀僧恒默与其门人灵觉者，道根强固，性地高朗，卓锡于此。乐其地之清幽，而悲佛宇之欲隳也。相其旧址而增辟之，宏其殿宇而丹垩之。自堂徂基，光彩焕发，丛林遂据一州之胜。于是造其门者，肃然而敬矣；登其堂者，清然而凉矣；入其室者，泠然而善矣。瞻西方圣人之貌而欢喜心生；睹诸天罗汉之容而菩提念起。斯处便是佛场，奚必舍卫祇园①。而后可住千二百五十人哉！厥后，恒翁耄年思蜀，杖履将归，而灵觉公不忍其师之老而孤住也，爰以衣钵追随，为结庵于岷江，以住其师，复造塔为师之寿藏。凡五越寒暑而复归。所谓开元寺者，归而愈益刻苦，夜寐夙兴，维持教法，老而弥坚，今年已九十三矣。增置常住田土若干，使嗣法诸人衣食有资。稍赢则以为丛林补葺资费，规画最善，而用意诚良，且惧其人而混淆也，因嘱余为文以记之。

嗟乎！厥考构厥子乃肯，佛堂尚兴歌于典籍乎？而灵觉公之师若徒相继，百年经营缔造，为天竺遗教增光，使灵者不至变而为顽，兴者不至趋而为废，诚可谓是父是子，箕裘有托者也。值此太平隆盛之朝，官清民义，万物咸若，而浮屠之教，晨昏钟鼓，顶祝皇图，则此开元者历宋而元而明以迄我皇清，由此而亿万斯年可矣。灵公嗣法诸徒，亦能克继先志者，因乐而为之记。

[附记] 选自（清）咸丰《安顺府志（卷之48）·艺文志（五）·记（二）》。

---

① 舍卫祇园：舍卫，古印度城名，后以为国号。祇园：“祇树给孤独园”的简称。梵文的意译。古印度佛教圣地之一。

开元寺始建于明朝洪武十四年（1371）（一说建于宋末）。位于旧州城隍庙左侧，20世纪40年代改为旧州区公所（现为旧州中心幼儿园址）。周纪，安顺人，廪生，康熙乙酉科（1705）举人，历官知县。

高峰山庙产碑序

盖闻：高峰山者，乃洪武初年秀峰禅师创业此山，初开梵宇丛林，周围十里许，均皆僧家向村人祖治价购为祇园地也。至清初，自然和尚得买罗姓之业，更名石塘庄，因有石塘而取名；印可和尚得买杜姓之业，先名孙家庄，后更名和尚庄。所有一切田产，皆僧家自买之业，非有檀越布施，亦或募化而创修也，所有田边地界，契约开列于后，以垂不朽云。

契　约

立出卖田土文约人罗成久、罗成明弟兄二人，同男盛泉、盛福，将祖父遗留之业，为因无银使用，请凭中证上门，卖与高峰山住持僧和尚，永久为业，坐落地名石塘庄，东抵青鱼塘，南抵狮子山胡姓田，西抵浑水塘坡顶，北抵河心，四至分明，并无插花。团坡田十五丘，均系后六，随田科粮，五石七斗八升三合，是日三面议定，九色银壹佰陆拾两陆钱正，僧人当面交清，罗姓父子亲手领明，并未少欠分厘，自卖之后，任凭僧家永远管业，罗姓亲族等，并无异言。若有，罗成明兄弟一方承担，恐口无凭，立卖约为据。

凭中证人：刘春山、胡小毛、李都考、陈文艺、陈树生代笔

大明洪武三年（1370）冬月初三日 本山住持僧自然及两序大众

大清康熙八年（1669） 住持僧自然及庙众 立

契　约

立出卖田土文约人杜应洪，自愿将祖父遗留之业，为因无银使用，请凭中证上门卖与高峰山住持僧和尚，永久为业。坐落地名孙家庄，其田东抵山顶，西抵河，南抵金王二姓，北抵桥头；蓑衣田一份，大小八十三丘，东南抵陈姓，西抵王姓，北抵坡脚；大坡桥头田大小三十七丘，东抵青鱼

塘河，西抵大坡，南抵小河沟，北抵南姓土。四至分明，均系后七，随田科粮伍石五斗五升五合，是日三面言明，价银一百五十六两正，僧人当面交清，杜姓亲手领明，并未少欠分厘，自卖之后，任随僧人徒众，永远管业，杜姓亲属人等，不得异言。若有，杜应洪一方承担，恐口无凭，立卖契一纸为据。

凭中证人：魏兴顺、姚焕然、郑永兴、王福生、王老五、黄泽生代笔

雍正四年（1726）六月十二日　住持僧印可及大众同立契约

契　约

立出卖田土契约人吴焕生，自愿将祖父遗留之业，为因无银使用，请凭中证上门，卖与高峰山住持僧，永久为业。坐落地名核桃坡，田一份大小八十八丘，东抵王姓、南西抵潘姓，北抵陆家田；又大小十四丘，东南抵潘姓，西北抵李姓坡；长塘田十三丘，东抵大路，西抵河南抵本田，北抵杨姓田。均系后，随科粮二斗，是日三面言定价银贰拾壹两正。僧人当面交清，吴姓亲手领明，并未少欠分厘，任随僧人永远管业，吴姓人等，不得异言。若有异言，吴姓一方承担。恐口无凭，立卖契为据。陆天喜

凭中人：兴之 张志九、五文明代笔

乾隆五十年（1785）八月初八日　住持僧性空添补碑名，同立

[附记] 碑选自白中玉、释慧海：《高峰山志·第五章·高峰经济》，2004，第72–73页。

华严洞碑记　齐圣渭

乾坤之灵异，兆在山川，而发之人文，少而多石，柳州特有激之词。而咏高崧者，降生申甫；顾长河者，概想豪杰。流传匪虚，是在天启其胜，人作之成耳。

郡南崇仁里，有古华严洞者，奥区天开，灵泉四注，石室轩敞，吞吐风云。空翠深而冬夏一色，烟霞簇而俯仰百变。小有大有之胜，仿佛斯存。造物者苟无意焉，应不虚构是奇也。而古刹旧存，短檐半掩，若仍留一未

雕未琢者然。

里中有赵先生者，平生济人利物之举，常不惜重赀，而是境尤其所惓惓。于是议建石坊，引灵泓，一新胜境，而犹以为负兹山灵也。更建文昌阁于前，宏敞其规；作义塾地，捐百金以经始。而令嗣先生亦捐百金，并广募化，代厥终焉。所云“符灵异，兴人文”，于是乎在而壮名胜之观其末也。其言曰：“安得目睹阁成，旦晚扶鸠坐古树下，观成人小子肄习其中焉？”噫！先生之志深远矣。

夫黔中聚山水之秀，飞云雪岩，一泉一石之胜甲天下。然仅祇园纪为名胜，此地僻在云林，使早为轩露，亦不过飞云雪岩等耳。先生独计远思深，作述继美，将人文蔚起，藏息其间，濬澄澈之灵源，舒阛阓之浩气。混沌仰窥，玲珑万窍；景象俯瞰，尘障一空。云箩苍翠中，圣域贤关可也。满目文章云乎哉！抑念当世乐言因果者，倍耆山，修胜迹，仅供学士大夫流连啸歌，且纪之以志无忘。

是举也，因天工以作人文，后起之英彦，皆先生之口碑心碣也，何必寻诸贞石？而创始之谟，待后之望，不可以不传也。于是乎记。

[附记]选自（清）咸丰《安顺府志（卷48）·艺文志（五）》。齐圣渭，普定县（今安顺）人，乾隆戊子（1768）科举人，壬辰（1772）科进士，官教授。华严洞介绍见《流徽永核碑记》。碑文撰于清乾隆五十二年（1787）。

重修金鸣寺碑记　齐超渭

金鸣寺住持僧元实，予族兄也。寺创建于明万历间，积久颓废。僧清池捐金募修，规模甫就。池殁，实由观音山入而监院，踵其功而成之。佛像金身，丹青黝垩，以及门堂、殿壁间平土砌石；正殿西庑，焕然一新。

予乾隆五十年（1785）随父肄业于寺，见其中材木堆积，为栋为梁，为宋①为桷者，杂然具备。询之实，曰：“三教堂并关圣殿，椽柱蚀，墙垣将倾，非所以妥神灵。惟是功果浩繁，兴作实难，不得不预备耳。”次

① 宋（máng）：栋，房屋的大梁。

年岁丙午（1786），予领乡荐，北上归来，前后五载，俱授徒寺中。见实勤苦操持，庀材如故，而兴作之功犹未举也。戊辰（1808），余北上会试，蒙圣天子拣发山左，旋以资斧不继，告假回黔。旧诸生仍从予讲学于寺。关圣殿功已早竣，而三教堂石工、木工、漆工、画工皆兴作二载。本齿积之余，参以募贷，约费千金，亦次第告成。左右赞襄者，道友净修，徒与孙亦与有劳焉。

忆实少龄多疾病，术者曰："此子不入山门皈依佛慈为弟子，行年十二必死。"实父惑于其说，送入观音山，披剃为僧。继转入金鸣寺监院，早作夜息，不辞勤苦，孳孳以兴理山门为务。呜呼，实其真佛弟子矣！

[附记] 选自（清）咸丰《安顺府志（卷48）·艺文志（五）》。齐超渭，号建庵，普定县（今安顺）人，天资敏捷，生性傲直。乾隆辛卯（1771）科举人，挑一等分发山东任知，后署莒州半载即辞官归里，主讲习安书院，以其文章传之于世。金鸣寺，位于今普定县白岩镇十二营村，明万历六年（1578）土司陇时康建。

慧池老和尚宝塔铭

佛有三皈之法，由来久矣，然曰佛、曰法、曰僧，大抵佛说法以度众，僧即缘法以求为佛，理有固然，道无二致也。兹于慧老人之塔成，而备述其芳踪焉，溯其有生以来，岁未周而先慈见背，即落发高峰。斯时也，又何知有佛，又何知有法与僧哉，为之师者，恩斯勤斯，捧负提携，乃未几而解诵经文，未几而渐企成立，既而种性弗迷，始挂锡于护国禅堂，历一十八载之惨淡经营，佛像檐楹，焕然重新，香火焚献，倍增于昔，厥功既成，厥志弥坚，恐尘缘之未了，思修炼之可珍，爰返故山，澄心见性，摒弃一切。诚所谓三皈无愧，半尘不染者，非沙门之砥柱，释氏之硕果欤。因赋二律，以志不朽：

其一

派衍曹溪一脉真，妙龄披剃出红尘。

当头棒喝非无意，针下顶门洵有因。

面壁云深锡杖暖，玉屏月朗寿藏新。
夕阳西下丹霞照，直上涅槃访上人。

其二

惟闻性定可参禅，参透禅关见性天。
怪石岭头堪树塔，蟠龙穴次尽安眠。
因缘漫说长生诀，幻境时聆莺语喧。
净土一抔真乐界，青山绿水自年年。

徒侄：参言、参传、参空、参真、参惠、参恂、参德、参容等同立
徒侄孙：悟□、悟□、悟□祀
皇清嘉庆三年岁次戊午（1798）冬十有二月谷旦立

[附记] 碑立于平坝区马场镇高峰山卍华禅院，白绵石质，碑座高0.10米，碑帽高0.40米（屋檐式样，中间高，两侧低），碑两侧护石厚0.15米，碑高1.3米，宽0.7米。碑额“娑婆真境”（横书楷书阴刻），碑题《传临济正宗第三十九世上慧下池老和尚宝塔铭》（位于正中），两侧有楹联：“风清月白烟霞古；猿啸鸟啼色相空”（竖书楷书阴刻）。碑文竖书楷书阴刻。

重修西峰寺碑记　齐超渭

西峰寺在州城西三十里丁旗堡，建自有明。其祀者如来、五显。国朝施、沈、张、戴四姓仕于黔，家是里，捐金倡议重修，且施田募僧住持焚献。嘉庆……人居火毁，寺亦及劫。踰年绥靖，居是堡者，迁定安集，欲致力于神，未遑也。十一年（1806），合堡尽力输金，兼得四方乐善者共襄厥成，上下两殿告竣。由是塑古佛，镌五显牌位，兼塑文、武帝君暨魁星像。其两庑倾圮，得尼演诚历年齿积，更理修饰。时在嘉庆庚辰岁（1820）云。

既落成，谋勒诸石，索记于予。予忆三十年前，蔡公成宽属予中表蔡氏伯仲来同学，予因至其堡。时堡中成名者无几。今人文蔚起，人烟殷盛，文经武纬，济济胶庠，固由人士争自濯磨，其亦神所庇荫，地灵人杰，相

与有成欤？

当此寺宇整新，神人胥悦，合堡鼓舞向善，蒸蒸日上，将见民气合乐，疫疠不生。志功名者，巍科高第，上乘参也；力稼穑者，岁稔谷登，慈云护也；业懋迁者，堆金积玉，宝气占也；事艺术者，利用阜财，祥轮驻也。种种休征善事，有荷神庥于无疆者。是为记。

[附记] 选自清咸丰《安顺府志（卷 48）·艺文志（五）》。撰者齐超渭简介见《重修金鸣寺碑记》。西峰寺，始建于明代，供奉如来佛和道教五显神。清初重建后，增塑文昌、关帝和魁星像。仍由佛教僧尼住持。撰于清嘉庆五年（1800）。

自然和尚传法碑

建碑因念自祖开创以来，历有八代，其间宗派渊源，宜为缕析详注，以益将来。窃闻先人创建于前，后人继述于后，则后虽云继述，实所以阐先泽也。

厚自披剃以来，从师受业，光阴瞬息，迄今追忆，殊觉惨伤。然卓锡归来，道师坐脱，继领宗风，渊源盖有自矣。遥忆正派西东两土，八九传授，五蕴皆空，四大清净，而后复转本来面目耶。谨将本山列派，并自然祖以后，各师祖建塔所在，详勒于后，庶后之接领宗风者，于以知渊源之有本，宗派之正传者也，是以为序。

自然祖法脉：如珠月朗，广法洪深，参悟道本，永传祖灯，临济正宗传三十一代[上]自下然如安和尚回双桂堂本山元塔。

本堂第二代[上]性[下]光月和尚塔住大关

第三代[上]善[下]首福和尚塔，住桃花园

第四代[上]大[下]龙惺和尚塔，住团坡

第五代[上]松[下]云阔和尚塔，住大路边

第六代[上]参[下]明月和尚塔，住大路边

第七代[上]盟[下]正轮和尚塔，住西来面壁

第八代[上]证[下]起仁和尚塔，建于五十五年（1790），重立碑戊午年（1798）

十二月初八日

九世孙常住合山大众立

第九代上永下厚常和尚塔，住地藏塔东坡

第十代上本下寂性和尚塔，住一代祖师塔左

大清嘉庆六年岁次戊申（1801）十二月八日立

[附记] 选自白中玉、释慧海：《高峰山志·第九章·文化》，2004，第 128–129 页。自然和尚，西蜀人（俗姓里第不详），弱冠之年，披剃于宜宾万寿寺，遍游西南诸山求戒。又入湖广黄州寻师。后听名僧之言到贵州，曾访东山栖霞寺、白云寺，再转高峰山，喜其地，发心创建寺院。随着年事增高，乃将庙事嘱咐其弟子性光月和尚，善首福和尚等，转重庆双桂堂，圆寂于该寺。

重修飞虹山云龙寺碑记　齐圣渭

寺者，嗣也，谓治事者相续以有成也。郡城东郊飞虹山，怪石玲珑，丹岩匼匝①，曲径盘折，竹木扶疏②，昔传前明建文遁迹到此，其或然欤？

先是，观凡禅师开山立庙，有佛殿数楹；后建一阁，奉大士像。风雨所侵，日久崩颓。厂石禅师与其徒云松重修之，称继美焉。传至不肖僧耳殿不守禅规，逐年荡废。其徒海霞与狭邪游，荡废益甚。即厂石所修楼殿廊阁，纵不至颓檐朽桷、沦灭于石壁峻岭，而卑隘欹侧，无复一种闲情冷艳之致矣。闻诸当事，邑尊刘公择缁流中老宿觉林委住焚献，清查田亩，得常住四十余石，僧众赖以安。

监院师海通，林徒也。睹庙宇将圮，矢志重修，期图永固。山径未平者，复砌之；基址未固者，复筑之。若殿，若楼，若廊，若客房，若方丈，若厨室，若斋堂，皆佛像庄严，丹青黝垩，约费二千余金。自乾隆四十一年（1776）蠲吉动工，越嘉庆七年，次第告成。余置租谷二十余石，永助焚修。

① 匼匝（kē zā）：周匝环绕。

② 扶疏：枝叶茂盛状。

予维名山胜迹，群真之所呵护，百神之所凭依；往来文人学士，选胜留题，视尘世烟火秽浊之气不类。赖司启闭，给冀余者，因其废坠而整理之，斯历劫不朽。但功大难成，力多易举。广叩十方，借勃善信，得好施檀越，圆成善果，人情大抵然也。而师一椽一瓦，不资人缘，耕作齿积，建此不朽之业，非志行坚定者能之乎？

师曰："山灵告成，吾愿已毕。"从此键关禁足，看徒子若孙持戒律，参内典，仿佛东坡赠惠山寺僧"欹枕落花余几片，闭门新竹自千竿"之句。①此亦可想见师之志矣。

重修时与师共任劳者，有徒元亮、元定、元正、元奉、元礼、元德等，其劳均不可泯。元定习儒书，曾从予游。予嘉其不染尘俗，字之曰"铁如"，亦善行僧也。爰染翰②而为之记。

[附记] 选自（清）咸丰《安顺府志（卷48）·艺文志（五）》。撰者齐圣渭，见《华严洞碑记》题记。飞虹山寺，寺在城东飞虹山，相传明建文帝曾遁迹于此。后有僧观凡创建寺院。清康熙初年，僧厂石重修（参见厂石《重修飞虹山碑序》。乾隆末至嘉庆间再度重建。

海通遗嘱　海通

立遗嘱海通。窃余髫龄③出家，披剃于金钟山，系大慧老和尚之徒也。吾师谆谆训诫，课以经规，余惟服法承教。迨至乾隆丙戌年（1766），分住飞虹山，兼理东关迎龙寺住持。

余思木本水源，僧俗一理；住食斯家庙，敢不溯厥由来。稽其开山，始知师祖；系上观下凡为之创始，再考功成。其飞虹山、玉真山及郡城总管庙，皆系凡祖建备，此本源堪溯也。余于丙戌年派入飞虹山，壬戌岁（1802）重修。

① 苏轼：《赠山僧惠衷诗》。

② 染翰（hàn）：即提笔作文。

③ 髫（tiáo）龄：指幼年。

余惟诚心焚献，不敢菲薄；竭力辛勤，不敢怠惰。庶平生不致枵腹①，齿积余赀，惟以补修为念。因总管庙前僧荡费脱逃，街众告知，令其派僧住持，经长房徒侄元文；因伊无人，请余酌派元亮住持。余见庙宇朽颓，不特住持难栖，即神像亦难安妥。因忆凡祖创修苦心，余为后人克续先志，是以将飞虹山余积之银，于嘉庆十五年（1810）命徒元正、元定、元奉等，庀材鸠工，新修大殿。十六年（1811）又修厢房、山门、围墙、大殿、总管殿海漫，并门窗户壁，约共用银三百五十余两。生平灭食省用，辛苦凑积，并未募化。本欲再为整新，以壮观瞻，苦于空乏，又兼耄年衰迈，有志未逮，殊为缺陷。

今余自思，飞虹山虽不敢云完美，然亦可以无事修葺。惟总管庙尚属残缺，元亮又年老，无徒恐不能继余之愿。特立遗嘱与元正、元定、元奉徒等志之，愿勿废坠，期于克成克守。效余一生节俭，无玷佛门，完修总管庙。勒石垂后，以为善继善述云尔。

嘉庆十九年（1814）九月十九日　老僧海通亲立　凭族徒侄元文

[附记] 选自（民国）《续修安顺府志辑稿（卷之16）·人物志》。碑文记述飞虹山寺住持海通维修护持寺院经历，鉴于建寺之艰辛，特留遗嘱告诫弟子“愿勿废坠，期于克成克守。效余一生节俭，无玷佛门，完修总管庙”。

金鸣寺僧元宝塔铭　齐超渭

师氏齐，余之族兄行也。幼多病，不食肉荤，因祝发，师事观音山和尚。受戒于和尚。十二载转金鸣寺住持。谨守清规，勤求实证。乾隆丙午岁（1786），余随先君读书于寺，时师年已三十矣。是年余领乡荐北上，归来寺中设馆数年，见师皈依佛法，于参禅悟道外，恒以增修殿宇广置田园为念。不数年而梵宇改观，山田亦渐开垦。中殿其重修也，工竣，予曾为之记。道光丙戌（1826）年卒于寺，寿七十。其徒若孙为之建塔，嘱予为铭。其铭曰：

---

① 枵（xiāo）腹：空腹。谓饥饿。

有忠上人，清净前因。圆明其智，慈霭其仁。
妙年悟道，远俗离尘。若愚若讷，除妄存真。
俱融二谛，享寿七旬。霞山侧左，泉壤藏身。
地近佛号，鼓暮钟晨。勒之于石，浮名常新。

[附记] 选自（清）咸丰《安顺府志（卷 52）·艺文志（九）·铭》。塔位于普定县白岩镇十二营村金鸣寺。齐超渭，见《重修西峰寺碑记》。金鸣寺，明万历六年（1578）土司陇时康建。

高峰寺院田纠纷遵照碑

遵照

代理广顺州正堂五级纪录十次陈□[①]，为侵庙滥公遵示勒石永除积獘[②]事。照得谷通建设高峰寺常住四石余斗，又捐买粮长田乙[一]坊，栽种六斗，地名白岩田。因该地棍赵大帽等估耕侵食粮长田谷，藉办公为名，混行耗费，以致庙宇毁颓，差役不供。今据陈灿连、郑元缍、赵文法、杨登仕、岱宗仁俱控到州。除将赵大帽等讯明本庙施白显粮长田契概行遗失，追缴不釜将来不会□□□头人等踏明田土，开载红□永为后据。外合行□给为此示邱头人及住持，将示勒石。嗣后毋许赵大帽及不法棍徒在庙侵扰。粮长田系众捐置，每年派二娃耕种，分花交给值年头人，秉公办差，毋淂混争，倘仍踏前辙，许住持及头人等赴州具禀，以凭究治，决不姑宽。毋违！

特示

右照给高峰寺住持海依准此

道光十三年（1833）八月二十一日　州行右附讫

---

① 陈培玉，江苏江宁人，道光十三年（1833）代理广顺州知州。纪录：清朝的议叙制度，分为纪录、加级两种。最低奖赏叫纪录一次，依次纪录三次或者三次以上者，合为加一级。然后是加一级纪录一次、二次，加二级纪录一次、二次等等。

② 獘（bi）：古同“弊”。

右拾创修金山寺募化小引　吴元庆

署理安顺府清镇县正堂加九级随带军功加一级　吴

从来庙貌之作，所以奉佛神示，所以陪地势。故古来名山大刹，自无而有，兴则弗替，良有由也。愚右拾自明时□□□□□□年，其中非立堂构之家，终乏人文蔚起；间有富盈之族，实鲜伊顿齐名。习堪舆者谓此地宜□寺院相陪，迎佛而供，传言久矣，悉漠然置之。今何幸！天诱其衷，群情合一，共议头首，择请济僧经营。上殿、下殿、左右两廊以及内外墙壁，虔塑佛、神金像，务求美备，无敢草率。良以闾里富室，尚思润物怡情，况梵宇莲台，可弗为？佛家吐气受爵，天朝亦以庄临服众，矧超凡上品，可弗为？金像辉煌，但为功颇巨，知非独力能支；而有志竟成，惟恃群公乐助，或捐金而济米，或助谷以输钱。庶采花不难练蜜，积腋可以成裘，行见美奂美轮。一方既昭，其显盛而冥神孚佑，群公亦□登乎仙籍矣。是为序。

率众何春茂三两六分六、黄佔先五两、于正常二两五、年登万六分

首士瞿崇尧十六两五、邹士万二两四、付宏刚二两五、瞿崇华一两、付宏德二两五、于文星五分、付宏礼十一两、黄开基□两二、付宏焕二两五、瞿崇美一两、于正顺一两五、付宏科八分、付宏智十两五分、郭宗圣五分、付宏文二两五、付宏儒一两、郭贵廷二分四、于文粹三分、陈尚德十两、于文广一两、□□□三两六分、付二苗九分、郭玉廷二分四、黄大用四分、王文明十两、付宏猷四两、付宏亮二两五、杨孟氏九分、郭玉贵二分四、于文富九分、于文芳十二两五、于文明一两一分二、于正义三两、王文友六分、龙元凤五分、龙元明六分、何春法三两六分六、于正富银六分、王文贵五两、于正春一两二、龙作炳六分、龙元兴四分、于正纪四两、何学海三两、李登高二两二、彭老二二分、于正邦四分、杨起明二两、付宏绅三两、王文亮一两二、陈统一两、于章□四分、于正才一两五、付宏照二两、孟三贵一两二、郭宗禹□五分、徐增义二分五

道光二十七年岁次丁未（1847）季冬月　穀旦立

[附记]碑立于清镇市犁倭镇金山寺，青石质，圭首，碑额“永垂千古”（由右至左横书楷书阴刻），碑题《右拾创修金山寺募化小引》。为了表示尊重，将“署理安顺府清镇县正堂加九级随带军功加一级吴”刻于碑题之前，字也比标题大。在与此相距约 10 米处，还有一通碑，刻的是捐款人姓名和数额。吴元庆，顺天府大兴县人，举人，道光二十六年（1846）任清镇县知县。

清泰庵常住碑　胡东陵

（以上缺）吉日□荣胡东（以下缺）□于一日过（以下缺）胜至普而会城东（以下缺）明心见性，是以树宗□（以下缺）□厚称□善会性敏（以下缺）于士夫至今脩耿光也。（以下缺）也。无我者又其无物之公（以下缺）行惟小心慎戒，了无慕外（以下缺）地一段，岁入谷十有二硕（以下缺）门有施报果证，兹陈善士（以下缺）报庸有□乎。此固理之未（以下缺）欲以此镌岩，以垂久达。（以下缺）请记之。予曰：非（以下缺）如此可以记也。予（以下缺）。

（缺）月吉日住持僧（缺）

[附记]碑原立于西秀区虹湖东路 37 号清泰庵佛殿廊右。明嘉靖丙申年（1536），普定卫指挥华容胡东陵君山撰文，年久漫漶。清道光十五年（1835），邑人刘灿章易石重书，寺僧广德重刻。文、书、刻功俱佳，称“三绝碑”。碑额“创造碑记”。碑 18 行，每行 35 字，共 630 字。碑文为楷书竖书阴刻楷书。碑已残（剩中段），现存于安顺市博物馆。

安顺旧州大路碑记　梅万先

白鹤山石路，适府所必有，自郡城通定广亦莫能外。而路崎岖者数十里，突起如锥，陡落如臼，偏倚如陂，卑陷如坎，人马畏苦久矣！

数年前，万先尝与旧州友朋真公际隆，及万仙洞禅师体公诹谋改作，因循未果。境逼桑榆，每怀靡及，乃于道光二十年（1840）暮春率匠尝试之。一切倚体公为东道而倡事，然而临路踌躇，甚虑其工之难就也。不意兴工询余，遂获都匀石工，工善价廉，所谓出诸意外，符合意中者也。又得众君子慷慨捐金，而资用于以不匮，治之周年，工始竣。由是起灰关，经岩上庄、白鹤山、沙锅寨、官塘、秤砣山、孙家庄、核桃寨关及田坝上段，有旧土路处，亦新被之石，遂交麒麟屯官路以通城。凡向之倾斜欹侧而迮足者，今皆坦然于步履之间矣。

要其中荐石工者，简公大儒也。厥工甚伟，疑有神助，首率劝捐，鼎力作成者，旧州则真公际隆段公清泉、郑公镳也，章家庄及本寨则金公滟、刘公绍唐等也。而万先之侄汝香、汝实与有微劳焉。始终安插石工，俾其屡徙不困，则体公友张朝荣、张思清之力也。至于洪纤毕应，委曲无遗，此禅师体公好行方便，不惜资材，不靳心力，而大总其劳也。即其徒之奉命趋役，尽瘁百端，亦述不胜述焉。如万先者，衰朽已甚，则无能为役，不过因人成事而已。

初怀之得遂，皆幸遂也。此足以见天下之事当为者，虽其力所不及而为之不已。安知无天缘凑合之，善人辅翼之，以卒底于有成，亦如是也哉！

[附记] 选自（清）咸丰《安顺府志（卷之48）·艺文志（五）》。梅万先，字南村，贵州安顺人。举人。官毕节教谕。回乡后捐资修莲花塘大河桥和旧州至安顺大路等，又捐数百金生息以充公费。碑文记述梅万先与地方人士及万仙洞禅师共谋修路事。万仙洞（又名螃蟹洞），位于安顺府（治今西秀区）城东汤官屯（今属西秀区七眼桥镇）。寺院始建于清康熙二年（1663），清末逐步衰败。民国时期改为道观。

金钟山太平寺寺产碑

语曰：莫为之先，虽美弗（缺字）仰止而喜登者□无（缺字）语之力哉，自雍正癸（缺字）翠于师□于斯（缺字）本□□叔□会（缺字）于师开□之（缺字）之心未□□□（缺字）田土若干，计亦有（缺字）□后有贤能善□（缺字）盖□奈何（缺字）。

[附记] 碑原立于西秀区中华东路金钟山寺，碑文为楷书，阴刻。碑四

周有莲花纹饰。残碑（剩上段），现存于安顺市博物馆。金钟山寺建于清初。康熙三十八年（1699）有僧翠松住金钟山寺。乾隆四十八年（1783），僧大惠建大雄宝殿；又僧海藏修头门、楼阁，供圣帝像。嘉庆十九年（1814），僧元福建大悲阁。道光二十八年（1848）安顺知府胡林翼捐廉，令寺僧开右壁为窗棂。古刹清幽，丛林掩映。胡林翼（1812–1861），字贶生，号润芝，湖南益阳人。道光十六年（1836）进士。曾任贵州安顺、镇远、黎平知府等职，官至湖北布政使、署巡抚。

流传后世　谌明模

头品顶戴，钦赐黄马褂，襄办黔军营务，统领平定等营，前甘肃甘州提督暧吣阿巴图鲁陶[①]。

从来庙宇之废兴，关乎世运。有好喜乐施者，殊偏救世而□□□，久而为所□□。翠云关帝庙，肇于乾隆己巳年，系目四世祖，讳安兴，并三世祖，讳永泰建立，名曰：东升寺。五世祖，讳国才，将本庄化窝寨田土，施入庙内，以作焚献之□，迄今碑志犹存。后有马似龙，将小猪场锅棬岩田地施入，添作焚献。嘉庆三年，□匪作乱，庙宇焚毁，被奸民侵占。原住持海涛，控，经三载，沐镇宁州主德，断结。目曾祖，讳文德，奉安顺府主札饬，捐资重建；工竣后，又奉镇宁州主赵给采，招僧住持。咸丰元年，叔祖，讳忠：父，讳绍绪。本前人遗义，又捐资重修一次。兹因大乱之后，焚毁无遗。目欲绳乎祖武，贻厥孙谋。捐修之举，实有志而未逮也。欣逢军门大人陶公鹤汀者，驻防上游。道经其地，睹其破瓦颓垣，感而伤之，乃捐廉重建，派委覃文义兼工修理。乐成之后，睹规模之宏敞，羡气象之峨巍。其在诗曰：神之吊矣，遗尔多福[②]。故可为军门颂也。惟是，此乡无知之贼复起不良，呈禀之后，蒙军门查时札委员，换碑另立。于换碑之日，谕目将碑□□□叙于左，是为序。

刘定国、董天顺、任桂芳、李玉和、李汉卿、曹永亮、宴洪顺、蓝嘉

---

① 阿巴图鲁陶：即提督陶鹤汀。

② 原注：语自《诗经·天保》。

顺、欧阳忠、陈青云、李德胜、陆定阳、李洪顺、王洪昌、邓正南、沈印山、刘奎城、韩廷桂、余安朝，以上十九人会捐田银二分：吴洪顺、周洪顺二人共捐树五十柯（棵）。

贡生谌明模撰　生员赵崇鼎书

奉谕换碑土目守备安秉宜立

光绪三年岁在丁丑（1877）孟秋月下浣日谷旦立

[附记] 选自彭勇主编：《洞天胜迹——普定县文物古迹拓片集》，2006，第60–61页。碑立于普定县坪上乡糯东村文家桥右侧山上古道关隘处（名“翠云关”，因此处有翠云庵而得名）。青石质，圆首（顶部凸起，成品字形），高1.60米，宽0.80米。无碑题，碑额。碑文竖书楷书阴刻。

流传后世

泛水有庙而鉴灵不□，庙神而敬献不虚，神庙之应也，自古为昭矣。无论大而京都、省、府、州、县，小而镇□、古邑、乡村，莫不各隆庙。貌以凭享祀焉。

我定南□□天启年间范总镇大人建城以来，首创关帝一庙，次立万寿高山。自明至清，二百六十年，常住无存。凝宇毁坏，至道光十二年（1832），僧祖无像，请合成绅耆交高兴□管理。原水旱租共三十乙[一]石，屡年谷石米积，仅余有会银三十两，整交□管。后僧祖故安葬修坟除灵，公用银乙[一]百二十多金。嗣后目睹斯庙景目极□伤，夙夜踌躇，共比而欲骤立其功，固旦夕所求能也，然于此而不聿焕新图，将佛像共日朽矣。是不得已而生理打会，积至道光二十九年（1849）八月兴工动土，一切□下丙廊□独力□造，毫不募化分文尽修。至咸丰二年（1852）冬月，内宗工共花银乙千九百八十多金，□蒙神佑，功果告竣。

今将田地块各租石刊刻于石，永垂不朽。□再为敬禀者万□□乃定南发脉祖山合成之盛衰，修关此山应宜严禁发蓄栽养行木，以映带左右，则旺气蓬勃而城中自有阀阅之众，万望合成诸公互相劝勉，毋得入山践踏□木草场。复禀者，贵□神庙颇多，此山宜禁教书，恐其贤愚不等，践□行笋图画殿宇，毁坏门窗格，系重修本寺，年久尺木块石尽皆朽坏，一并新换。总念在僧苦心一场，无非为本城习俗而然，原非□一人长受也。但愿佛祖通灵感应，保护阖城人文蔚起，科甲联登，则□之厚望也。夫是以为序。

（下为捐助田地、练市等项功德主名。略）

本山主造兼修住持僧慧暹率徒明洁、明泰、明滔　徒孙达成

耆公罗布先、宋洪顺同镌

大清咸丰三年（1853）仲夏月初十谷旦

[附记]选自彭勇主编：《洞天胜迹——普定县文物古迹拓片集》，2006，第52–53页。碑立于普定县定南街道办事处东华社区东华山麓万寿寺。青石质，圆首，高2.30米，宽1.30米。碑额“流传后世”（横书楷书阴刻，每字0.16米见方，在“流传”和“后世”之间有阴阳鱼图案）。

滔公和尚墓志铭序

师名深滔，字一清，嘉庆壬戌七年（1802）六月戌时于郡城西□街皇殿门口生长人氏，推本白姓，父登富，母张氏。嘉庆十五年（1810）冬十二月初八日，赴钟山寺真和尚座前，披薙为徒，课诵之余，助□创修本山藏经楼事。廿一年（1816），师命监理三官庙，协同邑城绅士创建文昌宫，功成，供神兼任焚献香灯。道光元年（1821），师开期得受法戒，仍归本庙应事。八年（1828），师复开期，职当□证。十年（1830），狗场众生，迎请住持斗姆阁。十二年（1832）转归本庙，兼修文昌宫前宫所。廿五年（1845）重建宫大殿。廿九年（1849），改造文昌宫牌楼□硐石门。又咸丰七年（1857）重□堂金像，辉煌殿宇两厢房宅。新设大殿匾对，重修头门之金。已当创置，终归之境。略序由来，泐石志之。以俟后之得识云尔。

[附记]碑原立地不详，现存西秀区武庙。青石质，高0.90米，宽0.45米，厚0.13米。碑左侧及下部有损坏，基本上不影响文字。

武庙簿记碑

咸丰军兴，官绅无暇经理，庙僧私将田产当卖，致春秋祭祀经费无出。光绪九年（1883），中军参将刘某、左某、守备叶某，会同左营游击张某、守备王某、前营游击钱某、城守营都司蔺某、苏某、守备杜某、千总田某，公同禀请提督罗孝连移会安顺府知府蒲荫枚、普定县知县万良修、札委城防局绅熊光诏、文际昌等，襄事清查，始将当出田一份出卖得价，赎回田十余份。公立簿记，钤盖文武各官印信，分送各衙门存案备查。当时印簿见下：

从来事之兴废，关乎气运。废而复兴，固气运之转移，亦乐善者之能竭其力也。然大厦非一木能支，善举赖同心共济。安顺城武庙建自前人，垂诸后世；所置田产，不为不多。咸丰军兴以来，官绅不暇经理，住持私将田产陆续当卖，遂致春秋祭祀经费无出，良可慨也！

光绪癸未（1883）春，署中衡参府刘、守府叶会同右营游府张、守府王、前营游府钱、城守营阃府蔺、守府苏、杜、戎府田，公同禀请提督军府罗移会安顺府蒲、普定县万，札委城防局绅熊、文等，襄事清查，不遗余力，所需经费，筹议多方。

甲申（1884）春，查明马堡下坝长冲地方有当给杨承章之田一份，公议将其变价，卖与吴文藻为业，得卖价银五百五十两，除赎田价一百二十两，余存银四百三十两，即以赎田十余份拨耕。酌议章程，公立印簿。登记田业坐落、完粮、收租细数，分送各文武衙门存案，以备稽查而杜侵盗。所有收租、完粮、办祭事宜，轮交值年首士经管，按年公同核算，年清年款，以期渐积余资，为将来修理庙宇之费。

窃谓气运赖人力以维持，后之君子，秉公竭力，扩充而振兴之，正未有艾。是为序。

今将赎田地房屋开记于后：

——赎回郑家屯高寨秧田一份，大小七十一块，其田东抵河与邹姓田，西南俱抵古沟，北抵邹姓山顶之业。每年安租谷一十五石，赎去银九十两整。

——赎回野猫井水田一份，大小九块。其田东抵官田水沟，南抵路，西抵大路，北抵古坟并胡姓之田。每年安租谷一十二石，赎去银八十五两正。

——赎回大屯关田一份，大小五块。三块坐落板桥湾下边，东抵丁姓田，南抵徐姓界，西抵李、向二姓界，北抵沟；又一块坐落寨基上，东抵沟，西、北俱抵丁姓界；又一块坐落滥坝，东抵齐姓田，南抵刘姓田，西抵丁姓田，北抵李姓界。每年安租谷七石，赎去银五十四两正。

——赎回瓦窑屯小新寨田一份，大小三块。陆地一段东抵胡姓田，南抵路，西抵路，北抵胡姓田。每年安租谷三石五斗，赎去银三十两。

——赎回教场坝大路边田一份，大小四块。其田东抵地藏寺院田，南抵王姓上坟地并古坟，北抵汪姓坟垠。其田每年安佃租谷四石，赎去银二十五两正。

——赎回罗家园田一份，大小八块。其田东抵路，南抵刘姓田，西抵谢姓古坟垠，北抵古坟垠。每年安佃租谷五石，赎去银二十两正。

——赎回武当山脚前面田一份，大小四块，其田东抵山脚，南抵周姓田，西抵路，北抵坟坝，每年安租谷一石五斗；又赎回武当山后面田一份，大小五块，其田东抵舒姓田，南抵营地，西抵庙坟，北抵山脚，每年安租谷二石；又赎回大水沟田一份，大小五块，其田二块东抵葛姓田，南抵学田，西抵涂姓田，北抵朱姓山脚田，又三块东抵学田并涂姓田，南抵杜姓田，西抵舒姓田，北抵涂姓田，每年安租谷八石。连武当山前后面之田三，共赎去银三十两零五钱正。

——赎回蔡官屯田一份，大小四块，其田东抵河沟，南、西、北俱抵宋姓田，每年安佃租谷二石；又赎回二铺猫口洞三岔口田一份，大小二块，东抵路，南抵路，西抵山脚，北抵胜姓地界，每年安佃租谷一石。连蔡官屯之田二，共赎去银十五两正。

——赎回西门外洞口流田一份，大小十四块，东抵大路，南抵赵宅田，西抵赵姓田，北抵水沟；又一份坐落苏家屯，东抵大路，南抵赵姓田并圆通寺院田，西抵赵姓田，北抵赵姓田。每年安佃租谷九石，赎去银六十两正。原存旧州（洪）王田一份，大小五百五十一块，每年安佃租谷八十石，付租谷十二石。雍正三年（1725）杨方氏同子凤□施出。底簿于甲申年（1884）二月由住持存缴，交值年手，轮管批明。

——赎回庙门口左边瓦楼铺面一间及偏厢房一间。前抵街，后抵庙地，左抵庙门口，右抵赵姓界。每年佃租银一十二两，赎去银一百一十两正。

庙门口左边地基一块，前抵街，后抵庙地，左抵庙房，右抵庙界。其基址系嘉庆年间佃与桂姓修造瓦楼，铺面二间、正房二间、厢房一间。后于光绪十年（1884）四月众议赎回，催伊，契约不见。除自愿每年上纳清油一挑，四季上纳，并批明桂不坐此房之日，其房归值年安佃。

以上赎取田、房，共去价银五百七十四两伍钱。除卖田一份得价银四百三十两，下不敷银一百四十四两五钱。

右营游府张垫借出票银八十一两；

前营游府苏垫借出票银三十两；

城守营阃府蔺垫借出票银二十两；

右营守府王垫借出票银四两；

左营守府叶垫借出票银四两；

城守营守府杜垫借出票银四两；

千总六员刘长庚、支政伦、尹积厚、梁正元、田应堂、王锦堂每员垫借出票银二两；

把总十六员赵忠全、陈云栎、李玉恩、陈兴准、尹德炳、杨芝春、张万顺、汪灏、蒋邦玖、黄智洪、覃绍堂、汪起龙、李正光、张德清、杨义春、赵文发，每员垫借出票银一两五钱。

以上各员弁总共垫借出票银一百七十九两正。扣归房、田价外，其下剩之银以作起仓各项费用。经值年另单呈报所有垫借之银，公同禀请提宪罗，将应收租谷变价，如数归款，相应登明。

府粮：

二起高寨秋粮五斗九升，条马银五钱四分八厘七毫；

红土秋粮二石零四升五合，条马银一两九钱八分三厘七毫；

四门秋粮一斗，丁银九分七厘。

县粮：

西瓦窑科米二升八合，入瓦窑屯代纳；

西洞口科米五升六合，丁银随粮摊上；

西右九科米一斗二升；

北野猫、大水沟、武当山、落家园、滥泥沟、三岔口，俱入北较场秋粮二斗一升，丁归公田上纳，粮归官租代纳；

蔡官屯秋粮三斗，丁银五分七厘。

提督军门罗、安顺府正堂蒲、普定县正堂万张、中营参府刘、左右营游府张、前营游府苏、城守营阃府蔺、城防局绅士熊瑞廷、易简□、吕周宪、易隆宪、陈德进、杨茂全、邸光甲、刘国瑞、四营办理官叶永泰、王显荣、钱国顺、杜有盛、田应堂、杨春山

光绪十年（1884）八月日立

[附记] 选自（民国）《续修安顺府志辑稿（第13卷）·祠祀志》。碑立于西秀区中华东路关帝庙（原名慈云寺。碑已不存）。关帝庙始建于明末，清代几度重建、扩建，大殿塑关帝，观音楼祀观音大士像。

重修观音寺碑　佚名

尝闻“山不在高，有仙则名；水不在深，有龙则灵”，是知山也者，贵有仙而后有名也。若此山者，桥非人力，造自天生；波澜万顷，崖岸千寻。虽西山之弗及，亦南海以相形。盖层峦耸翠，上出重霄；飞阁流丹，下临无地。天工大化，造成千万来往之桥；人力相参，修就数百年崎岖之路。则见骚人咏士，登临选胜于其间，不禁喟然而叹曰：晚霞朝露，可登仙子也；桃花流水，足泛仙槎也。睹此山水之清高，不独为人世之大观，且足资仙家之永住也！

是以我先民于道光之初，创建庙宇，敬塑观音大士神像。斯时之求者必应，叩此又灵。举四方之老弱少壮，咸沾惠泽也。非我境之庆幸也哉。

孰意同治年间，□民逆命，大邦为仇，遂断其碑而欺天忍性，毁其庙而凌神虐民。迄今二十有余载，竟成荒圮。

乡人目击而伤之，于是协力捐资募化，家宽者助以斛两，家贫者竭其铢升。于以殿宇重修，金身复换。欲我方之智愚贤否，祷祝有凭，且无负于前人之先烈也。今值功成，勒之碑石，以期后世永垂不朽。是以为序。

[附记] 选自（民国）《续修安顺府志辑稿（第十三卷）·祠祀志·普定县》。

碑文记述天生桥观音寺始建于清道光初年，塑观音大士神像。同治年间，毁于战火。光绪中乡人捐资募化重修寺院、塑佛像。功成，勒碑以记之。

定华发果　黄桂鉴

玉真山寺，肇于明季，同治初毁于贼。镇东禅师锐力修复之。往岁，余尝信宿云堂，迄今十年。天台再到，夙景不殊，而寺之南，添恃巍然一阁，则玄都观之桃花，又是刘郎去后事矣。[①] 感劳人之爪跻，证我佛之因缘。为题一额一联，聊以留赠山门，却愧坡公玉带尔。[②]

光绪癸巳（1893）孟春月

镇宁黄桂鉴拜题并跋

［附记］选自彭勇主编：《洞天胜迹——普定县文物古迹拓片集》，2006，第 72–73 页。木匾存于普定县马官镇玉官屯村玉真山寺。匾额长 2.84 米，宽 0.92 米。玉真山始建于明代宣德五年（1430）。咸同年间，寺院被焚，清光绪十三年（1887）重建。宣统年间，寺内和尚将庙中财产卷席而去。匾额题字黄桂鉴，清末镇宁秀才。

重修祖师殿碑记　刘大琮

镇宁素称富庶之区。古盛时，各坛殿庙宇规模具备。兵燹后，荡然无存。历年虽渐次修建，究未一律规复。光绪甲午（1894）冬，来权斯篆。下车后，询知学田未置，在城之钟鼓楼、魁星阁亦圮待修。欲倡之以培文教、复旧规，然非经年可告成功，余权篆瓜期几何，有志未逮，歉然。

明年春，公暇，余偕宾幕三四人，步至列峰寺。颓垣败瓦，石古苔青，慨焉有废兴之感。冀此邦人士，必有倡兹义举者。感怀未已。越数日，武生白玉堂持建修周英哨祖师殿节略来丐余，言志石查始建无可考。嘉庆丁

① 此处用刘禹锡《玄都观桃花》诗句之意：“玄都观里桃千树，尽是刘郎去后栽。”

② 苏轼以自己的玉带与佛印和尚打赌，结果输了，玉带留在了金山寺。

巳（1797）经兵燹，委诸灰烬。阙后邓绅士元、士伦、白绅映发，倡义捐修；道光壬辰（1832），白绅与何绅应林以规模狭隘，欲恢廓之，半途嗟阻。岁戊戌（1838），僧清泽补葺之，始焕然。同治丙寅（1866），复历□变，一毁如前。溯厥由来，盖百年于兹矣。

洎今甲午（1894），映发孙玉堂承先人遗志，倡义建修，经年落成。余亦不知所建为何如，特幸生能克绳祖武，而体善则归亲之意，与人为善也。然则凡义举之有裨于学校人心者，当不无乐善者举而行之，相与维持风化，以敦于古云。

[附记] 选自（民国）《镇宁县志（第3卷）·祠祀志·碑记》。刘大琮，湖南宁乡人，清光绪二十年（1894）任镇宁州知州。列峰寺，位于镇宁自治县城内西北隅，明洪武二十二年（1389）指挥陆秉创建。清嘉庆二年（1797）和同治五年（1866）两经兵燹。光绪四年（1878）僧道果修复玉皇阁，未几倾圮；十八年（1892）起，地方绅士白映发子孙白玉堂重建观音阁、玉皇阁等。民国元年（1912）设育英小学于寺内。民国十八年（1929）设为私立三民小学，后增办初中，改称“三民学校”。

碑　文

临济正宗开建本山第一代师祖上观下凡和尚，于明宣德年间会同师祖上搏下凡，自南飞锡而来，见此山若钟，遂攀藤步岭至顶开辟石垣数丈，创修佛殿于顶，自买常租田十一石。其徒真印和尚孙广石，加置阴地山场。于顺治年师坐化安藏入塔，至五代师祖太慧和尚统领诸山僧众重修庙宇迄今。

大清光绪二十二年岁次丙申（1896）谷旦　重修

徒慧钦、孙明焕、明钧

[附记] 选自郑剑琴、徐宗文：《碑记三则》，载政协贵州省委员会文史资料委员会《贵州旅游文史系列丛书》编委会编：《“穿洞”沧桑》，贵州人民出版社，2003，第305-306页。碑位于普定县马官镇玉官屯村玉真山麓，碑高1.10米，宽0.69米，无碑额、碑题。碑文记叙玉真山第一代

开山和尚观凡法师创修祖师殿的情况。由于时间久远，原碑经风雨侵蚀已风化损坏。

崇真寺石鼎铭并序　郭临江

各庙之鼎纯以铁，取其坚固永久，固不待言。惟崇真寺之鼎仆后，不能铁铸，改以石。形式古异，镌刻新颖，高有丈余，大可合抱。就各庙铁鼎观之，诚一奇物也。

里人郭临江题词曰：

庙之有鼎，铸以铁，示坚久也。鼎故铸自嘉庆，未百年，世变迭经，遂窳坏[1]。以更铸不易，支柱之，备观焉。光绪丁酉（1897），梅葛会众宴戏，挤仆，乃出资倡铸。功巨费少，从主刹定公议也。越两月余而后成。费除募捐外，仍不敷，僧乃补足。予时寓西寮，为志其缘起而系以铭曰：

唯鼎之占利用享，以格神明荐馨香，自今伊始道大光。

光绪二十三年（1897）清和月　里人郭临江撰书

[附记] 选自（民国）《续修安顺府志辑稿（第18卷）·艺文志》“郭石农”条。郭石农（1838–1919），名临江，字春帆，号石农，贵州安顺人，擅长诗文，精书画篆刻。铭文记：崇真寺原有鼎铸于嘉庆年间，日久而损坏。光绪丁酉（1897），梅葛会（染坊奉梅福、葛洪为祖师，称“梅葛二仙”，其行业组织称“梅葛会”）聚会时将鼎挤倒。于是出资重铸。但因“功巨费少”，遂不能用铁铸，改以石镌刻为鼎。

华严洞摩崖

清宣统元年（1909）贵州提督徐应川题写的“飞岩”，民国二十六年（1937）贵州省主席杨森题写的“天地妙蕴”、同年安顺县长张履和题写的“华严洞”、民国三十三年（1944）蔡雨得题写“幽邃”等摩崖石刻。

---

① 窳（yǔ）坏：衰弊、腐败。

（二）民国时期

偏坡寨重修庙宇碑记　彭廷英

盖闻莫为之前，虽美弗彰；莫为之后，虽盛弗传。惟此偏坡风称胜地，阔阖严聚，左翼侧接杨家，烟火联辉；右臂斜邻当管，沔波流水。上游混混双龙天作，高山后踞耽耽白虎。睹此名形胜，况宜其毓秀钟灵于万斯年，受天白禄。孰知茫茫大数，常有盈虚。前清咸同数岁兵燹，梵宇民庍实为灰烬。绪统以来百堵皆作，尔家尔室肯构肯堂，惟庙惟祠是荆是棘。美岁彰于先民，而盛就弗传于后世。彼都人士任君文运、文仲、□谟、文德等，有志承先，适于甲寅年（1914）四月提倡续修依旧址而创数楹，凡与闻者翕然怂通[①]，咸襄盛举。任姓即以合族公树百株乐输；杨姓即助铁钉一千二百余枚；潘郑刘陈姓亦为捐赀伙食轮流供给；工匠属余。卜吉九月兴工，冬月告成。斯寺向无名称，余取形如猛虎更名曰“啸风寺”。栋宇轩敞，庙貌巍峨，是亦为之后而传其盛也。

是岁余糊口于当管寨，乡人问记于余。余以少小书生，樗栎庸材[②]，辞之再三。乡人不许。乃凭黑栏以点笔，围红泸以挑灯，缀袜线[③]而惭镂贞珉，裨谌冀谅；抚琴弦而□联腔调，游吉知音。后有兴者，善继善述，企予望之。

安庄逸人儁夫彭廷英记并书

（捐款人姓名及数额，略）

民国四年（1915）谷旦

［附记］选自彭勇主编：《洞天胜迹——普定县文物古迹拓片集》，2006，第38-39页。碑立于普定县马官镇偏杨村偏坡寨。高1.45米，宽0.621米。碑题《偏坡寨重修庙宇碑记》（竖书楷书阴刻。字径略比碑文字稍大），

---

① 翕（xī）然：一致。怂通：被说服而赞同。

② 樗栎（chū lì）庸材：喻平庸无用的人。常用作谦词。

③ 袜线：谓艺多而无一精者。亦比喻才学短浅。

无碑额。

高峰山永定十方丛林碑记

高峰山者，有明建文皇帝栖真之所也。在昔寺宇焕燃，辉生林壑，黔中夙著名胜。嗣经兵燹，败瓦颓檐之久矣。清之光绪二十九年（1903），奉贵筑、安平两县主命，了尘偕空月住持此山，复于光绪三十年（1904），遵期传戒，倡明佛法，公推了尘主方丈，次原知空月继之，秩满交持性。于民国三年（1914）四月中，了师示寂，遗嘱云：此山宜永定为十方丛林，凡吾三家徒侣子孙，不得争长论短，谨守清规，即十方僧众来此挂锡，亦必遵守此规，而不然者，即不得住此地，逐出莫宽。空月、持性等遵此，禀请邑令立案。当下蒙县主批准，以垂久远，勒石为记。

平坝县县长马示：

照得高峰山寺，查系建自有明。嗣经了尘方丈维持，轮换一新。上年坐化遗嘱，僧众共皆听闻。空月、持性等禀请立案，亟应准示保存。各僧勿容争执，定为十方丛林。若有不遵规戒，准将捆送公庭。照律严行究办，决法万难容情。特此预先告诫，各宜凛遵。

在位持性　监院体寿

民国四年（1915）四月初八日　两序海众公立

退位空月知客本受

［附记］选自张新民等整理：《贵阳高峰了尘和尚事迹》，巴蜀书社，2000，第736页。摩崖位于平坝区马场镇高峰山卍华禅院前山岩壁，碑题《高峰山永定十方丛林碑》。碑文竖书楷书阴刻。

永远遵守

具公禀：城绅贺水年、熊国均、贺恒、蒋昌龄、廖瑞熙、廖瑞钟、杨焕坤、梅水枋、贺良智、贺净山、褚逢彬、熊沛南、孔玉书、谌祖诚、谌祖训、吴永清、吴廷柏、熊安邦、丁学萃、甘富有、陈绍禹、陈朝珍、潘朝顺、丁在典等，为载诸邑志产，宜保存公垦严示勒石，俾得永典变卖。

事缘邑有玉真山一座，山势耸拔。自明季以来，古刹创修，为一隅之名胜，

前《安顺府志》早已载及，历代僧人均置有产业，约收租谷数十石。讫于清世咸同年间，□匪蠢动，山寺被焚。有镇东经营重修，焕然一新，兼广置田亩，合之旧有，年收租谷百石有余。

光绪末年，有楚南杨茂廷，贸易至黔，与镇东相遇，即收为徒，更名惠澈。镇东爱逾众僧，非伊不足以继其衣钵。宣统初年，镇东脱化，惠澈代为管理，主持一切。岂料，生有二子，趁机透财，佛口蛇心，殊多叵测。暗将寺中田产契约，东抵两当，亏欠至二千余金。民国初成，伊乃席卷所有而遁。远近各债主登寺坐索，几无宁日。镇东之徒慧钦，徒孙明焕，懦弱无力。外则受逼于各债主，内则牵制于各佃客，兼以讼事迭起，累年未休，以至百余石田产，丧失颇巨。兹合盘计，仅存者不过三十石有零。本寺有该处杜家山田产一坋，年收粗谷未齐。明焕误听人言，将此业少数卖与陈姓，以多数卖与玉管屯寨中首人，契虽以立，价实未兑。惠钦得知，具投一区团局，并声明："己自幼出家，今已八旬，气息庵庵，朝不虑夕，垦请绅等，全体至局，代为保护。嗣后，遇有不肖僧徒，听人拨弄，私行抵卖，一经查觉，并请具禀公署，以偷卖偷买律论。上无负夫历代开山之苦心，下可留遗将来僧侣之衣资。"声与泪俱，情词垦挚。绅等互相磋商，佥谓"寺院产业，贵宜保存。此言杜家山之业，不卖不买，甚属平允。无如，山为该僧祖堂，原无施主，故临近村人，利其寺产丰腴，以便私图，也是事所必有。绅等城乡各分，则越俎代庖，难免不为物议。惟念神观庵堂，本历代人民信仰之习惯，甚且县治初成，定邑全属求如此山之巍镇一方，虽非鹫岭、衹园、蟠桃可仿，而四时风景，最是宜人，殆亦罕觏[①] 昔苏文公与佛印相契，曾留玉带以镇山门。县长划界过此，下榻禅林。纵山非金山，僧非佛印，一宿之缘，永留此山纪念。不义一当代之苏文公乎？是以合词公禀，伏乞县长赏准，严示勒石以免产无破。佛门幸甚，绅等幸甚。

普定县县长批："查，保护庙产，业有明令公布。具禀各节，事属可行。所有培风寺、玉真山、玉管堡现在之庙产，着该庙主持僧妥为管理。嗣后

---

① 觏（gòu）：遇见；看见。

倘有不肖僧徒私抵当卖，一经查觉，或被告发，立予提案，重惩不贷。此批，仰该绅等录禀抄批，勒石以垂久远，可也。并谕知照。

本庙住持：僧慧钦　徒：明洲、明方　徒：侄明焕

徒：孙达顺、达荣、达空、达贵　重孙：本高、本□

魏绍虞书

石匠：叶永顺、赵建成　民国五年丙辰（1916）孟秋月谷旦立

[附记] 选自彭勇主编：《洞天胜迹——普定县文物古迹拓片集》，2006，第34–35页。碑立于碑立于普定县马官镇玉官屯村玉真山寺。高1.42米，宽0.75米。无碑额，碑额“永远遵守”。

了尘和尚塔铭并序　张铭

佛经八千五百三十卷，而其要旨则不外慈悲。何谓慈悲？以一亡之心通众生之心谓之慈；以一亡之修成众生之修谓之悲，惟慈故普度之情切，惟悲故普度之功成：今者佛教之不昌，非佛教不宜于东土，非东土不明乎佛教，质言之慈悲者少耳。了尘和尚知之，故发慈悲之心，无一时不明悲之用，无一慈不达事之用，故和尚之所到慈悲之所到，不得而数也，请言其大者。清宣统三年（1911）贵州禁种罂粟，安顺属苗酋聚众抗之，上官怒，命某帅师往讨。知和尚有恩于苗民，走问和尚，和尚慨然曰：吾当往晓以顺逆；吾不忍无知乡愚公忍也。遂偕皈依正西，衲子空月径抵其它，详陈利害，苗民化之，遂解其众，官兵以中止。反正伊始，清帝犹未退位，黔军之向北者中道多梗，二三父老商诸和尚。和尚遂走湘鄂说杨某，履危险不惧，事虽未就而其心近慈也。前者和尚住持九华宫时，愿学子未睹全经，无以扩其知识，于是持钵打包作行脚僧，过江南沪上，大集日本全藏而还，其悲学子有如此甚深者，犹伯玉之耻独为君子也。而议者曰佛尚清净，而和尚奔走辛劳，如是恐乘清净心之理。呜呼，唯心劳乃见慈悲也。今夫一乡一邑之中，所恶所欲大略相同，有人笃不迩声色，不殖货利，常则论道德与友朋共励功修，变则捍灾患为乡邻同谋系聚，知其事者且以人仁称之，胡独于和尚而至疑哉；世风之日降也，利已念重，利人念轻，求所谓视人

如己者，卒杳不可得。今何华而有一和尚，修纵未纯，犹当恕之，况共所为者比比皆是，无一而非慈悲乎！夫叹可观世矣，如必叹不生一念，不作一事，终日诵经，终夜诵咒，而后谓之和尚，恐非佛之宗旨也。余放揽其大者而系之于铭。铭曰：

天靡不仁，人靡不陈；陈者复光，品物同春。

贵阳张铭撰

琼州李荫青书

住持法子持性敬立

民国七年（1918）腊月望日

[附记] 选自白中玉、释慧海：《高峰山志·第九章·文化》，2004，第130页。碑立于平坝区马场镇高峰山。民国三年（1914）了尘在贵阳九华宫圆寂，终年六十四岁。灵骨归葬于平坝高峰山。了尘（1851–1914），名圆州，号了尘，贵州贵阳人。俗姓张，幼丧父，资质聪明，入私塾，略通经史，不愿婚娶，披剃为僧。光绪元年（1875）住持贵阳九华宫，后住持平坝高峰山卍华禅寺，变卖其家业，重修大殿两廊。清光绪二十六年和二十七年（1900–1901），贵阳大饥，了尘主持赈饥，使不少饥民得救。宣统元年（1909），与空月赴南京，取回《大正藏经》1部，藏于高峰山。三年（1911），官府下令禁烟，安顺扁担山种烟户数千人与官府对峙。了尘闻讯，急见贵州巡抚庞鸿书，求暂缓用兵。只身入山，向民陈说利害，民众自行铲烟苗，避免了一场兵祸。民国三年（1914）任中华佛教总会贵州分会会长。著述颇丰，由其弟子辑为《贵州高峰了尘和尚事迹》（10卷）。

信愿真诚　天曦

盖闻大道无门，信能悟入，修行有自愿为导，历观持性长老其明证也。公中年剃染，信愿真诚，坚持毗尼，若行笃峻，遵师重道，惟命是从，为法亡身，劳而无怨。且初不识文字，乏读诵力，其师令乘，如地藏本愿经法礼像称名，逐日供水一盏，即晚饮之，精诚所至，三十七日中迭见祥瑞，自是之后渐能诵读解义，虽未学教，自然而行类普贤，凡修禅观无意而契合中道，敬人则贤愚一体，为己则得失两亡，挽身千灯并是为国祈福，燃指五柱无非代民息灾，至于持咒诵经，念佛礼拜五十余年，除事务工作外无时暂废，诚末代之津梁，后生之模范也，乞今年近期颐寿满九旬，本山主刹及两序首领等，素仰师德，将亲垂永远，故海众一心，恳请长老一再垂范，演毗尼于今朝，贻身名于后世，由是乃择期于岁七月传授三坛大戒甫至，地藏大士圣诞良辰，圆满金明，光明宝戒并嘱子略述长老一生事实，俾博古通今之士，询兹山有大贤，就吾国之有僧宝云尔。

大觉沙门天曦和尚谨撰

永昌敬书

民国二十四年（1935）七月立

[附记]选自白中玉、释慧海：《高峰山志·第九章·文化》，2004，第131–132页。参见平坝县政协宣教文卫体委员会编：《东溪情韵——平坝文史资料选辑》（第14辑）》，2006，第102–103页[①]。天曦，天台宗44世传人。民国初年曾至贵州盘县丹霞山任护国寺住持。民国十三至二十九年（1924–1940）应华之鸿居士之邀住持贵阳大觉精舍，在舍内创办了天台讲习所。民国十三年（1924），又设立佛教流通处，天曦赴上海购《碛砂藏》一部藏于大觉精舍。

五指高峰持性和尚的行实　平刚

黔地偏硗，近百年来无佛化之可言也，在家人士目不暇给出家僧尼，无异毚司，至若朝暮课诵与夫经仍应酬，非傍佛营生之谓耶，下此则不堪问矣，佛化云乎哉！迨自了尘和尚倡导以还多闻讲教，毗尼[②]清苦或乃以为矫情务世，一般庸劣且从嫉妒而诽谤之：佛化之云其终隐而莫彰乎！虽然若子弟辈瑕瑜要不相掩，若持性比丘大师者非即其门之高足乎。然后知为佛子固自有其真者杜耳。

① 碑文又名《持性和尚百龄传戒序》。

② 毗尼：梵语，意为律。

初师家本蜀之叙府宜宾仙霞，父姓杨名敬龙母尹氏，师名再舜，生于清之咸丰癸丑（1853）二月二十四日午时，即性而秉性阔纯，继父业农而好近佛事。光绪十四年游黔北，苦佣以病，乃投万华庵主。了尘和尚求披剃，旋于十六年（1890）参方至南京就宝华山应宗和尚受具戒，因朝普陀发心拜阿音王塔，燃一指供佛以求忏悔乃启明悟。己未（1895）转贵州省随剃度师了尘住九华宫，值大旱年景，又燃一指祈雨，得甘露。庚子餐饥又燃一指供地藏菩萨祈免灾劫。甲寅年（1914）六十有二，了尘命住安平县高峰山为主刹，师恐德不胜任，又燃一指求佛加被①。乙卯西路涸旱，其县知事集城绅祈雨不应，好事者诵师生平，知事乃迫请以代，师复发心又燃一指以邑民计，师身共燃五指，故世称“五指头陀”云。今年乙亥（1935）师之高龄八十有三，戒腊四十有二，然犹持戒精神不已，远近僧侣莫不感化，于是以地藏菩萨圣诞假师大德之光荣，至本山开期传戒，其同门人等皆沐师恩，各竞供养，乃录其苦行来乞予文欲以寿世，兹缀所述或未能罄其一，然即此以惩往贻来二其为功矣二不以多乎，爰为题序如右。

贵阳平刚敬撰

贞丰钟振声敬书

民国二十四年（1935）七月吉日立

[附记]选自白中玉、释慧海：《高峰山志·第九章·文化》，2004，第 102–103 页。碑立于平坝区马场镇高峰山卍华禅院。平刚（1878–1951），字少璜，花溪青岩人。光绪三十一年（1905），赴日本学习法律，加入同盟会。民国三十五年（1946），任贵州省参议会议长。平刚笃信佛教，曾任贵州省佛教会第三届至第九届（1931–1947）理事长。

天台山五龙寺记事碑　曾少仙

昔宋之杨五和尚，明之济颠僧，并不持斋念佛，而胥成正果，其故安在叹？其心正也。人徒羡口中说法，座上参禅，头顶毗卢，手持念珠，即

① 加被：亦作“加备”。护佑。

称之曰："此名僧也！"殊不知，即类史氏留仙公所谓"昶唱""和样"而已。于实际垂裨也！

老衲本安披剃天台时，其年尚幼，平日守师训，勤职业，除早晚课外，并留心于亩之东南地之肥瘠。及宣统元年（1909）住持寺务，复寸积铢累，勤俭率下，十余年间，遂增修寺院，卖置田庄。人以为庙产丰富，而不知皆平时节衣缩食来也。现购置田土大洋数千元，加谷二十余石，复增筑山门外台基，又添修大月台，共费款数千元。兹值落成之际，特志始末，以垂久远云。

住持本安建

民国二十五年（1936）孟冬月下浣谷旦

城绅曾少仙撰　陈寿昌书

[附记] 碑嵌于平坝区天龙镇天台山五龙寺石壁，青石质，方首，无碑题。竖书隶书阴刻。这是一通功德碑，记述住持本安年幼出家平坝天台山，恪守师训，精勤于业。宣统元年（1909）任住持，"增修寺院，卖置田庄。"以大洋数千元购置田土，增筑山门外台基及月台等。撰者曾少仙，贵州平坝人。

创修东华山碑记　*廖瑞平*

旷观名山胜景，徒恃天然之姿，鲜有能惬人意者，是必赖人力之培修，两者相因相成，始臻其美。苟缺其一，殊多憾焉！

吾邑之东华山，形若金钟耸立，俊秀风景，不可谓不佳也，但在过去时代，尽视为人民避难之所，罔有注意其风景者，致童山濯濯，灵秀埋没，深堪浩叹。

民国乙卯岁，值登高佳节，余与城绅廖君庶积、颜君吉臣、徐君美安、洪君敬仪、伍君政究、毛君竹峰、刘君幼鹏、贺君壁和等登临山岭，盘恒游览，始发现淹没五百余[年]前之明古迹"大明定南所"五字，巍悬峭壁，遂使群情喁喁[①]，赞赏不置，岂非山林有待吾辈培修者欤！喟叹久之，乃依山

① 喁喁（yóng yóng）：比喻众人敬仰归向。

萦回，往复游瞻，更觉其风景奇丽壮伟超群，堪以培修，以增风景。

返乃商其邦人，发起地方建设委员会，着手兴工。先筑其山径，继则建其楼阁，植其林木，惨淡经营，不十年而风亭木榭，次第落成，蔚为大观。今天，楼阁参差，松柏葱茏，翠屹云天，已非昔比，崔巍精神，差强泰岱，幽雅丰姿，不亚天台。迎来骚人墨客，流连其间，极游览之际，饶登临之趣者，络绎不绝，盖喜其夏凉冬清，春露秋霜，四时之景不同，无时不可以娱神而适志也。尤其雨雪之朝，风月之夕，把酒赋诗，逆风长啸，愈增无限情趣。至若四面山川之映带，上下云烟之渺霭，出没于空旷有无之间，可以备诗人之吟咏者，宜其游者自得之，吾亦不复详道矣。是为记。

邑人升三廖瑞平并书

[附记] 选自徐宗文主编：《普定县文史资料》（第 3 辑），1995，第 121 页。碑立于普定县城东东华山顶，高 1.8 米，宽 0.80 米，碑文正楷阴刻，共 486 字，字迹清晰。立于民国乙卯年（1939），碑文记载了普定县城绅徐英安等攀登此山游览，在峭壁间发现明代摩崖“大明定南所”摩崖，因而发起成立“地方建设委员会”、兴工培修东华山的经过。

五、毕节市碑刻、摩崖、塔铭

（一）明代

永兴寺铜钟铭

皇图巩固，风调雨顺，帝道遐昌，国泰民安，佛日增辉，天下太平，法轮常转，丰盈吉庆。

〔汉文铭文〕：大明国贵州宣慰使司水西日革信官宣慰使安贵荣、同缘夫人奢脉、男安佐，伏为：贵荣叨承世禄，职守边疆，扪心有口，报谢无由。是以夫妇谨发诚心，就于本境内之永兴寺一所，喜合资财装塑佛像，铸造钟一口于本寺，朝暮声鸣，以镇一境。尚祈保佑，俾我子孙代代绵远，宗亲目把，世口口宁。风调雨顺，五谷丰登。民口安生。诚为口口王口，瞻仰万古口德。谨口。成化二十一年乙巳（1485）四月十五日丙寅吉旦。纹银一百两，罗铜三口斤，花锡一百六十斤，工匠银二十两。

〔彝文铭文意译〕：畅恳默纳，与贤嗣归来，不是立祠庙，而是铸钟以安慰祖灵。权士恳念已久。伏惟天祖降寿佛于纳娄，立其祠庙。安氏若不修祀于祖宗昭穆，恐其不获庇佑。诸陀尼皆欣愿为安氏塑像铸钟，钟是他们所造，用锡百六十斤，铜口口斤，纹银一百两，掺合铸钟。付技艺师工价银二十两，时当阿基君长执政十二年，岁在乙巳（1485），四月十五日丙寅吉旦。

[附记] 钟原属大方永兴寺。今存大方县文物管理所。质地为铜锡合铸，通高 1.35 米，腰径 0.8 米，口径 1.1 米，厚 0.1 米，重 150 公斤。喇叭形，中空无底，足外撇。有拱形饕餮纹铜钮。钟身外壁自上而下以弦隔为三段。

安贵荣，彝名布局直罢，西南彝族“六祖”默部落水西第七十四世君长。明成化二十年（1484）袭贵州宣慰使司宣慰使，在任20余年，励精图治，政绩卓著，深受水西百姓敬仰。

□□碑记

（缺字）帘住山地又（缺字）呈相仍如昨，宝珠远隐他方（缺字）入山之后，朝课日诵，晨钟暮鼓，朔望祝延，殷勤寸念[①]，或有余赀，无非修补。常住僧庀木石之费，更不□□僧者□成，而不坠释氏家声者也。因本寺尚存亩（缺字）。是举也，岂为今计也哉，西竺遗风，自此阐扬东土。祖也□□浅浅也，余因如鉴之请，故延访颠末，书文以为记云。

□□皇明万历四十一年（1613）二月上浣之吉，掌前广西梧州博白县儒学教谕□。

大雄殿致政指挥孙勇建，观音殿教官徐绍尧建，左楼僧人宝珠建。

（以下240余字，记载灵峰寺地界及捐银、捐物者姓名及数目。略）

施财造碑：信士成可忠四□□□，捐资僧：真□ 徐忠江 韩秉仕

[附记] 碑存七星关区三板桥办事处灵峰村灵峰寺，青石质。该碑原掩埋于地下，挖出时仅存小半截。碑文选自毕节地方志编纂委员会编：《毕节地区志·宗教志》，北京：方志出版社，2017，第97页。

（二）清代

开元寺碑记

按，水西为黔藩篱，自济火氏佐丞相亮有功，封罗甸国，历唐、宋及明，始伐山开道，置邮传。迨后酋长恣杀戮，肆攻掠，服食僭侈，廷议大出师声，

① 殷勤寸念：本意是殷切希望子女长大成人。

罪致讨。乃献水外地赎厥罪。而六广、迤西，声教犹未讫也。恭维大清定鼎，统一海宇。康熙甲辰岁（1664），吴三桂奉简命专征伐，率诸大将军讨平之，分郡其地，议置文武守臣。圣天子干断[①]，谓黔西为都督李公手拓，即以公镇焉。维时骨骼满野，燔燧相望。公歼渠魁，散胁从；饥者饲，寒者襦，苗民咸泣就约。

丙午（1666）岁，余奉命守是邦，道隆榛芜，豺虎交错。乃披蒙茸，据形胜，即故址垒筑，岿雄克有宁宇。城东二里许，岗峦耸峙，逶迤蟠结。公谓余曰："是天辟祇园地也。宜建梵宫为祝厘所。"顾飞锡尚无其人。时嵩目大师，源出破山，于法彻三车，结会贵阳之祥麟庵。拈花一笈[笑]，诸大宰官成执弟子礼。公折柬敬屈数四，遂毅然来主是山。爰诹吉鸠工庀材鞭石，构大雄宝殿、藏经阁、大士阁、天王殿、两庑廊舍，凡若干楹。周绕差备，金碧丹垩，宏敞焜耀，费计万金。阅五十月而告成。置田百余亩。襄是役者，黔镇偏裨诸君暨缙绅衿耆捐施力居多。而规画布置，则维师之慧心法眼。于黔西为壮观，于贵筑称杰构焉。公暇日偕士大夫往游，千峰万壑，飞青拥秀，春月秋花，雨树晴烟，光景莫可名状。或进而贺曰："以公之志而师克成之，且昔僻寂而今林总，昔椎结而今冠裳，昔侏离而今礼乐，昔擎拳杯饮而今几筵揖让。千余年负嵎梗化之区，一旦隶天朝而登衽席，非佛慈启佑不至此。"公唯唯曰："余志毕矣。"继公而莅兹土者，有都护王大将军萧规曹，随一以清静拊循为务。雕瘵日起，生齿日繁，浃肌沦髓，声教四讫。千万世称西鄙雄藩焉。而大师卓锡，泉涌法象，金皃[猊]与斯郡并垂不朽矣。予不敏，适承之[乏]与其事，故弗揣谫劣而记之。

[附记] 选自（清）乾隆《黔西州志（卷之8）·艺文志·碑记》。东山寺建于清康熙年代，原名开元寺，康熙四年（1665），知府王命来、总兵李如碧创建。王命来，四川江津人，举人出身，清康熙四年任黔西州知府。嵩目，名宗渤，四川綦江（今属重庆市）人，俗姓陈。为明末破山海明弟子语嵩法嗣。博通经典，有语录、诗卷行世。黔西县东山寺（开元寺）首任住持。著名弟子有黔西东山古雪海智等。

---

① 干断：帝王的裁决。

涌珠寺碑记　朱万年

自尼山逝而佛老兴，数千年间，排之者固多，羽之者亦众，而神州赤县，名山大川，究非瞿昙黄老，即函谷青牛，飞楼联阁，丹垩盈眸，时势相沿革，若有沛然不容已也，非二三儒生所能妄议而劝之者也。夫尼山道大德尊，帝王将相莫不仰为师表，入宫者端肃朝谒者有时；而匹夫匹妇，騃女痴儿，概不得窥其堂奥。彼梵刹珠宫，士女如云，任其瞻眺，虽灿丽煌煌，适足以彰尼山之道，益大且尊矣。入世出世，并行不悖。未为过也。

予自承之是邦，拮据诸务，自愧才庸。三年以来，粗有成绪。偶游城东北，得清泉半亩，泉从地涌，宛若贯珠。土人谓其地旧为“涌珠寺”。近而目眡之，泉为土瓮，涓涓不畅。稍掘，得甃痕，泉始大涌。与诸寮寀谋筑庵其上，而一时善士同心响应。不日落成。今易寺名“庵”。虽规模褊隘，有愧内地招提，然荆棘瓦砾之中，一旦忽现化域，亦足为万里蛮荒大开生面。庵中供大士送子像，为阖郡人民祈生生之福。他日比屋而封，生齿殷繁，大士有灵，应亦色喜。况蛮巢甫辟，未能尽消犷悍，既凛之以朝廷赫濯之威，甫福善祸淫之戒，此古圣人以神道设教用警愚顽，非徒饰土木而娱游观也。昔之九鼎，俱载百灵，千古以下，未闻以荒诞议之。是举也，或一谓世人心之一助云尔。

[附记] 选自（清）道光《大定府志（卷之21）·治地志（三）·寺观》。参见（民国）《威宁县志（卷18）·艺文志》。碑原立于威宁彝族回族苗族自治县葡萄井路涌珠寺。寺毁于清末战乱。后重建后，1950年拆除。碑已不存。朱万年，辽东人，康熙六年（1667）武进士，康熙九年（1670）任镇总兵。十二年（1673），吴三桂反，朱万年谋拒逆，十六年（1677）被吴三桂所杀。

四楞碑

明季建立此寺，建文驻锡重开。陈娘娘敕赐正国香火，可谓洪禅林也。

僧多常广，年渊屡变，前僧多于失守，以致庙田均被侵绝，逮今四百年，所剩无几。屡经绅者乡保逐次清查，仅存庙田数段。然尚有东里刁佃拒种霸租。赴控，邑主断归另佃。现在各里庙田已属清白，犹恐后人不法，潜生侵占，是以重加勘界，勒石垂久。以沈永远无虞，俾俊人继述不朽云。

[附记]1996年，毕节地区卫生学校吴长生先生在水库边旷野山上，摹拓一块刻有“建文”二字的四楞碑，此碑规格高1.70米，各边宽0.43米，青石质，四面文字清晰，通体完好。碑刻于清乾隆三十年（1765）。

树丰营民约四楞碑

禁赌博。尝闻娼盗出于赌博，古今深可痛恨。而好之者彼谓逢场作戏，久之同党昭明，求赢反输，终有不可胜言。于是而寡廉鲜耻，荡产倾家，虽华屋粮油，皆无足惜，嗟嗟！今日泥沙而用之，愿吾乡村往来者，及早回头。水行者，宜防失足，而门第可以增光矣。

摒邪术。传曰：“国家将兴，必有祯祥；国家将亡，必有妖孽。”①道盛人襄，在国当然，而况士庶之家乎？近世风俗日逾，僧道而外，更有符水术法，尼姑斋姑，卜女相女，为戏不一。其术初迷于妇女，渐惑于男子，甚至穿门入户，奸淫盗劫，为害不小。明明之士当禁其往来，以杜后患，获福无量矣。

大清乾隆十四年（1749）立

[附记]选自黔西县志编写委员会编：《黔西县志》，贵州人民出版社，1990，第620页。碑立于黔西县素朴镇。碑为四楞形。

新建观音阁两廊碑记 刘琬琢

书此向以书，乐观劝果诚始而成终也。灵峰寺乃毕邑胜景，阅数百年□。

① 语出（西汉）戴圣所编《礼记·中庸》。

兹佛宝仙井兮！说古之君子，载在其□□序，补葺之文者多，不一而焉。

庚午（1810）秋，值宗映禅师归来，□□礼拜之下，恍然有指引再造之思，似觉其山门近促而无暇，□□远接而气阔。默度其形胜家相其几宜，慨然新建观音阁于大雄殿之后，爰诚县主凌公，福因广种，叩祈钱局募化，南北善人捐赀赞助。□□□义□□。后日□□□，□□而正殿佛像辉煌，两□禅堂、客厅焕彩，大功得以告竣，勒石以垂不朽。虽曰灵峰天造地设，岂非人功之力有以至之哉。自是而知□，兹云济羡□罔，非行阴布□□，法海渡众，乐善好施。后之君子来游于斯者，极目逞怀，怡情凭□胜，众始齐叹焉。是为记。

大清乾隆十有八年岁在癸酉（1753）孟夏月谷旦

镇南刘琬琢之氏序

嗣临济正宗三十四世弘法沙门宗映率徒：正心、正修、正悟、正□、正志

徒孙：教训、教言、教谕、教说、教谱、教诗、正求、照阔

重孙：密慧、密传、密松

（以下为捐资人姓名及捐资额。略）

昆海乞士身修人士书丹

[附记] 选自毕节地方志编纂委员会编：《毕节地区志·宗教志》，方志出版社，2017，第98页。碑存七星关区三板桥办事处灵峰村灵峰寺，碑为青石质，碑题《新建观音阁两廊碑记》。碑高0.73米，宽1.13米，厚0.13米。刘琬琢，生平事迹失考。文章提到“县主凌公”，名凌均，江苏苏州人，乾隆辛酉科（1741）举人。乾隆十一年（1746）任毕节县知县。

告示碑

□□□月拾柒日。重修寺宇设立碑记□□□□□□□□□□□□□□□□□□□□□□□□□山，并发烈山顶，西至于燕塘，北至吊马岩□□□□□□□□□□□□□□□□，相连混入，被人累年混占。僧若不请照□□□□□□□□□□□□□□□□□□，常住佃无赖，只得开具四至禀，乞莹前俯准□悯赏给□□□□□□□□□□□乱侵占矣等情，据此随批乡保。□

乡确勘去后，旋据樊以淳，彭毕，恩惠□□□□□称蒙恩批。据灵峰寺住持僧宗映具禀前事情由：“奉批仰乡保确勘，禀□□□该约等遵即至彼，查勘得灵峰寺额，有灵峰寺常住地土，山场碑记□载：东至加担湾、毛家岩、风皇嘴，南至白虎山伞发烈山顶，西至大寨干堰塘抵王宅地，北至吊马岩山岭为界，并无异姓诸人地土。□□□亦非虚侵占情弊，兹奉批合理，据实粘连原批一并禀报，伏乞莹前俯赐查夺，赏给执照，庶免奸豪混占，求杜事端矣”等情前来合行给示。为此，示仰灵峰寺附近居民知悉，几系灵峰寺碑载：山场毋得妥行侵占，其山内务宜清肃，不许群众叫跳、饮酒、赌赙、践踏山门。如逢□□，住持僧人据实禀报，以凭拿究。该住持亦不得借端滋事，致于未便，慎之禀之，特示。

印 乾隆元年（1736）柒月

告示□□押发灵峰寺

晓谕：灵峰寺西抵大寨干堰塘之山场、地土累被豪强侵占，未清，不得已，其程大□爷□前，承恩金批，仰乡保查明：四至界无牵混。现今□控地土，不得徇私偏袒，奸唆使，□干究处。本年三月内具禀教谱。

（以下记本城乡保 21 人姓名、士退人 5 人姓名略）

大清乾隆十九年（1754）五月浣立石

嗣曹洞正宗三十四世沙门宗映

徒 正修、正心、正悟、正□、正志、正蕊

徒孙 教一、教冼、教谕、教训、教谱、教言、教宏

重孙：密慧、密传、密松

[附记] 碑存七星关区三板桥办事处灵峰村灵峰寺，青石质，无碑题。碑为正方形，边长 0.75 米，厚 0.11 米。碑文分为左右两部分。右边已部分残缺。

建翔龙寺碑记 邵熙载

毕城南里许，有五龙桥。一水源发于龙洞冲，自城北隅瀑叠三下，走城东，逼南隍，左折，顺流直下。前辈建桥五洞以锁之，旁建大士院，非徒为观美也，盖亦有见于风水之说焉。

乾隆辛酉（1741），堪舆氏为言：水口如砥，宜柯笔峰立于鱼矶烟水之上，以耸其势。宜兴楼阁置于长桥垂虹之间，以壮其威，则地方比户[①]可封，人文蔚起。此意殆与建桥之意隐合。时邑侯谢公以澄海名进士牧兹土，甫下车，除苛政，育人才，存心风教。闻堪舆言，遂捐俸六十六金，以为倡。无如木石之费约计千金，非一时所能办。于是绅士以捐项择老成人分掌。越数年，生息二百余两。甲戌（1754）秋，绅士吴子应征、谢子岱、秦子学瀚、章子康、盖子天章、刘子士忠等，相聚而谋曰：树峰兴阁，今兹未能；然谢公之意不可止，分掌之例不可恃。不若将历年生息，先于桥旁旧基建翔龙寺，左立观澜院，右立君子祠。其所捐赀本，仍留俟异日树峰兴阁之用。众谋既协，鸠工庀材，不数月而告成。以记嘱余。余进诸子而语之曰：风水之说，虽难尽凭，然吾乡自辛巳（1701）建塔、丁酉（1717）建阁以来，科甲蝉联，历有明验。今寺与奎阁掩映，文庙对峙，前人既开基以待之，后人又何不踵事增华欤？余年老，恐不及见笔峰于楼阁之成并人文之盛，窃愿继起英贤，仰体谢公栽培地方之意，读书砥砺，实践躬行，不第以荣名为兢兢，俾德业文章彬彬称盛。我毕虽边陲，可与中州文明之地相埒也。诸子皆以余言为然，爰信笔之而为记。

[附记]选自（清）乾隆《毕节县志（卷8）·艺文》。翔龙寺位于七星关区五龙桥南，明季建。乾隆十九年（1754）重建。邵熙载，字汝为，贵州毕节人，康熙四十八年（1700）贡生。七十五岁时选任广顺训导（未就任）。"邑侯谢公"，名谢国史，广东海洋人，进士，乾隆四年（1739）任毕节县知县。任内除苛政，革夫马，省刑薄敛。乾隆《毕节县志》列入"名宦"，祀于君子祠。碑文记载毕节翔龙寺创修经过，记述邑侯谢公（谢国史）捐资倡建，地方绅士吴应征、谢岱、秦学瀚、章康、盖天章、刘士忠等共谋完成翔龙寺、观澜院及君子祠建设事迹。

重修真武庙捐置市房生息礼祀碑记　路元升

毕邑南市真武庙，地当滇蜀黔要冲。岁时禋祀，相沿已久。缘建竖以来，

---

① 比户：形容人多而普遍。

怠于整理。栋宇倾颓，门墙漫漶，烈风淫雨，目击心伤。

幸遇董老父师宰我邑，立纲陈纪，百废俱兴。自文庙、武庙、忠节祠、官厅、书院、斋院，以及阖境古刹名梵、桥梁道路，或修或建，无不在在鼎新。士民悦服，夷释欢忭。而是庙在公马足之下，尤加意兴扶。乙亥（1719）长夏，捐金鸠工，孜孜修葺。殿堂巍焕，神像辉煌。增廊阁以壮其威，凿水池以溥其用。告竣之日，群相瞻仰，固已无美不臻矣。近复念常住艰难，每岁礼祀之需不免缺略，复捐俸百两，置买市房三间，按季取租，以供祀事。自是，香烟缭绕，瑞气氤氲。神降之福，使我邑年谷顺成，疫厉不作，则神灵默佑之鸿慈，即我公之栽培盛德也。

公善政不可枚举，予作灵峰碑记，曾叙一二，兹不复赘。惟是住持僧恐捐助之物，历久易为豪强所侵，爰立石于庙，嘱予为文以记之。

[附记] 选自（清）乾隆《毕节县志（卷8）·艺文·续》。路元升（1689–1764），贵州毕节人，乾隆丙辰科（1736）进士，选授福建汀洲府上杭县知事，治有贤声。董朱英，字陶然，直隶顺天府人（原籍江南太仓州嘉定县）。乾隆四年（1739）己未科进士。乾隆十九年至二十二年（1754–1757）任毕节县知县。重视地方建设，重修《毕节县志》，并捐俸禄刻版刊印。真武庙，始建时间不详。乾隆二十年（1755），知县董朱英倡议捐资重修，并由僧人住持。

新开灵峰寺泉凿池建桥碑记　路元升

治一邑犹治一家。家有一人不得其所，一事未合其宜，必咨嗟经理之。岂治邑而独不然？或谓邑有荐绅士庶之繁，簿书钱谷与庠序庐井之纷赜[①]，加以方外浮屠、禅林、梵宇之错处，使治邑而欲人人得所，事事合宜，不亦难乎？然揆之仁人君子之用心，正不若是隘也。

邑侯董老父台，以顺天名进士来莅毕阳，甫下车，即书“清、慎、勤”

① 纷赜（zhì）：纷繁复杂。赜：精妙；深奥。

额以自警，剔弊兴利，爱民如子。继而修筑文庙坛壝[①]，创造忠、节两祠，书院官厅二所，又捐俸移学生息，永备春秋祭祀暨师生膏火之需。念七星关桥为三省地衢，武侯庙向镇是关，不惜重金建复。邑志乃一邑信史，不惮殷勤采访，编辑雕刻。兼之防火烈而广设贮水石缸，育人才而厚赠府院乡会试费。治一切险仄津梁道路，无分本境邻境，俱便率由。抚一切鳏寡孤独、残疾，以及流离琐尾[②]远人，俱能安饱。而且恤刑宽狱、监督鼓铸、解运厂铅皆有法，既不误公，亦不病民。事上宪以礼以诚，交同寅以信以义。书役按月捐赏工食，汛兵捐赀移营，滋利犒劳。为政如此，宁有遗憾乎？而侯犹亹亹[③]不倦。见梓潼阁在邑之巽方，势宜耸秀，因铲除芜秽，连筑轩台坊表，杂植桂杏，以培文峰。关帝庙漫漶不治，悉为鼎新，更增门楼两庑，以密其结构。偶过灵峰古寺，知寺僧远水三四里汲取，寺前田亩，稍旱则槁，侯鸠工向寺后凿山得泉，砌石沼于寺，开沟引泉人沼，使之流出寺前灌溉，沼上架石桥往来。又重拓山门山径甚备。噫！侯之惓惓[④]于毕邑，何其不遗余力也！盖侯以仁存心，且家素饶裕，每遇公用，取家资从容处置，如水顺流不疾而速。是以莅任三年，毕阳气象甲于通省。彼貌似补偏救敝而中无实意者，固不足道，即较之力能振举而仍藉邑人佽助[⑤]者，亦相去悬殊。无惑乎清风两袖，并故业亦因之日耗也。而侯总不顾，惟行其心之所安而已矣。

予叨居治下，辱蒙延为书院之长，目见耳闻至详，且悉今寺僧得侯之疏凿山泉，勒碑灵峰，求予为记。予思侯之善政，由巨及细，自本及末，以至释氏亦不忘于心。洵乎无一人不得其所，无一事未合其宜；治一邑如治一家之兼尽此，岂易得之当世哉！爰诠述种种，俾鑱诸石上。

[附记] 选自（清）乾隆《毕节县志（卷8）·艺文志·记》。灵峰寺始建于明代。清乾隆二十年(1755)重修，知县董朱英捐筑上山道路并建水池。

---

① 坛壝（wéi）：坛场。祭祀之所。

② 琐尾：指颠沛困顿中的人。

③ 亹亹（wěi wěi）：形容勤勉不倦。

④ 惓惓（quán quán）：同“拳拳”。形容诚恳、勤勉。

⑤ 佽（cì）助：帮助。

路元升和董朱英简介，见《重修真武庙捐置市房生息礼祀碑记》题记。

灵峰纪胜并序　吴纪

己卯（1759）秋八月上浣安顺吴纪序

邑人洪楷赋诗书丹

传曹洞正宗第三十四世洪法沙门宗映

灵峰名胜自幼熟闻。甲戌（1754）春司铎毕邑，公余与一二诸生往观。距城西数里，山径崎岖，高峰耸峙。陟颠遥望，则黔中万山历历在目，远有高山环抱，近有峭壁绵亘。峰前小山如珠夹石，磊落深广廿丈。峰下古寺萧疏颓废，只一径甚曲折，游人几莫测所在。峰顶时有白云去来，故称“灵峰”，又称“仙境”。峰之开窍，离峰二里许，白石磷磷，洞壑险怪，大雨则泉如瀑布，有铛革合声。寺下平畴一湾百余亩，无泉灌溉，岁不能稔。予凭眺之，窃叹斯境不易得，何荒烟蔓草，荆棘纵横，绝无识者出而培植乎？

噫！我恐人无山水癖，将裹足而不前矣。诸生曰：“据形家言，灵峰发源与蟠龙、长庆诸山接，蟠龙为邑之鳌峰，长庆为邑之文峰，故一建文庙，一建奎阁，邑人更发科第；若灵峰立尖锐白塔，遥应奎阁，则灵秀之气显豁呈露，将见人文蔚起，贤哲挺生。惜乎无此遭逢耳！”余谓：“合邑之人非有其力而无其心，即有其心而无其力，意惟贤父母来乃能整顿；然此事岂可必得哉？”

是岁冬，顺天董公来治兹土。甫下车即问民疾苦，兴利除弊，期年而举文庙、武庙、奎阁、武侯、城隍、北镇、官厅、雁塔、忠祠、节祠、书院、济院，以及四境桥梁、道路；或修或建，无不次第鼎新，在在宏壮。一日过灵峰眺望，慨名胜之零落。命寺僧募修寺宇外，捐资疏凿水泉，上开天池，中开莲池，下开月池，引泉入池，迭流至寺下，灌溉田亩。池各垒石围以朱栏；莲池上架石梁登殿，殿前悬额曰“南天瑞霭”，题曰：“云影水光象外机缄自远；松声竹韵个中消息难忝。”寺前狭险，筑石扩其基址绕以白墙，□启五牖，两旁立山门，中亭建高坊，悬“灵峰寺”额。东庑外建鹤亭，题曰“千竿翠竹风来舞，一曲瑶琴鹤欲鸣”。西庑下建鹿苑，题曰“松生灵境涛声静，鹿到仙源芝兰多”，拳石磊□处删削芜秽，筑亭曰“法华长映”。东山门外绿荫一带，下辟双井，建惠泉亭。由亭东出路转处立坊曰“仙境无双”，又曰“白云深处”；自门外迤逦至此共列栏杆七十余丈，茂树阴翳。坊右筑玩月崇台，石床、石座毕备，辟径通法华亭。峰顶建白塔，曰“文笔峰”。前后鸠工凡三载，公之培植名胜可谓尽情尽致而无遗恨矣！

戊寅（1758）秋，公晋秩郎署，谢县事，延同城文武官与邑缙绅往游，念城外一路赴灵峰各有妙境，步步引胜，得不为之点缀以憩马足。爰于城外坡下立“灵峰仙境”坊，题曰“仙境□轩喜互映，灵峰奎阁庆交辉”。坡上筑轩曰“灵峰”。初级回顾蟠龙雁塔，林峦苍翠，瞻被城廊市香火稠密，一一恍如图画。从此过翠屏山、望仙桥，松柏高古，源泉活泼，立坊曰“翠屏旭日”，题曰“漫言翠屏非全壁，欲到灵峰已半途”。至井旁上山，盘旋一里外至两山夹峙处，立“灵峰引胜”坊，题曰“璀灿交光绕紫极，纡回仙境入灵峰”。由坊上坡凡数折，有两径皆可至灵峰，上一径如蚕丛栈道，下一径从涧底走，公于两岐处立坊曰“灵峰双径”，题曰“莫谓神仙无异路，须知高下有同归”。走尽双径盘旋而上为灵峰泉水流通外，潺湲之声旦暮不绝，筑轩山凹，曰“灵峰遗泽”，栏杆高明，可坐观泉。再攀崖西去，山势忽起忽伏，或大或小，或长或短，突兀白石，不可名状；下有洞壑，为灵峰开窍处，立“灵峰洞天”坊。山前左转一径，人迹罕到，翠影迷离，立坊曰“小蓬莱”，又曰“别有天”。过坊三折即“仙境无双”坊，抵灵峰近矣。

余随诸君后，反复玩味，觉犹是灵峰，曷为与四年前诸生同游时大相悬绝耶？是培植之功，良非浅鲜，而遭逢之盛，实关气运乎？则向所疑为不可必得者，何至今竟踌躇满志也哉！更有进者，此曰峰顶文笔峰，业与蟠龙、奎阁峰相辉映，如形家言，毕邑人文当不可限量宁独览胜者！颂公之德不衰，邑人宾州、州牧洪双溪先生作排律纪胜，予因为之序云。公名朱英，字陶然，本姓唐，原籍江南太仓州嘉定县。

灵峰高插白云中，此日栽培回不同。
三沼迭飞泉滚滚，千峦环抱霭濛濛。
栏杆处处飘金柳，坊表层层引玉骢。
道泽当轩穿嶂翠，彩虹跨院映莲鸿。

鹤亭下绕希夷草，鹿苑高攀罗汉松。
卷石法华朝古寺，长堤慈竹护深宫。
终朝鸟语催仙梵，半夜钟声动谷风。
岗伏山溪疑虎踞，崖悬绝顶似鹏翀。
煮茗慧井双行满，玩月崇台四野空。
白塔干霄霞灭色，青畴附壑水常融。
发源浑与蟠龙接，凭阢相望东壁隆。
关外七星难嗣美，毕阳八景独称雄。
漫言仙境非凡境，须识人工即化工。
停看地灵钟杰士，遭逢共仰董明公。

住持僧教训 立石

[附记] 碑存七星关区三板桥办事处灵峰村灵峰寺（倒卧于旧房前），青石质，圭首，高 2.00 米，宽 0.83 米，素面无装饰，碑额“灵峰纪胜”（由右至左篆书横竖阴刻），字径 0.13 米，碑题《灵峰纪胜并序》，碑文竖书楷书阴刻，字径 2 厘米，计 28 行，满行 55 字。董朱英，详见《七星关区重修真武庙捐置市房生息礼祀碑记》题记。吴纪，安顺人，拔贡，乾隆年间任毕节教谕。

灵峰寺新建前殿碑记　洪楷

峰以灵名，昔人言之详矣。后人□前□，慎能无待焉。适有滇僧宗映者，衣破衲□食山苓，不事浮华，勤耕诵偈□□。有居士承□承钵，于雍正十年（1732），住之暇，睹其土物而秀然，觅其碑籍而森然，观其宇舍而萧萧颓然。喟然叹曰：吾师辛勤，竟成荒刹，实为通邑怅矣。美不为踵，将昔之开此山者，能不心赴东流。爰为聚众鸠工，增其前数丈土，其余石培其缺，补伤救敝。再造前殿，乘嘉木，借修林，因山险，踞高峰，悠闲清雅，体制形势，遂在放□其园之上，阅年告成。余因访焉。盘登曲转旋峰上，雕□忽涌，新气迎人，宇舍亭廊出之意外□。与僧携手过青林，古木立，美竹露，奇石显矣。曾鼎革之几何而增光，已非前日也。余曰：噫嘻！双鸾不出数十年矣。克厥美人、山川佳色，不至终湮。仙境嵯峨，流为图昼□，僧之□□不及此。映起谢曰：僧不敏，敬承旧绪，实不忍令梵萧条。先机埋没，好事增悲高人愀；目耳所赖，十千方君共成志。僧何其为？古人云："谁非造化，转水光山色于眼前；繄比人功，留雪月风花于本土。"①僧固窃比前人，抑□兹峰之年也。爰快述其良图，因求以石为记。

雍正十年（1732）季夏月谷旦　邑中居士洪楷撰并书丹

[附记] 碑存毕节市七星关区三板桥办事处灵峰村灵峰寺，青石质，碑额"万古流芳"（由右至左楷书横书阴刻），碑题《灵峰寺新建前殿碑记》（楷书竖书阴刻）。碑为四楞碑，碑高 1.42 米。洪楷（1708–1768），字士表，雍正壬子科（1732）乡试副榜。官云南大理宾州知州。

重修东山开元寺记　赫霖泰

黔西于古为牂牁郡。自魏唐而下，迄于元明代，皆弃为鬼方，归于苗地，山川风景无足纪焉。迨我圣祖仁皇帝平定水西，然后铚削榛芜，相度原隰②，山峦轩露，城郭翼然，百六十里之间，为东南一巨镇。城之东有东山，有寺曰"开元"。前总戎李公、郡守王公所创建。猊床花座③，金碧烂如。远临鸭池之河，澄波吐澜，骇流惊湍；近揖狮子之山，岩光昼清，林霭朝翠。至于鹿之呦呦，鸟之嘤嘤，与籁声相应答。其何异乎须弥兰若④，洛下伽蓝⑤也哉？夫何岁月推迁，风雨剥蚀，檐牙耸而毁落，廊腰折而欹颓，琉璃半琐于游云，赑屃久埋于荒草。寺之废也，非一日矣。

---

① "繄比人功，留雪月风花于本土"：语出（明）张鼐《孤山种梅叙》。

② 原隰（xí）：亦泛指原野。

③ 猊（ní）床：又作猊座。即狮子座，系佛、菩萨之床座。猊，狮子之一种。花座：即莲座。莲花形的佛像台座。

④ 须弥：相传是古印度神话中的名山。兰若：即阿兰若，佛教名词，原意是森林，引申为"寂静处""空闲处""远离处"。也泛指一般的佛寺。

⑤ 洛下：指洛阳城。伽蓝（qié lán）：指佛教寺院。

今湖南大中丞先抚粤西，以读礼归时一往过，目击心恻，思所新之，于是饬工师，庀材石，阅数月而告成。琳宫宝刹，焜耀依然；金容月相，圆满如昔。不有废也，何以兴乎？惟是佛氏之于经为说甚相远。公以正谊明道，为朝庭股肱心膂，方持正经以翼世，又何于寺乎留意？虽然，吾闻之陈眉公曰："西方之教，可翊经而行宗门；《易》之旨也，译书之法也；戒律，《礼》之卫也；果报，《春秋》之赏罚也，甚矣。佛之教，经之教也。其可以翊经者，即可以翊世也。"惟公翊世之心，无所往而不寓。则夫宏佐命之道，造邦国之福，固以缮其疆圉，整以辑其纲维，于是役推之矣。某不敏，承乏兹土，窃有喜乎。寺之由废而兴，而穆然乎。公之翊世之心，因是役而益见也。爰记诸石，以垂不朽云。

[附记] 选自（清）乾隆《黔西州志（卷之8）·艺文志》。东山寺（原名开元寺），康熙四年（1665）知府王命来、总兵李如碧创建。撰者赫霖泰，满洲人，乾隆四十二年（1777）官黔西知州。

内庄文阁塔碑记　侯正明

文阁，地处内庄，崇山矗上，耸然而峙，四围壁立，无坦衢可通。创造之初，木石砖瓦，工程十倍。吾乡前辈庠生车重、熊赐封等，合志经营，并力募化，四方君子，亦乐襄助盛举，逾年落成，计所费不下数百金。今三十六七年，因地势特高，风雨飘摇，频年住持不得其人，未获随时修葺，渐次朽坏。

夫莫为之前，须美弗彰；莫为之后，须盛弗传。今欲易以石工，永垂不朽。其工又倍于前，非群策群力，无以观厥成也。爰募远近檀那，随缘布施，丰者勿吝数百之捐，啬者不嫌一钞之助，务使积壤成山，汇流成海，庶前功不隳于一旦，而帝君之禋祀，亦不斩于一隅。或谓先王之制，有功德于民者则祀之，非此族者、不在祀典。有其废之，勿放举也。抑思帝君一十七世为大夫，未尝虐民酷吏。即其垂训，救避之婆心有加，无一不切于人伦日用，如晨钟暮鼓，智愚皆可儆悟，与圣贤辅世翼教之事，勿以贵贱，功莫大也，德莫盛也。况执掌科名，子嗣又祈福有所，宜顶礼而钦奉。

须果报之说，吾儒不遵；然福善祸淫，与经云修修之言而悖之，凶者未始不同修而共贯，此古人所由以神道设教也。爰是同志君子，倾囊相资，使庙维新，则瞻佛相之辉煌，亦凛宝训之谆切，于此澡身浴德，而绵福祚于无涯也，岂不休哉。是为序。

州邑廪生 侯正明 撰

主持僧月朗

乾隆四十三年岁次戊戌（1778）孟冬月

[附记] 选自黔西县志办公室编：《黔西楹联碑记集萃》，1992，第174–175页。碑立于黔西县锦星乡内庄田坝文阁村文阁塔旁，碑额“万古流芳”，无题名。碑高1.64米，宽0.73米，厚0.21米。碑共2通，1通为碑记，另一通刻捐资者姓名及数额。侯正明，贵州黔西人，为当地有名望的廪生。

重建平阳书院更名风西记 周景益

平远旧有义学，在州城北隅直凤岭之西，废斥不治久矣。乾隆二十二年（1757），侯官李君来牧斯土。慨然以文教为己任。乃厘剔侵占，辟基址，建堂舍，祀宋大儒九贤，而招生徒弦诵[①]其中，资以膏火，名曰平阳书院。一切皆以亡赀。适怀忠乡有废刹，僧窜而田荒，李君请于上官，入其租之半，岁得谷四十余斛，稍佐不逮。卒以经费未充，故君去而院即废。至四十二年（1777），牧兹土者为涪州刘君，始加以修葺，延师课士，一如李君（缺字）更“平阳”曰“风西”（缺字），其士大夫之襄是举者，悉登姓氏于碑。

[附记] 选自（清）道光《大定府志（卷之21）·治地志（三）》。周景益，江苏武进人，乾隆五十七年（1792）任平远州（治今织金县）知州。碑文记述以寺院资产助学事，故录于此。

① 弦诵（xián sòng）：指弦歌和诵读，泛指授业、诵读之事。

灵山墓志

净翁长老乃豫章人，来黔入遵，今五十年矣。历年来重修殿宇，开垦土田。真佛骨之薪灯，振祖堂之钟鼓。是叙。临济正宗圆寂恩师[上]口[下]念净公之墓。

徒：普源、普溶

孙：通明、通乾、通广

曾孙：（心）戒、（心）参、（心）亮

大清嘉庆九年（1804）二月初五日谷旦立

［附记］选自政协贵州省金沙县委员会文史资料研究委员会：《金沙文史资料选》（第 4 辑），1989，第 142 页。墓志位于金沙县岩孔镇水口寺。水口寺，始建时间不详。今保留木构架殿堂、禅房等 10 余间，寺内塑像保存完好。

创修回龙塔小引　袁汝相

泽国毓秀，大善特生；山城发祥，上哲崛起。禀乾坤清淑之气，钟岳渎荟萃之文。龙穴绵亘，总属天工；风水栽培，端赖人力。

余初下车，久羡新邑。冠名九里，甲秀一方。通南滇之坦途，达西蜀之要道。烟火万家，鸡犬俱升于四境；桑麻百顷，钱谷恒足于一廛。缙绅谨凛于四维，士庶尚好乎六行。临境观风，形似群鸿之排翼；登高视里，势如万马之奔腾。沙水曲流而常护，嵯岩挺拔而不停。方吉向正，每尽善于西南；林缺山低，却泄漏于东北。具禀有补夫教化，给示以奖乎人心。先诫开挖，比以富顺之文阁；既勤修补，喻以豫章之沟壑。祠作书院，范文正之阴德当思；心为良甜，朱夫子之地理可读。德之可崇，自才之蔚；人之能杰，由地之灵。尔乃：一峦耸萃，急建回龙之浮图；两峡高标，谁树插天之文笔。青草寻芳于行人，奇峰览胜于游客。田畔写黄云之赋，蓬门起白雪之歌。行见，水流太极，食货先饶乎八政；天呈石印，丁男余庆于三多。金山暗藏内库，预兆金马名才；玉屏悬拱生方，定应玉堂人物。

天马策足，贵人上步于青云；石狮点头，北辰下照于圣地。驾万里之虹桥，早合相如之志；玩三秋之月井，尽伐吴刚之枝。倾囊助善者，科甲联登；赞被同心者，禄嗣绵远。百工优裕夫技力，行旅积捐乎货财。爰为之序，以志不朽云！

诗曰：

亭亭岳立冠黔中，撑起日边保障同。
一笔参天云雾拨，万山春满杏桃红。

特授贵州兴义府安南县知县改署大定府黔西州知州事
加六级记录九次正堂袁汝相沐手敬书
时在道光癸未（1823）年仲秋月下旬谷旦

[附记] 选自政协贵州省金沙县委员会文史资料研究委员会：《金沙文史资料选》（第4辑），1989，第127页。碑立于金沙县玉屏乡回龙塔。民国二十年（1931）正月，杨锦江先生游此塔，在乱石、荆棘丛中发现建塔石碑一块，照抄其镌文保存。袁汝相，四川珙县人，拔贡，嘉庆二十年（1815），任兴义府安南县知县，道光三年（1823）任大定府黔西州知州。

劝世碑

帝君曰：吾一十七世为士大夫身，未尝虐民酷吏。救人之难，济人之急。悯人之孤，容人之过。广行阴骘，多作善事。人能如我存心，天必锡汝以福。于是训于人曰：昔于公治狱，大兴驷马之门；窦氏救蚁，高折五枝之桂。救蚁中状元之选，埋蛇亨宰相之荣。欲广福田，须凭心地。行时时之方便，作种种之阴功。利人利物，修善修福。正直代天行化，慈祥为国救民。忠主孝亲，敬兄友信。或奉真朝斗，或拜佛念经。报答四恩，广行三教。济急如济，涸辙之鱼，救危如救密罗之桂。矜孤恤寡，敬老怜贫。舍衣食周道路之饥寒，施棺廓免尸骸之暴露。家富提携亲戚，岁饥赈济邻朋。斗秤须要公平，不可轻出重入。奴仆待之宽恕，岂宜责备苛求。印造经义，创修寺院。舍药材以赈疾病，施茶汤以解渴烦。或买物而放生，或持斋而戒杀。举步常看虫蚁，禁火奠烧山林。点夜灯以照人行，造河船以济人渡。勿登山以网禽鸟，勿临水而捞鱼虾。勿宰耕牛，勿弃字纸。勿谋人之财产，勿妒人之技能。勿淫人之妻女，勿唆人之争讼。勿害人之名利，勿破人之婚姻。勿因私仇使人兄弟不和，勿使小利使人父子不睦。勿因权势而辱善良，勿恃富豪而欺贫因。善人则亲近之，助德行于身心；恶人远避之，杜灾于眉睫。常须隐恶扬善，不可口是心非。翦碍道之荆榛，除当途之瓦石。修数百年崎岖之路。垂训以格人非，捐资以成人美。作事须循天理，出言要顺人心，见先哲于门墙，慎独知于衾影。诸恶莫作，众善奉行。永尤恶念于心，常有吉神拥护。近报则在自己，远报则在儿孙。百福骈臻，千祥云集。岂不从阴骘中得来哉。

乐善氏薰沐敬书

大清道光四年次甲申（1824）仲冬月谷旦

[附记] 选自黔西县志办公室编：《黔西楹联碑记集萃》，1992，第157–158页。碑立于黔西县林泉镇青木树。碑文内容为劝人行善，止人作恶，其内容包括佛教、道教和儒家思想。

重修灵峰寺碑记　肖逢澍

吾邑刘延诗，号颖轩，孝义士也。其母陈太宜积德好施。本于至□，凡邑中建神祠、修桥道者，倘与闻之，无不乐输匪懈。岁辛巳（1821），酹愿□弥勒轩息兹寺，瞻庙貌之倾颓，有意培补而未明言。壬午岁（1822），颖轩自川归。承欢之暇，与二三人同揽胜灵峰，见大殿金碧辉煌，焕燃一新，而前弥勒殿仅数椽支立，观音堂门倒朽败，神像不免风雨之侵，怒焉。兴怀奋然自任，即日庀材鸠工，亲为监理。凡四阅月而佛龛、神幮、上栋下宇雕刻，彩画与大殿□为焕发。其盛举也，夫太宜人夙有此心而未以是命，子颖轩举念乐修而隐与太宜，人符合所谓“亲于无形，听于无声者”非欤！抑又闻之，兹寺创造甚远，中得邑任董公重修，始成名胜。后不善守成，倾覆圮坏，并前人所经营缔造者，亦湮没不彰之举也。颖轩独能访求而前迹，如鹤亭、月池、寺外碑楼，以及匾对之存者，□□□其故□而□□，不自以为名，其表彰前贤之功，视掩人扬己者有间矣。然颖轩不自以为功，而兹役予亦得与其事，身亲目击乌得不表白之。以为孝义者劝乎，时有好义乐施助成善举行者，并谨列芳名于后。

（捐资捐物者姓名数额。略）

兰斋吴定芳谨序　时滋肖逢澍拜撰　住持僧密涵　徒孙祖印监修

道光三年岁次癸未（1823）岁月上浣之吉　后学刘延涛重修碑记

[附记] 碑存七星关区三板桥办事处灵峰村灵峰寺（倒卧于大殿堡坎下，断为两节），青石质，高 1.08 米，宽 0.67 米，厚 0.11 米。无碑题。碑文竖书楷书阴刻，书写规范，刻工较细致。

狗场寿佛寺碑

盖闻，事之赖有开先，赖有继后。倘莫为之前，须美弗彰；莫为之后，虽盛弗传。以我寿佛寺由来久矣，开基立柱，百代之庙，后传新继，传真千载之香烟，永著一列于东序。东序大鼓、西序大钟，未常先辈之创制。立业大而图久也。然而神像殿宇，固经重刊，而两廊戏台尚未完备，既不足显佛法而为灵爽，亦难资风水而壮观瞻，庶馨香而感神明之立于斯也。因为美哉，诚能再立前台之培护，复修厅厢以滋荫，庶几不二法门，永有净无三心之境洵长生矣。再议该功果未济，于是，本前公等所著，由于收租存息，赖思致十年，又获六百余金，得买丁姓房基面，买黄庆山地园，因而基址宏阔，堪为建修。全会众姓同议，兴之于会，遗流年分，永著东灯，而众等亦虚心有助，乐成其事，公卒众士兴立万年之并存。右厢房计石木二工等约费八百余金。虽无层峦耸翠之盛，飞阁流丹之美，然殿宇有余厢，庳整锡成，依我师祖名山足峙无替，何殊当年鹫岭。燕苑兰若，俨然昔日鹿野，而满厢弟子由是人文蔚启，蒸蒸日上无替。功竣告成，以垂不朽。是为序。

道光己未（1835）仲秋丹立

[附记] 选自黔西县志办公室编：《黔西楹联碑记集萃》，1992，第 169–170 页。碑立于黔西县林泉镇林泉村寿佛寺。

重修白泥乡内庄黑神庙碑　曾琼芝

山不在高，有仙则明；庙不在大，有神则灵。南公忠在唐时泽及牂牁。吾辈生居内庄，典崇庙制。甲观对楹，虽无雕甍与绣闼；丙舍旁启，却如松茂而竹苞。斯垣居于巩固，夫岂尚乎观瞻。但磊落孤踪，既已受俎豆①不迁之祀；而菩提万树，何处非佛堂不灭之灯。某等目击此门情形，只见虚左而空右，欲请诸佛陪奉，未免少东而缺西。原集士民与住僧，募化增修捐资成草，敬塑神像，用彩彰施，左右设立两龛，诸佛共成七座。但见巍巍荡荡，拈花微笑于一堂；赫赫严严，畏法时凛乎三尺。即此便是彼岸，何须通慧以为门，或者来到十方，还异慈悲而作宅。爰勒鸡碑，用成鼠序。

生员曾琼芝跋　曾德声书

住持僧门清

道光十七年（1837）

[附记]选自黔西县志办公室编:《黔西楹联碑记集萃》，1992，第169页。碑立于黔西县白泥乡内庄黑神庙。内庄黑神庙，始建于康熙己卯（1699）。庙内有乾隆三十九年（1774）曾嵩、曾守极撰《重修内庄黑神庙碑记》，现存遗址和部分碑刻。

重修灵峰寺弥勒殿碑记　王海镜

凡人于一器一物之微，无不为其完整，足以垂诸永久。况清庙以祀神佛者乎。顾欲其完整，所赖为之完整者，此岂易言者。盖无财者或欲为而不能有力者，恒能为而不欲而且为之，必执己见则恐涉于私而人有不从，将顺人情又恐失之。徇而已有未惬于以知，补苴罅漏倍难于作事。谋始□非不□劳费，胡能为之于后，以传其盛哉！

本城西之灵峰寺，其所由来即所关系，与乎名迹景物昔之初始，□添

① 俎（zǔ）豆：俎和豆，古代祭祀、宴会时盛肉类等食品的两种器皿。亦指奉祀。

修者悉有碑碣彰彰可考，兹不复述。惟是寺兴替不一，年深日久，风销雨蚀，鼠啮虫穿，即各殿神座□□□颓圮，非复曩日之规模闳深肃扩矣。距道光壬寅岁（1842），邑绅士杨佩芝、縻肇瑞等随喜于寺，目击心恻，慨然协图兴复焉。先捐赀重建观音院一堂两庑，落成时镌石纪庸，极为详核分明。但寺之体势粗备，而弥勒殿之卑庳，并山门之倚于一偏者，未为峻整。首士等思补其缺略，更募化饬材庀徒揆日，经始于甲辰（1844）之春王月，次第改作□阙丰堂。殖殖其庭，有觉其楹。①另构钟鼓楼于殿旁，如鸟斯革，如翚斯飞。②山门则柱以石，而壁以砖，取其坚也。移其向以同于殿轨于正也。其他客舍、僧寮、鹤亭、鹿苑、香积之厨、藩溷之所，俱扫而更之，八阅月而后成。无者使有，缺者以弥，典廊□窕，修卉逶迤，缭墙四匝，庙貌浑坚完固，而□神佛于焉□修矣。夫松风水月无此华，仙露明珠难方朗；润释氏之真谛，可知今者祇园再造，未尝饰丹青之采，炫耀金碧之辉。而桂殿则高也明也，花宫则旷如奥如象。像设既辟，睟③容咸安，岂不增重于清净之身，广长之舌，而有功于乘幽控寂，典御十方，宏济万品者哉。是知有补斯完，无亏不满，幸如众愿，结竹苞松茂于眼前，系此人功留云影天光于本地，使一邑盛场不嗟消歇，将三山佳景画入包罗，从兹人标物翼，欣瞻山色，泉光无边优雅。物借人灵，快睹矞云吉蔼兮，外绵④长缕详其事，敢云揜⑤乎前人为志于珉，冀以念于来者。其辞曰：

惟此名区，禅慧攸讬；依据崇岩，临睨通壑。
文峰对峙，是为元脉；厥灵濯濯，阙声赫赫。
眷言霝宇⑥，载怀兴葺；杰阁鼎新，上方离立。
金枝宝象，永藉闲安；桂深冬燠，松疏夏寒。
神足游歇，灵心往还。

---

① 殖殖其庭，有觉其楹：语出《小雅·斯干》。门庭宽广平正，庭前廊柱稳稳高擎。

② 如鸟斯革，如翚斯飞：语出《小雅·斯干》。楼阁飞檐造形如大鸟振翅翱翔，色彩斑斓如锦鸡飞腾。

③ 睟（suì）：颜色纯一。

④ 绵：连续不断。

⑤ 揜（yǎn）：通“掩”。捕取；袭取。

⑥ 霝（líng）：通假字，为“灵”的古字。

皇清道光贰拾肆年岁次甲辰（1844）九夏月　王海镜书丹并序

[附记] 碑存七星关区三板桥办事处灵峰村灵峰寺大殿前石坎旁（横靠于墙），青石质，高0.76米，宽1.18米，厚0.15米。碑题《重修灵峰寺弥勒殿碑记》，碑文竖书楷书阴刻，字迹刚劲硬整，雕工细腻。

灵峰寺印照碑记　王海镜

此寺今朝自康熙庚子年（1720）重建，请县尊柯公天健撰文勒碑原委较明，嗣后历有兴葺，而唯董公朱英尤有惠于寺，特给印照，今刊于石□，以垂久远。

特授贵州大定府毕节县正堂董为勘断赏照杜患事。乾隆贰拾年十一月十八日。据灵峰寺住特僧正修禀前事，禀称：缘灵峰寺毕邑古刹，主山溯。明万历戊午（1618），有夷目灼苴杨保所施山场地土并本寺四围常住四至刊载碑上。不意年远，有王问浩等霸占，西至杨保舍，寺内地一概占去。控经天台，蒙恩赏临亲勘照碑界，断归常住，取王宅遵依结状在案。恐日后无凭，估心后萌禀恳，仁天赏给，遵照照界管业。庶贪占者不得混争也。伏祈台前俯准赏照施行等情。据此，查该寺常住出四至，已于乾隆元年（1736）七月间经前县葛任内照碑载，四至给有印照。在卷追□，本县莅任复，据该僧与王问浩等互控，前来当经亲履踏勘其地，确在常住四至之内。原系王问浩等借界侵占，断令退出给僧管业在案。兹据该僧具禀前情，合行给照。为此，照给主持正修□遵照后开四至管业□，附近居民不得越界侵占。如有故违，该僧立即指名具禀，以凭重究□。该僧亦不得借端越占民业，□滋事干咎须照。计开东至枷担湾、毛家岩、凤凰莺哥岩，西至大寨干堰塘横路老鹰岩为界，南至羊发烈山顶，北至吊马岩山顶。右照给灵峰寺住持僧正修。准此。

大清乾隆贰拾年（1755）十一月二十六日县照□给照

原灵峰寺山门改正辛山，乙辛卯酉分金。伐去山门口大杉树二□，因其心空，仅卖□□□四拾两添入修寺。

（以下为捐资重修弥勒殿者姓名及所捐数额。略）

监修：王泽涔、宋光远、住持悟影

协同监修：沙弥祖才、祖柏、祖槐、师源

大清道光二十四年甲辰（1844）巧月[①]上浣之吉日　王海镜载笔

[附记] 碑存毕节市七星关区三板桥办事处灵峰村灵峰寺。青石质，高0.70米，宽1.19米，厚0.14米。无碑题。碑文参见毕节地方志编纂委员会编：《毕节地区志·宗教志》，方志出版社，2017，第101页。

灵峰寺告示

（缺字）公钱三十三，以（缺字）□□游僧思礼，匿（缺字）外人不得干与阻扰（缺字）钦便经余缕诉陈情而讼寝（缺字）许不禁，慨然曰："夫利弊（缺字）。"于后其如咸慧之□可（缺字）其长此不□惟（缺字）真□者，□传也欤（缺字）光者六王□长（缺字）。

[附记] 碑存七星关区三板桥办事处灵峰村灵峰寺，青石质，横碑，两端皆残缺。现存部分高0.60米，宽0.40米。

西麓洞碑序　徐子京

将欲礼琳公[宫]梵宇于卿邑之中，则必辇岩沟涧壑，陵绝险阻，疲极人力，乃可以为也。然求天造地设之境，或往往难之，度其地，全其天，得其人，昔之所难，今于是乎在。

赫章[②]为乌撒之名区，而西山之麓实为赫章之胜境。夫者之也。山有是为麓，林属于山亦为麓。三国华仙曾降鸾于斯，谓其林木蓊蓊，山足葳㐮，而又托气于西方也，故谓之西麓洞云。洞与赫章相隔数百余武，津水北二水交流潆洄，左右有谷焉，岩相青有泉焉，风相涣蛇虺之所，蟠狸鼠之所游，

① 巧月：七月。

② 赫章原为威宁县（乌撒）辖地。民国七年（1918），威宁县得胜坡分县移治赫章，改称赫章分县。

茂树恶木，野草寒花，乱杂而争发者以万计。

法师广玉，邹姓也。中年落发，住持文昌宫，礼藏探经，法笔在手，无事飞锡来游于蚕丛鸟道间，忽逢一洞，始芟其芜，其涂积之邱，如捐之浏，如鬼斧神工，而圜圆之像奇出。法师虑□宝刹之在望，转而虑布施之无人也。悲生悟中，泪下如雨。遂布衣如一食，誓修兹寺。既而袁善士薙草开基石，沙弥沿门托钵。

音能胜世音，而加之以观则以耳治目。其义有不可思议者矣。经所谓真观、清净观、广大知慧观、悲观及慈观，应作如是观，而况以大士而现女人身，而欲为诸比丘说法，则一切众生诚不可以色相求，而欲即声闻以观之乎。今幸矣！于若兰得观之地，花鸟识观之物，而又以衣钵所积，重装香像。钟于斯，鼓于斯，岁时顶礼，与其徒诵陀罗尼咒，求脱苦难，以报今之修观音庵者。为之记。且为颂曰：

象教[①]既阐，称檀生香；龙折马鸣，幽赞空王。
泥不度水，木不度火；作如是观，观人观我。
五蕴非有，四大皆空；花兮月兮，镜中水中。
我来琳宫，默参微旨；菩萨不言，笑视童子。

刘君、糜君舍布施之金，种菩提之树。而两廊，而上殿，而外殿，次第鼎新，征法师至诚之感不及此。嗟呼！吾人读书数十年，尚欲得取一官，抚一邑，治广厦万间，为天下寒士欢颜。而师顾以寂默，一僧造营室，戒器具，得尺营尺，得寸营寸，使灵祇得所栖止，亦足难也。今幸矣！鸡园鹿苑，似是真如；翠竹黄花，无非般若。而又以衣钵所积，装成佛像，钟于斯，鼓于斯，岁时伏腊，男女烧香赛酬，垂垂于斯。师此日不可告功成于我佛乎。乃师恐以居者之逸，忘作者之劳，命予志其因缘，勒之贞石，以示不朽。

[附记] 选自（民国）《威宁县志（卷18）·艺文志》。徐子京，贵州威宁州（治今威宁自治县县城）人，道光已酉（1849）科拔贡。

---

① 象教：释迦牟尼涅槃，诸大弟子想慕不已，刻木为佛，以形象教人。故称佛教为“象教”。

观音寺重修碑序　徐子京

吾乡有观音庵，比丘尼主之，里中善女人礼佛于此。余童子时嬉嬉与之游，距舍下不百步许，甚熟也。庵虽小，斋鱼粥鼓，庄严毕具，近年风雨漂淮，殿堂倾圮，土坦露，庄落索有声。广修，寺中优婆夷[①]也，心悯之，悲生悟中，誓修兹寺。既而扬善唱缘于前，诸檀那布金于后。而上殿、而外殿、而廊，焕然一新。功成乞序于余，余为观世音菩萨从声闻入道（以下缺字）。

[附记] 选自（民国）《威宁县志（卷 18）·艺文志》。

大帝君惜字箴

儒门主五典，道释起三宗。一切闲文字，皆与藏经同。愚痴无见识，多抛粪土中。随身十万劫，永作厕坑虫。惜字一千，是寿一纪，子贵孙贵，绵绵不已。

[附记] 选自贵州省毕节地区地方志编纂委员会编：《毕节地区志·文物名胜志》，贵州人民出版社，1994，第 88 页。碑嵌于金沙县中心乡平凤村山王庙处金沙字库塔背面。塔建于清咸丰元年（1851），四方形，青石质，3 层，每层均有披檐伸出。第一层高 2 米，边长 1.6 米，檐长 1.75 米；第二层高 2 米，边长 1 米，檐长 1.4 米；第三层高 1.5 米，边长 0.6 米，檐长 0.8 米。

箐上潆洄泉碑记

民赖水土长养，物赖水土滋生。然吾桂箐，山青岭秀，地灵人杰，土地肥沃，市廛兴旺。家家闭户有读书之声；户户围炉有道德之论。然缺水供食，

---

① 优婆夷：佛教指受三皈五戒在家信佛的女子。但从全文看广修应当是比丘尼。

实一大憾。经团众协商，以人力引三岔沟之水从庙脚行回而入，坎土成泉，名之曰“潆洄泉”，以供市民之养。历时三月，费工数万，一旦告成，市民欣欣然有喜色。

镌以阿弥陀佛为镇，碑凿四轮，勒石为记。

同治六年（1867） 韩子霖书丹

[附记] 选自黔西县志办公室编:《黔西楹联碑记集萃》,1992,第118页。碑立于黔西县大关镇桂箐村。

灵峰寺功德碑

（缺字）国朝开科，得士二人□□□□□□□□□弗间。越乾隆时，顺天董君来令斯邑，精地理□□□□□□□□□□□□□□□□□□文庙祖龙之秀，部署年而□□□林邱氏棠棣俱相继为大史，五凤争鸣，洵爐耀上恃也。汩乎才塔倾坍□□□□□□□昔而嘉庆乙丑（1806）后，清□寂然，历今将百年矣。呜呼！风鉴之说，殆信然欤！癸酉（1873）秋七月，□移量此邦，□前事谈□□□□奉更选，董事募资以襄，□盛于是年六月二十日，鸠工重建文塔于旧址，越月将告成，苦于经费不□□亦□□□□。高三丈有三尺，空丈一尺，岿然耸秀，抚地参天，至此后地灵人杰，烺烺焉！炳炳焉！将□而更上之也。□□何幸而□爰不解，绅耆□请而为之记。

（捐资者姓名数额。略）

住持□□□

蜀綦禹门陈昌言渤

同治十三年（1874）二月二十七日 立

经理首士封瀛洲□宝阳吴树洪□□阳□夫王春□

[附记] 碑存毕节市七星关区三板桥办事处灵峰村灵峰寺（作墙基石横砌于旧房墙壁下部）。青石质，圭首，高1.60米，宽7.30米，厚0.11米。碑右面约有0.20米埋入土中，不知是否有碑题。碑额“永垂万古”（由右至左楷书横书阴刻）。碑文楷书竖书阴刻，书写及刻工一般。

重修灵峰寺记 陈昌言

城西灵峰寺创自有明，迄天启壬戌（1622）毁于兵燹，荡然无存者。国朝康熙乙卯（1675）年，邑绅樊应兰慨焉当仁，募金重建，香费、灯费有资，更置田以赡僧。寺优婆塞李奕燥复捐巨产为助，招僧普纯及徒通修供奉佛龛，世世承袭将□□□年，弗紊□尘，周梦兆引。柯邑侯侠记犹摩挲可考焉。

咸丰辛酉年（1861）……灵峰寺□墟，寺僧逃亡，独瞽僧祖材蹒跌坐守，豢食寺租，垂二十年难兴庙貌。光绪己卯（1879）□□僧卒，应兰裔孙樊明荣，抱绳武志，谓灵峰为毕邑发脉有关阁，邑文风未可废，而弗举，询谋佥周力任工董，余是备查诸户，详载□□□□为□卖立案准行，都人士之捐资助工者不少，余六拨文。华典公银贰拾两（下缺）

（以上为第一面碑文，以下为第四面碑文）

（上缺）公钱叁拾千，以□□役抑，谓一县人义，所（下缺）非徒壮瞻恣游聘已耳。乃议□□□□突有游僧思礼，匿樊应兰、李奕燥等善行，自讬为瞽僧徒裔，谓业皆僧置向□□□□外人不得干与阻扰，构讼上渎大府并控赴滇。钦使经余缕晰陈情而讼寝，仍以初议立案为者为断。余卸去在即，成请序其源流。助□□□许不禁慨然曰：大利弊易乘除也。今昔难逆亿也。世创于明□，其如天启之火何□□□，于后其咸丰之火。何僧构讼而得来者，私也。僧构讼而卒，不得业者，公也。其长此不弊，唯大公无私。匪唯有以社僧□且可以杜，非僧者之众□也。否□□□其利者，独僧也与久哉？举一概三，寺犹显焉者也。

光绪六年庚辰（1880）夏　蜀綦陈昌言禹门氏撰

[附记] 碑存七星关区三板桥办事处灵峰村灵峰寺。青石质，四楞碑。无碑题。高 0.90 米，第一面宽 0.30 米，第四面宽 0.29 米。其余两面嵌入墙内。碑文参见毕节地方志编纂委员会编：《毕节地区志·宗教志》，方志出版社，2017，第 102 页。陈昌言，四川綦江（今属重庆市）人，同治十二年（1873）署毕节知县，光绪四年（1878）复署。任内主修《毕节县志》。

重修观音阁碑序

盖闻，佛居南海，群叨觉路之引；寺建东城，共感迷津之渡。能令庙貌重辉，致将祠宇复振。

城东观音阁古刹也，创于前贤，百余年来，香火鼎盛。继以培修，花果树木环绕，每逢花前月夕，高人雅士吟咏其中，以为憩息之所，诚为吾乡之中绝好道场也。嗣遭甲子之变，庙为灰烬，一时登临故址者，未尝不留连思古而叹息痛恨也。

元年中，叶州主①札饬首士等一律完善，在首等何敢胜此巨任，然亦思地方之事，官斯土者尚不忍废弛，何况生此地者又忍令湮没乎？是以勉力数年，始获积蓄，将前后殿宇修复，抑亦不负叶主之美意，而有不负前贤之创举也。

伏愿地方无事，山岳效灵，人文蔚起，培修有人，岂不猗欤！谨泐贞铭，以垂不朽，是为序。

大清光绪八年岁次壬子（1882）季秋月重九日

[附记] 碑嵌于黔西县水西街道水西公园碑壁。青石质，方首，高1.00米，宽0.50米，厚0.10米（嵌入墙中）。碑额“永垂不朽”（由右至左楷书横书阴刻）。无碑题。碑文楷书竖书阴刻，字迹工整，刻工精细。碑之中端略有风化，个别字迹模糊。碑文载：黔西城东观音阁为佛教古刹，创建百余年来，香火鼎盛。后遭甲子（1864）之变，庙为灰烬。光绪初，黔西知州叶含华（浙江仁和人，进士）饬令首士等完善寺院。经数年积蓄，“将前后殿宇修复”。

建修观音阁序

盖闻有功则祀不立异，以矜奇明德惟馨，匪骇俗而动众，所以勤事宜

① 叶州主：黔西州知州叶含华。

劳百代。文丞罔替，御灾捍忠，千秋之俎豆常新诚，自古□□然亦，于今而维烈若大。佛自西来，教传东土，功超四大，果证三乘，说我法以无边。观此心兮，自在无量，恒河沙数，第一波罗密，□相于孤云片石，色相皆空。映禅心于皓日，清池头头是道；涌莲花之世界，藏芥子于须弥。延东波之达摩，迈两方之衲子；开维□□室，启弥勒之香龛。得大解脱，说菩提偈于宗门；放好光明，现释迦身于法座。此中妙未可明言，孰吾法门清静，世间人谁堪与，□□觉道玲珑，唯有甚解不求等，诸姑妄言之数一辞，莫赞同于莫须有。世之说而已然，而精诚亥隔感悟，非虚结因缘于三生。□□机关于一转，躬居弟子之斑，一切□能度，领受大师之偈，如是我问，则虽赢四百八十寺，而跌怢基超三万六千场，而证道垂浮图而建树窣堵以凌云，布金文常宽，吹水之不堵，黎之机锋自远檀，越之布施休悭，骑来白象坐偈谛，以三千护定神龙烈罗汉于八造琼楼兮，玉宇置金阙，与银宫，众合掌，以和南光生玉镜，咸祖省，而顶礼彩耀昙花，冀精之可格嗣顺兴情，期祷祈以必灵□过举。

毕邑，乌蒙故地，赤水名区，当三省之冲，甲全黔之秀。螺峰近接，鹰塔高标，耸北镇之雄关，挹西山之爽气。翠屏则隐约，旭日东升则灿烂朝霞。虎踞龙蟠，文字得江山之助。魁垣桂籍，人才皆灵秀所钟。名胜既佳，神迹更异。则有东阁之东，文峰之右，先农坛畔，惠泉井边，久有观音阁，由来已久。后因屡经兵燹，倾塌有年。甲午（1894）冬，邑人立谋：垂之东善者，据金创构于己未（1895）春初，仅成正殿壹阁。于时，神果显应。有求皆灵，祈祷者扶老携幼，挈女提男，塞苍衢于络绎不绝。而地隘狭恒苦憩息之无所，众首士商议，拟再建旁殿数间，并筹长素招僧敬礼，以为久远之计。唯是大厦非一日之全，裘必众脉，集伏冀。缙绅巨族，阀闵名门，良贸富商，高人逸士，不惜倾之助，共成结局之功。则将来求子得子，求寿得寿，功名富贵能有成。凡有所祈，如愿而获。天之所佑，人实为之，夫岂同石言于晋，或为鬼物之凭。神降于姿冀土田之赐也哉！是为序。

（以下为捐款捐者姓名及所捐数额。略）

住持尼僧陈道真存

[附记] 碑立于七星关区惠泉寺，青石质，高1.44米，宽0.73米，厚0.13

米。碑额“永垂万古”（横书楷书阴刻），无碑题。

太平阁碑记　唐楷文

择而建都邑，州必有城有隍，以资捍御；有社有庙，以将祀事，有廨有署，以治四方；有学有校，以教多士；有市有廛，以聚万民。亦必有一二名胜，因势而培之，为亭阁楼观，以供郡人之燕绥，留过客之鸿印。吾民终岁勤动，日暇务闲，得优游其间，以涵豫其性天，增长其乐生之趣。年丰岁稔，四境安和，相与乐民之乐，观熙春台之盛，如永叔之记《醉翁》①，东坡之记《喜雨》②，两亭超然，名贤论述，既可征矣。

大方之为郡，始于国初。康熙三年，黜宣慰而治以土官，于是城隍、社庙、廨署、学校、市廛靡不毕备。迩来二百有余年矣，繁富日增，蜕乔而文，经变乱不稍衰，固已蔚然名郡矣。其名区胜境熟闻，外则有莲塘、龙阁，虽无兰亭、梓泽之盛，而依山临水，可以游目骋怀，涤膺荡胸，亦山国之嫏嬛也，顾城内则缺如焉。府署之西有小溪，源清而流浩，建桥其上，名曰“太平”。土人曰：“桥旧有庙，祀土地、奎宿，以培风水。”自毁于兵燹，碣断碑残，遂莫知所建始。太守华阳陈公莅任之明年，政浃民和，百废俱举。署中司书，与夫庶人在官者流，趋公余暇，经过其间，访其遗址，戳然动复古之思，议醵金重建。禀于太守，太守曰：“可。”乃率吏役出其私财，鸠工将事，三月而成，为阁三重，计费千金，不假外筹。仍俗祀土神、财神、观音其上，以供祈赛。落成请名于余，余曰：“桥名太平，而斯阁之成，适当予备立宪，庶政维新。夫今时政府之忧勤，人民之狂热，非以求太平之幸福欤！因桥而名其阁曰‘太平’。”即以为今日之纪念，亦奚不可也。异日者酾酒临风，登阁凭眺，南望水西，济火之遗迹在焉。弔顺德之墓，北望阁雅，慨然思九驿之功！西则盐仓，织金安禄之所藉也。

西贡鬼方，自古不通于中国，汉置郡督羁縻而已，自济火氏佐武侯平

① 《醉翁》：欧阳修《醉翁亭记》。

② 《雨亭》：苏轼《喜雨亭记》。

孟获，子孙世长水西。自时厥后，或罗甸锡封[①]，或刺史遥授，而苴慕之称如故。元以兵力收入版籍，设八番宣抚。有明因之，奢香效顺，蜀滇遂通。然犹不能赋其地，齐其民也。至我朝，始郡县治之，革数千年椎髻之习，而易以冠裳，盖经营缔造如斯之难也。今则学校林立，百废毕修，风气之开，跻于内地。登斯阁也，思前此开辟之艰难，深来日无穷之希望，无敢逸豫，以荒以嬉，则庶乎宪政可成，而太平可致也。若但以恣游观、工祈媚，岂名斯阁之意也哉！岂名斯阁之意也哉！蜀人唐楷文为之记。

[附记]选自（民国）《大定县志（卷6）·秩祀志·寺观》。

（三）民国时期

三圣宫碑序　张天霖

原夫！世变风移，总之扶衰以救弊。垣颓屋败，不离革故，而当斯时也。

吾里界属黔阳，三省当曲。犬牙交错，有蜀川倒流于臂左；虎踞盘环，得滇山峨莪于脑（右）。□倬彼云汉，前见朱雀之昭回；怜他斗柄，后来玄武之垂象。以故先祖落业于兹，始建山堂，继□竖观，自今创焉。彼夫！神威暂停，运际昌明祥瑞，休嘉莫下，普及由是。二世祖见人杰地灵，伸白□□□，□与同地邻年耆张等募化捐资，培修成阁，巍峨毕汉，聊遂心愿。孰知贼匪猖獗，民遭蹂躏，一旦□□，□墙化为灰烬。余等观其屋破垣折，不得不抚境兴怀，触目心伤而为之，以作其制一也。兹者，竭诚尽□□慰圣聪，所以鸠工连年，木石俱兴，补垣、塞穴、建阁，成壁辉煌。来龙之山，炳鳞感应之堂，斯时门楣□□，里党壮其观瞻，春秋享其不灭。虽未尝丹楹刻桷，作开先之盛，而维持调护，亦未免遏佚前人之□。□□爽有，鉴降福无疆。以是序云。

（以下刻周朝阳等22姓72位捐资人姓名）

---

① 锡封：赐封、分封。

民国甲寅年（1914）又五月二十四日谷旦　众姓公立

[附记]选自唐光启主编，张正禄、周遵鹏（执行）副主编，毕节市七星关区党史地方志办公室编：《鸡鸣三省文史资料辑》，三秦出版社，2015，第314页。碑立于七星关区林口镇鸡鸣三省村观音岩口三圣宫遗址（现庙毁，碑倒卧于地）。青石质，方首，高1.2米，宽0.6米，厚0.15米。三圣宫供奉儒释道三教始祖孔子、释迦牟尼和老子。遗址还有刻于“大清同治辛未年”的残碑，已无法辨认。

浮图园记　方人凤

黄沙，当贵州乌江之中流，北迤三百里而近于赤水。其间风景之佳，有似江南者。曰西洛河域：平坝、里毛也；曰沙溪河域：新场也。长江自巴渝而上，泾[1]沙入黔者，必过新场。关道相望，千马衔蹄。寖为贵州西北之要冲地。侨斯场者，恋地营家，枕壁相籍，渡河而来去者五里，盖丰乐之境，已为世俗所有而无遗也。大定坡者，凡环如几，新场之墦间也，荒绿蓁蓁，众鬼之域，坡麓险空如啸，谽谺砑泠然，盖游人所不至者。同治间，蜀僧净普来此，计无宿钵地，以是为人之所弃也，于是丐而营之刹，题曰：“观音洞”。天下名山如名士然，方其未达，若有蒙焉。及其运至，因一二人之偶然绻睇，乾坤佳胜，随指而开，遂使众目惊华，增其价赏。夫物之晦厄昌明也，固有时哉！净普之世，此山虽营，美实未辛。逭僧北海，加造浮图，构为园亭，遂觉山庙卑然，若踏闾阎而起。每坐刹阶，市声如河。闤阓居廛之家，屋脊钩连，交角相压，当履可蹴。椒甍飞角，瓦垩生姿。瞰谛山川，土耕田足。紫山排嶂，覆釜缭结，有塔如鸿，随指而左回，青山如帷；有塔如杙，联嵌曳蹇，随指而右旋。紫山之下，市转若城；青山之下，水萦若带。河出林间湾口，即沙溪山，面亭而峙者，有紫玉屏、紫三台、紫钟峰。此峰之塔尤为端秀，矗天遥峙，适当人鼻而起，令人意眺遵义，一鸟之翔如可至者。自沙溪山十里而逦近，树屋相资，浓密如锦，

① 泾（jīng）：通也。谓通流也。

屋在树间，树在田间，田在桥间，桥在山间，山在河间，河在屋间。诸山阜之临河起者，势若木鱼。诸楼阁之在山者，拥树而起。朝宜露霞。暮宜烟月。天之好景莫美于云，地之好景莫美于树。虹岩风景，在僧眼中皆可画也。时当盛夏，禾菜悦人。耕者自静，游者自乐。因笑语诸游行：若使欧美人盛升黄金，买我新场，其予之乎？方清乾、嘉数代，跄跄仕甲，英表有声。今则锦丽河山，常为堪舆者论其不足，父老亦日怨其不灵。然自吾侪视之，不谓光景之似江南，不可得也。北海曰：吾之营此，亦属不意。自顾僧伽，苟能与人似乐者，则为之。人间也无我着地，吾求之山；佳山无我着地，吾求之众人所弃之山；园无着地，着之荒嶂；亭无着地，着之坳壁。人风曰：北海得之矣！天下之境，尝有于此。视之为美看，于彼居之，非俗则荒。善营所弃者，必得天地之所不弃。释有无着者，宏大乘业，与天亲为兄弟，仁教以昌。子无着乎，吾以名汝亭；子有浮图，吾以名汝园。异日者，吾乡之士，苟有能文如梅伯言，吴挚甫之徒，当必更有佳记，以为斯园鸣者。今吾与子之所有，特其先祝耳！

民国六年丁巳（1917）夏月　平洛匈珠、方著人凤制记并书石

［附记］选自贵州省毕节地区地方志编纂委员会编：《毕节地区志·文物名胜志》，贵州人民出版社，1994，第139–140页。碑立于金沙县城关镇县人民医院西北侧大定坡观音洞旁，碑高2.17米，宽1.02米，厚0.17米，民国六年（1917）农历四月立。青石质，楷书。碑面上下两截载文。上为《无著亭题咏》律诗10首，题名篆书，正文行书，均阴刻；款末置“伯鸾”“方人凤”阴阳篆刻方章各1枚；下系《黔西新场观音洞浮图园记》散文，皆竖书楷书阴刻；款末为“匈珠”“方人凤”阴阳篆刻方章各1枚。两碑文均竖书阴刻，字径约2.7厘米。碑尚好，字迹清晰。现存金沙县文物管理所。方伯鸾（1879–1947），字孝恪，号人凤，笔名囟珠，贵州黔西州新民里（今属金沙县）人。宣统己酉（1909）科进士，授云南大理府通判。民国时期曾任黔军第五师秘书长、金沙县参议会参议长等职。晚年在家乡从事教育。擅诗文、书法。

重建三教寺碑 王宝珩

三教寺，祀文昌、真武、观音，其由来已久，不知其所自始。而大定之有此寺也，亦最早。清同治间，毁于贼，栋宇无存。光绪癸卯（1903）冬，首事李寿山、杨济川领款重修，工未竣。而徐芸生、王玉成继后，又遭政变，中止。民国三年（1914），坍塌殆甚，徐、王二君乃议募捐培修，适有南乡刘泉清慨捐数百金以为倡，和者遂众。戊午（1918）春落成，属余记。余问之明儒曰：二氏之精微处，吾儒皆有之，总不出“无极”二字；弊病处，先儒具言之，总不出“无理”二字。无理者，固不可存，而无极者，终不可破也。善夫刘念台①之用曰：“莫虚悬勘三教异同，且当下辨人禽两路。”②则凡乾元性海，三教肤廓之论，固无所言其附会，即源远未分，别具宗风，如今之所像祀者，亦可不必过为深求。盖古人于天地万物，见为异而惊之，而宗教之事起，今人于天地万物，见为同而神之，而宗教之义深。宗教之清浊不同，恒随世运为隆污，即皆有翼群之用。至于群演既深，出兰著美，则教力日微。惟群之女子，有辅翼附和之能力，而轻重、左右从之，乃又先有此别立之宗，以应女子之祈向，此诚不可思议者也。是故可以蔑而弃之者，必教之刍狗。若教之精神，必将与天地万物相终始，而必不可以人意为废兴。尝论蜕嬗之群，无往而非得半。而宗教与法律之关系，遂相悖而适相成。今徐、王二君皆法律家非宗教家，顾乃经营兹寺，其于天人之际盖深矣。若夫三教之虚诞者，固明明与人以可见；其不可虚诞者，亦明明与人以可见也。岂烦言而解哉！岂烦言而解哉！

县人王宝珩记孙家鼎书

住持保元

[附记] 选自（民国）《大定县志（卷6）·秩祀志·寺观》。碑立于

---

① 刘念台，名刘宗周，字起东，号念台，明朝绍兴府山阴（今浙江绍兴）人。万历辛丑（1601）进士。因讲学于山阴蕺山，学者称蕺山先生。明末儒家代表人物。

② 语出《明儒学案（卷62）·蕺山学案》。

大方县慕俄格古城街道三教寺(又名千佛崖、百子岩),今碑已不存。三教寺,始建于清初。民国三年(1914)重修,有记勒石。撰者王宝珩,字楚珍,贵州大定人,清宣统己酉(1909)科拔贡。碑文记述:"三教寺,祀文昌、真武、观音,其由来已久,不知其所自始"。清同治年间,毁于战乱。光绪癸卯(1903)冬,首事李寿山、杨济川,以及徐芸生、王玉成等曾两度筹建,均因故未完成。民国三年(1914)寺院坍塌严重,"徐、王二君乃议募捐培修,适有南乡刘泉清慨捐数百金以为倡,和者遂众"。戊午(1918)春落成。请地方人士王宝珩作序。

重修观音阁落成敬告书　姜则徐

溯斯阁建于明季,年远坍颓,游人登临,罔不抚今思昔,惆怅久之。王君景光、杨君敬之,有鉴于此,坚以重修之责,嘱予担负,予以工程浩大,重以人微言轻,恐难蒇事,力辞未获。二君复以大义敦促,直至三年,殷殷不倦,予勉应之。遂于庚申(1920)春动工,不辞劳怨,不间寒暑,又得熊君绍光及诸同志时相辅助,世细分肩。

不意天假奇缘,而因团长柏公驻节吾邑①,公余散步,适予督工在阁,谈次具述困难,并经谭君居间维持,承柏公筹款至壹千余元,至成此举。现在初具规模,予愿斯足。且以七载如一,涓滴必记,公私分明,可告无罪。人之好善,谁不如我?是以就此息肩,以俟贤能,并愿接替,得人保护建筑,日增完满,不特暨志同志之幸,亦即斯阁之幸也。歧予望之。

后学姜则徐谨泐　时民国丁卯(1927)小满节

[附记] 碑嵌于黔西县莲城街道水西公园右侧通道石壁。青石质,方首,高 1.00 米,宽 0.50 米,厚 0.06 米(嵌入墙中)。碑题《重修观音阁落成敬告书》(楷书竖书阴刻),碑文楷书竖书阴刻。字迹工整,刻工精细。姜则徐(1877–1950),贵州黔西人,晚清秀才,水西公园创办人。

① "柏公驻节吾邑",指黔军第 6 团团长柏辉章率部驻防黔西。

碑　文

为布告禁止事案。

据第三区兴隆镇财神庙首士刘卓之、廖国章、张子希、刘电五、郎国均等呈称："缘民处有朽坏财神庙一座，势倾颓。有关风水，首士等特设法招住持孟光和在庙侍奉香灯，一面任其募化，一面由首士捐助陆续培修。行将告竣，谁料竟有不肖乡镇间长等，借庙欺诈住持。勒索不遂，大肆斥辱。幸蒙吴区长令禁该乡镇长以后，稍得安靖。惟恨区公所相隔较远，鞭长莫及，有时不能顾到。该不肖乡镇，难免不照旧习惯，仍来庙内诈恐住持。为久远计，势非呈请均长府准立案出示禁止不可，首士等伏思神赖人以维持，而香灯始得不断；人赖神以庇佑，而福禄方获久远。是以上至政府，下及黎民，对于古先神圣无不万分钦仰。故维大人定能屈体下情，断不至任该不肖乡镇藉权营私，俾神圣香灯无着，住持远徙他方，庙宇如前倾颓，风水愈见损坏。首士等扪心难问，因特冒渎上呈，如蒙府准存案，出示禁止。则神人两感，千古不朽"等情。

据此，除照准存案外，令行布告，禁止抽提该庙之款。仰该处乡镇长及人民等一体遵照。切切此布。

县长　陈世道

实贴与兴隆镇晓谕

民国二十一年（1932）六月三十日

［附记］选自毕节县地方志编纂委员会:《毕节县志》，贵州人民出版社，1996，第1124–1125页。碑立于清水铺镇关田村大坡上村民组钟离山财神庙，青石质，高1.20米，宽0.60米，碑文竖书楷书阴刻（略有风化）。碑上部正中阴刻"毕节县政府印"篆书印章（0.09米见方），印章下横书楷书阴刻"毕节县政府布告"。钟离山号称川黔十大名山之一。财神庙殿分三重，上供玉皇，中供观音，下供财神川主。现庙宇大部已毁，仅存部分厢房及碑记。

大宝飞云洞序

大宝洞在黔西州治东北隅石头场僻境也。旧为流丐栖宿之所，人咸秽之。洞上时有云气环绕，洞中多玲珑怪石，有鼎、彝、狗、马之状，故名飞云洞，又名石灵山，记其宝也。为流丐故，虽有骚人逸亡喜登临眺览之，游辄以为秽地而置之不顾，此飞云洞不幸欤，虽然山川之幸而不幸，亦犹人之遇与不遇也。凡人不遇之时，伏处草茅，蓬头跣足，垢衣忘浣，见之面莫不侧身而走，虑其浣于己也。及一旦知己忽来拔擢任用，加以冠冕，衣以文，而其名遂炫于世。非短于前而长于后也，遇与不遇耳。飞云洞亦然。

先是，光绪年间，有宋昌兰者，定郡小石城人也。避来六龙金湾，谒先大夫采田公，公导以志恶从善之。昌兰寤，遂弃尘寰而求清静无为之术，遨游名山大川，因见飞云洞，喜其幽僻。商于把总陈仲成，秀才肖遂良、胡玉如等，雅赞之。于是捐资购林，惨淡经营，构兰若[①]于洞中，金碧离娄，历十余寒暑，而后藏焉至今。然梵刹非复庐山真面矣，殆非飞云洞之幸欤！然无昌兰先生创斯洞，不传有斯洞，川（则）昌兰先生亦足以与之不灭。以同宗论，余属昌兰侄行。其弟子：兰秀坤、兰学庸、吴龙先、文易清、禹显纲、孙相龙、雷赞亮、何大全、郭修真、谢玉真、曾沛林，女宋珍珠、宋宝珠、汪静莲、胡凤英、徐文举。□人不忍其避□之意，请序于余。余因书其扬以予之。

后学弟子：余世荣承办　匠师：王银章
天运甲戌年（1934）蒲月之二十四日　审氏太二郎致撰
余朝煊书　主持罗得祥、罗定祥

[附记] 选自政协贵州省委员会文史资料委员会《贵州旅游文史系列丛书》编委会编：《玉水金山》，贵州人民出版社，2005，第216–217页。摩崖位于金沙县石场乡政府驻地南隅石灵山飞云洞（又名大宝飞云洞，俗称大宝洞）。剔地离地表高1.80米，剔面高2.20米，宽1.38米，四周边

① 兰若，又名阿兰若，佛教名词（“若”字念rě），原意是森林，引申为“寂静处”，泛指佛寺。

沿饰有宽约7厘米的线刻花纹图案。剔面正中镌刻直行楷书：“恩师宋公讳昌兰大人扩修飞云洞纪念”16字，字径约10厘米见方。其两侧铭文为“大宝飞云洞序”，均竖书楷书阴刻。碑文记载，大宝洞原为流丐栖宿之所。光绪年间，乡人宋昌兰欲学佛，遨游名山大川，“见飞云洞，喜其幽僻。”得地方人士支持，“捐资购林，惨淡经营，构兰若于洞中”。

六、铜仁市碑刻、摩崖、塔铭

（一）宋代

钟　铭

敕赐铜钟为记

维绍兴十九年太岁已巳（1149）正月丙寅朔，通侍大夫、宁军承宣使、知思州兵马兼辖涿州南坪军沿边都巡检、仗义郎、阀门宣赞、酉阳知寨冉守忠捧檄麾南征北讨，皆获胜捷，发心命工铸造铜钟一口，重五百斤，永镇土城，使伽蓝晨昏扣系击，警觉龙天，上祝圣寿无疆，下祝臣僚率尿①，郡邑人民丰稔，瘟疫潜消，过往超生枉冤解脱。谨题。

[附记]选自黄尚文:《梵净山佛教文化史料与研究》，贵州大学出版社，2017，第124–125页。钟原存于今沿河土家族自治县官舟镇黄龙村观门前（原名卜龟坪）常乐寺（今已无存）。② 铭文记酉阳知寨冉守忠捐资铸钟缘由。

---

① 尿（chì）：丝车的摇把。泛指器物的把。

② 沿河常乐寺（又称福常寺、永佛寺）。明嘉靖《思南府志·寺观》载：“常乐寺，在司北六十里，唐建为福常寺，宋时敕赐中胜院，国朝改为常乐寺，年久圮废，惟遗一钟，刻碑一道。”道光《思南府志·古迹》载：“常乐寺，在官舟，唐为永佛寺，宋敕赐中乐寺，明成化三年（1467），沿河长官冉懋重修，改今名。”

（二）明代

修立大寺堂合镌各施主碑钞白

修立大寺堂合镌各施主碑钞白：

信官冉懋，室人田氏庆真、应真，男国忠等，施诸像九尊；父冉昱、叔冉昇、婶李氏施二尊；冉旻、谢氏施二尊；冉晨、冉昌、冉显、冉晕、冉诚、弟冉恕、冉德、弟妇张氏各施一尊；冉昂施寺□下水田一分；信官冉懋施水田地名白羊桥西岸一分，后溪茶园金刚寺施僧一员，法名惠清；冉昇施楼一座；弟冉惠施水田地名麻子坨东岸一分，又东房三间：冉德施麻子坨水田中一分；冉晨施白羊桥水田一分。

（寺被贼毁碑钟犹在可对）

成化三年（1467）丁亥岁十一月吉立施碑记

[附记] 选自黄尚文：《梵净山佛教文化史料与研究》，贵州大学出版社，2017，第125页。碑原立于今沿河土家族自治县官舟镇黄龙村观门前（原名卜龟坪）常乐寺。

白云寺舍白碑

立招僧舍白。地主张鼎、张胜各房等，因先祖遗地龙台修白云寺，所正僻间，招僧乐境主持，镇守虎狼。不料乐境四藉哉，僧主持等至今众房好作商议，将额田一方，开明四界，指拔招钊僧人宗洁，在寺终理，住插焚献，退节府司印熊，务要专心守性，不得妄招往来僧、道。其所施常熟：东至岩门沿溪直下至半溪曲在小横路左小干沟；南至小干沟截过马琮岭，横过小工岭脚下；西至小横岩直过至大岩中间额截过右边，斜过土坎子上人行路，再上乱石窑直上；北抵杉兜岩岩弦，由杉兜岩弦横过二小岩弦抵岩门左。界内田七分、荒熟土、山林树木，俱给予宗洁承管。

兹规定不许典当此业，众房依祖祷告天地，誓藏经在内，舍白不得一人妄行侵占。今恐人言无凭，立此舍白一纸，付与宗洁，日后永远收执为据。

神龙作证

在中人：蒋大才

代笔引进人：吕明亨

立舍白地主：张鼎、张鼐、张胜

谨照舍白勒垂于石，永世思虞

明嘉靖三年（1524）九月初九日

[附记] 录于政协铜仁地区工作委员会编著：《中国梵净山佛教文化文物研究》，贵州人民出版社，2011，第 208 页。碑嵌于思南县思塘街道文庙棂星门右壁，青石质，方首，碑高 1.06 米，宽 0.61 米。竖书楷书阴刻。

石阡圆觉寺嘉靖钟铭

风调雨顺 佛日增辉 法轮常转 天下太平

石阡府葛彰司古迹 圆觉寺

诸方僧法先、太初、异香、宽大千、无奉、界宽

敬添用吉正宗义，南无成就功德佛。

五官长 : 安贵

土舍：安景、安寸、安松、安柏、安值

副官：赵乾、赵显邦、冷华、李吉林

功德主：汪伯高、汪伯和、汪朝、陈斗山、唐华、段明、汪伯延、汪伯海、潘万秀、王文礼、陈士臣、熊岳山、□正琳

杨本枝（以下为其他功德主名。略）

万比常住水田一十二 禾老 ，秋粮二斗

加 [嘉] 靖十六年（1537）冬月吉日正

住持化缘僧：界滨、培训

江右匠士：洪简造

[附记] 选自石阡县文物志编辑组文化馆编印：《石阡县文物志》，

1982，第 126–127 页。钟原保存于石阡县白水镇白沙中学，1980 年交县文化馆（后转县文物管理所）。钟高 0.93 米，钟口直径 0.70 米。

金顶院道摩崖

印江上街里老杨再运具诉。上司察院蔡、都清道曹、抚苗道杨，总批印江知县雷[①]，差委官义民王踏看，回呈委系古迹名山，申明详允。批准本县给颁火牌、告示、帖文。承招善人，开砍路到[道]，通行朝觐，起竖庵殿。招善士杨洪德、陈普庵、杨万林。

若有人损坏一字，承当经十部。

南无阿弥陀佛，万善同归。

[附记] 院道摩崖位于铜仁梵净山新金顶半山腰，高 0.62 米，长 0.92 米，摩崖上方从左至右楷书横刻“院道”两字，正文竖书楷书阴刻，没有落款。从文内记载的“都清道曹”“抚苗道杨”“印江知县雷”等职官情况分析，镌刻时间大约应在明万历初。为最早记述铜仁梵净山佛教历史的文献。

修观音阁碑记　李渭

中宪大夫参知滇事南京工部尚书郎守韶卓异宴赐衣钵
三品服倖郡人李渭撰

旧华严寺，宣慰司祝寿所也，在中和山麓。黔山多奇胜，且在城中唯中和山云。予尝登阁引睇，见锡帽拥于后，万胜宾于东，三台、天马拱于右，二峰峙于左，德水西来，环抱东南，逶迤而北，鹭洲浮江，与鱼峡上下相望，相为首尾。中和则端耸卓出，与众山不类。若贤人正士安处群众之间。甲舍城堞皆在下目，一方奇览也。

嘉靖戊午（1558），道人魏洪、冯静通，僧人正泰，白于兵宪金公，于山之斗绝处建观音阁，路左入，金公改于右。兵宪斗坤周公、雁阳李公、

① 印江知县雷：雷学皋，万历元年至三年（1573–1575）任印江知县。

郡守杏村何公、育庵田公，相继拓大之。万历乙亥（1575），郡守修庵蔡公建楼于阁前，兵宪定高公篆“普济”匾于亭楣，僧人满园、法通增建六佛堂及左右楼舍。辛巳（1581），正泰募众建藏经楼，碧空请经于金陵阁。乃稍稍完美矣。古泉张公并观厥成，渭当笔记其事。记曰：往者与修庵春朝登阁，修庵述观音大士本行告渭，因睹见大士为人。大士前劫妙庄王季女也，孩身悟佛法，浮海入香山。王追之不得。处王末岁痈溃，痤不治，大士化医身白王，得王所生骨肉戚手眼为药，问其心许，可乃治也。王骨肉戚，唯长、仲二女，问二女，不可医。复白王曰：无已。香山佛普济人苦难，不少悋，得其手眼亦治。王往构佛，慨然可取手眼予王。王疾愈，率宫姬、百吏渡海谢。知其为季女也。大士为王说法，喋喋以孝言，王问割手眼时疼苦何似？大士云：欲愈父疾，毫无顾惜，是以毫无疼也。王及宫姬、吏皆化，国人闻法，皆回心而俗变。

于戏！观音大士所为若此，惜乎不及吾孔门闻曾子之孝也。曾启手足幸保全，故兢战终其身，恐堕手足毁残亲遗；大士不然，刳目锲指以愈亲患。曾子所为，大士所不为；大士所为，曾子所不为也。

渭与郡中士论学于阁，每以孝弟为要睹，闲摭摘大孝告友朋，友朋感惨心恻，互相传许焉。今夫晨昏鼓钟，人习闻之，闻者不藉藉惊。有乘轺鸣驺行者，钟磬管龠，挝叩衢道，皆聚观倾听之矣，即深居闼阖者，莫不争趋窥也。故语曾子之孝，此闻故也。如晨昏鼓钟，然语之以大士，彼将敛衿衽忻悦而多之，若听钟馨之声，管龠之音也。夫语以曾子则不听，语以大士则听，人盖乐异闻，夸诩新奇也。孔子告曾子曰：“小杖则受，大杖则走”①，孝如此也。

阁成，迺述修庵新语为记，且告阁中僧云：尔佛以去父子为教，何大士喋喋以孝语尔。可以深思矣。

大明万历十年岁在壬午（1582）长夏　郡人李缵初篆盖　李培初书丹

[附记] 选自（清）道光《思南府续志（卷之10）·艺文门·记》。碑嵌于思南县城中和山华严寺观音堂前壁，青石质，方首，高1.93米，宽1.17

---

① 语出《孔子家语·六本》。原文：“小棰则待过，大杖则逃走。”

米，楷书竖书阴刻。碑题《修观音阁碑记》，保存完好。李渭，号同野，明贵州思南府水德司（今属思南县）人，著名理学家，曾在四川、安徽、广东任知县、知府、同知、副使等职。为官清廉。潜心研究儒学，著作颇丰。

剪刀峡摩崖

南无阿弥陀佛

湖广镇远征板桥屯，发善心舍资财。信善余刚，同男余嘉茂、余嘉古、余嘉录、余嘉训、余嘉注，婿黄德平、女余氏，右既一家眷等，且余刚人人清秦，寿命延长。从土地起工，舍身岩小尖山下，至处起至凉水井止。修路用工雷应德、冯邦成、录应春、王仲海、高应成。

万历十六年（1588）仲秋

化主：杨洪德

[附记] 录于张朝仙主编：《民族文化——印江土家风情》（第4辑），2007，第85页。参见政协铜仁地区工作委员会编著：《中国梵净山佛教文化文物研究》，贵州人民出版社，2011，第196页。摩崖位于梵净山西北麓剪刀峡道旁，长0.90米，宽0.70米，高1.50米，竖书楷书阴刻112字，经年累月，风雨剥蚀，长满青苔。

木桶观音阁记　陈汝忠

铜于职方隶贵阳，而治界楚蜀，邻苗僚，盖岩邑也。而木桶一道，阻山面河，结栈而渡，实铜郡之襟喉、楚辰之外户焉。

先是，度支郎陈君登陟其地，谓此道为黔楚走集、冠盖往来、士民登眺之区，宾客饮饯之地也。谋之先督府石公，稍为增辑开拓，而建梵宇其上，俾舆而行、骑而驰者如履康庄，即蹑跷负载者亦有所憩息也。岁久而圮，基址崩塌，栋宇摧朽。不佞[①]至而登览焉，凛乎若不可置足者，思为新之。

① 不佞：谦辞，犹言不才，旧时用来谦称自己。

因捐俸余，并主僧募化，以济不足。未几而旧制复，且视前舷敞壮丽矣。

主僧请不佞往观，因輾然曰："雄哉！阁乎可以利行道，可以来远人，可以适壮怀，可以告有政矣！"

童子请曰："周行既广，行道称便，险阻无虞，远人皆来，是则闻命矣。请问所以适壮怀、告有政者？"

不佞曰："是非尔所知也。春和景明，二气氤氲，万峰耸翠，一水拖蓝，鸥鹭亲人，花木含笑。登斯阁也，遐眺远览，心畅神怡，收万象于胸中，富千言于纸上。招逸人，引羽客；对清尊，浮太白；梵音助兴，渔笛呈声；风来月到，水激山鸣；欲心以仆，躁心以平。飘飘游华胥之域，陶陶在沂水之滨。是不可以适壮怀乎？秋冬之际，万木萧森。山惨淡以含愁，水激烈而有声。昏鸦绕树，古戍烟纷。登斯阁也，尤[悠]然而坐，潇然而吟；思保障之未易，念疆场之靡宁；愿借箸以筹边，祈折冲于尊俎。南顾夷僚，思所以驾驭之策；北望京邑，思所以报称之心。忧勤惕厉，旰食宵衣，内求敉宁，外求消弥，不敢以时刻暇矣，是不何以告有政乎？"

童子曰："诚哉，是言也！必奉大士像者何居？"

不佞曰："铜素苦苗矣，苗喜劫夺，好杀谬。彼大士者，西方圣人也，恶争、禁杀，一以无诤为教，吾从而事之焉，知彼苗僚者，不闻大士之风而变于善乎？未必于岩邑无补也。"

童子曰："君子之所为，众人固不识也，请勒之石。"

[附记] 选自（明）万历《铜仁府志（卷之6）·祠祀志·寺观附》。碑立于今碧江区观音阁（今已不存）。陈汝忠，浙江上虞人，隆庆五年（1571）进士，曾任都督佥事等职。明万历二十年（1592）任铜仁府总兵。

文笔洞摩崖　刘观光、邓钟题

铜郡西山故有石洞，杂在荆榛中，人迹罕到。都督邓公莅铜之明年，寇不为害，乃诛茅扫石，像大士于其中，以招求福者。左方一隙，倚石而狭，其址可亭，遂亭之，翼以朱栏，凭栏纵观，双江如练，层城如霞，俱在睫中。邓公扁之曰"青莲界"，为其近大士居也。会余以备兵驻节至，邓公觞余于此，谓胜地胜游，不可无记，因志洞所自辟而各系以诗，诗镌石刻之洞中，时万历壬子（1612）仲冬长至日也。公讳钟，闽之晋江人，贵州按察司佥事，南海刘观光记。

邓道鸣元戎招集青莲界共赋

南海刘观光

崇崖表刹石为屏，休暇何妨使节停；
路指金绳开佛日，人从真气识贤星。
平临百雉烟初螟，坐对群峰雨后青；
漫向燕然谈纪绩，且将诗赋答山灵。
净土庄严大士莲，偶来览胜一参禅；
开林宝树低枝日，劈石神工启洞年。
刁斗不鸣经梵响，烽烟长寝佛灯悬；
周旋鞭弭还嘉会，莫惜沉盃负胜缘。

文笔洞成邀刘觐国观察集青莲界同韵

夜郎禅室接云屏，使节漫劳驻野亭；
雨后泉飞千涧白，霜前木落数峰青。
论文应合延津剑，借箸先瞻益部星；
海内交欢能有几，坐看渔火散流萤。
宝刹玲珑佛日悬，使君白雪映青莲；
天工削就临池笔，地脉翻成洗砚泉（昔无水，今始有）。
万壑风霞凭槛外，千家烟火举杯前；
他年片石还堪忆，何事岘山空自怜。

万历四十年岁在壬子（1612）　长至之吉温陵邓钟书

［**附记**］摩崖刻于碧江区文笔峰（亦称正人峰）文笔洞内。明万历三十八年（1610），贵州总兵邓钟屯兵铜仁，四十二年（1614）迎观音大

士像于文笔洞中，在洞口建亭栏（名青莲界）、洞侧建镇江阁。贵州按察司佥事刘观光曾作《青莲界序》及《邓道鸣元戎召集青莲界共赋》诗二首。邓钟作《文笔洞成邀刘观光观察集青莲界同韵》和诗。诗文均刻于洞壁。摩崖面积约 2.3 平方米。刘观光，福建晋江人，时任贵州按察司分巡思石道佥事。邓子龙，名钟，福建晋江人，明万历五年（1577）武进士，万历三十八年（1610）任贵州总兵，有儒者风，所到处喜题字，镌刻石壁间。

明德寿大师塔铭 陈应奎

按状，大师姓汪氏，字起云，乳名府生，德寿其法名也。先世为新安唐贞观越国公之裔。始祖太乙，元末避乱徙居蕲春。我明吉安侯南征，七世祖文秀应调行，凯旋，遂隶平溪家焉。父同知公廷玉，万历庚戌（1610）任云南府。母曾孺人有妊，将就馆室，每觉异香絪蕴，浃旬不散。同知公复夜梦师兄永生，手拈一花，顶毗罗帽，嬉笑来归。同知公甚异之。先是永生亦以命贵，祝发投太华寺，寄名进寿。亡何，竟以痘疫夭，邸中同知公心惟此必永生后身再来耳。是年正月二十日戌时，师果诞生。又见其形象端正，性灵慧颖，或谓异日必聪明才辨人耳。不虞其根器曲之沉远也。

前一岁，有幼僧从普陀、南岳来，持《白衣观音经》一卷，普提念珠一串，喜施于同知公。饭罢而去。同知公供奉秘室，众童子及侍儿，常潜入翻阅。然师语迟，行坐迟，不识文字，不过指点嬉戏，岂复知有深义者。

壬子（1612）春，师忽然能言、能行，种种泄露机缄，俱群儿所不及万一者。时阖门痘疫，师独苦医药罔效，气息庵庵，喑不能语。夜半忽挺身起，大念“阿弥陀佛”三声，再念“本师阿弥陀佛”三声。父母惊怖涕泣，呼师曰：“府生！府生！你何因得作此佛事？”无老稚男女，逐一瞑目呼名，绝无混乱。咸赞叹悲啼，诧其希有。诘明，同知公至中堂，师五体投地，合掌虚空，若恳祷状。人有言者：可当投师，问讯法门，究此善果。遂投至元为徒，法名德寿。次早将逝，左手一指西向者再三，从父母乞僧帽，手自摩顶曰：“好，好！”遂作“五印诀”势不休。又乞僧衣、念珠，两手掐数若老头陀。父母亟设香案，同知公自诵《观音经》数卷。师净身后，以香汤沐之。耸肩端坐，仰掌膝上，十指相对，作出山罗汉像，微笑而逝。时本月二十九日午时也。

呜呼！异哉！未二岁幼孩，不知所谓经典曲，不闻佛号，不习礼拜，口弥陀，指净土，已属奇事，而昏沉骨立之躯，躬伏地，手画诀，种性不迷，又何其奇之奇哉！岂拈花笑而来者，亦嬉笑而逝耶？师之涅槃，即大德行，禅宗莫有逾者，宜其生而异香不偶也。

余喜其幼慧，复哀其住世不久，不能圆满功行，以就大乘为惜。兹同知公以二月初二日辰时，奉法身，藏举石塔，因为之志，而系以铭。铭曰：

师自何来？拈花自笑。师向何归？西指极乐。
生死大矣，师视如饴。口口如来，心心阿弥。
五印亦空，十指变幻。师性不迷，朗月在汉。
耸肩端坐，片语无讹。方之园泽，涅槃靡他。
石塔峥嵘，西土之阳。于万斯年，山高水长。

[附记] 选自（清）乾隆《贵州玉屏县志（卷之10·中）·塔铭》。陈应奎（魁），原籍思州府，寄寓玉屏平溪。明隆庆丁卯科（1567）举人，历官广西按察司副使。汪廷玉，万历辛卯（1591）科举人，万历庚戌（1610）任云南临安府同知。

敕赐梵净山重建金顶序　李芝彦

伏以，四海名山，九州巨镇，十方净土，众姓福田，故东岱、西华、南衡、北常，悉帝王封禅之所；而玄寺、缁庐、青鸳、白马，皆佛子接引之区。水上闻香，始辟漕溪法界；空中飞锡，因开潜麓化城。山以仙名，地灵人杰。窃见梵净山壁立黔南之境，轴连楚蜀之间，仙洞灵台，咸棋布而胪列；奇峰古刹，俱凤翥而鸾翔。天心池、金沙地、九龙池，倒泻银河，无异临海之桂鹤；太子石、青阳石、金子石，高标玉笋，不让陈仓之鸣鸡。独红云顶为最奇，宜白莲社之茂建。雪消六月千溪涨，洪溢江源；日转双峦万壑阴，崇□□□。翻经台下，时看百鸟衔花；选佛场中，更有群龙荫树。何奈羊肠荆棘，遂会虎观丘墟。九年之壁既颓，百神之觞安寄？宁惟游人断白苎之响，抑且景物负赤城之霞。而请曰：肆今宇内提衡方岳者，佥谓两间之巨镇，所以立天地而不毁，冠古今而独隆者，无如四大名山；而不知此黔中之胜地有古佛道场，名曰梵净山者，则又天下众名岳之宗也！旧说者以弥勒、释迦二祖，分管世界，用金刀劈破红云顶，于是一山分为二山。是山也者，上之穹窿接天，而三十三天不为玄渺；下之厚重住地，而九十九京不为蚴蟉。虬螭结蟠，林木郁苍，剑气横天，仙梯接斗。叠经台，炼丹台，层峦耸翠；献果山、凤凰山，飞彩流丹。四时有不谢之花，缡缡然蓬莱三岛；八节有长生之景，炳炳兮阆苑瑶池。霞光万道笼金鼎；普天圣真如云集；紫辉千丈罩玉门，率土明神似雨临。至若九十九溪一溪不知之说，尤见此山之广大。宝藏兴，货财殖，囊括天地之万有以为储，且夫崔崔巍巍以示其险，默令焚香鼎礼者履险如夷；巉巉岩岩以恶其势，阴使敬重三宝者率蒙善报。所谓大地乾坤，无边法界，极乐天宫乎！盖自开辟迄今，海内信奉而奔趋，不啻若云而若水；王公大人之钦谒，恒见月盛而日新。久已灵驰于两京，倾动于十三布政，劳旌于抚按，频顾于道府，诸侯莫不期以魂交黄帝而梦接安期。古来得道成真，又莫不于斯凝神，于斯蜕颖。他如仙迹所遗，标题所载，种种灿著，[难]以殚述。既自播乱之后，传闻四方，往来朝觐人稀，非复旧盛，倘亦佛老运数之厄使然。第此山之灵异，千载一日也。窃计世道之兴隆，佛神司命，而山岳之显爽，多至修培。幸际仁明在位，泽遍八方，恩施还定，百神是依，千载奇遇，以故天哀名山之颓，而赐以钦命僧妙玄重建金顶正殿，足为万圣临銮。蒙钦命抚按道府各衙门作兴允议然，而山连四府，当与国运俱隆；玉简金书，伫见又[人]文并烂。山灵。谨序。

赐进士第北京户部朗中李芝彦谨题
大明万历戊午（1618）岁仲春吉旦

太后娘娘李，太府太师常乐，太监王，国子监林，礼部尚书张，户部郎中李。

钦差巡抚贵州重门张、郭，巡按监察御史杨，钦差总镇都督邓、龙，贵州布政司谢，钦差分巡抚苗道刘、高，铜仁府知府陈、陈，推官张，思州府知府赵，石阡府知府鲁[曾]、思南府知府舒、强，坐营司周。

钦差平头守备刘，印江守备赵，印江知县郑，铜仁知县丘[邱]。

应天府居士朱，同缘陈氏，男孟林，汪氏。

乡官：任、周、刘、罗、田、杨。

朗溪司任、田，提溪司杨、张，乌罗司杨，平头司田，省溪司杨。

赐进士乡官：喻、萧、徐。

举人：田、鲁、姚、杨、陈。

生员：周登、盛正阳。

九皇洞、九皇殿、三清殿、圆通殿、弥勒殿、释迦殿、通明殿。

法徒：真清、圆容、圆真、圆普、圆洪、圆显、圆贤、圆水、圆名、圆清、圆圣、圆镜、圆庭、圆惠、圆观、圆霞、圆满、圆德、圆坤、圆宗、圆善、如清、圆会、真祥、圆登、海源、明通、明然、明登、性海。

化主：圆通、海聪、圆盟、圆松、法空、圆成、明进。

信善：文理通、刘可富。

头目：杨光国、王界臣、王海云，平头把总谭，界牌把总刘，胜把总王，凯文把总田，滑石营把总吴。

大明万历戊午岁仲春吉旦

诸天烛一藏，金刚尊经一藏。

各方僧道、各府官长、名司土官、各洞里老、平民人等。一切诸人、起心不善、坏吾此山、领受此愿、犯者即还。

施田：杨胜松，杨已、杨枝。承恩寺常住田十二石；天庆寺、朝天寺常住田七斗；天林寺常住田八斗；天池寺东南至平省司为界，东至乌罗司为界，西至提溪司为界，北至朗溪司为界

石匠：僧真香、胡贵

[附记] 选自印江土家族苗族自治县志编纂委员会：《印江土家族苗族自治县志》，贵州人民出版社，1992，第1033–1034页。参见政协铜仁地区工作委员会编著：《中国梵净山佛教文化文物研究》，贵州人民出版社，2011，第159–162页。碑位于铜仁梵净山新金顶北侧的滴水岩下，螭首，高2.90米，碑心高1.85米，宽1.50米，顶部及两侧有龙纹等纹饰。碑额“敕赐”（位于碑顶部正中，竖书）。

重修太虚洞记　胡允恭

国志凡境内名山大川，幽岩古洞，皆备载之，非以侈游览也。俾执政者一出而问俗采谣，赈疲恤困，则游览之间其资于政治者，尤亲切焉，则景胜之不可废也。阡阳弹丸耳，既隶职方，犹然郡也。山川所纪，虽不侔于五台、嵩岳、金崎、螺江，足齿上国；而八景所纪：如文笔栖霞、将军峻岭、漱玉温泉、龙川古渡，俱历见于前贤之题咏，不可谓非此地之形胜也。惟兹古洞旧名燕子岩，草昧初传，有神物凭焉，人莫敢近。嘉、隆间开垦稍众。始辟之于惠安郑公祖；而命名“太虚”，则楚雄之江公祖。然洞门自辟，前蔽崇冈，无异面墙，如吞山光、挹江濑何？今吉水曾太公祖以名世大贤拜命阡阳，不薄边鄙，于丙辰（1616）之冬，政通人和，兴举废坠，如水口空旷，则新创浮屠，屹乎成千载之砥柱；东门圮陋，则移建别址，巍然壮一郡之干城。若书院废与文昌祠颓，俱一旦更新。丹垩辉映，此皆公之培造化、合神明，不日而奏厥功者。惟是亲巡阡陌，问民疾苦。过斯洞而登临，极赏其开辟之奇，尤慨其景况之隘也。因召父老而得其通窍之处，捐俸金若干，鸠工凿之。三阅月而工竣。石室高明，则祀观音大士，瞻仰皆普陀之胜。洞口筑基，则成空中楼阁，对越惟星斗之章。若夫雁塔影摇，如尽东南之美；悬河远泻，莫穷逝者之藏。目之所及，心之所会，皆山水之动静，风云之变态，与花鸟之活泼也。而斯洞不诚奇胜也哉！游斯洞者其乐有不极哉！然语有之，满堂晏笑，一人向隅，则满堂之人不乐。假令闾阎愁叹相闻，困苦不息，欲其寻芳览胜，乐事山水而开放自如也，其可得乎？惟公则能同乐于民者也。

公善政不可枚举，大都民歌士诵。州处群萃，各安其居，则民之乐也，可以成公之乐，惟公后民乐而成此乐，则斯洞之辟，斯乐之极，固千载一时也。使后之贤人君子，有蹈公而续此游者，如其年丰时和，万物畅遂，则神怡心旷。歌南风，进霞觞，偕民乐以为乐，则斯洞之游也，民之幸也。如其岁欠时厉，黎庶颠连，则目击心动，发仓廪，议轸恤，引民忧以为忧，则斯洞之游也，尤吾民之幸也。然则公以游豫者而寄之于览胜之余，后亦以览胜者而追公游豫之盛，则苍生之福也，阡阳之幸也，孰谓郡之胜景，第供游览而已哉？

郡人士德公至远，且大恐岁久或湮，欲识公利泽于不朽，而以笔研属之恭。恭愚贱敢当此役。惟思康衢击壤①，皆以扬圣化，即愚贱非所论也。因积众论而记公辟洞之所自，与游览之所资，亦窃附于衢壤之歌云尔。

[附记] 选自（清）乾隆《石阡府志（卷8）·艺文·记》。胡允恭，石阡人，明万历己未（1619）进士，曾任湖广武昌府推官。碑立于石阡县城南两公里之燕子岩太虚洞后洞口。碑高1.60米，宽0.76米，厚0.15米。圆首，青石质。

重修观音阁记　李廷谦

阁在中和山最高处，山在郡城中，俯瞰百雉，周遭万家。先大夫来辟云封，倡明孔子之学于兹山，坐履常满。嗣是兵宪高公颜亭“普济”，郡公崑源植柏千章，高贤大良，后先接踵，登高作赋，即景徘徊，遂张名胜。若熊、冉、杨诸孝廉，彬彬振起，儒业人文倍兴。第阅历数十载，楼座再新，阁中九十寿僧满圆，率其徒照庆、绍宗等众，白于郡守鸣扬舒公，捐俸募众，垣阁以砌，废圮俱饰，称完美矣。属予载笔。因睹记，先大夫述观音大士奇孝，与友明杨确此庸德也。惟孝弟两言，郡人士咸寓目焉，岂非往圣之庸谈而万世所同得者？自孟子承传思、曾之学，著为七篇，言仁言义，必推本于事亲，从兄是何切近精实而至易至简。又推原于不学不虑之知，能达之人人、亲亲、长长、平天下，又何玄微至大。彼氏反以此堕情缘。非上乘而蔑弃之，不几于充塞仁义，感世诬民，甚至洪水猛兽之害哉！

天台耿师常寄江南诸门第云：“只此爱敬心，蒸民所秉彝。自心能自信，大道何藩篱？有无言俱陋，诸子蔽且离。尼迦总过影，同异辨等痴。卓哉孟夫子，守此到今兹。”

盖慨世溺异，而忽此常道，唯孟子终生守此孝节二字。当时炙毂之辨不能夺，富强之术不能诱，称之曰“命世亚圣”，不虚也。吾党果能默识

① 康衢击壤：康衢，四通八达的大路；击壤，古代的一种投掷游戏。将一块木片侧放地上，在三四十步外用另一块木片击之，中者为胜。东汉刘熙《释名》，东汉王充《论衡·艺增篇》等均有记载。

自心自信之真，以趋易简之脉路，而登孔孟之台阶，又孰知无奇之奇，无味之味哉？倘任耳目以自愉快，即彻底里，探奥渺犹然见解，非予所敢知也，奚用喋喋为？先大夫与友明杨确庸德之行，俱悉前记，若往所创建，不备述。厥后经费暨任事诸人，例得书，于是命培儿勒记于石，以召来者。

皇明万历四十二年（1614）岁在甲寅夏五月，中宪大夫云南按察司副使食三品俸郡人李廷谦撰文，李培初书，李之翰篆额。

思南知府舒应凤，同知张养蒙，经历陈尚恩，推官杨昌周，照磨林维翰，思南府儒学教授李世魁，司狱富可大，典使何仕俊，安化县知县朱凌霄，印江县知县刘兆桂，蛮夷司正副长官安尧封、李大年、张继元、张槐镌石。

（以下为捐资姓名：乡官、举人、监生员105人，省祭吏丞82人，耆民128人。略）

［附记］选自政协铜仁地区工作委员会编著：《中国梵净山佛教文化文物研究》，贵州人民出版社，2011，第212–213页。碑嵌于思南县城中和山华严寺观音堂墙壁，青石质，方首，高2.10米，宽1.25米。保存完好。李廷谦，号同野，明贵州思南府水德司（今属思南县）人，著名理学家李渭之子，万历乙酉（1585）科举人，初授直隶真定县（今河北省正定县）教谕，迁国子监助教、云南按察司副使。

九皇洞碑

□□……九十九溪，湍漩盈满，五湖四海，一溪不知之说，显而密也。又有九龙封九皇，金顶对凤凰，太子石献宝，三山手□□……外，盖乾坤未之有也。山灵地杰，圣地者必栽圣人也。故释迦、弥勒二佛在此修因，行满而登无上大觉，至尊□□……人事毕矣。僧赖佛而修，或焚香火，或讽诵，或持秘咒，摄念山林，亿千万载，精进持净戒，由如获明珠美□□……流玉一蓑，僧或在岩穴，或在古洞，餐疏饮水，或饥馁数日，如重耳在宋、孔子在陈、伯夷居首阳山无异也。僧非□□……大，终有败坏，何太惜之。即日损指，炳烛仰叩朝谒十方贵官长者，载粮二斗五升七合，买主交纳本司，当日三面言定，时值价银二十六两四整□□……刻名于石

为记

□□……

梵净名山住持僧等：圆通、圆清、圆慧、圆宗、圆霞

法徒：明慧、明聪、明道、明德、明旺、明性、明清、明通、明真、明玉

法孙：玄圆、通清、真祥、真贵、真明、真常、真德、真晓、真登、真亮、真法、真相、真惠□□……真定、真应、真性

[附记] 选自政协铜仁地区工作委员会编著：《中国梵净山佛教文化文物研究》，贵州人民出版社，2011，第 174–175 页。碑位于梵净山老金顶下九皇洞，残碑高 1.10 米、宽 1.00 米、厚 0.06 米，青石质，多处残坏，碑文不全，时间也不详。对比《敕赐》碑（刻于 1618）所记僧人名（如圆通、圆慧、圆宗、圆霞等载于该碑），九皇洞碑与《敕赐》碑时间不会相差太远。

（三）清代

开建莲池庵碑记 万任

山以六龙名，志灵也；池以莲名，志异也。龙在而池应，一气感召，必然之理。招提兰若，舍是安建乎？然山川之灵，待时而显；否则虽近在耳目之间，亦睹而莫遇。此池距城十余里，即云险峻，亦人迹可至。乃设郡三百年来，卒未有卓锡者，岂非不常之胜概。造物秘惜而不以轻畀哉！

时维丁酉（1657），无相上人经过其麓，道眼所及，若有冥契。攀跻而上，石厂天成，轩爽幽邃，实为栖真奥区。中出一泉，地状似莲，澄洁甘洌，不让曹溪灵液。此非有道者不能居。而居之者亦于道力有助也。上人曰："吾清净人得此清净地，可于此面壁老矣！"时则居人翕然，共襄厥事，剪荆劚石，鸠工庀材，鼎建楼殿，恭奉西方圣人，复构后殿，专安大士。次第措置，靡不感宜。惟山门路由绝壁，出入维艰，暂以梯引，行者色敛。后募工修砌，来往便之。自开建以迄落成，历年十余。峻岭荒区，辟成梵境；崎岖仄径，

易作康庄。登谒者，或羡为清凉佛地，或称为地上天宫，直与宇内名山相为伯仲矣！

上人自幼潜心释典，已契真谛。继复杖履武陵，请其毗尼于语嵩和尚，次受付嘱于壁林禅师，而益有悟人大畅宗旨。时而趺坐冥参，时而升堂普说，为众生指迷登觉，开人天眼，是大有功于法道也。忆吾郡在昔，环城内外，列刹相望。今虽渐次复兴，然邻嚣而鲜静，致循故而乏奇观。其邀灵于天造地设者有几？即今赤县神州，缁素实繁，绀宫琳宇，等于旅寓。其力作以赡僧徒，捐置以资焚献[①]，严戒力而坚愿力者有几！兹莲池创设，虽藉檀助，而拮据经营，上人之行最专，而缘最胜矣。是不可无以记。

[附记] 选自（清）道光《铜仁府志（卷之9）·艺文·碑记》。万任，字怀翁，贵州铜仁人，崇祯甲戌（1634）进士，历任江苏嘉定县（今属上海）知县、河南道监察御使等职。

水月庵摩崖　吕大器

永历元年丁亥（1647）暮春，予自闽、粤奉二亲至此。时同行为国史检讨方于宣。相与临流陟竣，选胜挹幽，终日不倦，遂开斯亭之胜，岂曰曲水修禊，亦犹白下新亭之会也。夏五月朔日事成，与诸名士落之，用志于壁，以待来者。

遂宁吕大器题

[附记] 选自铜仁地区文管会、铜仁地区文化局编：《铜仁地区文物志》（第1辑），1985，第108页。摩崖位于松桃自治县孟溪镇水月庵，长1.10米，宽0.90米，竖书楷书阴刻。吕大器（1598–1650），字俨若，号东川，四川遂宁人，明末著名政治家、军事家、诗人。明崇祯元年（1628）进士，曾任吏部主事、兵部右侍郎、吏部左侍郎，官至永历朝兵部尚书、武英殿大学士。

---

① 焚献：本意是为寺院捐献焚香化纸所需费用，通常引申为向寺院捐献资金。

莲池常住田碑记　徐以暹

向常游览名山，奇称飞来峰，幽称桃源洞，皆古今胜概也。然又有不飞而奇，不运而幽，如铜江之莲池洞也，其境殆尤胜焉。夫莲池洞，离郡城甫数里耳，山水灵奇，辟自神工；石径峭折，险疑天堑。一登其上，则云烟变幻，景色愈佳。洞中有泉，四季不涸。外有庵，纤尘不染。瞩目翠竹苍松盈耳，溪声鸟语，水月相应，花草争艳。幽人坐啸其间，宛然极乐世界。昔闻士民避乱数载，大众悉荷安全。此虽普济之恩，实亦地刹[利]之验[险]也。既有无相禅师创之于前，又得大模上人继之于后，得法授自黎阳南泉山融彻和尚，厥宗嗣于鼎州一元寺明远老人。适孙渊源衣钵，得著铜江，礼佛修真，自耕自食，绰有南韶苦行之风。而又乐与名人词客往来，笑傲烟霞。慈悲所暨，远迩皈依，乐助多金，以作常住。

噫嘻！有异地更有异人，层峦耸秀之奇，济众避秦之德，视灵鹫桃园胡多让焉！况有恒产以垂不朽哉！丰功伟绩，增辉泉石多矣！余虽年逾耄耋，笔砚久疏，喜兹佛田广布，法界长开，中书君当为起舞矣，奚忍负此山灵乎？故纪之。

[附记]选自（清）道光《铜仁府志（卷之9）·艺文·碑记》。碑原立于碧江区碧江区灯塔街道办事处寨桂村六龙山莲池庵。僧无相创建于清顺治十四年（1657），康熙五十二年（1713）增修。民国时期毁于战乱。今庵已部分恢复，但碑已不知去向。徐以暹（1606–1699），字赤海，贵州铜仁人，明崇祯丙子科举人。曾任广东潮阳县知县、广东按使司佥事，广西按察使司副使等职。被誉为文武全才。明亡后回铜仁隐居。

天桥碑记

十方众善，善男信女，同共资助重修天桥，施财众姓，增延福寿，多子多孙，万代富贵。

募化僧：智修、德果，徒行常、行广，徒孙：福崇，重建山主□佛徒：

智通、智明、智清，法孙□智、□法、□印，曾孙行真、行拙。□同□□进、□贵、恒修、通明，助缘：彭文年、胡老三，石匠师傅：肖□凤

岁次己酉年（1669）五月二十七日吉旦

［附记］选自政协铜仁地区工作委员会编著：《中国梵净山佛教文化文物研究》，贵州人民出版社，2011，第169页。摩崖位于铜仁梵净山新金顶山腰石壁。康熙八年（1669），承恩寺僧人智修、德果等，四方募化，在金刀峡上修建单孔石拱桥一桥，长5.4米，宽2米。

重修玉皇阁记 杨毓华

朔方地轴，义水天阙。坤维开缺陷之端，舆论笃栽培之力。娲前［煎］石补，何如绀殿排空；鳌驾山来，岂若琼楼列嶂。襟照四阁，临霄可摘星辰；鳞次两廊，积雪堪沃洞府。古木不云而盘蚌，修篁临渊而钩龙。风华宛出鹤林，景韵如生鹫岭。俄而丙丁不祀，戊己司阨，苍螭碧瓦纷纷化作劫灰，绣柱雕宋寸寸镕成妖烬。乱坠天花之福地，但闻蛙泣岔蝉哀；轰繙贝叶之灵场，只见兽蹄鸟迹。幸有僧人大恩者，俗姓黎氏，川北顺庆人也，怙恃双无，喜神扃之不昧，年华一纪仗众化之默维，祝发道灵期登菩提之域。凝心妙法直探寂灭之原。未几，杯渡思唐，潜踪半段茂［草］创丛林，造楼台宫观，辉煌夺赤城丹壁之霞。既而锡飞阡麓，缉登五显大勤功。施衣帽被棉，利济分忧，钵杨枝之水尔。乃禅修不已，心信无休。见红云捧处巍巍，俨天人共戴之尊；窥碧落空中隐隐，是仙圣咸归之极。但现身无所，将说法何，因爰集阇梨某等，经营旧址，发挥精舍容成较历郢匠运斤，草工铅黄，陶人范埴建。至尊之上下殿阁广云，僧之左右廊房庄严，阖部金容，黝垩周遭，阆苑役使于重光，渊献竣报于丁大荒落①。规模宏远，气象万千，吞纹澜而入口波漾，榱题招虚岫以投怀；光剺②斗拱，三台贮白马之经，群迷仰觉，

① 渊献：即大渊献。亥年的别称。大荒落，亦作“大荒骆”“大芒落”。太岁运行到地支“巳”的方位，这一年称大荒落。

② 剺，音lí，意为直破。

五老爇黄金之鼎。大界披香，温泉漱玉，霏霏髣髴；空中有色，官井香流，䴏䴏依稀。动处示无信调御之珠庭，而高真之甲第也。

于戏！捐储输蓄赞赠固藉于众擎，而竭橐倾囊，圆满多出于己力。事克有济，尤赖宰官以言，观成则郡侯平阴程公、际云城守营李公讳朝栋儒学金公讳浑、经历司傅公讳凤等，均成董戒作师，张皇是举，合尖而告竣焉。猗欤！休哉。毓华躬逢其执宣扬，愧乏鸿文约略，初终轧茁聊光令典凡以志不朽，于千秋观瞻，于万禩云尔。谨记。

[附记]选自（清）乾隆《石阡府志（卷8）·艺文·记》。杨毓华，石阡人。明崇祯壬午举人，曾任云南临安、大理等府知府。授迤西道致仕归。清康熙九年（1670）知府彭可谦聘其修志。

印江关帝庙碑记　姜登高

汉寿亭侯关圣，以忠法天下，传后世，通邑大都无不庙貌辉煌，威严如在。登高奉命刺史思南，正值大师讨贼集于斯土，提镇诸公俱鳃鳃然，以忠自矢。每遇圣庙而相告，彼何人也？予何人也？有能忠者咸若是。适见其庙之颓也，心恻然，即为迁地振新。总镇柯公彩倡蕨始，提督周公卜世见而乐之，发大欢喜以壮之，总镇陈公华、兰公泗、李公师膺、李公懋功、李公元禄、邓公秉志、王公仕华协谋，副镇六公格、李公元英、吴公联，暨各营副共襄厥事。前莅思唐赵公佳材亦资助焉。所费梓材、香田共一百五十余金，藉其鸠工、僝功，则乡绅赵名先及千总万寿也。是役也，岂惟风人臣，媚夫子哉？盖深愧夫天下之为人臣而怀二心者。住持僧海澄与其师昌节，乞言以勒贞珉。因为之记。

[附记]选自（清）道光《思南府续志（卷10）·续增艺文·记》。碑原立于印江土家族苗族自治县关帝庙（今已不存）。碑文姜登高，辽东人，康熙十九年（1680）任思南知府，为政和平，升临洮副使。

梵净名山性佛天恒禅师塔铭　天隐道人

天恒禅师乃本省思南郡绍家桥朱氏子，自幼于本境九龙寺投师出家，及至披剃，未几，直至梵净，幽居三十余年，竟不逸足。素行清洁，不染六欲之尘；道眼圆明，顿觉一乘之路。于庚戌（1671）春，远备舡①只，修启耑人②至楚，恭迎老僧，乞受毗尼，吾故不恪锡临山，于四月朔日，开演戒坛，至初八日，秉受具足，而至后于半云禅师印可。应缘生于太平之日，五十四年住世报尽，终于世乱之际，一旦撒手归西，尔我隔居三百里，时至存亡两不知。适有薙发弟子空如，远来乞吾塔铭，老僧即握笔示云："尔向这里道得一句，与尔塔铭去。"如作礼云："伏乞老和尚慈悲！"老僧书示："百千法门，无量妙义，一一皆从老僧笔锋流出，若能向此识得根源去，方知万象森萝，一法支所印更不拟。湘之南，潭之北，内有黄金充一国，无影树下合同船，琉璃殿上无知识。噫！隔山人听鹧鸪词，调转葫笳十八拍。为此表记，斯语铭碑千古，永遗后世矩则。"

诸山：深修、雪波、离尘、□运、法安、惺觉、慧惺、觉海、本初、知玄、无生、德容

孝徒：智明、智修、善果、智专、智权、智亮、智林、智净

徒孙：德法、德印、德祥、德成、德照、德深、德度、德卉、竟念

侍者：曾孙行真、行常、行定、行广、行拙、行灿、行阔、行贵、行洪、行惺、行文、行足、孙末、福通、福登、福一、福光、福荣

孝侄：智镇、智鉴、智镜、智诠

道长：行容

中华天隐道人题

天运辛酉岁（1681）吉旦赞书

[附记] 选自政协铜仁地区工作委员会编著：《中国梵净山佛教文化文

① 舡（chuán）：同"船"。

② 耑（zhuān）人：即专人。指为办理事务而特地派遣的人。

物研究》，贵州人民出版社，2011，第260页。墓塔位于梵净山西麓坝梅寺旧址，塔名“漕溪正脉三十三世本师天恒和尚之塔”。塔已毁，碑铭仍存，碑铭落款“天运辛酉岁吉旦”，即康熙二十年（1681）。

因恒重建承恩寺常住碑序

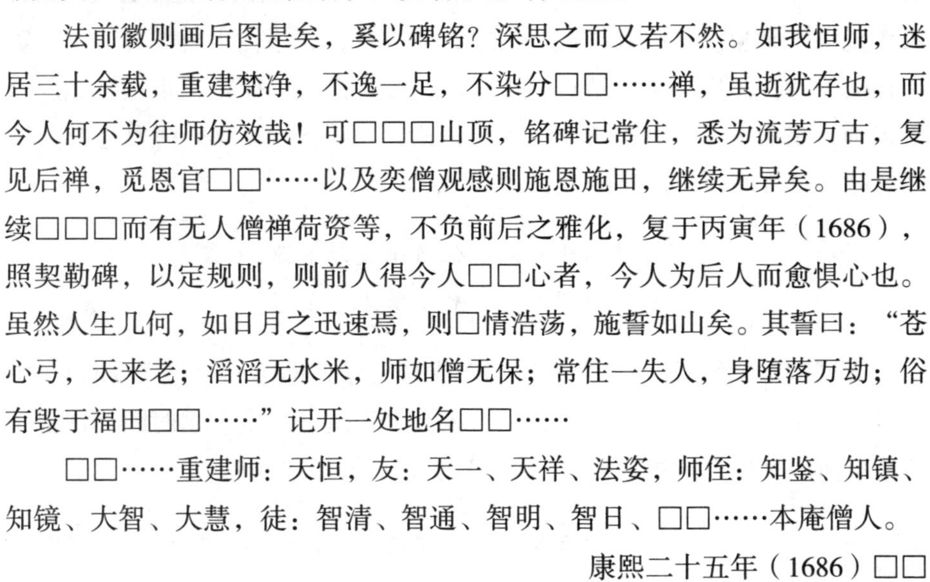

尝闻天下之最大者，莫名山若也。而其名曰：东岱、西华、南衡、北常是矣。抑且继右而立隆者，又莫若承恩寺矣□□……

法前徽则画后图是矣，奚以碑铭？深思之而又若不然。如我恒师，迷居三十余载，重建梵净，不逸一足，不染分□□……禅，虽逝犹存也，而今人何不为往师仿效哉！可□□□山顶，铭碑记常住，悉为流芳万古，复见后禅，觅恩官□□……以及奕僧观感则施恩施田，继续无异矣。由是继续□□□而有无人僧禅荷资等，不负前后之雅化，复于丙寅年（1686），照契勒碑，以定规则，则前人得今人□□心者，今人为后人而愈惧心也。虽然人生几何，如日月之迅速焉，则□情浩荡，施誓如山矣。其誓曰：“苍心弓，天来老；滔滔无水米，师如僧无保；常住一失人，身堕落万劫；俗有毁于福田□□……”记开一处地名□□……

□□……重建师：天恒，友：天一、天祥、法姿，师侄：知鉴、知镇、知镜、大智、大慧，徒：智清、智通、智明、智日、□□……本庵僧人。

康熙二十五年（1686）□□

[附记] 选自政协铜仁地区工作委员会编著：《中国梵净山佛教文化文物研究》，贵州人民出版社，2011，第176–177页。碑位于梵净山西麓坝梅寺旧址，青石质，圭首，高1.60米，宽0.96米，厚0.24米。碑额“梵净山（缺字）记”。

梵净山天池院海阔慧惺禅师正觉塔铭　悟惺海澄

辟梵净山妙玄下第七世同薙法弟悟惺海澄薰沐拜撰

古释夹[迦]夫人，深耐鹿野一石，世真调御士，指道蚕丛，聚林少室渊源，领词承褫。郁郁生香，传化圆如。如得意，起宗猷，已极先声。克家训兄，今寝席挥颖后景方，斯后五百年流姿，然如今日计。

兄诞迹于天启甲子（1624）季春，箕生八荚，卯罗散彩，四野瞻明。承汴州南阳唐县桐柏山陡峰，为世溃，逐消烟，时氏蜀东茶陵杨氏嗣也。嗟夫！英豪柯梦，荣染炫名，不杰俊后达，一旦解丰，脱红尘于嵩山之野，抛习气于淮海之湘，遍访名贤，不藉寒署。迨今顺治庚子（1660）秋，幸生愿也，得济见空性晓师，求名海阔，宛然凉耳。见空师者，乃传辟梵净山妙玄之末也。始祖圆通作，传德庵明惠，惠传宝山真贵，贵传明然如泰，泰传见空本师也。从待命于鹿野岩中，熬岁月，频添性水着泥丸。忽壬寅（1662）春，闻思唐王公镇台，请师圣符，符乃破山明祖三世嗣孙也。众记诣师，宗通大振。吾当近坐，受具请语，乃得无字公案。领契志宫，澄潭意诚。忽日闻仆作偈曰：

憬然透出千峰外，似日平波万水源；
方识佑禅崛起处，欣心落沐返荣蕃。

师词勘辩，繁不注录。后得证于兹，嘱联芳于亿世，嗣名行界，受行正今，当台击破诸人脑裂，善诱徒人，盖有衹园继世之嗣一也。尔时颐然正报，适值皇清丙寅年南吕望壬寅时，跏趺顾诸门人，示书偈曰：

六十三秋已，飘然迭到家；
徒无佛法碍，继祖渡芦花。

瞟揖而逝。夫诸涕夷，梁木已摧，餐听法言，无不咨询。在世六十有三，僧腊二十有七，门下家徒寂隐寻，奉薪荼毗塔于天池院，述其由，泐之其壁，示末后光明幢也。铭曰：

梵净之始，辟于妙玄；玄嗣七世，海阔荣缘。
香山授法，日月同全；天意慧命，述征遗源。
流迁不贰，蔓衍枝蕃；既令窀穸，镌壁永泰。
惟吾兄化，再继衹园；降意芳春，同道弘禅。
愍尘斯现，徒揖神旋。

传临济正宗破山明祖下第三世香山嗣法圆寂大师慧惺和尚觉灵塔

原本院和尚慧惺同友行觉海澄共置田粮一旦[石]二升四合一分；得□□（缺字）田二分粮共三升，一营脚石陇河对面，一分粮一后杰普德，了原去当退，四田临苑□□（缺字）冯文腐母子舍并买钱两共载交□□（缺字）一同照，当世承昌，登其三友，同香山嗣法和尚，以癸卯年重殿置；举次异当年□□（缺字）各住其惺，和尚有闲司，清住回右，禅院其二友，新叙同心修寺，开业作按众之居也。如上数□□。

发弟：陈宽、焦行坚、陈行径、刘永

山主：舒登高、舒登榜

发徒：张宝、田普真、张普亨、张明、李正、任亨、余普明、卢普和、李仁、陆升、年明佛、曹碧莲、陈金朝、任寂忠、代普德、张普桢、余□、邓□□、任□□、李□□、杨□定、张□普、□□

法徒：寂壬、寂鲍、寂迟、寂明、寂伍、寂□

法孙：照宗、照印、照性、照□

传临济正宗破山明祖下第三世今建天池堂嗣源嘱法本师圣□□上道下越法师思建（同堂法友繁多不录）

康熙二十六年丁卯（1687）岁春朔社□□（缺字）日吉旦

门下嗣法　座元开众等□□

（缺字）勒石永记□□（缺字）书棣周三汲同立

[附记] 选自印江土家族苗族自治县志编纂委员会：《印江土家族苗族自治县志》，贵州人民出版社，1992，第1035页。墓塔位于梵净山护国寺前300米处，碑为青石质，圭首，高1.50米，宽0.60米，碑座高0.20米，厚0.10米，素面竖书楷书阴刻。碑额“化城宝塔”，碑题《梵净山天池院海阔慧惺禅师正觉塔铭》。海阔慧惺（1624–1687），四川人，俗姓杨，法名海阔，号慧惺。顺治庚子年（1660），拜梵净山见空性晓为师。

梵净护国寺明然尊宿塔铭　寂昆

传临济宗破山明祖下第三世香林嗣法座兄寂昆楚岳拜撰

尊宿明然，讳如泰者，乃故明舅李妙玄五世孙也。妙玄为神宗椒房雁字，心厌荣宠，喜浮屠，遂隐于黔思、铜之麓。因见其山幽异，峭拔回常，审之古籍，乃得山名为梵净也。已而当道者觉，以状奏闻。帝遣尺一为建刹。所谓古梵净者，鼎而新焉。

夫灵境既辟，圣神昭显，奇生异作，海宇振摇。凡滇、黔、楚、蜀人，莫无不争趋朝睹。自明迄今，迨有百载。是梵净其所始于妙玄者，以此纪。自玄师寂后，传嗣彻空圆通，通传德庵明惠，惠传宝山真贵，继贵则明然尊宿也。

尊宿，西蜀涪州周氏子，薙落有年，受具于破旨和尚。复传命师贵于梵净，兴置常住，伏劳多载，终贵翁寂，遂为梵净五代主持也。继六世，嗣二人。长曰性晓，次性亮，相继该早逝。幸孙枝茂续，真振先声，诚可衍梵净之一宗也。

尊宿生性朴素，多闻不务巧异，不趋势，不衒名，一味守正持中，从容自得，冷座岩谷，煮藿餐藜。朝则枕白云于松头，夜则采明月于溪畔，相与猿俦鹤侣[①]，不复问人间事。

嗟呼！红尘中逐于富贵利达者于此谢足迹，又安知尊宿之道德受用乎！且尊宿意自无求，而所从者众；志不要誉而崇者多。其法属枝延，又何计祇园千二百之数耶？呜呼！以道德真实立身者，舍尊宿而谁归？尊宿世寿生于万历庚子（1600）冬十月朔十日，华年七十有六，僧腊四十有三，圆寂于康熙丁巳（1677）仲冬之二十一日，跏趺告众而化，门下家孙海澄，奉薪荼毗塔于梵顶之下，是为末后光明幢也。

尊宿孙与余为莲社友，心知最久，每述其由，征余为言，泐之贞壁。余揣固陋，卸之不允，因述其实而为之铭：

梵净之始，鼎于妙玄；玄之五世，嗣传明然；次第承褫，迨有百年。然翁朴素，以德自全，不迁不贰，与道同蕃；孙枝眷属，蔓引瓜延。心宗月皎，禅脉渊源。永哉法化，万古其传。

传开山钦命僧妙玄下第五世玄孙示寂师公明然和尚觉灵之塔。

历祖碑记：圆字墓于九皇洞；明字墓于木黄场老寨脚下；真字墓于铺

---

① 猿俦鹤侣：与猿为伴，以鹤为侣。形容孤寂而高洁。

前脚下；如字墓于本塔；性字墓于印江小宅沟行祠庙前。

香林嗣祖法兄寂昆撰文
印邑僧首禅兄悟成缮文
朗溪司扦地山人田方升
兴缘皈依弟子等同立

本宗谱下，明字分支：

徒真祥——如海——性空——海意

徒真贵——如泰——性晓——海潮、海阔

性亮——海澄——海阔

徒——寂受——觉洪

寂玉——照环

普观——照宗

普圆

真一

海澄嗣人寂超、寂林、普佛、真洁

又圆字分支下玄孙性体徒海权、海先、海润

法派：

智能清净，道德圆明，真如性海，寂照普通

斯谱递传，后裔子孙出［山］立宗者，添入其上。

又寄祖墓数处，恐有人紊乱，故者当照修理。若有远年异姓常回护顾。

康熙二十八年岁次己巳（1689）季冬月二十二日谷旦　孝孙海澄敬修镌

［附记］选自政协铜仁地区工作委员会编著：《中国梵净山佛教文化文物研究》，贵州人民出版社，2011，第247–249页。墓塔位于梵净山金顶下，海拔2150米，是梵净山区域迄今为止所发现的海拔最高的一座坟墓。坐东北向西南，通高4米，塔基3级，呈正四边形，底边宽3.15米，塔身级5层，短檐翘角，系五层六角攒尖顶式石塔。塔旁有碑一通：额题“脉源宗谱碑记”，碑题《梵净护国寺明然尊宿塔铭》，竖于清康熙二十八年（1689），碑高1.70米，宽1.03米。圆首，素面，竖书楷书阴刻碑文分序文和附文两个部分。

东岳庙常住田碑记　陈荫元

郡城东郭有庙焉，为东岳尊神之行宫。群峦耸秀，地势蜿蜒，依山凿池，茂林修竹，足以供游衍之乐。

时值春和景丽，埜色撩人。余以客署之暇，散步其间，瞻殿宇之崇隆，仰神灵之赫濯，因思东岳为泰山之宰，护国庇民，祸淫福善。无论冠盖绅衿，农工商贾，登斯地者，莫不凛然敬畏。则其所以寓劝惩而昭法戒，诚大有功于民社，非闲庵野观可同日而语者。古圣设教之意，其在斯乎？此庙之立，故足崇祀千古，而不可一日无也。徘徊久之，时有住僧性心扫石烹茶，揖余坐语。因述此庙创自先明。其中楼台殿阁、亭榭园林，亦极一时之盛。一二荐绅耆旧，犹能娓娓言之。迨后狐鼠干戈，人民寥落，其淹没于断烟榛棘中者，数十年矣。幸我朝定鼎，混一车书，物阜民康，百废俱作。于甲寅岁（1674），吾师如果，自蜀至铜，见其坏屋残基，颓垣坍壁，由是立愿重修，坚持善行，不数年而焕然改色。虽不能如碧瓦雕甍，流丹炫采，然而前后殿庑，左右厢寮，亦差足为神所依矣。后欲少置田亩，以为常住永远之图。遍叩十方，随缘乐助，聚沙磨杵，愿力宏深。十有余载，而吾师告逝。历兹又数年，性心不渐凉薄，谬继前人，以师襄募，稍为运息，约积五十余金。爰作浮屠合尖①，想购良田，永供香火。乞余一言以记之，并列共同事之姓氏，勒诸贞珉，志不忘也。余爱其地，可助游观；敬其神，有功民社；嘉其僧，能继师志，而相与有成也。是为序。时康熙三十四年（1695）岁次己亥仲春。

［附记］选自（清）道光《铜仁府志（卷之9）·艺文·碑记》。陈荫元，字体仁，江苏丹阳人。能文善诗。《全黔诗萃》收录有他的诗。碧江区城东东岳庙，始建于康熙十五年（1676）建，祀泰山之神，属于道教宫观。但从碑文所述看，此道观建成后由僧人住持。

---

① 合尖：造塔工程最后一项为塔顶合尖。故以“合尖”喻克成大功的最后一步。

梵净山承恩堂证觉修禅师塔铭　德参

师现相楚南常德桃源杨公长者子。自性不昧，幼闻梵山名，及壮年志坚，康熙丁未（1667）秋，径诣承恩堂，礼叩祖箭披……天姿敏捷，道学超群，得戒香山圣符和尚，定慧清高，不亢上品，未几，于康熙癸酉（1693）春，遂嗣法遵义府松丘堂上藏下天和尚祝发，大振宗风，光挥祖道，堂堂正正，说法二十四年，遐迩诸方，宰官护法，善男信女，乞法皈依，付属□芳济……五百人，禄鹤龄寿□八十，应眉垂化于康熙丙申（1716）冬朔八，跏趺示寂，付偈。

偈曰：

竖佛承恩堂，手眼现大方；
吾今归去也，两目露金光。
心摄大千界，鼻传海底香；
印尔诸佛子，续我法中王。

端然而逝、嗣等侍侧，录偈□□……百众□见师心，竞实般若，浩浩大道，佛恩国恩，并全报矣，来去分明，信师果得，是以捐金合众，卜副茔基，诸方弟子，远途□□……明月告竣，命工刻石，标榜型仪，昭垂万古，如斯奕□，千世不朽，表碑代卷云尔。

今将护法、嗣法、诸山皈依善信僧俗弟子胪列雁行于上

□□……

临济正宗第三十九世嫡徒德参薰沐拜撰

康熙五十七年戊戌（1718）岁春三月望日立

[附记] 选自政协铜仁地区工作委员会编著：《中国梵净山佛教文化文物研究》，贵州人民出版社，2011，第 261–262 页。墓塔碑位于梵净山西麓坝梅寺，塔毁，碑存。

梵净山承恩堂月盛全禅师受生塔铭 崇深

吾师始相现于石阡府鬼野屯，许公长者之子，自幼不贪浮利，常存向善之心，去情息妄，禁恶止□，却是灵山种，自心不护浮涂。师于癸酉岁忽闻梵净之名，乃天下名山之首，外省却来朝觐，况本省而无朝谒之心。师心径诣名山，视之山景秀丽，一如西方，真是修行之佛地也。连朝数次而无厌倦之心。师实于壬午年，足至承恩堂，叩礼大觉道老和尚，剃发出家。师言："善哉！可尔。见汝连年朝谒，鲁无干断之心，覆自念言，此子性心□的后必有向上一乘。"择期触发，合众超群，乞领三皈，更除俗类。又于乙酉年，建腊八之戒坛，修□缘之佛会，具授三衣钵杖，永为绍隆祖位，嗣法于丙戌年。接诸祖之余脉，续后世之传灯，事后开堂教化，大振宗风，说法利生，朝参夕课，内外坚持，晨钟暮鼓，德行洪彰，剃发□□……数十余众，皈依千百余人。师行终日，乾乾为众，晨昏济济，其接人也，如冬向日，兀爱徒□□……谆谆教诫，念不提携，恩似太山，无能报答，弓下之恩莫过师。纵是终身道行，只可□□……各自捐资，纠功勒石，修茔报答前建西域之宝塔，后措吾师之舍利塔，实逐一成□□……

法兄：德清、德参、德广，宗友：松成、用明、松应，嫡徒：崇玉、崇性、崇深、崇泽、崇周、崇行，侄徒：行实、崇智、崇秀、崇权、崇惠、崇义、崇远，俗徒：崇法、崇福、崇圆、崇宽、行仁，徒孙：懋琳、懋远、福心、福能，侄孙：密祥，宗兄：德聪、德贵，诸山：性容、明空。

临济传第四十世嗣法嫡徒崇深薰沐拜撰

湖广宝庆府邵阳匠士刘文玉、刘代玉

皇上康熙五十九年岁次庚子（1720）中元南吕月吉旦立 孙尔直刻造

[附记] 选自政协铜仁地区工作委员会编著：《中国梵净山佛教文化文物研究》，贵州人民出版社，2011，第263–264页。墓塔位于梵净山西麓坝梅寺侧，塔已毁，碑存。碑高1.50米，宽0.85米。

梵净山承恩堂月意参禅师长生塔铭

其源系思南府安化县瓮龙甲瑶都坝罗公之子，自幼不昧真灵，坚心慕道，轻功名，如□□……于乙丑（1685）春，离尘脱俗，皈依承恩堂道和尚，薙发为徒，聪自性生，闻言即悟，佛慧双修，实为真佛子也。后于丙申（1716），续法入夹涛，施济众，普乐□襄，是为序。

予自征途远归，偶至梵刹，目及善士云集，徒众趋承，运石搬泥，肩摩接踵，兴土造筑，如蚁赴膻。余询曰："作何功果？"众答曰："为吾和尚营修寿塔。"余曰："师季尚富，何为此举众？"答曰："人生幻泡，屋漏防迁。"勉余为文，谁曰不宜？斯人也，禅林达士，师羡其能，幼而敏慧，长而慈仁，无怠无荒，口不绝经，念兹在兹，礼会三乘，太师脱颖，衣钵继承，数载方丈，不骄不矜，待众接物，无我无人，食不自私，衣弗独温，途人戴德，内外沾均，长生宝塔，避奉同心，不愧俚言："万古佳城。"偈曰：

法子徒孙满大千，钦崇师范道则天；
德重哪知山岳厚，恩深谁识海渊宽。
卧云枕水心田静，点头乱堕为多言；
难报师德修宝塔，愿祝长生万万年。

谨具僧俗法眷胪列[①]于下：□□……

皇清雍正二年甲辰（1724）岁季冬月立

[附记] 选自政协铜仁地区工作委员会编著：《中国梵净山佛教文化文物研究》，贵州人民出版社，2011，第266页。墓塔位于梵净山西麓坝梅寺侧，月意参禅师寿塔（即本人健在时建）。碑位于塔后。

---

① 胪（lú）列：罗列，列举。

新修观音殿碑记　戴法贤

梵净山自我朝敕封以来，尤称黔州之佳境也。唯有半山之岩穴为观音所居之地，因风雨飘摇而金身渐颓。有坐净僧人往往见金身而显像，对匠人向文洂而言谈，向彼欲一人而修殿宇、砌石栏、盖石瓦，因年岁凶荒，一人不能独成。有邓维梓等募数人而出食用费，向捐工，成修左右二壁宝棹一张，久之而殿宇维新矣。其外培砌，在于化主法慧垂功也。是为记。

领袖：邓维梓、张国忠、杨正祖、王朝中、廖抡、戴兴予

思南府礼部员外安修德助钱三钱，安永圣一钱六分，湖广麻阳县兴德都六甲地名新壁功德呈向文洂率徒印江县人严燔。

大清雍正六年戊申（1728）岁秋月吉立

印江县生员戴法贤题

[附记]选自政协铜仁地区工作委员会编著：《中国梵净山佛教文化文物研究》，贵州人民出版社，2011，第168–169页。戴法贤，号豫章，贵州印江生员。

传临济正宗第三十六世上大下梵老和尚塔

人有厌世而入静者，未必志行可著；有百尺竿头进步者，未必补旧益增，徒蚩蚩[①]为衣食之计者焉耳已。若大梵，有可志者焉。出澳水而游铜江，百里许有山名朝阳，虽创自浩然，不过梵然一庵耳。彼则披荆斩棘，不顾老□头，焕然一新。是所谓厌尘而入静其有志行可者，百尺竿头而进步，其有补旧益增，非与蚩蚩为衣食之计者之可同日而比也。耶！予为之赞曰：

结塔高峰五彩妆，凤凰来脉聚朝阳；
尘缘不染空声色，泄出临济一派长。

---

① 蚩蚩（chī chī）：惑乱、纷扰貌。

法徒：流喻、流传、流信　徒孙：真悟、真皤、真得　仝建

雍正六年岁在戊申（1728）四月上澣日　铜江野人周毓英拜撰

[附记] 选自政协铜仁地区工作委员会编著：《中国梵净山佛教文化文物研究》，贵州人民出版社，2011，第273页。碑存江口县德旺镇德旺村朝阳引雷山。

界　碑　王焯

乾隆拾年乙丑岁（1745）之孟冬月，因楚人在本寺山场内私挖金砂，自七年（1742）起，聚集多人，庙宇深受其害。今幸奉总督部院张，选委贵阳分府闰，本府正堂孔，思南营总府王，暨本府督郎舍，朗溪正司田、副司任，思南外司杨公仝踏勘，开采抽课。蒙众住福星俯念，天庆寺乃前人创建，有明万历戊午年（1618）敕封，本朝康熙元年（1662），经思南营督府王讳平捐银叁佰陆拾两重建，买置山场。至今数百年香火，关系合郡风水。今立定界址，并竖小界碑陆块。界内不许楚人开挖，有伤庙祀，其界外亦系庙地，今既纳国课，准其开采，幸蒙本府正堂孔取具，厂头遵依，甘结在案，恐久弊生，勒石为记。

附刻本寺古置山场四至界址于后：

东抵沙子凹跟岭直上梵净山为界，南至月镜山跟岭直下九皇观为界；西至牛角洞跟岭直下象鼻岭为界；北至金厂大擂口跟岭直上尖峰沙子凹为界。

赐进士出身署贵州思南营游府印务军功等随带记录二次黄平王焯撰

大清乾隆拾年岁在乙丑（1745）年拾月伍日　住持僧圆昌立

石工银正才勒

[附记] 选自政协铜仁地区工作委员会编著：《中国梵净山佛教文化文物研究》，贵州人民出版社，2011，第179页。碑位于铜仁梵净山东北麓天庆寺旧址侧（20世纪80年代移于旧址坎下，保存完好），青石质，有碑座、碑帽和护框，通高2.70米，宽1.30米（碑高2.21米，宽0.90米），厚0.10

米，竖书楷书阴刻。王焯，贵州黄平州（治今黄平县城）人，雍正八年（1730）庚戌科武进士，官至参将。

桂香寺常住碑

寺无僧则倾败易，僧无产则焚修难。故常住丛林□梵教之一变，实千古之良规。此寺旧名阁，树人以记文帝，奉□失人，香灯几坠。适明镜上人，□新西崖，合邑□美，众因敦延移锡，为培修计。师至□，□旧阁以奉帝，新前殿以崇□，□下数年间而璀璨橘皇，遂与西崖捋见，文风佛皎蛟辉，桂蕾昙花并茂，因更今名而纪其常住田粮于石。王式二书（所记施主姓名施田蚯块著数地名四至以及载粮多少不予冗录）。

乾隆三十二年（1767）二月初三吉旦

住持祥慧率徒澄净、澄智、澄礼、澄彦　徒孙清泉、清源同立

［附记］选自政协铜仁地区工作委员会编著：《中国梵净山佛教文化文物研究》，贵州人民出版社，2011，第197页。碑立于印江土家族苗族自治县峨岭镇甲山村黄巷口村民组之平岭坝。桂香寺原名梓潼阁，供奉文昌帝君，本属道教场所。后僧明镜任住持，以旧阁奉文昌帝君，建新阁以供佛陀，将阁改名为“桂香寺”。

修路碑记

尝闻履道而曰坦坦，山径而曰溪间。则履道之不同于山径，而且在古刹之前，而可以溪间而不使之坦坦乎！余等出入其间且举步艰辛。各出孔方①，共襄其事，路梯无跻，工成勒石，是以为序。

本堂和尚上菩下□出钱伍百，□□出钱伍百。

应芳四百文，应慧七百文，应龙七百文，应通乙[一]百文。

纠领：乾清贰百文，一清贰百文，□云贰百文，元一九百文。

---

① 孔方：铜钱（旧时铜钱外圆，中有方孔，故名），代指钱。

纠首：慈云九百文，山济贰百文，松清贰百文，昙云贰百文。

大清乾隆五十年（1785）六月望吉旦立 湖南石匠李远□

[附记] 选自政协铜仁地区工作委员会编著：《中国梵净山佛教文化文物研究》，贵州人民出版社，2011，第184页。碑位于铜仁梵净山西麓坝梅寺侧水碾边，青石质，方首，高0.86米，宽0.55米。保存完好。

青山愿老和尚塔铭 胡奉衡

苦海沉沦，魔鬼毒炽，佛设三无漏学以导化众生，戒为基本。本之不立，定慧何依？是以醍醐贮秽器也。吾乡居楚天末，先朝城郭乡村兰若皆香火僧居之，茹素者尚少，何有于戒？得戒自愿如大师始。

师讳道明，愿如其字，蜀之顺庆府西充县人。生而凝重简朴，于一切纷华世味，泊如也。弱冠为博士弟子。性至孝。母病，蕲以身代，病寻愈。每念生死事大，无常迅速。及二尊人即世，乃从事玄门，以为长生久视，可学而致也。继于僧舍见《楞严经》，取而读之，至终卷弗忍释。因悟空门中有如许妙义，乃弃儒，从其叔薙落，朝夕研究《楞严》，不啻神鸾之焚仙经而皈清泰也。遂发足游方，单瓢只杖，下瞿塘，达荆楚，由江、广以至闽。时鼓山永觉和尚道风遐播，师往参焉。一见知非凡器。因与受其晨昏启迪，大有开发。凡所酬对，俱深契微旨。洎入浙参天童密和尚，复还鼓山，觉老人以嗣法属之，师谦让未遑，自谓福智浅薄，恐不能恢宏法化。异日因缘自在，当不忘法乳之恩也。计师虽行脚二十年，崎岖坎壈[①]中，行头陀行，痛处如桚[②]，潜修密证，静躁闲忙弗敢稍懈，辛劬万状，履险如夷。其所遇幽显异境，不一而足。师皆不欲炫骇视听，一概弗取，故不具述。

甲申（1704）改革，师间道欲返滇，礼鸡足，驻锡渠阳龙井庵，乃因缘系于此。方行至揭郎老庵，应教僧自愚，弃其所习而皈于师。是时滇黔道梗，因挽留之，皈依者日益集。丙戌（1706）春，众弟子奉师移纠龙山，建华严寺。

① 坎壈（kǎn lǎn）：困顿；不得志。

② 桚（zǎn/zā）：古同“拶”，逼迫，挤压。

是岁腊八，诸弟子环请乞师传戒，师弗许。众跪恳曰："此方自来从无戒品，禅与教抑复尠[①]闻。今得吾师法门矩匠，可使律制弗阐扬边徼乎？"师乃结坛，先爇瓣香于鼓山和尚，以酬前诺。是即师传法之始也，师每谓："戒是摄伏身心之利刃，既以戒律庄严其身，又念佛系心净土，讬质莲胎[②]，承事诸圣。至于参究一门，须除遣习气，以正念胜妄想，以智慧转情识，使意地中清清净净，身心内外皆空，了得本来面目，触境逢源，俱显禅机妙用矣。"丁亥，迁观音山，两载中弟子集至百余，草庵三千椽不能容。己丑（1709）四月，众复奉师至中华山。闻山后有老虎岩，乃偕侣披蓁莽，沿石径往观之，深契师意。结茅构室，居众师于洞中，讽《华严经》。远近居民，闻师至止，欢喜踊跃，相与坌坌，肩材木，荷锄镬，富者输金粟，贫者助工力。始而七佛楼成，既而两庑正殿以次观成，庄严宏敞，法像巍然，数载中竟成丛席，命名曰"青云山佛日庵"。是时师道价日增，又时当鼎革，凡仕宦之羁旅者，与从戎之回心向善者，靡不忘形屈势，以师为归，壹以慈悲平等接之，因其资器而陶铸之。人缘辐辏，食堂逾二千指矣。辛丑（1721）岁，黎五官绅士庶迎师讲《楞严经》于南泉山，环听者肩摩踵接，争致瓣香。随至长春堡香云山说戒，百期而还。壬寅（1722），复至道堂结制，其策励警众语，在所刻家常语录中。大抵师之修行，以见性为本体，以持戒念佛为工夫，以慈悲度生为作用。又以忍力舍力清净佐之。其所说回光自照，真实修行，皆是指点老实路头，而以其所尝试者告人也。

癸卯（1723）三月示寂。自知化缘将尽，集众语曰："此一大事因缘，我与诸人谪略二十余年，会与不会，各存胸臆，自我视之，则无以异此也。将来有继起者，应不在名闻利养中也。"望七日，泊然而逝。世寿六十一，僧腊四十二。荼毗[③]入塔，原建于壬寅冬月，规制朴陋，亦未制碑铭，遵师命也。今六十年矣，石渐剥落，而砌石攲[④]陷。曾孙一文等倡首，率本山支派之散住各山各刹者，捐衣钵重新之。恐其久而后人无所考镜也，

---

① 尠（xiǎn）：稀有的，罕见的。

② 讬质莲胎：讬（tuō）：寄托，委托；质，指人的神识。莲胎，指念佛往生弥陀净土之人，皆在莲花内而生，恰如母胎，故曰莲胎。

③ 荼毗（tú pí）：梵语音译，指僧人死后的火葬。

④ 攲（qī）：倾斜。

乃撮先伯父司农公所为行述，及余夙夕所闻于老成耆宿者而系以铭：

佛灭度后，以戒为师。三无漏学，此实根基。
嗟我边方，孰与提撕。自师至止，乃闻荼毗。
轻重条目，细行威仪。如净明珠，保爱护持。
山开青云，佛日朝曦。慈航普渡，其赴如驰。
维兹宰堵，灵所凭依。今六十年，复重新之。
光涵寂照，芥纳须弥。源远流长，万派千支。

[附记] 选自（清）光绪《黎平府志（卷7）·人物志（下）·方伎》。塔位于万山区敖寨侗族乡金家场村中华山寺。愿如，字道明，四川西充人。俗姓侯。早年参鼓山永觉和尚得悟。明末，游湖广靖州渠阳龙井庵。后居五开卫属之谬冲观音山（位于今黎平县新厂镇地交村）数月。复奉师居中华山。圆寂后荼毗入塔。门人梓《愿如语录》（2卷）。胡奉衡，生平事迹见《黎平县城迎恩寺碑记》。

重建白衣阁合祀五显神碑记　李台

释氏宗空，道流尚玄，二端之分门，角立如水火，各显其用，而不可合并也久矣。然吾闻老子跨青牛出函谷关，关尹喜占紫气而邀迎之，著道德五千言。遂西走流沙，入大秦，别阐教于西域，则西教之兴，殆其滥觞欤。朱紫阳[①]亦谓释经之精义，旨在猎取于老氏，而后世之为其徒者，翻袭释氏之粗，以自树用，是寖以不兢，由斯以谭道之可以相藉者，必其势之可合而不必歧视之也。予道且不必歧视，则其像设之显示者即偶合焉，应亦无乖于礼尔。奉佛者曰菩萨，佛门之大弟子也。观世音则又证法，如来以大慈悲而救苦难于南赡部洲。[②]固海内善信所祀而祝焉者也。

昔吴越王梦白衣人求葺其居，寐而有感，因建天竺观音看经院，则白衣住相之所昉矣。奉造者曰：诸天之神太微玉清所统属，而布护下界，以

① 朱紫阳：即朱熹，字元晦，别称紫阳。

② 南赡部洲：为佛教传说中四大部洲之一。

护国佑民者也，乃若黄世祀土神厥号华光，道流谓北斗所降精，顾第不深考。然传闻明季叛苗蓝二既破郡城及旧州，直拥乌合数万来犯城，方戒严无何。贼众至北山冈，遥见二天将高逾楼堞，率大队自郭外迎敌，旌旗甲仗闪烁腾趣，势如电掣风驶。逆众大惧，溃遁，自相蹂躏，死者无算。时城内见贼遽自退，相愕不解。乃率卫军出追，擒获余党，讯得其故，忾然于关圣华光之阴行捍卫吾民也。

记曰：能捍大灾、御大患则祀之。吾人之奉夫神，而以秋报赛者，由来已久，其亦有富于国典也欤。

神之庙，旧在北郭外，再毁于火，而庄像皆无恙，自是寓祀他宇，不常厥居。至雍正乙卯（1735），黑□猖獗，吾城诸古刹荡为劫灰。城东白衣阁范金宝象也，而首仅存，乃华光寓城北之三楹岿然独完，兹又灵异之尤著者。往岁，里中诸长德共谋所，以重奉大士，而并以妥神之灵者，相与斟酌权宜，复鼎新斯阁而并祀焉。经始于乾隆丁巳（1737），越辛酉（1741）而落成。族兄光绪、宝兴董其事，既自为记，而征予文，以寿诸石。荏苒宦途未克，即应者阅卅余载矣。今予以忧归，兄年且逾八袠[①]，复用此敦嘱，因推明夫合祀之义，并有不容已。于建设崇奉者如此，至工费之若干，以及常住存留，所以为善后永久计者，具详兄记中，兹不赘云。

[附记] 选自（清）嘉庆《黄平州志（卷9）·艺文志·记》。李台，贵州黄平人，嘉庆《黄平州志》主纂。碑文除记述修建白衣阁及在此寺供奉五显神的缘由外，重点讲了佛教道教交融的道理。其中说道：道家学派创始人老子西出函谷关，到西域传教，因此才有了佛教创立。这种观点显然受了《老子化胡经》的影响。[②]

---

① 袠（zhì）：十年为一袠。

② 西晋惠帝时（290–306），天师道祭酒王浮常与沙门帛远争论道教、佛教之邪正，王浮为了证明道教优于佛教，遂作《老子化胡经》，声称老子入天竺变化为佛陀，教化胡人之事。借此证明佛本因道而生。

重修观音阁碑记　吴寿昌

粤自白马开宗，而后花宫梵宇在在著名。其所以能历久不替者，岂徒以招提檀胜，供游人登眺之资？夫亦以人之生，上智则不数，中材之子，欲降祥而勉于为善，恐获戾而不敢为恶者，比比然也。然后以神道设教，如所谓菩萨低眉、金刚怒目者，以牖启其好善恶恶之天良，未始非导德齐礼①之一助。

思南旧有观音阁，建于中和山之巅，倾圮有年，龙像委尘，宝莲落瓣。过丛林而瞻礼，何以状山川之景色，肃灵应之威仪哉？

乾隆丙午（1786）秋，交河王洧苍太守莅是邦，威行爱立。越明年政成，四境恬熙②，民人乐业，爰捐俸倡修之。郡人士之闻风慕义者，罔不争先恐后，故寺中堂宇，凡神佛所居暨经楼、讲舍、方丈、斋堂，皆焕然一新。寺左闲轩数间并葺之，以待游屐凭栏凝眺。无景不臻。

盖中和一山，壁立万仞，阁居其巅，俯视一切。雄关四扼，群峰朝拱，形势之宏壮也。阛阓③喧阗，甲第连甍，市井之富庶也；德江环带，舳舻上下，商贾之流通也。矧松桧翁翳，竹柏峭蒨，烟岚缭绕，变幻昕夕。飞泉出壑之响，建牙④吹角之声，恒与寺钟相间；山光水色，远迩延揽，以怡耳悦目于朱栏碧槛间。岂非郡中一大观乎！

余奉命视学黔中，按试之余，亲涉其境，为叹赏者久之。顾寺之荒废几何年矣？惟太守之一举，遂令昔之折栋颓垣，摧败零落者，未几而法像庄严，祇园增丽，何其周且速耶！是不惟护法旃檀，人天欢喜而已。将见郡之黎庶睹此庙貌，生敬畏心，格去其邪僻，而渐进于善良，皆今日太守潜移默导之力也。当勤政之暇，偕僚吏宴集于此，以歌咏太平之盛，超然幽乐，宁能专美于前哉。

---

①　未始：未尝。导德齐礼：语出（春秋战国）孔子弟子编撰《论语・为政》。意为用道德诱导，用礼教整顿，让百姓归服。

②　恬熙（tián xī）：安乐。

③　阛阓（huán huì）：街市。

④　建牙：古谓出师前树立军旗。

郡之士来请曰："愿有记。"余既乐观其成，且深羡太守之寓治道于游观所也。于是乎书。

贵州学政吴寿昌撰

大清乾隆五十三年岁次戊申（1788）孟夏月吉日

[附记] 选自（清）道光《思南府志（卷12）·艺文门·记》。碑立于思南县思塘街道中和山观音阁。吴寿昌，字泰交，号蓉塘，浙江山阴(今绍兴)人。清乾隆三十四年（1769）进士，五十一年（1786）以户部员外郎任贵州学政。倡导并捐俸重修观音阁的知府王洧苍，名王雨溥，字洧苍，直隶交河县人，拔贡，曾任贵州普定知县等职。乾隆五十二年（1787）任思南府知府，史称其"政尚严，吏民畏，惮尤恶盗，有犯必惩，城乡夜不闭户"。

石阡河坝铁钟铭文

皇图巩固，帝道遐昌，佛日增辉，法轮常转。

从来钟之所设，原来久矣。自帝臣岐伯诸贤以来，禹王定鼎而后，则钟有自来矣。盖有一庙必有钟鼓以为敬献之资，目今头人安洪畴施田一份于城隍庙，地名拦坳田，所积三载籽粒银钱，铸钟一口，安于庙中。一则幽明两应，二则神人胥悦①，永垂不朽。以此为序。

头人：安志恒、杨胜富、张世贤、安新邦、安新德之祖、浦德纯

匠士：江文富、蒲秀凤、李一爵

乾隆五十八年（1793）九月十八日吉旦

[附记] 选自石阡县文物志编辑组文化馆编印：《石阡县文物志》，1982，第129页。钟存石阡县河坝场乡河坝中学，铁质。

① 神人胥悦：神和人都愉悦。

莲池庵捐输碑序补遗　刘朝祚

郡东十余里有莲池庵，灵异境也。幼闻前辈道其名胜，思欲登览不果。甲寅（1794）夏始克携徒课读其处。至则景物荒凉，游人稀少。雅有一种幽深清远之致，而拮据之况，殆不胜情。询之住持兴济，云：其师圆寂后，宿债拖赔，伊于胡底，状若憾甚。余怅然久之。次年秋，兴济忽致书于余，云寺中谷债悉还，丝粒无欠。余讶其偿之速也，心窃疑焉。既乃知众人乐善好施，盖仅还其七，而以三输于寺也。

忆兹山辟自无相上人，继传于大模，重修于补松，下逮纯中和尚，莫不敷扬宗旨，参透大乘，遐迩名贤辄多题咏，讵不甚盛欢。无何，寺中多故，渐就倾颓，积年田租，佃不补出，藉非有清师极力维持，与夫众人同心补助，兹山不将鞠为茂草乎？嗟夫！盛衰之理，固常如此。而余来游，虽不获于纯中极盛之时，而犹得于济师振兴之会，其亦非偶然耶？自接前书，悉其情事，方深喜济师之能得众心，尤深喜兹山之能得济师，庶几复有大模、补松之望，而转为余辈之游兹山者一幸。爰踊跃即事，略叙巅末，并泐众人姓名及捐输成数，以示无忘。若夫山水之灵奇，楼台之创建，则万、徐二公碑记，言之详矣，余何赘。

[附记]（清）道光《铜仁府志（卷之10）·艺文·序》。刘朝祚，贵州铜仁人，嘉庆七年（1802）壬戌科进士，曾任知县。

重修东山寺碑记　福康安

铜仁之东山，为一郡之镇。上有文昌阁，阁前为奎星楼，乡人崇祀，历有年所。洎乾隆乙卯春，□民蠢动，予奉命专征，督师黔、楚。铜郡为大军后路，军火粮饷，道路转输，悉由于此。因假庙中隙地，暂贮军需。是年冬十二月，守者不戒于火，庙被灾，栖神无所。予闻之，首倡捐廉。命四川蒲江县知县董铣等监其事，鸠工庀材，阅月即成。前增山门，重设左右厢，因其旧址而充拓之，所以壮观瞻，昭诚敬也。山之东偏为东山寺，向与此庙为二院，今并为一，使住持僧本性供奉香火，以垂久远。于是绀宇琳宫，钟鱼肃穆。

来登是刹者，顶礼诸天，快睹山林胜概。余亦仰赖神庥，督兵深入，擒渠折首，扫穴犁庭①。从此苗境肃清，封疆绥靖。俾此方之民，咸得安其土，乐其业，永享太平之福。则神之覆冒②斯民者，其未有艾欤？是为记。

嘉庆元年（1796）四月朔日

[附记] 选自（清）道光《铜仁府志（卷之9）·艺文·碑记》。福康安（1754–1796），满洲镶黄旗人，曾任云贵、四川、闽浙、两广总督，官至武英殿大学士兼军机大臣。东山寺始建于自宋初，有文昌阁等建筑。清雍正十一年（1733），增建魁星楼于文昌阁前。乾隆六十年（1795）毁于火。嘉庆元年(1796)四月，福康安首倡捐募重建，令四川蒲江知县董铣等监其事。

铭真上人塔引　孙修道

吾山真师翁，印邑之鄙人周公长者之嗣也。一性不昧，幼而好善，慨有离尘之念，访道之心。一日叹曰："父登仙，升慈母高堂，而思日日大恩，终身难报。"为翁之母，素心积善，斋明盛眼，知因果种菩提者，一日见翁而有忧容，知翁之志空桑也。乃割爱焉，以成翁之愿，以遂翁之行。然曰："□削发于兹山，皈依华法师，俗号铭真，法号密空。"而翁即以是时，苦行修持，戴月披星，焚香礼课，酌水润花，后遂得戒于晓法师，参明心性，□悟大乘。然如此也，至晚年，调众安和，利物利生，广行善渡，开示四众，传衣钵百有奇焉。翁不但奇特独露，真乘而又成物也。凡□还，源而有善根者，谁能如此也。今虽只履归，交涅槃去矣，趺跏慈颜而示偈曰：

来来往往云忙忙，迅速光阴没商量；
等闲扑开混团面，清风透出秋月凉。

① 扫穴犁庭：比喻彻底摧毁敌方。

② 覆冒（fù mào）：指笼罩，掩盖。

偈已西逝。垂眉合目，鼻露银光。但见鹤唳长空，一天花雨，见翁来去分明。思翁来也，生于乙巳（1725）姑洗月[①]中浣一日子时；翁去也，于乾隆五十九年（1794）八月二十四日辰时辞世。兆兹山之东艮坤向者，四五年至今矣，往往有猿虎啸，如助翁之忾叹，而发蒙有意者，吾侪独忘所自，平是则斯归所不容已者也。

临济正宗第三十八世孝嫡徒：严仑、严正、严圣，孝嫡孙：修朗、修心、修贤、修善、修然、修为、修明，孝曾孙：正如、正曜、正明、正九、正光、正大、正悟、正普、正通、正空、正德、正爵、正玉、正刚，孝玄孙：红莲。

孝徒侄：严众、严兴，孝侄孙：修种、修□、修道、修济、修彻、修惺，孝侄曾孙：正心、正齐、正端、正定、正法、正参、正志，孝侄玄孙：张权。

尼徒侄：严九、严忠、严昭，孝尼徒孙：修福。孝嫡尼徒孙：慈和。

诸山戒子：寂觉、慧善、寂山、法乘、真念、寂昆、寂贵、天佑、悟能、昌华、慧念、法珍、严净、智见、真性、法伦，侄法孙法戒，玄孙代静、代宣、达安。

本堂侄孙修道书撰　湖南石匠李远绅　印邑石匠张宏任

天运嘉庆三年（1798）仲冬月下浣五日吉旦

本堂大众建立

[附记]选自政协铜仁地区工作委员会编著：《中国梵净山佛教文化文物研究》，贵州人民出版社，2011，第267–268页。塔位于铜仁梵净山西麓坝梅寺旧址。塔额“塔铭垂芳”，铭题《铭真上人塔引》，嘉庆三年（1798）11月25日立。碑文最后罗列了68人的法号和名字，在梵净山僧墓佛塔中，所罗列的名字算是较多的一个。

梵净山修路功德碑

□□□道路崎岖，化主修崇之。于念灵山有感应，众善乐助钱。嘉庆三年（1798）仲夏月。秀邑平块玉皇阁住持比丘、信士□□□□□比丘，

① 姑洗月：三月。

信士秀邑梅营副军功嘉五级记录一次杨捐钱二千二百文（以下捐款者姓名及数额。略）

大清嘉庆五年岁在庚申（1800）孟秋月吉旦

[附记]选自肖忠民编著：《印江佛教通史》，中国方志出版社，2012，第416–417页。碑位于自梵净山九皇洞至烂茶顶天庆寺途中（距九皇洞约0.5公里）一石穴处，共3方。青石质，无碑题，碑文素面楷书阴刻，立于嘉庆五至七年（1800–1802），内容是记录捐资修路的功德碑。有简短序文的一方高0.54米，宽1.91米，厚0.065米。其余两方为捐资者名录：一方高0.54米，宽1.88米，厚0.07米；另一高0.54米，宽1.65米，厚0.065米。落款为“嘉庆七年壬戌岁季夏月吉旦”。字迹漶漫。

崇修仸[①]垣序　松青

上方曰：兰若亦曰丛林。承恩堂之有老庵，先和尚再迁于是，乾隆五十一年（1786），师伯应慧再迁下流，则老庵为新庵之陈迹。新庵者，老庵之脉所由发也。老庵盛，新庵亦雄。虽欲弃之，乌得而弃之：嘉庆十年冬，余松青请命师伯，因旧日之垣苑改而扩大，众堂无不首肯。鸠工之日，增高继长，涂其既茨墙以及肩也。杂植木卉，象彼丛林，地为生色也。语曰：用力少而成功多，合数人共助之锱铢，培千万年尚方之祖脉，一倡之，众和之，予虽不及见后日之□，□□□□□之本立道生，日新月盛，墙坚木亦茂，木茂地亦灵，地灵人亦杰，于新庵殆不无小补尔。时嘉平工竣，凡出微资，名列于后。之触目惊心者，随时补苴。承恩堂其渊远而流长乎！是为序。

大清嘉庆十年岁次乙丑（1805）季冬月上浣吉旦　比丘僧松青叙立

[附记]选自政协铜仁地区工作委员会编著：《中国梵净山佛教文化文物研究》，贵州人民出版社，2011，第185–186页。碑镶嵌在铜仁梵净山西麓坝梅寺旧址后面的一条路坎下，从碑石的镶嵌方式及位置看，此路坎

① 仸（fó）：古同“佛”。

过去是一堵墙，碑题《崇修伕垣序》，保存完好。

增修启灵观碑记　张明威

历观古寺观之设，或依山或傍水，必有裨于人心风土者而后建之，以大其观，其余雕梁画栋，浮碧耀金，初非专为。桑门①寄迹，醉翁逃禅之薮也。

石阡城河西北，有启灵观者，创自前明。俨凤峙于帝阙地，居乾亥争龙跃于天门，含远山，吞长江，隐隐约约与玉皇诸阁罗列，而并峙是地，之为灵也，昭昭矣。登是观者，日浮浪卷，龙川耀其前；月露风华，文澜映其后。且也，东皋月出五老，则沈影而听梵音；西山气爽元峰，则高标而飞姓氏。其启人心之灵也，何如然后知前之莅斯土者，建树有自而后之采其风者，不可增修无方也。

乾隆戊辰（1748）夏，太守姚公来守斯土，下车之始，即以培风土、励人心为兢兢，故阡之文峰立见其玉成，而斯观亦为水口之锁钥，其所以烦其振兴者，政（正）未有艾也。独是梵王之刹，虑其盛，盛则易以容奸；而衲子之居，虑其孤孤则难以观美。故前楹者，观之屏藩也；廊庑者，观之藩营卫也；天井者，观之舟墀也。斯观之前止有正殿而无前楹，并廊庑、天井缺焉。迄僧性真、智连住是，曾孙僧纲行福与徒佛参又住是，祖孙衣钵历有年，所力勤俭，用积有余赀，遂相继而鸠庀营缮其事，噫！观止矣！至此三乘肇起而四大排空。暮鼓千锤，两岸之聩眬尽辟；晨钟一声，此都之耳目维新。庶几人杰出自地灵，或亦物华而启天宝云而。

[附记] 选自乾隆《石阡府志（卷8）·艺文·记》。撰者张明威，石阡人，乾隆壬子（1792）科举人，任山东知县。碑文载：石阡城河西北启灵观创建于明代。乾隆戊辰（1748）夏，知府（太守）姚某②大兴地方建设，寺院也在僧性真、智连等辛勤经营下焕然一新。撰于清嘉庆十四年（1809）。

---

① 桑门：梵语“沙门”的旧译。

② 查《石阡府志（第3卷）·职官志》，乾隆十三年（1748）前后任石阡知府的为沈迁和时之蔼，并无姓姚的知府。疑此记有误。

永垂不朽

夫人之举事，无论善言善行，能使闻者兴起，见者美谖，匪易。易也，必其人素性刚正，坚吝不形，参以家道丰隆，取携甚便，乃克至焉，求诸末俗之中，不尽得之吾族贤仁兄矣。盖兄盛德之士，年逾半百，嗣续犹亏。然作善存心，遍多功德，装玉皇之全体金，修深沟之山王殿，虽云往事，已卜善行。兹因本寺运遭回禄[①]，重修将竟耗费，思怂伊谁支持。惟兄毅然领袖，备极经营，捐资若干，助其不逮，是善心之诚，昭昭在人耳目矣。兄犹可羡者，洎乎晚节，儿女始诞，人谓作善之报差遂吾兄。故兄复捐资补齐滩要路，殊知十宫无缘，旋及夭殒，兄不挫初念，捐金修座，又许重塑玉皇金身。然金身未及塑，而佛座已告成。予因备修综其事，勒之于石碑，后世知兄此举，一以继乃翁二年焚献之根，并绍臣祖万古不磨之足迹，此纲维废坠之盛事也，得不深加而乐为之序。

捐修佛座功德主：张贤仁、室罗氏、罗氏、女馥支、男凤圭

梨郝文员族弟广思顿首拜

本寺创立，肇起明季，自嘉靖时崇祀，至今三百年有余。祖德宗功，世守勿替，而沧海桑田，不少变迁。苟非住持昌募重修，已几乎煨烬[②]矣。庙内旧有土座，系十五世长官世臣祖建修，因祝融肆虐，故尔不存。今贤仁兄踵事增华，驾前人而上，依然永垂不朽，不重可嘉乎？佛祖应灵保佑，命尔将来麟趾呈祥[③]，吾于贤仁兄结善之报可预贺矣。思既不获绩勒，因述序而寄言于石，以昭兹来，诉表为作歌以庆之歌曰：

庙貌巍峨兮告落成，焕乎维新兮洵可人；增其式廓兮盘囷囷，高其闳闳兮美奂美仑。经营尽致兮神度力惫，屃赑[④]周全兮干济匪轻；岿然如灵隐兮应无多让，望之若云林兮更有余馨。我今瞻仰兮曷禁交赞，四方来观

① 回禄：相传本为火神之名，后引申指火灾。

② 煨烬（wēi jìn）：指烧尽。亦指火灾。

③ 麟趾呈祥：旧时用于贺人生子。

④ 屃赑（xì bì）：坚固壮实。干济：成就。

兮问谁之能？微兄与住持兮不克胜住，于以光昭前烈而留伟绩兮，永著赫之芳名。

焚献住持：比立僧照明号自彻　楚省匠人：陈秀江

元年岁在庚辰（1820）冬小阳月吉日立

［附记］碑存沿河土家族自治县淇滩镇钟岭村龙兴寺内，青石质，方首（碑面刻出圭首线条）。两碑为一组，高 0.65 米，宽 0.43 米，分开镶在大雄宝殿神龛的两侧，额题“永垂不朽”4 字跨连两碑。两碑皆有对联，“永垂”碑对联：“善缘千秋永同，功德百世流芳”；“不朽”碑对联：“缘建克承祖志，捐修足启来兹”。“永垂”碑为张姓人所立。“不朽”碑系寺僧照明所立。参见政协铜仁地区工作委员会编著：《中国梵净山佛教文化文物研究》，贵州人民出版社，2011，第 228–229 页。

补修城隍庙碑记

郡有城隍庙，历所已久，既建庙宇，以壮观瞻，复置田畴，足供僧善，神灵所托。以永垂不朽。异打冷□，两厢倾圮，逼促殿宇等处，未臻美备。僧净念，早欲募修，未能即遂所愿。嘉庆二十三年（1818），有姑稳载府，每莅任期朔望，礼毕之余，依仰良殷，出百缗，捐为修理之资。僧恐修费不敷，遂课诸阖郡绅士与郡衙在官人等，欣然乐助，适值石阡城府尊摄义小篆至此，复为捐助。僧亦素积斋赀，出外修补，随道于道光元年冬，鸠工庀材，修戏楼、丹彩二殿，并修改各处等宇，于次年竣工，自是关备捐画，目睹厥成约费四百多金，对于台下补石供、香炉之用。众善攸同，讵可而不彰，爰叙其始末，以正善果云尔。

（以下为捐资姓名）

嗣临济正宗第三十九世住持邱本性念

大清道光二年岁次壬午（1822）桂月中浣　阖邑绅士书

街民众姓人等合立石匠石成柱刻

［附记］选自政协铜仁地区工作委员会编著：《中国梵净山佛教文化文

物研究》，贵州人民出版社，2011，第 217 页。碑嵌于思南县思塘街道文庙前院围墙壁上，红石质，方首，高 1.68 米，宽 1.00 米。

培风寺序 徐如珍

培风寺者，道光三年（1823）里人士所建，以培风水者也。地旧有寺，不详其创始。乾隆六十年，岁乙卯，毁于□。顾其址当两河之冲，山势蜿蜒，奔赴若排闼然。水则双带交流，汇山麓以达于郡。有寺焉塞其空，则山为之环抱，水为之渟滀□，而山川灵秀之气遂有所托，以钟于居此地之人，此固不待青鸟家言而决其必然矣。漆园之言曰："而后乃今培风，彼则以鹏之扶摇而九万里也！"① 伊惟风之力，风顾可不培哉！

寺之经始也，仅一遗基，无所藉手。里数君子者，公倡此举，力为募化，诸善信踊跃佽助。当即鸠工庀材，于木取坚，于石取贞，于陶甓取厚，于垣墉取固，已乃绳之、规之、剖之、錾之、埴之、埏之、捄之、削之，更从而漆垩之，金碧之。于是气象雄杰，殿宇庄严，类于天造地设。山川灵秀，百脉咸注而会于一隅。斯地之发祥，隆隆以起也。若夫三界、四门、五空、六入，精禅悦者，或究心于是。其醒世觉迷之旨，为众生现正法眼藏，示清净身，运广长舌，盖亦有可采者。然而结千佛缘，设十供养，伊蒲② 所出，未便缺如。今则乐善仁人，佐以腴田沃土，岁入谷粟，足赡缁徒。由是香火昷馨，钟鱼整娖，地灵既萃，人瑞斯呈。此一役也，可以不朽。爰胪乐输姓名而上之石。

[附记] 选自（清）道光《松桃厅志（卷之 29）·序》。徐如珍，松桃人。

---

① 语出庄周《逍遥游》，原文为："故九万里，则风斯在下矣，而后乃今培风；背负青天而莫之夭阏者，而后乃今将图南。"漆园，即漆园吏，指庄子，典出《史记（卷 63）·老子列传》附《庄周传》。一般史书上提到漆园吏时，即是指庄子。庄子曾在漆园作过"漆园吏"这一小官。

② 伊蒲：即伊蒲馔，指斋供，素食。

梵净山禁树碑记　敬文

梵净山何为禁树也？余守石阡郡，即知其地为仙佛胜境，说法拜佛之有台，定心九龙之有池，前人之述备矣。

洎守铜仁之明年，观城南双江会流处，询之邦人士，曰：“斯二水发源于梵净山之分水岭下，一支出大江、省溪司、江口达于城；一支出小江、平头司、翁济洞达于城。”余喟然叹曰：“尝观吕氏祖谦《释禹贡·随山》之义，谓随山脉络，相其水势，以浚其川。是知水源所自，即山脉所发。斯山固铜郡祖山也，不亦杰哉！且余重有念焉者。”

初，余莅郡，谒诸大吏，询公事毕，即曰：“铜仁梵净山，惟黔中胜地，名山大川，职斯土者，所有事，子往兹土，曷加意焉！”余至郡，届岁暮。今春于役松桃，曾于车中望见，写诗以记。亟思公暇登临，所谓千里风烟一览而尽者，得陟高岗而骋远眸。且因以省吾民焉，亦守土者之事耳。适邦人以无知民某某，近于斯山积薪烧炭，具状来白。余止之曰：“十年之计树木，况兹崇山茂林，岂可以岁月计，宜止焉，戒勿伐；弗若焉，未可也。”嗟乎！草木者，山川之精华；山川者，一郡之风气。自兹以往，峨峨而业业者，其山也；郁郁而葱葱者，其树也。《尔雅》曰：“梁山，晋望也。”①梵净山为郡治祖山，不当作如是观乎？后之君子以为何如？因书与邦人勒诸石，永以为禁。

[附记] 选自（清）道光《铜仁府志（卷之9）·艺文·碑记》。敬文，道光初年历任贵州石阡府、铜仁府知府。立碑时间不详。从敬文任职时间推断，碑文约于道光四年（1824）前撰。

---

① 梁山，晋望也：语出《尔雅·释山》。“望”，是望而祭祀的意思。本句意为：梁山是晋国祭祀的神山。

重修石碑记

世道之兴隆，天实为之；庙宇维新，人实为之。缘天台寺，建自前明，世异代更，庙宇颓败，当时人将佛像并瓮江沟，常住田付与梓潼阁掌管。斯时天台无庙无佛子，曾祖敖璜悯其古迹就烟，于康熙三十五年（1696）修造庙宇，得买凌姓将山脚田上半舍入寺中，亦有庙无佛。于父敖葑于乾隆二十二年（1757），新雕佛像三尊，又虑焚献不孚，积累余资二十八年，协同头人郭石元，置买姚家沟田一庄，以作常往迨至嘉庆二年（1797），与梓潼阁僧清田兴讼。府断出银二十两，迎佛归田。十三年（1808）捐修正殿，又十六年（1811）捐修玉皇楼，信士余思表，善心勃发，取钱十五千文，同结善缘。予等恐后常住失据，将田粮界田畔录刊于后：

姚家沟常住田三丘，其界上齐张岔，下其吴家田，右抵杨家田，左抵沟心为界。其田粮二升八合。特入甲僧惠源承册。瓮家田八丘，其界上抵唐家田，下齐刘宅田，左抵唐家山脚，右抵沟心为界。寺凹田上界左右田三丘，跟田埂转上大路，跟路直过青杠岭，跟埂直抵田角。跟田坎直过水井，跟埂直抵石嘴，转口岩为界，右边田七丘，其界跟刘姓山脚转抵敖宅田角。跟埂右抵小林，跟埂直抵岩脚为界。其丁粮耕者充当，勒碑存照，永远为据。

主住僧智开　寺主敖立南、敖立德等立　石匠刘大成刻

清道光四年岁在甲申（1824）十二月吉旦

[附记] 选自政协铜仁地区工作委员会编著：《中国梵净山佛教文化文物研究》，贵州人民出版社，2011，第218–219页。碑存思南县兴隆乡山羊岩天俞寺遗址，青石质，圆首，高1.62米，宽0.8米。

敕赐梵净山承恩堂松青和尚寿塔小引

众称云：禅师松青者，梅院之苦行僧也。俗属思唐詹公三子，少时不荤酒，中龄默叩灵山，祝发承恩，皈依应芳，得戒懋琳，传授衣钵。性简默寡言，笑呐呐不出于诸，然予方丈问答之际，较之先辈，莫不若合节节。

噫！此岂世祖所谓生来一字无，全凭心地用功夫，苦练真修，遵守戒律，想其性天活泼，静观有德从来淡声稀，之后守我真元，于音沉响绝之余，闻兹妙道，故有此翻然觉悟也。庚寅浴佛日，鸣钟升座，召其徒，延请大众，谓曰：“流光易逝，人寿几何，梅溪之侧，云水行窝，禅机寂静，颇惬于怀，予将罄我钵囊，建一寿塔，俾异日屯穸于兹，君以为可否？”大众曰：“然！师言甚善！”“黄鹤不返，杯渡何年，夜月归来，谁曾相识，与其正首邱于殁后，何若营兜窟于生前，将见异日者，樵夫牧竖，过客游人，亦得向荒烟蔓草间指而叹曰：‘此乃青师埋骨处！’则此片碑拳石，不庶几与江上清风，山间明月，共有千古也。”耶！因作歌以赞。歌曰：

铁牛耕破古荒丘，米大乾坤撒手丢；
自去自来云里鹤，无根无蒂水中鸥。
沧海外碧山头柱，拄杖茫鞋到处游；
从今打破虚空界，界任梅溪水自流。

徒侄：心传、心念、心平、心宽、正明、正光、正耀、正佑、上智、心学、心福、心显、心引、心照、中国、中荣、心定，徒侄孙：纯权、纯镜、纯懿、纯持、纯庵、纯清、纯参、纯祥、纯座、纯燥、纯海、纯孝、纯宗、纯彩、纯峰、纯梵、纯净、纯澈、纯畅、纯亿、纯杰、普意、普惠、普厚，曾孙：觉照、佛馗、必顺、必照、必书、必得、必高、必聪、必相、弘梅、必然、必源、必桃、必乘，玄孙：扶梅

法孙：香念、香林、香灯、香帛，法曾孙：惠周、惠明、惠祥、惠志

尼徒侄：正性、正悟

堂法侄：心明、玉元

嫡徒：正德、正玉、正志。徒孙：纯念、纯岳、纯礼、纯护，曾孙：弘通、弘扬、弘魁、弘让、弘轩、弘彻

大清道光十年岁在庚寅（1830）孟夏浴佛良辰众立

石匠：李大进、李大清、李大朝、李大援

［附记］选自政协铜仁地区工作委员会编著：《中国梵净山佛教文化文物研究》，贵州人民出版社，2011，第269–270页。墓塔位于铜仁梵净山

西麓坝梅寺，已毁，碑存。碑通高 1.60 米，宽 0.8 米，碑心高 1.7 米，宽 0.7 米。

万古不朽

盖闻：佛日增辉，兆民咸赖，俱六蜡。三宝山先年创造，维新至今，佛缘衰颓（以下模糊难辨）。四方募化，承善众男女，乐施善果，请匠刁[雕]塑释迦、弥勒二尊（以下模糊难辨）。

[附记]选自赵幼立《梵净山东部两大古寺考察记》，载张清主编《人文世界——区域·传统·文化》（第六辑），巴蜀书社，2015，第 98 页。碑位于江口县坝盘镇三宝山兴隆寺。青石质，高 0.96 米，宽 0.59 米。无碑题。碑额“万古不朽”。三宝山兴隆寺始建于乾隆五十九年（1794）。碑文撰于清道光十年（1830）。

勒石垂碑

署贵州等处承宣布政使司按察使兼管驿事加三级纪[记]录十次李为严禁采伐山林窑烧炭以培风水事

照得铜仁府属之梵净山，层峦耸翠，林木翳荟，为大小两江发源，思铜数郡保障。其四至附近山场林木，自应永远培护，不容擅自伤毁。前于道光三年（1823），因寺僧私招奸徒梅万源等，在彼破伐山林开窑烧炭，从中渔利。据府属贡生万凌雯等呈控到司，当经前司饬府押讯究办，并出示严禁在案。今复据府属生员滕行仁具控楚民郑大亨等，贿窜寺僧普禅等，将山场售卖砍木烧炭等情到司，实属藐玩。除饬铜仁府查拿究讯详报外，合行再出示严禁。为此示仰梵净山寺僧军民人等一体知悉：嗣后该处山场附近四周一切山林木石，务须随时稽查，妥为护蓄，毋许僧再渔利，私招外来匪徒砍树烧炭，以靖地方而护风水。倘敢故违，许该地方乡保人等，立即指名赴府呈请拿究。如敢互相容隐，于中分肥，别经发现或被查出，定行一并照知情盗卖官民山场律治罪，决不宽贷。各宜凛遵勿违，特示。

右谕令周知。

大清道光十二年（1832）十月初一日示

[附记] 选自贵州省地方志编纂委员会编：《贵州省志·文物志》，贵州人民出版社，2003，第293–294页。碑立于铜仁梵净山新金鼎，青石质，方首，楷书阴刻，高1.00米，宽0.50米。碑额“勒石垂碑”，无碑题。碑文内容为贵州布政使司按察使李文耕所出布告。李文耕（1763–1838），字心田，云南昆阳人，嘉庆七年（1802）进士。

名播万年

护理贵州巡抚部院麟为灵山重地，严禁伐木掘窑，以培风脉事

照得铜仁府属梵净山，层峦耸翠，古刹庄严，为大小两江发源，实铜数郡保障，粮田民命，风水攸关。自应培护，俾山川□□，□静无伤，斯居其地者，成亨平安之福。护院访得该处有外来炭商，勾串本地刁劣绅民及坝梅寺僧，私卖山树，掘窑烧炭，只图牟利，不顾损伤风脉。屡经士庶呈控，地方官虽已查禁，而奸徒阳奉阴违，至今积弊未除。札饬铜仁府亲往查勘封禁，妥议具详外，合行出示严禁。为此，示仰军民僧俗人等知悉：嗣后毋许将该山树株私行售卖；亦不得容留外来奸商掘窑烧炭。如敢故违，一经查获或被告发，定即从重究办。倘差役乡保包庇及藉端滋扰，一并严惩，各宜凛遵勿违。特示！

右谕知悉

大清道光十二年（1832）十月初十日示

[附记] 选自政协铜仁地区工作委员会编著：《中国梵净山佛教文化文物研究》，贵州人民出版社，2011，第199–200页。碑立于铜仁梵净山新金鼎，青石质，方首，高1.00米，宽0.50米，竖书楷书阴刻，碑额“名播万年”，无碑题。碑文为贵州巡抚麟庆（1790–1846）为保护梵净山植被而发布的告示。

功垂千古

盖闻乾隆五十九年（1794）建造，新竖庵居，以至楼蜡。三宝山兴隆寺，先年修造，地基不幸枯朽，宜会众寨纠首头人商议，将佛祖迁移原基。考尚址亦崎岖，难以甫竖。只因暮化四方君子、善男善女、众姓良缘，以丕振其佛，如之辉光，展栋宇之欲其美乎！慈悲浩荡，护佑众生，以保人民之静。秀木儿女以成，元且况留谋，有不遂者乎！众姓阴骘，特立碑记，永古不朽。是以为叙。

[附记] 选自赵幼立：《梵净山东部两大古寺考察记》，载张清主编《人文世界——区域·传统·文化》（第六辑），巴蜀书社，2015，第97页。碑位于江口县坝盘镇三宝山兴隆寺。青石质，高1.63米，宽0.97米。碑额“功垂千古”，无碑题。碑文记载寺院建于乾隆五十九年（1794），因“地基不幸枯朽”（据赵幼立先生实地考察，原地基风化严重），因此募化经费，另选址重建。功成“特立碑记，永古不朽”。

重修洄澜阁记　徐鋐

厅之八景，一曰“秋螺洄澜”。秋螺者，城北峥锁岭外突起小峰，屹立松河之冲，为松水作砥柱者也。削壁排云，澄波泻练，嵯岈一角，秀插江浔，浮螺髻于中央，与波光相上下，实形胜地，又名胜地也。峰旧有阁，以“洄澜”为名。登其上，凭栏纵目，飘飘有凌云气，迩延野绿，远混天碧，城廓市阛，如张图画。嘉庆初年毁于□。前任张公保，乃倡首重建焉。

余署厅以后，采青鸟家言，谓此阁雄峙北隅，束两江之水而东，宜增高以为松城左臂护卫，且使瞻天尺五，登览者得以穷远目，涤尘襟。谅哉斯言，弗可易矣。己未冬，慨然折而更张之。阁之层级，仍其旧制，惟每级则加高五尺，栋梁榱桷，易以美材。设“亚”字阑，临“之”字水，下则渔船载月，鹭屿浮烟；上则画槛延云，飞檐接汉。嶷嶷焉，矗矗焉，遂为厅城东北水口一大关键。

盖同一阁也，一经继长增高，旧观顿改。松城得此，更觉四围气聚，八面灵钟，为名胜壮大观，为形胜培地脉，二者盖两得之。

工既成，余荷上台荐升郎岱同知，行将交卸，爰志其事，以贻后人。至阁之下，向有回廊佛堂，香火殊盛。前之建者，另有传记，兹不赘云。

准升郎岱同加五级时道光十五年岁次己未（1835）阳月署松桃直隶同知准升郎岱同知宜兴徐铉撰。

[附记] 选自（清）道光《松桃厅志（卷28）·记》。碑立于松桃苗族自治县蓼皋镇秋螺山洄澜阁。洄澜阁建自乾隆年间毁。嘉庆六年(1801)重建。道光十五年（1835），同知徐鋐再度重修。徐鋐，字慎堂，江苏宜兴监生。道光十三年（1833）九月署松桃直隶同知。

敕赐梵净山承恩堂中道和尚宝塔小引

尝闻杜鸿渐问于无住禅师曰:“云何不生不灭？如何得解脱？”师曰:“见境心不起,名不生。不生即不灭。既无生灭,即不被前尘所缚,到处解脱也。”存日，原命生于乾隆癸酉年（1753）三月初四日巳时，生于铜仁府提溪司凯土洞桥场坝生长人氏,享受阳光七十九岁,不幸因老告终,缅维正德大师。原系铜郡名裔清河之根,真灵不昧,故假尊崇释氏,皈依东土禅宗,受知修善,得戒密空，脱离尘俗事皆空，真是佛家万像之种，无喜无嗔，和气有知，有识从容，信知三千色是空，始觉一点了无踪，是为序。

曾遗回首偈一律云：

数十年来梦幻真，今朝撒手谢红尘；
此身得赴灵山会，方识莲花不染心。

孝徒侄：普光、普鉴、普观、普周、普仲、普参、普禅、普谐、普亮、普凤、普厚、普昭、普惠、普罗、普化、普亮、普业、普昭、普良、普净、普财、普华、光净、毕顺、毕成、毕聪、毕高、毕陶、毕照、毕愿、毕然、毕相、毕书、毕梓、觉照、真仪、佛馗，曾孙：性义、性善

孝徒侄：普岱、普义

孝徒：普连、普德、普育，毕能、毕济、毕彰、毕祥、毕秀、毕良、毕宣，曾孙：性崇、性本、性空

大清道光十五年（1835）十一月吉旦

石匠李松、男大进

[附记]选自政协铜仁地区工作委员会编著：《中国梵净山佛教文化文物研究》，贵州人民出版社，2011，第271–272页。碑存于铜仁梵净山西麓坝梅寺侧旧水碾边，高1.00米，宽0.43米。墓塔不知位于何处。碑额“表留云迹”；正中竖刻“传临济正宗第四十一世上正下德老禅人之营墓”；碑题《敕赐梵净山承恩堂中道和尚宝塔小引》。

永垂千古　杨小庞

松、化之巅，一峰独秀，其山脉自江口经梵净山蜿蜒而来，至此突然耸立，高入云霄，似九龙绕柱之势，异常壮观，不愧仙、佛之地。原庙宇辉煌，因去岁香客太多，香火炽甚，致回炉之灾，化为灰烬。今承各方募化，知名人士解囊相助，及正儒先生大力支持，重建此寺。每年七月朔日开山，朝拜一月，释、儒、道三教在此各设坛场，附近各县乡村佛友无不来此约会。感激诸方支持，寺宇即将告竣，特刻石存念。

廪生杨小庞撰书

大清道光十七年（1837）七月立

[附记]选自政协铜仁地区工作委员会编著：《中国梵净山佛教文化文物研究》，贵州人民出版社，2011，第204–205页。碑立于印江土家族苗族自治县天堂镇的九龙、金城、中尧3个村和松桃苗族自治县石梁乡的红石、简家沟两个村交界处的九龙寺。九龙山突兀拔起，顶部平坦，明清时山顶建有五皇阁，山腰庙宇。碑高0.78米，宽0.60米，厚0.08米，青石质，素面，碑额“永垂千古”。碑文竖书楷书阴刻。

捐资修路摩崖

思南府安化县任洞解众都居住信人张庆贵、室人简氏，发心修培梵净灵山险路，祈保童男正云，长命富贵，易长成人，关煞消散，禄马扶持。

道光十九年（1839）六月吉日修立

[附记] 选自政协铜仁地区工作委员会编著：《中国梵净山佛教文化文物研究》，贵州人民出版社，2011，第 172 页。摩崖位于铜仁梵净山新金顶金刀峡上方，定心池附近。高 0.38 米，宽 0.50 米。立于道光十九年（1839）六月。

宪示精明 胥化行

特授贵州松桃直隶军民府加五级记录十次李，为照得乌罗司天马寺小引。

流传遗观无怠，叙我禅室，相传数百年矣。继代明师，唯实悟衣，宗枝大乘，向上之基，吾独撑之。然天马寺窃僧广辙，自幼披剃，祝发蒙师。始祖宗安和尚，号自然。祖坐静时，观山场之必住，一望悉属祟林，群觇莫非蔓草。诸葛有庐，仅容大士之胜；钵盂瓦饭，莫充如来之饥。孰肯身处荒凉，愿甘淡寞，于洪武年间，得创天马寺荒田一段，周围老山一幅，册栽额粮一斗四升。粮重田少，尚未能垦，难以度日。僧祖慧本，不染俗尘，自甘落寞，守纤纤之常住，不辞劳苦，上开峻岭，下垦荒丘。后明聪祖，由是日新月盛，渐渐长成，披星戴月，旦夜奔驰，耕食凿饮，聊可度日。寺除出老粮外，买田粮五斗，册载可稽。后僧祖洪政、天性等，连年齿积，颇余田土。重修殿宇，复造高堂，塑换金身，上下诸尊有光，前后佛像辉煌。此乃铜江梵刹之伟观！祖之苦力，其在是也，由我思之，纵有一粒一粟，犹不易得，况自徒手而能成之乎！苦积寒暑焚献而可敬之，资人情二理，竟到加 [如] 今毫无紊乱，念祖积聚，常住朝夕讽诵，永远报答四恩之义。祖前所谓国祈天长，非我山僧之务，名传四方，合郡皆知，兵部尚书统嘉勇公云贵总督部堂福，及各府禁谕朗存，于乾隆圣主龙飞之年，边乡宁静，黎庶成安。

忽于乙卯（1795）春，陡□匪乱，两省中，中堂一营，秀山一营，铜城两省，共官军七百余人，飞临布阵，扎卡上抵本寺西岭石塘，下至蜡山、得胜坡，共设数十余里。然在一时之间，行粮欠缺，几妨军政。僧祖志立空门，苦积数亩陈粒，市斗数十价谷，虽不能任极军饥，亦堪解救无粮之急。集龙天常住，乃万步之香灯，寺捐去白米，无非以报皇恩，救济地方安静。数月，俟苗平拱服，官弁星散升迁，而我寺微捐，何能深达九重批阅。

嘉庆八年（1803），复又□叛，府主郑饬借米石，出给示谕。寺前后捐出，总祈国泰民安，苦志流传，各自捐修，功成浩大。僧若不顾朽坏殿宇，丈六金身，万步龙牌，则香灯凄凉，栋宇颓败。假使坐观募化，众等谁肯布施一片之善。前僧后僧，苦不堪言。俱已务作农工之业，布衣粒食，并无放逸之心。

奈其寺内古刹，历来一无碑记，永乐年间，因岁值戊子兵变，遗失文契，山场荒疏，界限未定。有康熙、乾隆年来地方等，今则如棋之变。于乾隆八年间，胥、杨等占估佛业，业去粮存，善弱无奈，日后由恐仍前，忽生异心之徒，侵伯无凭，恐佛业以作俗地。

于道光十五年（1835）来，具讼不息，实敝江豚浪涌叠叠，而今蚀陋僧苦，中流砥柱。十六年（1836），府主徐，给照承允，寺内住持僧二人，管理三才，藐视罔守禅规，以致庙宇倾颓，田土当卖所有。十七年（1837），地方等乌罗司长官正堂杨，批照分关，训教四庵僧人，各房支持，后伊等田土树木，一贫如洗。二十一年（1841），二人等穷极忿生，捏词具讼，去三剩一，一无首士理论，二无公彰之言，所以寺今实实寒苦，碌碌千般，唯有一仁天可诉，高悬水镜，照破情由，住持僧广彻，请凭地方是主连界人等，踏踩山场、田土，分定界址。僧花甲半零，未知如何唯然所以。二十四年（1844），协同地方绅耆人等，具实禀明，香资无措，国课无出。府主李，恩至厚矣，准给示禁界址在案，着即勒石，以照遵守，使后紊之短徒愈加精进，苦力修持，无得败坏清风，堕落轮回。芳名流于后世，用成小引，是为序。

其界：东抵屯山坡，跟岭直下两河口、双凤桥，又连地名干铜鼓与张姓连界，子岭直上大岭，交鬼板溪、大尖岭，直下望高凸滩湾段外，寺内得买胥正虎之业蜂背岭，抵胥姓土坎为界；南抵靛山坡大尖横量大岭为界，直交广山；西抵寨朗溪沟，直上石家湾大岭登顶大梁为界；北抵老阳沟大岭，以岭直下水口为界外，得买胥遂臣之业崩土坎嘴岭分心与胥姓业以岭为界，周围四界分明，以为定例永远，勒石为据。

临济正宗第四十二世永兴堂释子兴崇，徒广善、广炉，徒侄广云、广寒，徒孙性健、性悦、性道、性达，曾孙常修、常翥、常嶙。

儒士胥化行拜撰

匠士湖南彭班良敬刊

大清道光二十五年岁在乙巳（1845）四月八日　合堂释子凭地方人等立

[附记] 选自政协铜仁地区工作委员会编著：《中国梵净山佛教文化文物研究》，贵州人民出版社，2011，第181–183页。碑位于铜仁梵净山东麓天马寺（当时称永兴堂）。青石质，圭首，高1.50米，宽0.89米，厚0.09米，阴刻，碑额“宪示精明”（由右至左横书楷书阴刻）。在碑额“宪示”和“精明”的中间，还刻有满、汉两种文字的“贵州松桃直隶同知关防”印模，这是梵净山区域寺院中迄今为止发现的唯一一方刻有满、汉两种文字“关防”的碑。

重修九龙山碑　杨小庞

九龙山屹然峙松、安交界之巅，一峰独秀，插入云层，四面列群山万壑，皆林地盘旋，前翠飞鸟，革层楼以供诸佛。每年朝拜，七月朔为始期。盖本山发源于江口之梵净山，双茎并秀也。考《黔志》记，梵净山古为荆楚地，钟灵毓秀，俨然嵩生岳降，为我地培人，为佛梵之最高顶、蜿蜒数百里而来，右挟五雷山飞腾直入来安营，直上天堂哨，如旌旗布满，飞东路之十五洞，西向大石墩而托开印江县，皆此山绵绵延延为手杖。礼佛者众，登者化香楮，余尽将栋宇毁残，殆不能废。若不陪护文峰，何以迎仙佛肃礼，寓名士壮观瞻。为九龙山不朽之功，必待非常之人，唯有远大之志，乃能立远大之业。山间有好善素优者名正儒，慨然以此山之修引为己任，但支用募助，而正儒之为人德厚，居无善不作，今皆有志竟成。前松、安各路，欲造杠具为之捐助，购置田产，植树木，招居民，祀河神，以备异地瞻仰。此山之修，倡首既称得人，而又有同心好善之助，非此日可成之。具为之人曰：今而后，地灵人杰，圣哲挺生，可于斯役期之序云。故叙。

廪生杨小庞顿首

大清道光十七年（1837）七月竖

[附记] 选自政协铜仁地区工作委员会编著：《中国梵净山佛教文化文物研究》，贵州人民出版社，2011，第 205 页。碑立于印江土家族苗族自治县天堂镇的九龙、金城、中尧 3 个村和松桃苗族自治县石梁乡的红石、简家沟两个村交界处的九龙寺。

天马寺碑

□□府加十级纪录十五次李奉

□□提刑按察使司按察使兼管驿传事粮储道加三级纪[记]录（缺字）。本署司莅任以来，访闻各属地方，有等匪徒，专以索诈抢窃（缺字）多人，倚众毁屋，抢掳财物，窃劫牲畜，被害之人，出而抵御，竟敢抗拒，致（缺字）被抄抢，而且挟忿拖累，闭户不出，又有贼匪，白日佯为乞丐，窥探路境，及至龠（缺字）贼行窃牛马，事主邻佑惊觉赶捕，亦多被匪枪伤。再有乡间每遇五谷成熟之时，射利之徒，以内种有菜麦，偶遇牛马误行践食，任意勒赔，多方索诈，不遂其欲，即率男妇，坐赖此（缺字）除密访查拿、并札饬各地方官认真缉究外，合行出示严禁。

为此示仰各属（缺字）勉为良善，免罹法网，如有不法之徒，仍前索诈抢窃为事，被害之人及事主，立即（缺字），追拿党羽，严审确情，追起赃据！按拟详办，受□该匪徒被拿之时，胆敢执杖拘捕（缺字），得格杀勿论，其邻佑知而不协拿者，除与贼同谋，审有确据，一并拟以应得之罪共乞丐人等（缺字）在六十以上，十五以下，及残废笃疾之人，实不（缺字）亦止准善言求讨，不得恃系老小残疾强行恶讨，如有强状之人求乞为（缺字）逐，并许铺户居民□□究治，寺观岩洞等处客留强状之人住址者，惟住（缺字）地内秧苗等物口同见证酌量所损之物赔偿，如有意图多索及率男（缺字）准赔偿，并行照例严惩，本署言无虚出令在必行，尔等勿得视为虚文。即从严惩办，毋致噬脐莫及也。凛之慎之，勿违。特示。

右谕（缺字）

道光二十九年岁次乙酉（1849）冬月廿八日

（以下捐款人姓名等。略）

[附记] 选自黄尚文：《梵净山佛教文化史料与研究》，贵州大学出版社，2017，第183页。碑存于松桃苗族自治县乌罗镇毛溪村天马寺大殿右侧，碑的上下部均已残缺。无碑额和碑题。天马寺，原名永兴寺、永兴堂。始建于明洪武六年（1373），永乐十一年（1413）毁于兵燹。万历四十六年（1618）重建。道光二十五年（1845），松桃直隶厅同知李秀发给天马寺重新界定了寺院土地山场的四至界线，并立碑示谕。

重铸金顶铜佛摩崖

盖思人生幼小，全赖佛天保佑，是以祭祀上自天子，下至庶人，莫有不祭祀佛天神祇者也。此生成佛地，自明朝敕封仙山，钦命云南督臣铜铸佛祖二尊。道光廿七年（1847），弥勒佛祖失见。于卅年进报恩，本月夜扬金鼎，梦佛命我成之。是以劝化众善，重铸铜弥勒佛一尊，救苦观音一尊。保佑国泰民安，永无灾难，是以为序。

望后善修造佛殿是幸。承首彭业贤都酉辰州府沅陵县人氏，在铜仁府城开店，劝化大善功德难述芳名，故列首事，但出功德者，佛必佑之。

常德、江西客助钱廿六千五百文

又常武陈王徐汪孟上金□□□

苏州、湖州朱蔡吴钱二千六百文

镇筸①熊李共钱三千文

铜城众善共钱六十二钱八百文

各寨众善共钱八千五百四十又

① 镇筸：湖南省凤凰县镇筸镇。

玉屏僧俗共钱十二钱五百文

坝黄场乡共钱一千六百文

坝盘场乡共钱三千六百文

江口众善共钱十八千□□文

宙罗硐僧俗共钱十四钱□百文

□□人唐世遂、熊富茂、葛文星、邹志连、廖有义、傅聚顺、吴鼎国、褚明光、胡来顺、杨吉顺、舒方禄

庄来荣、徐陶氏、田董氏

首僧明高、僧上斌、僧普湛、僧觉真、觉照

皇清咸丰二年（1852）六月

[附记] 选自政协铜仁地区工作委员会编著：《中国梵净山佛教文化文物研究》，贵州人民出版社，2011，第171页。摩崖位于铜仁梵净山新金顶山腰石壁。

古今不昧　净昇

粤自此山之由，在昔荒烟，名和尚岩，无殿无朝。因下水一人沾疾，夜梦观音显应，来山觅谢，遂全愈。续而传扬四方，灵感无休。我寺檀那始而开建。亦系石宇，不堪容膝塑雕真武金銮，实乃斯寺之祖僧亦信古传说，辄敢徒执己见继而广竖堂殿，满刻诸佛，均灿灿金容。惟兹祖像未饰，僧爰叙及我寺檀众，新修祖龛，重焕金身，人人喜从，各捐珍赀不昧始建并及诸功德，募聚成裘，美装四壁木石，俾使风雨不敝，爰将芳名，逐一品载。

（以下为捐资者姓名）

大清同治四年岁在乙丑（1865）仲秋月　住持比丘法亮立

比丘净昇代撰

石士潘作斗谷旦刊

[附记] 录于贵州省万山特区地方志编纂委员会：《万山特区志》，贵州人民出版社，1993，第523页。碑存万山区敖寨乡中华山寺，青石质，方首，

高 1.60 米，宽 0.70 米，厚 0.15 米。清同治四年（1865）立。

神恩浩荡

盖闻人生于世，所善者无灾无害，所恶者以苦以病，所畏者兵戈扰乱。惟我敝地四方八面上下周围，顺贼猖狂，烧杀掳抢，老幼惊惶，无处逃躲。远近男女老幼人等，各投洞府，尽皆受害。惟我三佛洞中神灵显应，救劫生民。予等思之，后若太平，理宜伸之，仰瞻厚德，敢不忘恩。惟我田应成佥悲悯皇天默佑，□持修培神圣，诚心创修，各自捐□殿宇，改换金身。上洞中洞奈何。予等独木难修大厦，是以合众人等公为之。

吁！一人有庆，万佛无疆也矣。

释伽佛 川主菩萨 云禄大夫 雷公菩萨 观音佛 白马将军 赵大元帅

畜痛佛 梓潼君 柄灵大王 山王帝主

同治五年（1866）六月一日谷旦

军功田应成助钱三千文

[附记] 选自石阡县文物志编辑组文化馆编印：《石阡县文物志·贵州石阡》，1982，第 93 页。碑存石阡县龙塘镇十二山梁子三佛洞中洞口，洞内原有庙宇和住房。碑已断为三截。

建修莲池文昌楼碑序　喻勋

吾郡山水甲黔东，奇秀莫如二乙，而幽深惟莲池为最。自国初，无相上人始辟兰若，二百年来修真者咸栖止焉。

道光乙酉（1825），余随伯氏鲁翘暨仲敬侯读书其地，叠壑重岩，日夕烟风万变，饮清朱，餐白云，不复知有人间吐，心甚乐之。其刹宇构自洞中，皆以楼居。下为文昌殿，湫隘单湿，过辄不安，爰商于心碧禅师，欲谋所以更新者，以力绌而止。洎值军兴，余辈成投笔去，不相闻者十余年。

丁卯（1867）归里。庚午（1870）乃获重游，见刹外有翼然凌空者，询为文昌楼，盖已将神像移祀于斯矣。迨请参住持智空和尚，即故人宋君。

宋少有任侠名，以骑射受知于学使胡公与家鲁翘同学入泮，当时意气，飞扬眉宇，犹可想也。是夕聊床话旧，知和尚兵变后，感触沧桑，生平一付热肠，冰消雪冷，于丁卯（1867）冬就心碧禅师披剃，并出私橐营建文昌楼。起戊辰春正，落成己巳季秋，木石砖瓦各役，计费百金有奇。旋以庄毁于贼，重置农具器用，兼修整田堤，为工尤巨；继又金顶圮倾，山门悬磴崩绝，频年完缮，备极拮据。

余于是服和尚之清修艰苦，而尤幸举心碧禅师与余辈所谋为未逮者，一旦满志踌躇，其愉快为何如也。独念余方读书时，年少气盛，谓拾青紫如芥。迩来六赴乡闱，五荐不售，敬侯仅博一□远滞都门，鲁翘虽经小试，然已长往不返。追念曩日豪情，都如梦境，垂老颓唐，迄无成就。以视和尚皈依如来，出大力量为胜地护法，积成无上功德，相去何止霄壤！近偕二三从游于兹讲艺，和尚复来请，曰文昌楼一段因果，惟君最悉，是不可以不志，遂援笔而为之序。然抉灵阐奥，俾山川深藏，幽绝之致，发露无余，则有乡先达万、徐二公之碑在，所不复赘。

[附记] 选自（清）道光《铜仁府志（卷10）·艺文·序》。喻勋，铜仁人，同治年间岁贡，江苏即补知县，保同知衔。官至知府。

金顶碑志　杨小庞

佛祖生自西域天竺，之法力无穷；泽行东土，名山之金身宜塑。捐资以绘真容，募化以装本像。巍巍大德感而遂通，浩浩洪恩有求必应。贸易而亿篓中，稼穑而仓箱盈溢。昔许于他年，望稹祥于异日。谨序。

大清同治十年（1871）七月十九日众等立

[附记] 选自政协铜仁地区工作委员会编著：《中国梵净山佛教文化文物研究》，贵州人民出版社，2011，第205页。碑立于印江土家族苗族自治县天堂镇的九龙、金城、中尧3个村和松桃苗族自治县石梁乡的红石、简家沟两个村交界处的九龙寺。

复建天池堂碑

同治三年甲子（1864）冬十月，贼兵入山，殿宇灰烬，片瓦无存。越至庚午岁（1870）初夏，住持比丘僧性印仝徒侄常庆，相率领本堂两序僧众出山募化十方，是岁冬创竖大殿，壬申（1872）并廊楼阁，重塑佛像。癸酉夏，修建神座。以坚久远略志颠末于石。

大清同治十二年癸酉（1873）夏四月　天池堂僧众和南谨志

石匠：何显仁 任光忠 镌

[附记] 选自贵州省政协铜仁地区工作委员会编著：《黔东名胜古迹》，时代出版社，2006，第266页。碑立于印江土家族苗族自治县永义乡大园址村护国寺（护国禅寺址原为天池堂）。碑为梵净山玉带石质，长0.86米，宽0.36米，厚0.36米，保存完好。

重修金顶序

中华山之建梵刹，创自明开元间①，然多历时年，厅堂栋宇未免倾颓，墙垣亦多朽败，使不重加修整，焉足供佛像而壮观瞻哉。僧于甲戌秋募化遐迩，鸠工再建，越数寒暑，殿值落成庶神之精灵有寄，人之朝参有依，则临兹地者，睹其殿宇巍峨，梁栋辉煌，双峰挺翠，二水兰拖，当亦心旷神怡，而叹仙境之不与几境同也。由是慈云普荫，共荷鸿庥，法雨遍施，咸沾骏德。谁非自建修之所致哉是序。

光绪元年（1875）小阳月谷旦　比丘住持僧法亮（号郎峰）　孙万缘立

[附记] 选自政协铜仁地区工作委员会编著：《中国梵净山佛教文化文物研究》，贵州人民出版社，2011，第236页。碑存万山区敖寨乡中华山寺，青石质，方首，高1.58米，宽0.70米，厚0.16米。

---

① 开元：指开国。但此说有误。万山区中华山寺，建于元代。

振兴寺院碑

盖闻天台砥，入志通京。思、石名山，风水所系，我祖石无公钫、敖姓协力领袖，并令全族惠源郭和尚，竭力修培，规模丕振。殊知清平后，僧不得其人，受人侵占，于当官归正，交僧自理，殊知事后僧徒座食，一无所为。登览之余，能不因庙宇所坏之情恩，佛兴悲爰。因僧与敖姓祸端，派钱立碑定议：

——庙宇，僧人守清规之地，妇女不准无事上山。

——此山村木，乃沿属风水，诸人不准败坏砍伐。

——田土，万古香灯，僧人口食，主持不准当卖抵借。

寺主头人郭香亭监敖魁同立

文生兼云骑尉寺主郭登洲议立　石匠陈尚甲刻

[**附记**] 选自政协铜仁地区工作委员会编著：《中国梵净山佛教文化文物研究》，贵州人民出版社，2011，第 220 页。碑立于思南县兴隆乡山羊岩天台寺遗址，青石质，方首，高 1.30 米。宽 0.60 米。碑题《振兴寺院碑》。立碑时间约在光绪初年（1875）。

万古永垂

咸丰甲寅（1854）之冬，设宣讲于罗牙之大兴寺。桓侯张大帝独殷殷然，以孝弟忠信礼仪，以廉耻谆谆劝化愚顽，盖有以祖训孙之至情，冯维时昕，宣讲者莫不沛然协从，翻然悔悟因遵八镇，垣土神之命，立宣讲会约近百千，置产收谷，以期又迟。不料铜匪窜入，善事难行。大帝以“宣讲会”复命改为“文昌会”，前秋，于总理此会张公讳宏炳之长子治清，经□□□□□□□□□□□而言曰：此会不可虺颓不如俗。三元宫创修兹阁，上塑文帝不失先年诸君子向善之本；下塑三官尤不失当年诸君子报赛之模，然犹不可没此。桓侯大帝矣，盖此会赏为桓侯而起，既不能振复前征以鸣，圣朝之雅化亦可容，并其真而没之也。治清曰：是因为之序。

张学柳沐手敬书。

首士张治清、张治潮 协修张学范、张学珗

大清光绪四年（1878）二月上浣□□□□立

[附记] 选自印江自治县文化体育广播电视旅游局编：《印江土家族苗族自治县文物志》，2012，第217–218页。碑立于于印江土家族苗族自治县新寨乡乐洋村大坪染行组大兴寺。大兴寺始建于清中叶，清光绪四年（1878）和民国十六年（1927）两度重建。

南北庙塑佛像碑记

今视无形而听无声者非神乎？若是，则人何从识其真而刻之也。然不虚拟一像以供奉，又无所为凭以尽其诚。吾乡张君泰清，尝谓本境之城隍，犹如近民之有司，为各境所当塑像而祀奉者也。丁丑春，秦清君首倡其议，众首劝之，于是募化四境，集腋成裘。越夏历秋、功始告竣。至戊寅春，刻众善名，勒石为序。

（以下为捐资姓名。略）

光绪四年（1878）季春月下浣谷旦

[附记] 选自政协铜仁地区工作委员会编著：《中国梵净山佛教文化文物研究》，贵州人民出版社，2011，第222页。碑立于思南青杠坡镇泗野屯村南北庙，青石质，高1.60米，宽0.65米。碑额“功标百世”。

补修南北庙碑记

大凡庙宇之中，有修必为勒石，夫岂名哉，恐其后有他言也。同治七年（1868），张体仁还尝叔叔借南北庙钱拾千文，其钱交与众施主及主持僧存掌，至光绪三年，张太清、太全、太智、太宗、维祖、体仁六君，见庙朽敝，协收张光瀛所掌钱三千文，利钱八千八百文，本利收清。张天清借钱二千文，利钱四百文收清。多扬借钱二千文，收本无利。尚有本钱一千文知何在外。塑城隍、铸板钟，共余钱三千九百文，以上钱数，并在买瓦灰、材料，请三匠、搬正殿、两厢、三门鳌脊、换正殿檐柱及修窗棂、封腰墙、照壁之内所用。越工寒暑，功始告竣。□重曲折，故必勒石，斯其后无他言也。乃上项收数仍不敷用，因乐善公德，爰列姓名于左。

（以下为捐资姓名）

大清光绪五年（1879）桐月[①]上浣刊

[附记] 选自政协铜仁地区工作委员会编著：《中国梵净山佛教文化文物研究》，贵州人民出版社，2011，222–223页。碑立于思南县青杠坡镇泗野屯村南北庙内，青石质，方首，高1.60米，宽0.70米。碑题《补修南北庙碑记》。

重修六家洞碑记　**喻勋**

自开辟来万岁千秋，而山川犹是，风景犹是。独至废兴之间，不转眸而盛衰顿异，今昔改观者，则以人事之可补天工也。

六洞风光，郡治八景之一。其地群峰拱翠，茂树环阴，巉崖间清泉涌出，味甘而冽。前中丞何公守郡时，祷雨辄应，爰构亭覆之，并崇祀泉神于中。由是佳日嬉春，炎天却暑，郡人士或提壶挈榼，或汲水烹茶，往往倚石而歌，临流而咏。又地当孔道之旁，与夫过客停骖[②]，游人税驾[③]。甚至夕阳向尽，鸟语催归，犹有低回不忍去者，其盛诚足述。己未，几叠经兵燹，屋宇凋残矣，香烟冷落矣。荒径云迷，空林日下，衰疯颓废之况，过者慨之。前太守黎公，命僧觉先谋所以恢复者，乃需赀甚巨，所募无多，历久未有成功。及今守王公莅任，亢旱不雨，虔祷于斯，甘霖立沛，因获有秋。公感其惠，曾肃办香，一再临焉。周筹资予觉先，令鸠工庀材，刻日兴事。兹则画栋凌云，绮疏延爽。登高而望，而山川之奇秀，发露无余；静坐而观，风景之清新，

---

① 桐月：农历三月。

② 停骖（cān）：停车。骖，车辕两旁的马。

③ 税驾：犹解驾，停车。谓休息。税，通“挩”“脱”。

饷遗靡尽。今之盛，非犹然昔之盛欤？于是，欢由盛而衰，由衰而盛，其畀白天者有定，而尽于人者无常。故即事之废兴，可以觇人之得失，有志竟成。古今来非常事业，要视人之担当何如，能自树立者，岂以天限人哉？吾疠于斯地之废兴，而不能无感也。时工竣，欲泐碑以纪，觉先索于余，即书此应之。冀并为世之任事执业者，劝其有乐输诸君，暨捐资成数，咸附列于左。

（以下为捐资人及数额。略。）

[附记] 选自（清）道光《铜仁府志（卷之9）·艺文·记》。庙为僧觉遵知府先王湛恩（浙江人，清嘉庆二十一年任铜仁知府）之命修建。喻勋，铜仁人，同治年间岁贡，江苏即补知县。保同知衔。官至知府。撰于清同治元年（1862）。

罗江寺佛钟铭

光绪十四年（1888）九月造。

丁家坪聚圣山永兴堂思罗将寺造。

盖闻，丁家坪开设数百余年，实属香灯丰踊，神僧其乐升平。自古以来，名主持体神圣之佛规。于同治初年，被贼烧毁，片无域主，贼以浅四神，烟有作双，因僧照斋严佛，艰徒清明，不守佛法，军火结明，奸淫拐带，日行无足。于光绪十年，因被普勾串外匪杨黑保，赌拐张唐氏。

丁家坪复后，光绪八年（1882）六月十七日，冤遭僧普明带领匪党数十余人烧抢，不堪常住居无，今县主再造，恩德永培。

佛正当堂，实数庆住在丁家坪。

[附记] 选自陈世海著：《养在深闺人未识——梵净山纪行》，贵州人民出版社，1991，第187–188页。钟原存江口县闵孝镇高峰村丁家坪聚圣山罗江寺（又名罗蒋寺，永兴禅院），铸于光绪十四年（1888）九月。高0.51米，钟口径0.41米。1951年移至位于丁家坪村聂耳小学做报时用。经多年敲打已毁坏。罗江寺始建于清康熙三十三年（1694）。光绪八年（1882）毁于火。

次年重建竣工。

永垂不朽

立舍白字施主谢应高、妻安氏，同男谢宗贤，媳赵氏，兹因后裔孤单，发心善舍，惟祈子孙发达，万代昌隆。将所舍田边地界，逐一开于中一地界，上山为主，由左边瓦厂坪起，于其当岭直上抵国瑞老岩脚，直过曲转抵舒姓岩脚，斜上抵大鹏田坎脚，直上抵野头湾，其朝榜朝位老岩脚直下抵营盘岩脚，直过跟土坎脚，斜下抵朝榜坳田，其田脚路直上，下转横过抵朝德连界，斜下抵土地菩萨面前，曲转由高坎子田后坎脚直过下转过抵小路，跟斜路上抵古路，过抵水井，直下抵窑孔，直过抵朝思田角水井，直上抵东山田坎脚，直过抵坟堂直上，交界分明。地谢家坝界畔开列，上其窑孔马头交界，其界分明，并无混杂，其业载粮一百二十文，万古不责矣。

施主谢应高　妻高氏　同男谢宗贤赵氏

大清光绪十四年（1888）岁次戊子二月初二日之良

施主众重修建立

[附记] 选自政协铜仁地区工作委员会编著：《中国梵净山佛教文化文物研究》，贵州人民出版社，2011，第224页。碑立于思南县青杠坡镇陇水村向云寺遗址，青石质，高1.52米，宽0.75米。无碑题。碑额“水垂不朽”。

谁其嗣之　*唐仁沛*

环梵净皆山也，而东南蜿蜒扶舆之气，磅礴数十里而下者，有朝阳山。林壑秀美，双江绕流，而山峙其中，高峻虽不及梵净，而佛头仙掌，层见侧出，俨若太华之有少华焉：昔人命名“朝阳”，建寺山腰。说者曰：“取凤鸣朝阳之义，宜从二肖音韵。”又曰：“地向日出之先，当以四豪中音读之，乃符寅宾出日之义。”是二说者，皆有至理，第世俗相传，从豪韵久，姑仍之，不复置辩。闻尝历其地，陟其巅，见其气静穆，其景清幽，其起伏回顾，皆星罗而绣错，不禁有出尘之思；及入寺，瞻礼佛像，凝视西方莲花世界，殆不多让。

不幸小丑跳梁，寺院及诸菩萨俱为灰烬。尔时僧众风散云流，令人抚风景而慨之，忆遗迹而越慨之矣。方不识何人再辟莽榛而复旧观者。幸佛法灵应，有僧心常者，披云拨雾，振刷出世之精神。日积月累，鸠工庀材，不数年而正殿成。由是，次两廊，又次下方规模较之从前，有过之而无不及也且外修墙垣，内装佛座，若释迦如来、观音大士及十八罗汉、廿四诸天、韦驮尊者等像，又焕然一新。呜呼！诸佛菩萨信有灵矣，然非僧心常之致心皈命，百经险阻不及此。无知者每以嗜酒茹荤少之。独不思“戒酒除荤，佛之似也；天真烂漫，佛之真也！”[①]于僧乎何少？且而志存久远，谓开于前，尤贵继于后。历年滋多，风消雨蠹，保不无倾圮之虞。所望有志佛门者，遇有缺坏，即为补葺。在僧固欲此寺之不朽，而亦欲以修建苦心，勒石示后，索序于余。余喜其志之有成，功之复旧，意之无穷也，而乐为之序。

乙酉（1849）科举人遇缺拣选县正堂唐仁沛敬撰

钦加同知衔候补直隶州正堂府学增生刘继业敬书

龙飞光绪十五年（1889）桂月上浣朝阳山立

[附记] 选自政协铜仁地区工作委员会编著：《中国梵净山佛教文化文物研究》，贵州人民出版社，2011，第 192–193 页。碑立于江口县德旺乡朝阳寺大殿内左侧，碑额“谁其嗣之”，无碑题。

亘古不磨

我阡郡城东五老峰头挺拔特立者，有云台山焉，系梵净山脚庵也。迄今庙宇虽存而逐年焚献之资无出。近来朝拜多人，而为祀神长久计者，卒鲜爰集同人，募化好善仁人君子，量力捐金，香灯绵远，俾得神所凭依，默为呵护，亿万姓功名富贵，皆能有成；千百年云裕子孙，长发不已。庶

① 语出《聊斋志异·乐仲》。原文：“断荤戒酒，佛之似也；烂熳天真，佛之真也。”

几哉神人欣喜，家国平康矣。然此必众人乐输，共襄力厥成。初非廾[①]二人所能学也。东乡有桂姓者，特自行捐出山土以作修造庙宇基址，嗣后各首□必须认桂姓为山主，不得借佛以占桂姓基业。其桂娃子孙只有培送自左手至观音堂下，余外不得妄自设立庙宇。至于各姓助功得[②]若干，以及庙内业产多少，均列于右，永勒贞珉，垂诸千秋，万世而不朽，以是为序。

买长安营凤凰嘴饶姓田九丘，价值一百二十千文，其田载龙底里之粮五合；修大佛殿木工钱二十八千文；付小工钱十三千文；付瓦钱二十千文；付平基石工钱十一千五百文；付打碑与零用钱五千文；付抬梁并用钱一千二百文。

光绪辛卯年（1891）暑月吉日立

[附记] 选自政协铜仁地区工作委员会编著：《中国梵净山佛教文化文物研究》，贵州人民出版社，2011，第226页。碑立于石阡县汤山镇五老山云峰寺旧址，共两通。一通碑额“亘古不磨”，无碑题。高1.50米，宽0.80米。记述捐修寺院情况。另一通碑额“永垂不朽”，无碑题。高1.50米，宽0.80米。

三联碑文

盖闻理贵穷源而□委，事宜原始以要终。故开其先者，要为溯其来由，则前功不没，垂诸后者，要为杜其流弊，则后守可长；不然则争端起而剥蚀良多矣。

吾乡之三佛洞，其著名也久矣，当其先只此一洞尔，未尝有殿宇可观，未尝有神佛可祀，未尝有檀越为施，未尝有田土作香烟。讵知神佛本无形声，而胜景名山，乃为凭依之地。且必庙貌巍峨之所在，而始见威灵哉。同治初年，小丑跳梁，势甚猖獗，各方居民逃亡受害者指不胜屈焉。而我三佛洞附近乡村于是并举吴洪顺并田应成等，率领数百家之白叟黄童，托身其

---

① 廾（gǒng）：两手捧物。今作“拱”。

② 得：通“德”。

中，卒能保其身家，全其性命者，虽属首领诸君同心协力，众志成城之功，不可谓非神灵之默佑使然也。爰于地方清肃，四境安然，本处众姓同发善心，众兴义举，使修庙数次，以成功德，以壮观瞻。各姓愿等处田地施入其中，永作神佛香烟之费，一切契券掌之首人。以后施主住持，概不得私行退卖也。神赖人之力以谋为，人赖神之恩以祐佑，庶永垂不朽焉。至于田土地名数目粮项并志于左，以示不忘。谨序。

（以下为承办首人姓名。略）

皇清光绪十有八年岁次壬辰（1892）仲冬下浣众首等敬立

[附记] 选自石阡县文物志编辑组文化馆编印：《石阡县文物志》，1982，第94页。

补漏庵记　徐振基

补漏庵者，六龙山之胜地也，距茶园百余步，有小山五，蜿蜒连续如卧虬。下有流泉，其声潺潺，饮之甘冽，左侧一穴，风拂拂不稍修。憩片时，寒砭肌骨。春夏之交，草木茂密，时际秋六，白云絮拥，为人迹所罕至。余从兄厚田，洒落士也，家小康，不屑治产业。日与二三好友，遨游山泽林谷间，有所乐，辄经日不返，远有佳景，弗惮裹粮以从。一日得此山于咫尺，慨然叹曰：异哉！何道有迩而求诸远，事在易而求诸难也？仅生于斯，长于斯，而与兹山相失也久矣。如兹山者，名都大邑所为求之不得，而竟掩藏于此榛莽中者不知几许年。岂前此居人无职乎？抑造物者之故为秘惜，而有待以阐其奇乎？未可知也。爰约友人舒子彰五、韩子丕哉，相与相其地势，铲其荒秽，立者于山之半，颜曰“补漏”，盖所以补前人之漏也。中楹祀文昌，奉大士像于后。虽偏，将以发奎垣之辉，而普慈航之渡，荣世出世，胥于是在，非仅以供山中人啸傲也。而吾侪之啸傲，又未尝不在是焉。每临其中，推轩眺望，则山之光，云之影，淥石之清幽，竹木之葱秀，啼鸟野鹿之翔游，举熙熙然，悦目赏心，以分陈于左右，于适客游。寻，厚田相招，一致其处，竟日流连不忍去，因越宿而后返。厚田遂嘱余作记。余既叹兹山之显晦有时，而尤喜诸君之不负山灵也，乃述其梗概而为之记。

厚田视之，喜曰：此兹山实录也，请泐之石。

［附记］选自中共贵州省铜仁地委档案室、贵州省铜仁地区政治志编辑室整理：（清－民国）《铜仁府志》，贵州民族出版社，1992，第357页。碑立于碧江区灯塔街道办事处寨桂村六龙山补漏庵。徐振基，宣统己酉（1909）科贡生，湖南侯补县丞。

梵净山记略

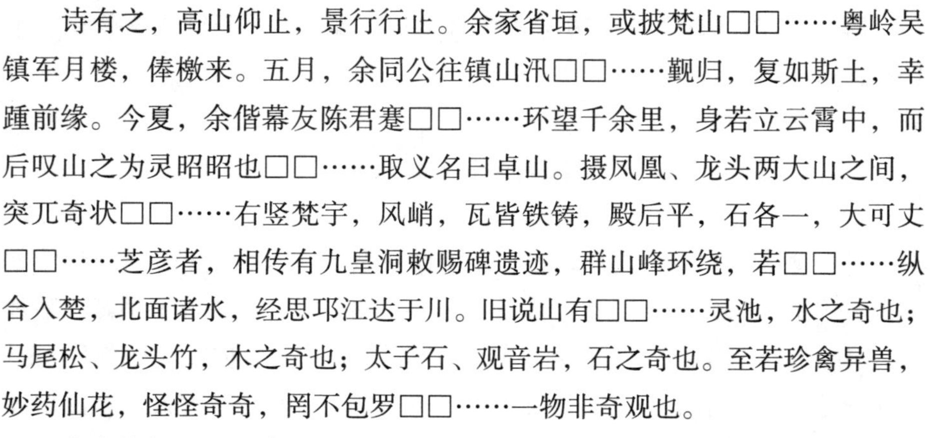

诗有之，高山仰止，景行行止。余家省垣，或披梵山□□……粤岭吴镇军月楼，俸檄来。五月，余同公往镇山汛□□……觐归，复如斯土，幸踵前缘。今夏，余偕幕友陈君蹇□□……环望千余里，身若立云霄中，而后叹山之为灵昭昭也□□……取义名曰卓山。摄凤凰、龙头两大山之间，突兀奇状□□……右竖梵宇，风峭，瓦皆铁铸，殿后平，石各一，大可丈□□……芝彦者，相传有九皇洞敕赐碑遗迹，群山峰环绕，若□□……纵合入楚，北面诸水，经思邛江达于川。旧说山有□□……灵池，水之奇也；马尾松、龙头竹，木之奇也；太子石、观音岩，石之奇也。至若珍禽异兽，妙药仙花，怪怪奇奇，罔不包罗□□……一物非奇观也。

自光绪初，流匪窜匿，僧僚星散，庙宇凋零。陈公怡轩，廖公云鹏，云烟虬结，霎时开朗，耳目一新，移驻汛防。二公因倡建生祠，馨香图报。后吴公来□□……立武庙于署左，广培寺院，远至迩安。近自六月朔，香□□……渐盛，灵当不是过，余日与蹇臣诸君赞赏不绝口，益信□□……

［附记］选自政协铜仁地区工作委员会编著：《中国梵净山佛教文化文物研究》，贵州人民出版社，2011，第188页。碑立于铜仁梵净山护国寺，青石质，竖书楷书阴刻，碑上半部不知去向。残碑0.63米见方，厚0.08米。

重修中和山藏经楼碑记

葛稚川云：西方有圣人栖息处，烟云缭绕，盖雷音寺也。大唐三藏法师于此取经北旋，分经一藏于江南报恩寺，向思南中和山亦有半藏也。且夫中和山者，高插霄汉，乃八景之胜迹，为一郡之发祥，松柏丛杂，花梵连云，回非凡景。前明于山顶建观音堂，又建中和书院、梓潼宫、寿佛殿，以翊其左右。后堂建楼名“藏经”。延高僧往金陵，请经半藏，藏于楼，以镇山麓。岁旱，郡人搬经下山，甘霖立沛。万历癸卯（1603），郭中丞子章有事来郡登临俯瞰，气象万千，题“藏经”两大字匾于楼，字甚奇伟。李同野先生讲学中和，遇仙，文思大进，为理学名臣。郑孝廉人惠楼下寄读，遇仙，传怀素法，其字飘忽若神，余哦书院，亦若是焉。故川督丁公保祯见拙书，而知有仙气。然则山之为灵昭昭也且夫，中和胜状，莘子经楼，南接三台，北连五老，雁塔标于东，席帽拱于西，屏胜山，带德江，朝辉映绿，夕照流黄，诚一郡之大观，而福庇思民者也。岂若武昌之黄鹤，洞庭之岳阳，夏口之晴川，只供其游览也哉。咸丰乙卯，教匪披猖，山毁。藏经楼及诸名刹，均遭焚劫，鞠为茂草矣。光绪庚寅，郡人士不忍名山胜景为鹿豕游，集腋成裘，经楼重建楼上建玉皇阁，架竖年余，一瓦无覆，而檩桷亦多未全，风雨飘摇，椽桎将朽保公祖谦登山寻胜，惜其事废垂成。筹数百金，使工师搜崖采干，钩心斗角，而楼复岿然。月夕霜晨，耸其异于丛林翠阜，宜百岁翁见之而惊倒也。于是分俸立藏经楼匾。噫！非公祖乐善，哲匠经营，经楼成功之速，岂如是易也哉！昔文王为台为沼，而民欢乐之。今公祖为阁为楼，而民更欢乐者，以楼阁非台沼比也。所异者，善女人任张氏，春王朔四，夜梦伟丈夫一十余，涉河至城，众讶问：“应去藏经楼上功德。”由是以观，殆公祖之至诚所感欤！古诗云“鸾翔风翥众仙下”，信有征矣：兹值告成，公祖云：“可以妥山灵而培风水矣！愿多士发愤芸窗，端品力学，行见班联玉笋，胪唱先声，是余之所厚幸也”，谨记。

郡人盛朝相撰并书

光绪己未年（1895）清和月立

[附记] 录于政协思南县委员会文史资料研究委员会编：《思南文史资料选辑》（第7辑），1984，第119–121页。碑嵌于思南县城文庙内前院墙壁，碑题《重修中和山藏经楼碑记》。红石质，方首，高1.60米，宽0.90米。

中和山藏经楼始建于明万历九年（1581）。清光绪十六年（1890）重修。

梵净山下茶殿碑 张鸿翊

尝闻天下有非常之事，必出非常之人；然天下出非常之人，必树天下非常之功。岂易得哉！我黔省之有梵净山者，为五属毗连之区，实群峰发脉之处。崔嵬不灭五岳，灵异足播千秋。仰观有象，如登天之三十三；俯瞰无涯，但数溪之九十九。以彼之天桥荡荡，金顶巍巍。白云入怀，青霭可掬、偶然霁出岚收，初开混沌，不觉烟消雾散，别有地天。夫以山形宽阔，莫可量度，第其大略，可得而言焉。若乃周围七百，穿心三八，螺髻排列，羊肠九回。遥望崖壑千寻，层峦耸翠；只见药苗万簇，叠嶂垂青。则有石名太子，山号凤凰，顶开天门，峡破金刀。九龙池、万卷书，人迹罕到：懒板凳，回香坪，猿声时闻。三角庄前，一片祥光拥护：九皇洞外，几重瑞气回环。此皆黔中名胜，无非宇宙大观。时在明季万历年间，李皇后修行于此，肉身成圣，白日飞升，因之创修庙宇，满塑佛像，建立四大脚庵，凿开五方道路。敕赐镇山印号为古茶殿，而梵净山之名传焉。数百年进香男妇，时往时来，若城市然。

咸丰五年（1865），赵逆作乱，据山以叛，竟将诸寺烧毁，遂至片瓦无存，从此香灯冷落，人烟寂寞。同治九年（1870），我地初平。有非常僧人隆参，早岁出家，先灵是效，削发晃州福兴庵，住坐铜仁东山寺，参禅悟道，来开此山。果然一心皈依，何辞十方募化。由是道剪荆棘，路开蚕丛，复修回香坪、报恩寺。朝谒往来，虽不及从前之多，而渐推渐广。不料，光绪元年（1875）夏六月，正值朝拜间，有马鞍山贼首刘跛子，率领余匪数十人，身穿号衣，手执洋枪，假扮官军，伪称兵练，窜入此山，将进香男妇，偕事僧徒，概用佛帐，尽被捆绑，又以绳索系僧于钟钮，一一刺杀。将杀至僧，一阵狂风遍起，四面暴雨骤至，忽然绳索碎断，幸而逃脱下山。殆有天意使然，并非人力所至。当即集团安埋被害诸人，立刻禀告地方文武各官。匪徒日渐猖獗，人心愈以惊惶。数年来周围扰害，到处劫杀兵来贼去，兵去贼来，虽有官兵以及团练，不得交战，终难济事。可怜环山居民，遭此劫数，杀绝者不下七百余户，杀毙者何止四千余命。僧视民如伤，嫉贼若仇，不辞劳苦，遂奔古州。具禀道宪吴、易，历委罗、邓、刘、曾各军攻击，未得殄灭，猖獗如故。僧又不惮跋涉，远赴省垣，具禀抚宪黎、臬宪林，又委向、任、夏、刘各军搜剿，亦未殄灭，猖獗仍如故，僧为此贼，寝不安席，食不知味，叠次请兵，无计可施，再三筹划，有志竟成。五年（1879）五月内，闻岑宫保巡抚贵州，僧星夜奔至洪江，禀明此贼情形，各军计谋。蒙委卸任松桃厅主刘，统带五属团勇五百名。僧不避艰险，自愿带团勇五十名充当向导。八月十五日成军，日则环山搜寻，夜则扼要拒捕九月初九，搜贼于大岩棚，力破贼巢七处，抢回民妇三人。十月初一，贼至罗坳，掳去妇女四人；十五，追至锯子山，将被掳妇女四人抢回，夺得洋枪二杆，枪伤贼首刘跛子，均皆计功在案。此刻，贼匪无处容身，昼伏夜动，不敢出现。十二月内，刘主丁艰卸事，复委统领安义镇何接办，改团勇为松桃协练军。僧仍带松桃协左营练军四十名，驻扎茶殿，作为沿山游队。六年（1880）三月二十七，贼至黄柏塘出现，枪毙匪徒二命。四月初七，生擒活贼六名。时值宫保亲临剿洗，面呈解送究办。岂知天心厌乱，人心思治，匪徒从此逃散，地方始报肃清，百姓方得乐业。僧又禀请环山要隘，安设八汛，分布练兵，用垂久远。前后出力官练，大小因功保奖。

僧自思终身修行，不受一线皇恩之宠，保奏五属都纲，特开千古未有之奇。于是，重新募化，依旧修造，创修镇国、水源、明珠等寺，复修回香坪、明镜山各庵，新开老金顶，重整新金顶、九皇洞各殿。斯时，庙宇辉煌，神像皎洁，较从前尤甚，信善男妇，朝拜士民，比上年更多。不但此也，十一年（1885），僧又开斋放戒，众僧公举方丈，每念环山居民，一旦惨遭大劫，诚恐杀毙者不能脱化，历年朝谒名山，以为受害者几番超度？此所谓有非常之人，树非常之功者也。此皆翃所亲见其事，而未尝虚赞一词者也。呜呼！若无此君之善策，我地何以乐乎升平，此山何以得之重整也哉？迄今回首当年，神人共依追思往事，存殁均沾。爰集同人，歌功颂德，相约五属，勒石刊碑，以志千古不朽云。是为序。

大清光绪二十二年（1896）季夏月吉

清浪拔贡张鸿翃谨序并书

[附记] 录于印江土家族苗族自治县志编纂委员会：《印江土家族苗族

自治县志》，贵州人民出版社，1992，第1038–1039页。碑立于铜仁梵净山新金顶下茶殿原承恩寺前100余米处。青石质，方首，高1.70米，宽0.98米。素面，无横额，无题名，故以发现地址命名。承恩寺始建于明初，后毁于兵燹。数度重建。光绪年间，隆参重修，更名镇国寺。张鸿翮，贵州江口人，光绪二十二年（1896）拔贡。

永垂不朽

盖闻废必兴，乱思治，我太平寺自光绪三年（1877）被梵匪烧毁，佛庙无存。今则庙有规模而佛无相貌，廖星保夫妇日夜筹之，爰约同仁，叩官印花，重修大佛，于兹告竣，所有助善功德开列于后：

朗溪正长官司田景庠、廖天文助钱二百二十文，邑梅司王凤鸣助钱十六千八百文，罗揖熙、田胡氏、邓明扬助钱二千文，胡光明、张大喜、天门总司、王上奎、胡伍明助钱一千文。

光绪二十二年（1896）五月八日

首人 廖星保氏 立

［附记］选自印江自治县文化体育广播电视旅游局编：《印江土家族苗族自治县文物志》，2012，第213页。碑立于印江县木黄镇昔平村金厂河畔的亭子坡太平寺。

重修天缘寺碑

尝思大千世界，未闻沧桑之曳佛国无疆，讵料祝融之化。然则天降下灾于斯寺，默视人间善乐，助之天真耳。如罗家溪天缘寺者，自大周建设以来，数百余年矣。其山猝然起于莽苍之中，尾蟠荒陬，首注大溪，诸山来朝，势若星拱，苍翠诡壮，绮绾绣错。因山间之毓秀所钟，于是田、王施主共建，刻佛宇神像。逮至光绪元年，不戒于火，殿宇偕我佛并化，幸遗址仅存，非言创造之艰，募化开缘，众生乐善之助。是以鸠工未久，而九重之宝塔告成；积日无多，而丈六之金身再见。由是慈悲下逮，群沾百福之休；

刻石垂名，永昭千秋之不朽。所谓得名得寿者，不啻预为之衍庆也。然其成毁易变，不谓天使为之，不可得也，于是为序。

大清光绪二十八年岁在壬寅（1902）五月初三日立

住持僧常兴建修

贵州思南府沿河司东岸陈级三书

[附记] 选自政协铜仁地区工作委员会编著：《中国梵净山佛教文化文物研究》，贵州人民出版社，2011，第231页。碑立于沿河土家族自治县中界乡罗家村天缘寺院内，共10余通，多字迹患漫，唯有《重修天缘寺碑》字迹较为清晰。碑无题额。

万寿寺碑

盖闻人有善念，天必从之，神必应之。想我处万寿寺，历年已久，庙宇消沉，殊实难堪。有信善梁正光，募化善缘，雕塑关圣帝君神像一堂，造修观音阁一座，雕玉帝、天尊、王母、佛像、十二圆觉，将庙内一切佛像重整金容，得免一方干戈，盗贼不起，虫蝗瘟疫全消，老安少怀。

[附记] 选自思南县政协文史资料委员会、思南县民族事务委员会编：《思南文史资料选辑·少数民族专辑》（第16辑），1993，第75页。碑立于思南县木瑶山万寿寺。万寿寺建于明洪武四年（1371），分上下两殿。上殿（即正殿）供弥勒佛、释迦佛、燃灯古佛，两边供十八罗汉和二十四位诸天。民国三年（1914）春，梁正光募化修葺，勒石记事。

（四）民国时期

禁偷铁瓦摩崖

金顶铁锡瓦不准人偷窃，倘或有犯者，神明定处决。时有镇远县万福香有一梁国臣偷取铁瓦一块，被人拿获，伊香首田万兴自知理虚，罚伊出钱一千二百文，列石儆后。

次日，又沿河司有一张香首仍蹈此辙，众欲送官惩戒，香众哀求免究，自愿出钱三千五百文列石刻碑，免后效尤。特此谨白，远近周知。

民国九年（1920）六月谷旦立

[附记]选自政协铜仁地区工作委员会编著：《中国梵净山佛教文化文物研究》，贵州人民出版社，2011，第172–173页。摩崖位于铜仁梵净山新金顶山腰。梵净山新金顶上弥勒、释迦二殿屋顶，因风大等因，覆以铁瓦，每块重约8千克，时有朝山者盗取回家，谓可磨药治病。此碑记录了处理偷取铁瓦者事。

功德碑

当今之世，亦十劫齐至之世也。非圣地毋圣神迭次下降，力挽颓风，普天显灵，而万千之男女安能逃脱茫茫之昊劫哉？是以中华山主持僧明方，思塑金像，以为人民虔诚崇拜。然心虽此，而力尚不足。爰修草簿，化善信乐于相助，共美玉成。兹当告竣之朝，应宜勒石纪事。圣神有灵于创首捐觅者，各赐福祥。免脱十劫大难，得见太平日也，点不休哉。是为序。

民国十二年岁次癸亥（1923）秋月中浣　中华山住持僧明方立

[附记]选自贵州省万山特区地方志编纂委员会编：《万山特区志》，贵州人民出版社，1993，第524页。碑存万山区敖寨乡中华山寺。

万古标名

尝思梵净灵山原前修有山王庙药王两庙，圬囊者天也。至今戊辰年（1928）六月初一开山，诸佛圣迹塌不堪。印邑张玉林、李宗清、代玉芝等约集众药棚子将两庙重新修补。见之不忍、闻之惨然矣！又有远近香客，在金顶上搞铁瓦，受法罚者，不少也。所有余资以及明年改换修身以为木本水源也。

——议上下茶殿香客以及谷物等项被小人偷去获利者，有人虏获，赃贼两全，报知首人，当领取报口钱二千四百文勿误是幸。思南塘时寨、江口茶寨、四川县永兴、湖南香客、印江罗家弯、偷洋烟杨茂远罚钱二千文。总理喻：唤章助光洋一块。

——议天门土地远近香客以及草鞋物件被人偷去，拿获者报知药棚子给报口钱八百文。

民国十七年（1928）六月二十八日

印江首人张玉林、李宗清、代玉芝率领药棚子众等立

[附记] 碑原竖于铜仁梵净山药王庙内，因庙毁而移至承恩寺，该碑高0.80米，宽0.60米，碑额楷书阴刻“万古标名”四字，碑文竖书楷书阴刻277字。

万古流芳

昔日白云遁此山，原夫谯姓之修庙曰“白云寺”也。盖自宣德以来，历年已久，多有朽腐困敝，乃得谯君居发捐资整理，与寺中禅师僧续富者，善心大发，募化诸人，补极补造，另竖两宇。奈何卒之不果，而续富已返仙乡。令人人观之而深痛哉。然居发再与素女周廷真，不畏劳焉，善性依旧如故，募化妆饰以周，致使诸佛诸神，馨香百代，同缘善男善女名韦华千秋，今日功成告竣，特暨善人名，逐录书之，为记。

民国十九年庚午（1930）□□月下浣

[附记] 选自政协铜仁地区工作委员会编著：《中国梵净山佛教文化文物研究》，贵州人民出版社，2011，第237页。碑位于沿河土家族自治县谯家镇白石溪。有碑两通。一通刻有“持僧何永阳、陈兴□、徒尉仲之、朱应宗”等30多人姓名。另一通碑额“万古流芳”。

培修西岩寺记

西岩为邛江锁钥，距印城五里□□……山村之西，其山脉发梵净分支，由圣墩西北而来，有双溪左右□□……东来之水环包三面。寺建于半山，四围古木阴荫，林落□□……阁，真天然图画，为全邛之胜境也。考寺之建，不知始于何□□……古碑残□□……记载蔑如①，其详不可得。据《贵州通志》，始于宋末元初，□□……系传闻之记，不敢深信。现寺中所悬乾隆八年（1743）匾额，颜曰“古西寺”，是为得之，又闻□□……寺历元明及有清，屡有更改。康熙乾隆，重□□……大佛殿及玉皇殿，俱□□……旧为新，规模狭隘，不足□□……季年，僧明光与吾伯祖鉴湖公，改建玉皇阁。民国四年，吾村□□……圮，又鸠工庀材，从新建竖，至是规模宏壮，非复往昔，旧□□……绌未底于成，废然中止者千余年。戊午（1918）岁，余□组归来□□……淋，四无遮蔽，玉皇阁之栋楹挠折，盖瓦残缺，两廊亦□□……是立与族人丈其扬，从秉安等，筹款培修□□……成，前此之风雨飘摇者，今则□□……

民国二十一年岁次壬申（1932）

[附记] 选自政协铜仁地区工作委员会编著：《中国梵净山佛教文化文物研究》，贵州人民出版社，2011，第190–191页。印江土家族苗族自治县鹅岭镇甲山村西岩寺前河对面的李家寨子。题为《培修西岩寺记》，高1.20米，宽0.68米。碑文记民国时期修复西岩寺的情况。

墓志铭

姑乃官舟力马坨张君珍玉之第二令媛也，八岁丧母，全赖父独立抚养成人。幼配黄郎，屡遭不幸。复思人生如幻境，富贵似浮云，访道求师指

① 蔑（miè）如：无，没有。

示参禅。将一载，闻钟响山乃祖所修之隆兴寺，山清水秀，殿宇巍峨，可以潜修大道，煅炼金丹返还源，获见老姥报答亲恩，方不愧人子之道也。初承数载，勤俭竭力补修佛殿，创立八房之宗祠。事将告竣，勒石以作佳城。佳城者，以藏至骸特而已矣。是以为序。余特铭其志曰：

大哉张姑兮，沐德堪钦。生于巨族兮，幼配名门。八岁离兮，父独抚养。屡遭不幸兮，吃素修行。打坐参禅兮，一心守定。分清别浊兮，九转丹成。伏虎降龙兮，还原返本。果满功圆兮，朝觐娘亲。改换金身兮，补修佛殿。暂作学校兮，蒸显化贤。建立宗祠兮，流传万载。历代考妣兮，享受香烟。建筑佳城兮，藏躯蔽体。庇佑后学兮，大道兴隆，勤修苦练兮，果满超证。脱壳飞升兮，万古标名。

先天嗣教钦任都功品秩肖启凤

《西江月》三阙

后学勤修大道，子午练道参禅。
谨守三宝炼金丹，了事心猿不乱。

苦挣三千八百，内功分果要全？
早晚焚香报五恩，不负师监是训。

谨此谆谆告诫，各宜早树前程，
果满功圆可飞升，大罗仙境游骋。

监修张族八房宗祠补修佛殿护持香灯居士赵风鸣

民国三十二年癸未岁（1943）小阳月中浣谷旦

[附记] 选自政协铜仁地区工作委员会编著：《中国梵净山佛教文化文物研究》，贵州人民出版社，2011，第280–281页。墓位于沿河土家族自治县淇滩镇钟岭村龙兴寺侧。墓碑正中竖“钦传引恩张姑缘修之墓”。民国三十二年（1943）“监修张族八房祠补修佛殿护持香灯居士赵风鸣”立。

有联两副，中联：“虎啸龙吟地山灵昌后学；狮鸣象吼砂明水秀启贤徒。”出山联:“清静无为地;悠游自在山。”左右两侧镶碑两通，一通是《墓志铭》，一通是《西江月》三阙。

七、黔西南自治州碑刻、摩崖、塔铭

（一）明代

修玉皇阁中墙记　梁森

事固贵于谋始，而尤贵于圆终，终之不虑，并其始之谋者胥失焉。矧营建之务，不其事之大者乎？

寺后山修玉皇阁，功将垂成，而工食缺乏，众皆束手莫知所措焉。会首人等求谒于用吾朱参军、时齐罗抚军，然犹不足。遂群聚而商之。适有优人寓此，乃曰："吾侪盍于寺中作佛剧，以劝诸人，凡老稚之聚观者，敛其锱铢，裒多益寡，或可取其一二也。"复白于二公，咸曰"可"。以是剧作凡七日，所敛银若干。始克有济，工甫毕，时乡宦杨泰宇任云南弥勒州守，闻阁已完，于滇铸造帝像，畀送方至，共议奉安，间值烈风雷雨，山峻阁高，震撼欹斜，众恐加此圣像于其上，重愈难胜。而屹立之久，未可卜也；欲砌中墙，斯绵悠远。乃以工价弗给为虑，各复舍银，延匠觅工，凿石，周围磊筑，自阁基至级，约一丈七尺，坚致缜密，观者咸喜曰："是可以历久远矣。"会首辈且过予，曰："是役也，使无二公施助于上，会首踊跃区画倍舍以劳勤于下，斯墙之砌，安望其有今日乎？愿乞言以记之。"予以杜撰修阁记矣，兹复有言，不几于烦且赘耶。众曰："记修阁，举其纲，记创之始也；也记修墙，详其目，记善诸终者也，何以重复嫌哉！"因备述而书之于右。

[附记] 选自（清）雍正《安南县志（卷之4）·艺文（上）》。碑立于晴隆县莲城镇金钟山玉皇阁（今已无存）。玉皇阁为南峰寺后殿，始建

于明正德年间（名毗卢阁），后圮。万历时郡人陆道清重建，名“凌云阁”，以培文风。梁森，安南（今晴隆）人，明嘉靖辛卯（1531）科进士。官四川省遂宁县知县（后升知州）。

修玉皇阁路记　梁森

精于创修者，识缓急之宜；善助功成者，知先后之序。非浅陋吝啬，苟且目前之可同日语也。万历元年正月，诸善友以作会感发谋建玉皇阁于南峰寺之后山，山顶虽有旧基，然地势高峻，历年既久，路皆崩塌倾洼险仄，上下维艰。会首陈大经见赴工者苦于跋涉，乃语诸族人曰：“与其同众建阁，孰若专于修路，先其难而利便之，尤为愈也。”乃首捐赀，召其弟侄若孙陈嘉可、陈三策等共二十三人，别其等第多寡，视工值之数而合敛焉。于是觅匠鸠工，伐石礲砌，崖坎之高者凿去之，低陷坑侧者填补之。自山足至建阁处，凡九弯径三十五丈九十九磴，梯级以次量度，陡甚者曲而缓之，必稳必坚，于是上下始便。有事于斯阁之役者，免蹶足却步之虞，而劳苦差灭矣。工始于七月朔，毕于十月初十日，计费银五十五两，米五斗。路获完固。予方撰《筑墙记》甫就，或复索余为《修路记》。予以一阁三记伤于烦，未之许。有谂予者曰：“建阁之功，固皆宜奖录，镌示后来；然山路之修，先所难而利诸后，又善功之最者，当大书特书之可也。”予深韪之。

陈门是举，诚哉识缓急之宜，达先后之序，深长悠远，谋虑允臧，其有功于斯阁非浅矣。故不厌其覆而详列之。是为记。

[附记] 选自雍正《安南县志（卷之4）·艺文（上）》。碑立于晴隆县莲城镇金钟山玉皇阁（今已无存）。

（二）清代

修东岳殿记　任之聪

《中庸》言："鬼神之德极其盛。"[①]至于视弗见，听弗闻，体无不遗，而人承祭祀者，斋明盛服，若或使之，洋洋如在，盖有繇矣[②]。

予自历官，不敢徼福自利。而先王神道之教，间亦有仿而行之者，要皆先成民而后致力于神。刘康公[③]有言曰："君子致礼，莫如致敬，致敬在养神。"季梁曰："所谓道者，忠于民而信于神也。上思利民，忠也；祝史正辞，信也。"[④]斯二者，亦道之不偏废乎！

癸巳冬，予承乏安龙，朔吉行香，循往例，先礼岱岳宫，或簿书之暇，为民祈岁，则斋沐以祷，遏神诞，徇士民请，得从土台后，庀牲告虔，而是方父老子弟，欢呼报赛，醵金致饷。饷毕，献酬尽欢，岁以为常。居恒则饮食必祭；水旱、疾疫，有事必祷，为礼益肃。殆苏子所云："信之深，思之至。焄蒿凄怆，如或见之者也。"[⑤]后殿圮，遗五岳像，颓毁漫灭，几不可辨。偶步其地，寺僧请新之。予曰："祀五岳礼，视三公未敢亵也。昔韩昌黎谒衡岳，值秋雨晦昧。亟祷之。立霁。故其诗曰：'潜心默祷若有应，岂非正直能感通！'[⑥]夫神之显证，惟正直者感通之，予未敢当也。"僧请益力。予曰："是岂淫祠者比哉？苟利于民，吾何爱焉。"乃质之僚友前别驾朱君、新别驾胡君、司理谭君，各出俸金，募工经始，沿其故址，新厥祠，饰厥像。又于旁之赢地作金花神祠。是则民之祷嗣者也。民于是感格有藉，祷祀克恭，以诚合漠，以善获福，岁时伏腊偭对越焉。此民事

① 语出《中庸·鬼神》。原文："鬼神之为德，其盛矣乎？"

② 繇（yóu）：古同"由"。

③ 刘康公，名季子，东周诸侯国刘国开国君主。语出《左传·成公十三年》："勤礼莫如致敬，尽力莫如敦笃。敬在养神，笃在守业。"

④ 语出左丘明《左传·桓公六年》。季梁，又称季氏梁、季仕梁，春秋初期政治家、军事家、思想家。

⑤ 语出苏轼《潮州韩文公庙碑》。原文："而潮人独信之深，思之至，焄蒿凄怆，若或见之。"

⑥ 诗句出自韩愈《谒衡岳庙遂宿岳寺题门楼》。

神之心，亦予所以为民事神之心也。祠成，集众捐金，可以葺堙饰陋。又察西边新庄绝军谢贞工、马四九荒田与庄杨二家地租九石五斗、银五十两，远请于总镇周公及佥宪范公，皆荐馨有素，欣镌额于门，爰次终始，勒石而为之记。

永历十年（1656）季春

中宪大夫安龙军民管府事同知、升四川叙州知府任之聪撰

安龙府通判胡奉中篆额　通判管推官事谭江藩书丹

[附记] 选自咸丰《兴义府志（卷31）·祠祀志·坛庙》。碑原立于安龙县东岳庙（今碑、庙均已不存）。任之聪，明永历七年（1653）任安龙军民管府同知。

月幢塔铭　王平

月幢和尚，名彻了，俗姓毛氏。蜀重庆江津人也。其母陶氏，因梦僧送桃令[illegible]，感而有娠。诞于甲寅年（1614）七月二十日未时。自幼喜视云水，持《金刚经》。年十六闻《楞严》“忘景不忘心”句，忽有所悟。乃于江津之宝山寺白母薙发而为僧。未几，往重庆西湖池谒破雪和尚，次谒归源大师，参“万法皈一，一皈何处”句，三年心如木石。行往坐卧，浑无异念。用力既久，豁然贯通。乙丑腊参大雪和尚，进职维那。庚寅（1650），职西堂八月，遂得付大法焉。

师赋性淳敏，端身劳己，律物裕人，无不高其才行，而接引后学尤为委曲提撕，至于对御谈玄。锡号赐“紫一”。时名公卿皆求与公善而不可得。盖不以利禄而为亲疏。岁乙巳，余移镇安龙，始获迩师范，亟欲请见，适以征剿事殷未果。至丙午（1666）六月，乃得旋龙，随于十月之朔，恭迎师锡于安龙城东玉泉寺。每于公暇之余，时与晤。言则百念冰解，形神俱泰，殆古语所云“与善人居，如入芝兰之室”。其大师之谓欤！其清夜一钟，昏愚惊醒。不谓尘缘厌弃，师遂示寂。予闻报，往视。则趺坐端化，面目如生。而其未寂之前一日，师已令侍者心休先去矣！予尚未知。已遗偈脱去。

时康熙五年（1666）十二月念七日也。因垒塔于玉泉寺之右，以垂永久。

凡缁俗之流，闻者莫不流涕。亦其德使然耳。呜呼！师今往矣。岂真与形俱往乎？尝观忠臣义士，见危受命，不过一念，真诚即致气弥宇宙，矧彼□道之士，超三界，了万法，涉世若有迹，应物则无情者而犹为生死□缚偕草木同腐欤。譬之盆水映月，体相全具，有时盆破水干，遂谓月俱乌有，有是理哉？且其徒几数百人，而杰出者十有二人，皆各开堂演教，非师庭训有方，能如是耶？康熙六年四月八日，其首座达古乞手为记，京兆王平敬而为之铭曰：

师号月幢，彻了名焉。牟殊莹照，五十三年。
四喝八棒，交利人天。名闻四海，谁令其然？
戒定休蒸，子肖孙贤。稽首大师，愿力实坚。
趺跏默化，脱此恶缠。无去无往，何灭何生。
清光圆满，三千大千。

皇清康熙六年（1667）孟夏八日（月）上浣之吉
嗣法门人孤灯达智等十二人
玉泉寺住持门人达古泐石

[附记]选自（民国）《南笼续志（卷26）·金石志·石类》。王平，字安侯，陕西鄠县人，行伍出身，康熙四年至八年（1665–1669）任贵州安笼镇总兵。

鹦鹉寺碑记　蔡毓荣

康熙辛酉(1681)二月，余率官兵自贵阳长驱入滇，巉岩丛箐，节节险要。督将士持短兵转战而前，如下长坂，如履平地，不知其为险也。

余雅好游览，黔山四塞，未尝立马一观，亦不知其孰高孰下，孰秀孰顽。仰借天威，滇池波息，越二载，皇帝重念南服民彝杂处，复遣天使，位置土官，命余老臣务参末议。癸亥六月，遄住黔中。岚瘴山烟，郁蒸弗辞，我仆我马，既瘏既痡，然为王事驰驱，莫敢以暑告者。但思一片清凉地，稍稍息肩，略纾牛喘，便为极乐而不可得。旋抵普安州。过软桥哨十余里，石路巇崄，层登而上，单骑彳亍逾时。陟巅，忽见蓊然一村，松柏苍翠，清风拂襟，烦躁俱涤。一僧进谒，道旁问之，乃鹦鹉寺住持也。行数武，过寺门，但见背面皆山，旁山皆树。虽结构卑小而局颇敞，分来杂沓而境自幽。回思提师剿寇时，露宿夜行，不知何时经行此地。徘徊往事，不能记忆，山灵笑人不已久耶？王命在躬，不敢迟缓，策马前往。越十日抵贵阳。又越月事竣而返，重过寺中，展席小坐，徐啜山茗。寺僧请为额，题曰“黔中灵鹫”。夫灵鹫小岭，即武林飞来峰，浙中山水甲天下，此山何足相似。然大小不同，各以地胜。黔中得此，亦即灵鹫也。又请为之联，题曰“一峰天半闻鹦语，万籁松间只马蹄”。呜呼！天半鹦语，几人得闻，为问马蹄，何时得息？兴言及此，用自伤矣。既而寺僧以山门颓坏，佛宇倾圮为忧，爰谋新之。捐白金数百为之倡。俟好事者醵金，以观厥成。且为之告曰：“自滇寇猖披以来，数年于兹，寇之所至，皆成赤土。而此独如故，宜有神力焉。至于我朝，天兵所至，一草一木不敢侵损。观此道场，可以知仁义之师矣。加之修饰，不亦粉饰太平之一节欤。若夫因果生心，菩提作证，布施即超穷海，檀那尽入宝山。”住持僧乾宇善言之，余不能赘。落成有期，可刊斯文。后之览者，其以为纪游之篇，不作募缘之词观也夫。

[附记]选自清光绪《普安直隶厅志（卷21）·艺文》。蔡毓荣，字仁庵，汉军正白旗人。康熙初，任刑部侍郎，先出任湖广四川总督、湖广总督加兵部尚书、云贵总督。多次上疏言四川招民垦荒事宜。康熙十四年（1675）率军平定吴三桂叛乱，功绩卓著。

大悦天一塔铭　周名

今夫世系相承，修理冢墓，示子孙于不忘此，在尘者孝弟之心也。至于出尘度世建涂毒鼓演空王法宜乎？万有皆空，无事冢墓。然而孝弟之思，畴不有之，虽在释氏亦不能废此，天一禅师寿塔之所以建也。

禅师本楚南吕氏子，因值兵燹，被掳入营，涉历艰辛，无不备尝。第身虽在营，心则出家。后二□余岁，卒成其志。传善权禅师衣钵，实参默悟，凡有所得，俱从性地圆明，和盘托出，所以或拈揭自持，或说法示人，绝去支离，实道本来面目，阅道腊四十余年，开堂演化传其法者若干人，利益于人也大矣！

兹寿塔之建，在师不以有无为轻重，而善一法弟责师法嗣，并受师之利益者，不忍不建师之寿塔，以示后学于不忘，且尽其孝弟之心，以请铭于予，也因铭之曰：

四大本空，五蕴非有。
菩提无树，悬崖撒手。
震撼河山，地中狮吼。
一师塔顶，圆光不朽。

绣谷周名远声及氏拜撰

[**附记**] 选自学愚录《天一悦禅师语录》。大悦（？ –1697），号天一，楚南吕氏子。被掳入黔，在安顺长寿庵遇云腹和尚上堂因发出尘之念。后至安南龙潭寺礼无霞披剃。曾随善权和尚住龙场万寿寺、普安松岿寺。

北固山水晶观记　程烺

黄坪北山向有北帝祠，名水晶观，取水以制火，镇城乡祝融之患，日久渐倾圮，亟须重修以培风水，且观内旁列观音佛像，甚觉亵慢。士民更欲添建大士殿于后山，有志未逮。余承乏斯土，众绅耆商于余，此善举也，遂欣然乐成。乃捐廉若干，首先创，率令乡耆杨朝麟等董其事。士民则随愿乐输，共获三百金。乃鸠工动料，不一月而功成。玉宇重新，新观宏敞。杨朝麟等复以民众功德，宜勒石以垂不朽，请余为之序。余曰：“为善不求人知，何以序为？”乃直书其事，以见黄坪士民踊跃急功云。

[**附记**] 选自兴义市文化体育旅游和广播电影电视局编：《兴义风物之文物古迹》，贵州科技出版社，2014，第 93 页。碑刻于清乾隆四十一年（1776）。程烺，时任普安州分驻黄草坝理苗州判。

重修玉皇阁记 **刘芳远**

安南处高山大陵之间，上古以来，多置刹观丛林，以为享祀百神之所。而今所谓玉皇阁者，盖其古刹中之一也。阁在南峰古寺之上，有岧峣伟特之观。贤人君子每一登临，俯视而见山下之人烟迤逦，市井纷纭，未尝不流连致叹于其间也。

余于乙丑（1745）岁冬月登之寄目，而其山之僧通明为余言曰："此刹成败几经矣。丁亥（1707）时兵火频仍已毁过半；至丁未（1727）岁，黄氏子弘圣力加修葺，顽固如初。至后又罹兵火，楼阁栋楹之挠折者，盖瓦级甎[①]之破缺者，不可胜数。僧意谓如此剥落而不修，其如前人之志何！于是不惜化募，即荷本卫宰官及街衢诸君子，慨施资斧，共成厥工。且昔以山高路险，上下负薪汲水如经九折，苦尤甚。今由山后凿石新开一径，直抵源泉。自兹薪、水之需，较前倍多便宜。其有德于此刹诚重矣。幸子为我记之。"予曰："此刹始兴后而及于废，废而不为人所弃，以致振兴以崇祀上帝于不朽者，将疑有数存乎其间。不然，奚南峰诸刹皆不获保其无恙，而此独能久存者乎？则其理似不偶然也。虽然信之坚，则万物备敬之至，则百神享。呜呼！斯刹之所以久存而不坏者，其是之谓欤！其是之谓欤！"

[附记] 选自雍正《安南县志（卷之4）·艺文（下）》。参见咸丰《兴义府志（卷31）·祠祀志·坛庙》。玉皇阁始建于明正德年间，初名南峰寺。不久毁于兵燹。继有楚僧铁头和尚募金重建，并增建阁楼于寺后，名"毗卢阁"。万历元年（1573），安南卫人陆道清与寺僧戒通等重建三层阁楼，改称"凌云阁"。后又铸玉皇大帝像供奉阁中，始称"玉皇阁"。清初两度毁于战乱，邑人黄弘圣、寺僧通明，相继修复。先后增加修葺。其后有道台徐可善来金钟山修行（法名昔可），添置庙产，广纳僧才，玉皇阁极盛一时。刘芳远（清咸丰《兴义府志》记为"谢芳远"），安南（今晴隆）

---

① 甎（zhuān）：同"砖"。

人，庠生，善属对，工诗，有《近思轩诗对集》。

万古不磨

碧云洞为捧乍第一大观，至嘉庆二年（1797）兵燹，□廿年来，因此地人民亦存商同重修之举。固时托非人，旋□□□碑记，□□□□□□□□□□焉。余丁丑（1817）莅任后，戊寅秋，与本地随从及书乡保人等捐修山门、道路，已粗略可观，并未累及百姓一人。至己卯，闻义有将□□□□□，独筹银十三□□□修观音阁一层，配修罗汉游廊□间□□诸神□□立□□童子，雕刻龙神、龙马，培植唐僧取经□□□□□□轴于绝崖陡口间，以壮观瞻。并砌石台，□□添修财神、韦驮神，□建□厅三大间，截其□布之害。又立《胎泉碑记》□□□□□□□银一百六十四两四钱二分，□□□冬月大功告竣，焕然一新也。此土父老子弟、男妇重叟无不欢欣鼓舞，仰荷众神，兹以祈祷达旦□□□应有僧，有僧必应有食；有庙无僧则庙易败；有僧无食，僧难住持。于是同事商议，修庙宇外共剩银三十七两，余捐银一十三两，共银五十两。置要地于烟墩架。其界东迄大关口、南抵塘房桅杆边、西至土埂、北至烟墩架，每岁共得租粮包谷八十四石，自行往取，以供香火之需，或自行□□□□若有倾圮随时补修，如此筹画，应不负□□修之吉。众心不致淹没，大众乐善之至意云尔，爰自勒石以告知。

今将□□□□□□□石：

贵州安义镇标左营分驻棒乍汛守府关中五原王蹬助纹银叁两

贵州安义镇标左营分驻捧乍白云屯汛部厅刘辅臣助纹银伍两

贵州安义镇标左营分驻捧乍歪染汛部厅王盛祥助纹银伍两

贵州安义镇标左营分驻捧乍□□城汛总司厅黄金士助纹银伍两

贵州安义镇标左营分驻捧乍佳城汛副司厅庞焕扬助银贰两

其余捐赠人姓名（略）

大清道光元年（1820）二月十九日　捧乍理苗厅甘肃云澍谨跋

助石捐修

[附记]选自兴义市文化体育旅游和广播电影电视局编：《兴义风物之文物古迹》，贵州科技出版社，2014，第142页。碑存兴义市捧乍镇捧乍社区碧云洞内。高1.52米，宽0.78米，碑额“万古不磨”。

碑　文

尝闻“夏禹欲通神祇，固铸镛钟于邓庙。汉明尊崇佛教，始立寺观于中朝”①。古往今来彰善瘅恶，因忠臣孝子立身之本也，为善之道，岂不垂哉！然天地是孝德结成明，乃孝光发亮，而人不能外，此道以立极者。禀太和之元气，以生心聚则为神，散则为鬼，配合阴阳于品罤[藻]②之中。古之欲明其德，凡修身、齐家、治国、平天下之□，亦不能舍此而他，有所□□，如我村众五方杂处，人心难一，是非争讼，暗耗无休。得蒙业主称扬，善行聚集为首，挨户募化，创修五省宫殿，合塑关圣、观音、荣禄、炎帝诸像。各省敬塑各省之神，吴有真君，蜀有万天，滇南舍集敬塑祖师尊像，历其生平，比方净域，玄武奥枢，当王三降，诞始从全阙以化身，至九九飞身，终辅玉皇。而斯恶水火，合雨虚危土腐，□除世间魔鬼，紫袍金帝佩其锋，救度天下群生，苍□臣蛇，捧其□统，先天而协，赞中兴主，太极佛化，育黎庶泽被滇南，而更胜于他国者，啧称盛不辍。虽迁黔地，其敢忘神恩之庇佑乎？是以踊跃乐输，捐资成美。凡我联名之人，皆属一体，务宜各守本分，勒碑刊铭，公立十条，□扬善行，有云：一立身忠孝；二制行端方；三昆仲友爱；四闺壶③严整；五下不犯上；六尊不凌卑；七接物谦让；八悯恤孤苦；九不□□作；十谨慎耕读。以上各宜循规蹈矩，改过自新，世代遵守，威灵显应，视不见而求之感□，无声而叩闻宁，千秋永享，其□祀万代，长受其□赏。士、农、工、贾，尽遂生平之愿；春、夏、秋、冬，恒沾雨露之恩。故而云：“积善之家，必有余庆；不善之家，必有余殃。”斯言也善矣、至矣、茂以加矣。谨以为序。

大清咸丰元年（1851）岁在孟春月十八日立

---

① 语出（明）程登吉著《幼学琼林》卷4。

② 品藻：品评；鉴。

③ 闺壶：内宫，舒雅之人。

[**附记**] 选自兴义市文化体育旅游和广播电影电视局编：《兴义风物之文物古迹》，贵州科技出版社，2014，第 157–158 页。碑存兴义市丰都街道办事处赵家渡村，青石质，圆首，高 2.00 米，宽 1.05 米，厚 0.16 米，碑额“日月”横书楷书阴刻，字径 0.12 米见方，两字之间阴刻太极图案。碑下沿浮雕花纹，两侧浮雕卷草纹。

历山隆真和尚墓志　秦尧宽

盖闻康熙圣主上峨眉而脱凡骨，道光仁皇由比丘而登帝位。是知为仙为王，莫不从修心养性而后至也，降而下之。即为僧会亦不数睹此。金粟寺之僧会司，俗名正珍，李元凤之子，遵义桐梓县人氏也，慈善性，龄十二即入佛道，勇猛气化，受皈戒便食长斋，故受本属城隍堂上昌荣老师教演比丘妙谛。传授释迦秘诀，修持愈谨，道果日增。咸丰九年（1859）参禅之时，来一游僧，自名照华。云是青山观音寺僧……负文契而外匿至此。悯照华之诚心，偕同至蜀省宗风寺住持数年载，照华了道，孤遗吾师久住蜀疆，青山之契约何堪设想？欲回黔土，道途之艰辛，须当备尝，迨至光绪五年（1879）始得完璧归赵。青山绅庶，知师劳苦，留住观音寺修道数年，渐臻妙境。又至九年（1883），青山官绅知师才能，接至金粟寺，重修庙事，丕振佛图，二殿二廊，辉煌一方，远近千里，谁不知师之功能。故至光绪廿八年（1902），碧云山之僧会师叔本宣了凡，蒙县主扎为僧会是为僧。至此，可谓达于极点矣。今者，吾师之寿，逾于古稀，所以大兴石工，崇封马鬣①，以为万古佳城，垂诸不朽。回思，生入佛门，皈依大觉而无憾，逝登大罗，遗名后世，有可称弟也，忝属至交，穗习生平，故历叙焉，以志不朽，且为之铭。铭曰：

历山之阳，黄河之巅；龙山之侧，价殿之前。
山环水绕，寿域高阡；青山旦旦，白水绵绵。
高登极乐，伴侣群仙；佳城建后，于万斯年。

---

① 封马鬣：即马鬣封。坟墓封土的一种形状。亦指坟墓。

二重碑文，佑我后人。

师弟：隆福、隆果、隆忠、隆微，孝徒：能忍、能德、能顺

徒：从仁、从寿、从全奉祀

信士：余洪发、余洪书、余学重、陆士美、王小意、刘明信、徐东山

安南县学贡生、候选学正堂佩仁秦尧宽撰文并书

[附记] 选自贵州省晴隆县志编纂委员会编：《晴隆县志》，贵州人民出版社，1993，第657页。墓碑位于晴隆县大厂镇西南隅历山金粟寺（建于清初），墓在历山之巅（保存完整），圆形，直径3.5米，墓高2米，墓坊高3米。筑于宣统三年（1911）二月初二日。墓为三碑六柱四重式，碑及柱上所镌文字清晰。正中石碑中行镌有“皇清诰授僧会圆寂恩师隆真比丘老和尚之墓”。碑上铭文为“安南人秦尧宽撰文并书”。左行为：“原命生于癸卯农历冬月初四寅时”,右行为“大清宣统三年二月初二日谷旦立”。

八、黔东南自治州碑刻、摩崖、塔铭

（一）明代

月潭寺记　王训

贵与楚邻封，当两疆之界曰“东坡”。由道左入，跻攀林麓，仅百武。有飞岩倒悬，躜肮巧□，垂珠滴乳，尽态极奇。若神蛟之驾秋云，灵凤之骞晴汉；又如千乘万骑浮空以驰，仙子灵株御风而下。虽以五丁之力，吴刚之技，追而琢之，不足以方其妙，盖天成也。旁有崆峒，邃不可入，而一清泉泠泠自半岩奔流于野，居人饮焉。其佳胜无与为比。惟在彝区，古所弗治。故（辙）迹罕焉。爰及皇明一统，始制兵卫。在贵曰“兴隆”，在楚曰“偏桥”，而周道由之，由是往来者，得以观游。间有学佛者结庐，号“普陀岩”。去就率无定踪。正统间，游僧德斌来营寺，名曰“月潭”。时贵之都指挥使常智，为卫兴隆，倡众募财。首建正室，（中）塑法像，金碧丽美，茂林修竹，环拥芳翠。遂有闻于四方。

岁己巳（1449），诸夷为乱，掠地屠城，列郡流亡，肃然若无人之境。能虑佛寺必毁，苟奉身而避，生复何益？乃誓死弗去，寇至，欲兵之。兀坐殿侧，大呼曰：“愿杀我于郊，勿秽佛宫也！”寇聚观话笑，久之乃舍去。纵有寇者，能坚守弗渝，寇竟相率他往。而寺赖与具存。已而朝廷声罪致讨，特遣太监阮让、梁达、郑忠，监诸军事将帅皆文武重臣，若靖远伯王骥、保定侯梁瑶、南和侯方瑛，挂印为总戎大司马侯琎、石璞，都宪王来、白圭，少司寇刘清，锦衣千帅吴绶，相继为总戎，赞佐大都督陈□、李震、田礼、白玉、李贵、刘玉、张任，咸为副参，方岳都指挥使张锐而下皆极一时之选，共成九伐之谋，而训以职教，为诸将罗致束韬书，以备计筹。自庚午至己卯，历十载，师凡五举，而寇悉平。中臣阮公尤爱山水，至必憩息之，乃为营室两翼；而千帅吴公重命构亭，以便登览，扁曰“画中”；兴隆卫指挥使李信复建山门以宏规制，至是佛有梵宫，僧有丈室，讲馔有位，游息有所，而天造人为，盖已无尽其美矣！

训继以事坐累，谪广道实经焉。隆城千户王纲辈，咸与久要约与俱往。徘徊觞咏竟久。广能因预末座，具以寺事白训，请记。惟山川因人而显，宇内佳山多经品题而载与志者固多。若斯岩之美，盖千百而什一也。且广能托迹空门，竭诚事佛，据佳胜以经营，不幸遇寇，又能以其生死为之存亡，而卓绝之行将与斯岩并美于无穷矣！故并记之。俾刻诸石，过而观者有感焉。或儋爵析圭，责任兆民之休戚；或树旄秉节，身系天下之安危。一是皆以广能之所以事佛者事君，罔不尽心所事，而易其徇身忘国之私，将其于世教有助，不但以文词夸形胜、赘浮屠而以。

[附记] 选自（明）弘治《贵州图经新志（卷之13）·兴隆卫指挥使司·寺观》。撰者王训（约1410–1490），贵州贵阳人。明宣德十年（1435）举人。正统六年（1441）任贵阳儒学教授。王训知兵略，正统十三年（1448）被调至兵部尚书王骥幕府，曾参与指挥征讨云南麓川作战。旋仍回贵阳任教授。晚年封武略将军。

白云山寺田土碑

铜设卫（缺字）圣寿除依家处（缺字）栽种□树（缺字）车戽水（缺字）左六坵，共约□□□，南至卫所前□□□□□，北至本寺。所种稻谷，收买□□，共应（缺字），佛天伏睹。永乐二年（1404）正月□□□。敕谕内开天下，但有荒芜田地□□百亩，随力开种，官府不许比较。钦此。□□思得前捐田地，均系□迹常住殿基启同福□□□，用工挖掘开垦，并不是原先造报有额官田，若不预告给凭，恐后无知一概骗占，至期□□□□告蒙拘田邻杨震、王纪等□□□□帖，仰住持僧俗即将所告田亩永远如法耕种，秋收稻谷□□合用供应常住，后人□□侵欺争占。□此今命工匠刻石，万世为照者。

成化元年岁在乙酉（1465）叁月初三日
奉三宝开荒种田老夫沈文启、彰恭贵札
本山住持僧福兴、杨斌（后六十六人姓名。略）

[附记] 选自黔东南州文化局编：《黔东南文物志》（第二集），1986，第128–130页。位于锦屏县铜鼓乡驻地南1公里石壁上，共3幅，面积2.3平方米，四周花边围框，右为序言，被岩浆覆盖，无法辨认。中为“白云山寺田土碑”，左为“广福寺常住盟誓箴”。白云寺始建于明永乐八年（1410），为锦屏、黎平、天柱、湖南靖县等地佛教信徒朝拜的圣地。有寺院田数百亩。

广福寺常住盟誓箴　玉峰道人

所开福田，告官在先。给凭凿石，万古千年。
立斯誓语，远近通传。以十传百，以百传千。
官不得夺，吏不得迁。军不得占，民不得粘。
恐后愚徒，骗占牵连。举此不仁，神眼观瞻。
阳报以祸，阴报以衍。岳司灭禄，神鬼争嫌。
家颓产丧，男女痴颠。绝门绝户，绝人绝烟。
九玄七祖，永不生天。托化驼驴，羽毛之间。
助赞善者，家道兴然。□祈祸散，福寿增延。
荣华日进，出贵生贤。田蚕陪利，非横无沾。
予书笔迹，曰永曰坚。当来观此，再述嘉言。

铜城玉峰道人题
信士朱敬、黄孟善、王谦、王锡　舍人余朴　石匠常宣彭敬

[附记] 选自黔东南州文化局编：《黔东南文物志》（第二集），1986，第128–130页。

重修月潭寺建公馆记　王守仁

兴隆之南有岩曰“月潭”，壁立千仞，檐垂数百尺。其上澒洞玲珑，浮者若云霞，亘者若虹霓。豁若楼殿门阙，悬若钟鼓编磬。幨幢璎珞，若抟风之鹏；翻隼翔鹄，螭虺之纠蟠，猱猊之骇攫。谲奇变幻，不可具状。而其下澄潭邃谷，不测之洞，环密回伏，乔林秀木，垂荫蔽亏，鸣瀑清溪，停洄引映。

天下之山，萃于云贵。连亘万里，际天无极。行旅之往来，日攀援下上于穷崖绝壑之间。虽雅有泉石之僻者，一入云贵之途，莫不困踣烦厌，非复夙好。而惟至于兹岩之下，则又洒然开豁，心洗目醒。虽庸俦俗侣，素不知有山水之游者，亦皆徘徊顾盼，相与延恋而不忍去。则兹岩之盛，盖不言可知矣。岩界兴隆、偏桥之间，各数十里。行者至是，皆惫困饥悴，宜有休息之所。而岩麓故有寺，附岩之戍卒官吏，与凡苗彝犵狖之种，连属而居者，岁时令节，皆于是焉厘祝。寺渐芜废，行礼无所。

宪副滇南朱君文瑞按部至是，乐兹岩之胜，悯行旅之艰，而从士民之请也。乃捐赀庀材，新其寺于岩之右，以为厘祝之所。曰：“吾闻为民者，顺其心而趋之善。今苗、彝之人，知有尊君亲上之礼，而憾于弗伸也。吾从而利导之，不亦可乎？”则又因寺之故材与址，架屋三楹，以为部使者休息之馆。曰：“吾闻为政者，因势之所便而成之，故事适而民逸。今旅无所舍，而使者之出师行百里饥不得食，劳不得息。吾图其可久而两利之，不亦可乎？”使游僧正观任其劳，指挥狄远度其工，千户某某相其役。远近之施舍勤助者欣然而集，不两月而工告毕。自是饥者有所炊，劳者有所休，游观者有所舍，厘祝者有所瞻依，以为竭忠效诚之地。而兹岩之奇若增而益胜也。

正观将记其事于石，适予过而请焉。予惟君子之政，不必专于法，要在宜于人。君子之教，不必泥于古，要在入于善。是举也，盖得之矣。况当法网严密之时，众方喘息忧危，动虞牵触。而乃能从容于山水泉石之好，行其心之所不愧者，而无求免于俗焉，斯其非见外之轻而中有定者，能若是乎？是诚不可以不志也已。

寺始于戍卒周斋公，成于游僧德彬，增治于指挥刘瑄、常智、李胜及其属王威、韩俭之徒。至是凡三葺。公馆之建则自今日始。

[附记] 选自（明）万历《贵州通志（卷22）·艺文志（二）》。参见《王阳明全集（三）·卷二十三·外集·五·记》。碑立于黄平县新州镇东坡村飞云崖（亦称飞云岩）月潭寺（今已不存）。王守仁（1472–1529），字伯安，号阳明，谥文成。浙江绍兴府余姚县（今宁波市）人，明代著名的思想家、文学家、哲学家和军事家，陆王心学之集大成者，精通儒、道、佛三家学说。明弘治十二年（1499）进士，历官两广总督等职。有《王文成公全书》。飞云岩，亦称飞云洞，位于黔东南自治州黄平县城东北12公里处，占地约0.5平方公里，明清时，由京城至贵州、云南的古驿道由此经过（今湘黔公路亦经于此）。碑文撰于明正德三年（1508）。

飞云岩记　**吴维岳**

兴隆东行三十里有月潭寺，寺左为岩，榜曰："飞云。"距地百余尺，中虚而下嵌乳液融结，纷诡殊状。竖者柱矗，悬者珞缀，扬（首）者鸟，厉突者兽蹲。蹑级漫瞻，敛衽徐睇，极意所惬。邃洞谽谺而窅际，清渠激注而前绕。旧即岩麓稍右构楼，揽辔脂辖者息而饮焉。

余阅武沅江、㵲溪而还，春和昼熙，停驭周览，惜于径去而楼且向圮。属按察副使祁君清葺牖辟垣，傍饬吏廨。时偶成四诗，手书于石，而记其端。

贵州实殷周鬼方靡莫地，秦汉以来，间称置郡羁縻，未改草昧，至我昭代开藩，树文武官吏，始称屏藩黉序之乡。今检图志，锦岩珠壑，秘洞灵渊，所至有之。若澄泉喷折，匿见怪石巉屼林立，在大都名区，得其余溜断块，亦足以夸巧而竞于人者。虽周道往往是焉，而兹岩之奇又最也。当其湮翳于蛮烟寇莽中，穆骏不驰，骞节靡指。蛇虺所穴，豺虎所游。提兵拓疆之夫，尚趑趄未尝轻置足焉。而今日冠盖以临，图志以载，披雾睹天，欣欣有遇矣。然使生于大都名区，则有力与好事者将营以万金，侈以众观，笙簧鞯毂，焚膏继晷，穷游览之盛。而贵州遐壤杂夷，中原士彦非膺命不莅，商旅非入滇不经。其暇而游，游而知赏者几人也？噫！岩固幸而遘昌时，出秽墟而为人所知？即又不幸居于斯，不能并大都名区岩洞泉石称雄于世，而为人所尽知耶？

[附记] 选自（清）嘉庆《黄平州志（卷9）·艺文志·记》。碑嵌于黄平县新州镇东坡村飞云岩（亦称飞云崖）碑亭后壁，砂石质，圆首，高2.06米，宽1.07米，有护框。碑额“飞云岩记”。碑文竖书楷书阴刻。吴维岳（1514–1569），字峻伯，浙江孝丰（今属安吉县）人，嘉靖十七年（1538）进士，曾任江阴县令、刑部任主事、江西按察使、右佥都御史等职，嘉靖四十三年至四十四年（1564–1565）任贵州巡抚。工诗文，著有《天目山斋岁编》等。碑文约撰于明嘉靖四十三年（1564）。

新建观音阁记

郡之东有山盘旋耸拔。其上，平原。其半，阿曲迭出，中一小洞天。右联紫阳石洞；左枕东山层观；后座中陵；前江流正流。固郡中奇观也。父老咸曰：“天地造设形势得矣”。有如作屏修平磨□□剔。特建梵官□□□不益增胜概哉。有僧贞元为首肯。贞元世为镇远人，禅习本自天生。于是募檀那材用，鸠工匠，通阶绕径凿□□崖，拓地达观音阁焉。前约宇□阁中，其肖像□诸神色。色彤黝，丹垩咸以□哉。是□□举已经始于隆庆之四年（1570），至万历二十年（1592）而落成。由是而祝天子万年者于斯焉。逸民为善与登高览胜者于斯焉，溪可以异教少之也。耆老□□记。余谕之曰：若等知观世音之义乎？所谓观音者，观世音，何如耳？禹曰东□吉从逆凶惟影响信祸福由人，匪神可私，不必着相以邀福。故自三十二相以□恒河沙数相皆观音大相，皆观音大士可也。求观音者，不求普陀亦可也，此揭以故？善人世之善无圣愚，古今本同一致。奈世之，蚩蚩贪爱是习，沉溺苦海，揭登彼岸求知音可多得耶？昔大雄氏教人以割爱，布施为入逆之门，而别有最上一乘之妙。欲人不求之外也，维自令幡然猛省，修治尘根，复吾虚灵本体，不观一已，而观以天下；不观天下，而观以一心。遵宪度以持戒守理义，以为定则，泰定安而慧光生，佛不在西域而我矣。若徒慕观音而不知，即心是佛，徒尚浮屠而不友求诸身抑未矣。岂大观之道哉。遂书为记，以告人之向善者，凡乐施姓氏，咸列□□阴□。

万历拾壹年癸未（1582）八月中秋日　濉溪郡逸民砺斋□□

镇远知府：杨守让　通判：杨应东　同知：何文奎

推官：杨通准　刘叔龙

乡官：梁栋、杨承勋、郑国才、郑维音、李廷桢

实授：李宝　百户：李全立

[附记] 选自刘祥斌主编：《镇远名胜古迹》，2012，第 9–10 页。碑原立于镇远县青龙洞紫阳洞内，高 1.107 米，宽 0.688 米。今已不存。贵州省博物馆存拓片。

重建宝相寺碑记　郭子章

黄平故为千户所，城东里许有宝相寺，为万岁祝厘之宫。逆龙匪茹岁称兵窥所城。余以万历乙亥（1575）入黔，命参将刘孝节，指挥徐登阶、李朝阳，守备张鹤翀，固垒共守之。贼累入寇，诸君纾 [纳] 忠效策，卒不能拔。而宝相遭兵焚，为瓦砾场矣！

播平，余往勘黎苗，黎靖。余入黄平修筑城垣，辟靖黎硐建如是庵，僧三空乃以复宝相寺请，余始建经阁以倡之。已，士民布金粟修檀，乃于故址重构绀宇，外为门，仍题曰“宝相禅寺”。前为天王殿三楹，崇二十尺；中为佛殿，广五十尺，修如之，崇二十四尺，题曰“大雄宝殿”。中题曰“天子万年，为上祝也！”后为楼五楹，崇三十六尺。题曰“华严楼”。楼贮《华严》等经也。周围筑垣四百六十尺，厚三尺。共縻三百余金。始事于万历丁未年九月，讫工于戊申年五月。公半而三空。那维弟子性净等励力卒之，乃以落成期来告，且乞言于石，以告其寺之后人。

余读《阿弥陀经》云：“西方有佛，曰‘宝相云楼’。”上人莲池解之曰：“宝相者，相好特殊，如宝尊贵故。”①《钞》曰：“相好如宝者，佛有无量相，姑举一二目相，如经言，八万四千清净宝目毫相；如经言，

① （明）莲池大师著：《佛说阿弥陀经疏钞》卷第四。

琉璃筒胸相；如经言，紫磨金肉髻相。”如经言，甄叔迦皆所谓宝相也。推之，则三十二相，具黄金色，放大光明，皆宝相也；又推之，各现本末具有八相，出家、降魔、成道、说法，以至涅槃，皆宝相也。顾岂一朝夕所能就哉！如玉在璞，不雕琢之，则彩白虹之瑞不现；如金在矿，不淘洗之，则麟趾褭蹄之形不彰。始由业转现，三细而生，有六种相，名曰：粗皆苦相也，继为化度一切众生，而诸众生以种种诸恶加我，悉无嗔恨；有五种相，名曰：修忍则由苦相而入无我，我所相也。故忍也者，所以锄其粗以入于细，葆其光而成其宝也。非一朝一夕所就也。虽然此犹着也，经曰：若心取相，即为着，无我相，无人相，无众生相，无寿者相，无法相，亦无非法相，是名“无所着”。名“无所着”即无相，是名“金刚盖金轮”，绀马不足贵，神珠玉女不足珍宝也。至于施金、施田檀越姓氏及田亩，俱在碑阴。

[附记] 选自（清）嘉庆《黄平州志（卷9）·艺文志·记》。碑原立于黄平旧州宝相寺（今已不存）。郭子章（1543–1618），字相奎，号青螺，又自号曰蠙衣生，江西泰和人。隆庆五年（1571）进士，历任知府、左布政等职。万历三年（1575）奉命入黔，万历二十七年（1599）任贵州巡抚。史称其“能文章，尤精吏治”，著述宏富。碑文撰于明万历二十二年（1594）。

观音堂碑　欧阳瑾

观音古刹，岁久将颓弊矣。赖郡伯于公、镇台刘公葺盖之。丹雘之□饰精好，不灭七宝佛地。惟是檀炬之供，无常住可取之。乃倡卫所诸君捐地，谕随任众官捐资，卜公衙前右街监外一隙，构楼屋十楹，给印炤，付寺僧勒石以□□，用作常住，取店租为香膏费。自是而□□旃檀熒煌缭绕，其勿忧乏绝哉。虽然此固公奉佛事，然犹其余事也。公来黎靖五稔，视偏裨如腹心，视士卒如手足，视闾左如同室，视苗夷如稺子。推诚御物，威惠互济，庇其宇者，虽凛凛然，奉公法尤煦煦然，戴公恩，他不具论。最难驯者苗。公涖镇，有开国来不受戒索之乡，一奉公檄，驱之千里外，如驱群羊。兹非畏威怀德之一验欤。以故剑光所指，靡向弗克，一举而施绥之苗靖；再战，而泚藩之党殄；三驾，而失陷之郡复也。巨寇实逼处星沙，惮公师出邵陵为之拔寨，逍遁。一时湖南郡邑咸望风来归。每克捷日，不令将士得肆屠杀，一如曹武惠下江南故事。诸挂误[者]□□多所全活。是公以婆心行将军令。其作佛事不既大耶。

先是公以参戎来镇兹土。未几，以功而晋位副总；未几而又以功晋位挂印都督大总兵。白玉横腰，位极人臣。《易》曰："在师中，吉。王三锡命。"①《诗》曰："瑟彼玉瓒，黄流在中。"②公之谓矣。他如：建桥楼以表振肃；笠两阁以镇水口；创北塔桥以培后劲。又皆不惜心力为此方造久远之图者也。瑾以国难赖公提救，因游于此，目睹诸故，因铺房勒石以附记之。官兹土者，得勿闻风而兴起矣乎。

公讳承允，号定一，金陵之□□□□，维时捐资襄其成者，则郡伯今升分守湖南。东鲁于公讳元[叶]，号暗然。捐地署名则卫挥使王晋卿、钟统元，暑镇抚千户张秉钺。洎合卫所官不具书，而诸随任各官皆有捐助，别列名于碑左。

崇祯十七年（1644）孟夏佛旦日

楚癸酉制科一名门下衡阳欧阳瑾顿首拜撰

[附记]选自（清）光绪《黎平府志（卷8）·艺文志·金石》。碑原立于黎平县观音堂。今碑及庙均已不存。碑文欧阳瑾，湖南衡阳人，明崇祯癸酉（1633）科解元。观音堂明洪武十八年（1385）建，邓子龙（名钟，福建晋江人，万历三十八年任贵州总兵）为观音堂题写有"慈悲道场"匾。明崇祯十七年（1644）知府于元叶（号暗然、充之，山东东阿荫生）、参将刘承允（金陵人）重建。清康熙二十九年（1690）再度修葺。

髯龙碣后记

光明宝藏，本来无相；若挂一经，即成魔障。

幅巾秀才，袈裟和尚；汝自分别，不关模样。

---

① 语出《易经》师卦第七至九。原文："在师中，吉，无咎，王三锡命。"

② 《诗经·大雅·文王之什·旱麓》。

譬如空花，复结空果；野狐自迷，葛藤自缚。
经百千劫，终无解脱；永堕轮回，难成正觉。
我证圣果，惟一直心；不涉思议，不落声闻。
孰为饿鬼，孰为众生。悟即是佛，咸归大乘。
堂堂万古，无量世尊。

冷泉大云寺旧有圣果亭，予因公务止寺中三日，人客既退，稍有余暇时，取佛书观之，乃即有悟，为圣果亭偈，书之壁间，以示僧众。若于此见得，即能具一双眼，若不解呵，虽得多闻，不成圣果，如人说食，终不能饱。大西髯龙题《髯龙子书示圣果亭偈》。龙阳子曰：“是证圣果矣，请登之石，以示浩劫。”

山水奥区，必经名贤搜剔，地以人重。月潭之名虽曾见于旧志，历有记述，顾于暇日摩挲石碣，见圣果亭偈字奇词古，跋称冷泉大云寺圣果亭髯龙子书偈于壁，龙阳子请登之石，则知阳明先生谪宦来游，此其手书真迹。髯龙无考，味其跋语，似当事之贤而邃于内典者，与姚江宗旨契合针芥，此偈此亭，独有千古。

[附记] 选自（清）嘉庆《黄平州志（卷9）·艺文志·记》。碑原立于黄平县飞云崖月潭寺（今已不存）。

新建玉清宫碑记

吾隆故俗，好善而敬神，各所年有祈穰之醮，月有表忏之会，其来久矣。各寺观神祠，供昼夜之灯者百余家，以岁计市油一千二百觔有奇，虽大歉不废，他境所无者，只少一阁崇祀上帝。昔有谋创者，卜地弗得吉，遂已。万历己未岁（1595），致仕万户侯曹公松、百里侯王公国宁、千夫长李公柯、百夫长韩公邦，辅谋于应旌逸叟，曰：“玉阁未建，缺典也。人心乐从，无倡者、导者。吾数人俱林下朽，亟图之，何如？”旌曰：“诚是也！人心不淑，虽国法森严，有恬不知畏者，若质诸鬼神，神证以经典，即畏缩而不敢肆。故古有‘象教’①，谓设象以教化人也。若建阁肖象，上帝之临，望之而生敬畏心，就之而生悔悟心，维持世教大法也，律以非分之渎，曷敢避。当共肩其任，何患乎弗胜！城东郭有菜畦一区，昔建坛祈雨于此，盍往观之。”即偕步至彼，果高扩平爽，四山环拱，胜境也！问其主，三四家合买分业者；问其卖不过十余金。议遂定。乃会致仕别驾胡公良卿等六十人，约盟于神，积钱谷、采石木。募缘则僧觉云为之首，工师则丁世美、韩点为之最，于名分任其责。至丙申岁，东阁岿然矣。阁甫完任，云南宪副余公懋学捐俸百金，付善士夜拱辰冶金肖像七尊，饰以金，请黔府路符差官辇至矣。其间，乐助民多者，乡耆钟应峦、狄应旌、何免、张俸、刘寅、谢时举、张时朝、许可尚暨宪副公之伯子兴爵也。不惮远募者，致仕百夫长陶公希舜也，越数岁而前殿成；又数岁合卫军舍施公费之余，而两厢楼翼如也。官舍士庶之室，家脱簪珥之助，而牌坊耸如也。买阁前地，募砌石道蜿蜒而上，计三十余丈。庠生狄宗贤施鱼池，之中募建平桥，计一十二孔。而规制大备矣。斯阁也，材选其良工，用其能且天然形胜，翠秀钟灵，所少者金碧辉煌，绌于材力耳。我圣朝景运几三百年，今方仅见非有默相之者，胡能然哉。斯举也，有竭力以创始者，有多助以成中者。惜曹、王诸公，先后化去。继赞襄以成其终者，宪副公之仲子春元兴贤，百里侯之家子，千夫长民皞旌之子府幕衮也。施田多且先者义□时衮也。黄平施助率先者篆帅孙君克谋也。至于董其役而不敢懈，司出纳而不敢虚旌，又何敢自讳其万一之劳焉。助以财者，辅以力者，与夫银米之费，难以悉计。住持僧智聪、觉亮、了禅、如宝，均有劳役，并及之。虽曰：大功将告完矣，余之心有未完者，葺其宫墙，勿致敝漏；藩其竹木，勿使剪伐，约其僧徒，勿容匪人。是则有望于后之善人、君子无穷之心也。是为记。

[附记]选自（清）嘉庆《黄平州志（卷9）·艺文志·记》。朱应旌（时年八十五岁），贵州黄平人，明嘉靖辛酉（1561）科举人（第三名），官同知。黄平玉清宫供奉道教尊神玉皇大帝。但创建时即有僧人参与，建成后由僧人住持。万历己未（1595）岁，地方人士找朱应旌，希望他出面倡导建玉

① 象教：释迦牟尼涅槃，诸大弟子想慕不已，刻木为佛，以形象教人。故称佛教为“象教”。

清宫事。朱公欣然应允。并于明万历三十四年（1606）撰此碑记。

夕佳阁碑记　黄甲英

吾郡治在万山中，四面环拱而胜者，惟东南一带；东南最佳者，惟南泉一山。厥峰出山腰间，峭然崒嵂。□左有泉泻自空中，冬燠如汤，夏冽如冰。混混乎不竭。虽匡庐之漱玉，九仙之飞瀑，未能过也。国初间开置兰若，有青鸟止其地，盖即卓锡飞鹤之符云。迩值地方之变，为夷寇毁尽，仅存遗址。郡人谋新之，规为粗定，而经用不继，几为道舍矣。会忝戎李公来镇是邦，不期月内治外严，弢弓卧鼓，乃探奇揽胜，扶兹山叹曰：胜地也哉！何人为之疏也？爰捐资若干于殿前，为阁三间以藩，大殿题云“夕佳阁”。手制一联云“晚山堪买醉；明月几凭虚”，北阁的大观也。殿后右为四楹禅房，庖肆依之。阶下为石蹬。碧玉横空，巍然益壮。阶右为三楹绘大士像，择优婆塞如惠居内奉之，门署置石狮二，眈眈蹲踞。盖一寺之法象森然矣。其掖左又凿石为龙引泉水直走寺前，水注有大石罌，罌有亭，题曰“曹溪余派”。盖取六祖演法之意也。其山半为一亭，以憩往来，题曰“翠微佳处”。此犹壶天洞日之关也。

经始甲辰（1604）之秋，迄冬而告竣。一时进览无问童白贤愚，咸曰李公之举未可与寻常道也。尝读史至六朝泰请永嘉之际，见天下波靡于西竺之教，王侯贵勋捐宅资如脱屣，甚至倾国家盖藏入奉招提，长斋蔬食，窜身空门，其崇奉释教亦云至矣。然而君子不满焉者，何于民生鲜毛发之益，而妄自靡费也。

吾郡八景，独锦屏为郡治之所，枕藉其疏，岚翠嶂蔚，为人文蜿蜒，而南搏控耸矗，酷似文峰，先民创寺，良有深意，今数百年后，得公新之而又拓之，岂无益于民生哉。宜诸君及国人不忘而争相识之。

公讳思忠，字良甫，滇之昆明人。时万历丙午（1606）季春朔也。

[附记] 选自（清）乾隆《开泰县志（冬部）·艺文志》。南泉山寺，建于明初，旋毁于兵燹。万历三十四年（1606），黎靖参将李思忠（字良甫，云南府人）倡捐重建。清嘉庆元年（1796）再度重修。寺建于山腰，共有三殿，

依山就势，层层递进。前为大佛殿，继为灵官殿，后为正殿宝顶庵。夕佳阁为大佛殿的一部分。黄甲英，字春江，明朝贵州黎平府（治今黎平县城）人。明万历十三年（1585）举人。官苏州海防同知，为官清正廉洁，有政声。致仕返乡，以其俸金结余资助家乡子弟学习。晚益嗜学，著述甚丰。

圣母阁碑记　余兴贤

生人之道，莫不贵有子孙。华封人以多男祝尧，诗人以则百斯男颂太姒，所从来姚长矣。周礼月令仲春元鸟至之日，以太牢祝于高媒，天子亲往。后妃帅九嫔御，乃礼天子所御带以弓韣，授以弓矢，于高媒之前，简狄生契，姜嫄生稷，靡不由此。自周迄唐，未之有改。而孔圣之生，以父母祈尼邱传之，记载虽穷，乡下邑庸人、孺子能言之。此尤为大彰明较著者也。

旧祀圣母元君于城隍庙门之小阁，若僦居然，大仅容膝，祀者无能陟降成礼。予常谒而怪之。元君业为下土嗣续主，不难以麟趾螽斯，昭景贶于生民，里人亦既敬恭明神貌而奉之，取萧取羝以享以祀，乃不能辟半亩之宫为专事地，所谓宫室不设，不可以祭者，岂其无一人见及此耶？

乡绅朱公衮、张公时熙、张公纲，善士义官时衮、吴君崇、罗君汝明、许君可尚，相地得玉皇阁之左偏犹可辟构，乃捐赀首倡，得地方广若干丈，芟荆棘，平凸凹，庀木石，召工匠，诸荐绅、檀越相继衬施，凡数年而阁成，奉元君其上。飞甍耀日，朱棁干霄，信足以妥神灵而严祀事，左右翼以楼，庖湢、僧寮具备。前为东岳殿，以岳神掌人世居民贵贱高下之分、禄科长短之事，故附丽于蕃锡子孙之元君，取类聚义云。越今丙子岁，复前树棹楔三楹阁。僧性慧议砻石表缘起，过予问记。予坐，慧诘之曰：子可祈而得乎？曰：唯苻坚之母祈于西门豹祠而坚生；皇甫政祈于魔母堂而子生；翟楫之母祈于绘大士像而楫生。此感彼应若鼓答桴，若券责负，固历历不爽者也。矧于元君曰：子可祈而必得乎？曰：唯唯否否。汉中山王胜百二十余子女，后周李廷哲六十九子女，焉在祈？伯道无儿，香山斩后，焉在不祈？天固有不可问者，愚乌能测其所以然。予解之曰：是有说焉。所祈者文也；所以祈者非文也，实也。实为何德，是也。是故牺牲既成，粢盛既洁斋，明盛服以承祭祀，祝史陈辞告诉以通祈之文也：清明在躬，志气如神，不动而敬，不言而信，神之听之，终和且平。

祈之实也，藉第令德之，不修猥取，陈鼎设笾豆，奉璋执爨之，缛仪日矫，举以渎元君，神将吐之，其何福之与有。故曰：某之祈久矣。慧起曰：先生之论执矣。虽然元君之灵有不可诬者，请以现在论，檀越张公初祠文昌帝君，继祠东岳帝君，凡可以致祷者无不至，乃行年六十四而举一子已，七十四复举一子。头玉硗硗，掌珠琕琕，比于徐卿二麟人咸诧，以为帝之赐。斯固先生所睹。记者宁曰：阁之建也，仅以神道设教乎哉？予曰：然，若张公者，是必有以祈者在矣。即谓元君之灵捷于肸蠁可也。

僧慧性及檀越时君、许君，初佐朱公、张公，复佐公之犹子广文君、纲时君之子逢春，经营拮据，是数人者功德，当与阁同不朽。它输助善信士女得以次列姓名碑阴。①

[附记] 选自（清）嘉庆《黄平州志（卷9）·艺文志·记》。余兴贤，字承素，贵州兴隆卫（治今黄平县）人。明万历庚子（1600）科举人，天启六年（1626）任广西隆安知县，官至知府。能文工诗，有作品传世。

佛祖证盟

——粮禾每一大手三小手。

——寨欧、寨蛇、寨明一排该粮鸡一十八只供餐。

——每餐五只打散一十二只。

——安马寨田盎在此是上年悠规。

——里长鸡每排一十只是上年悠规。

明崇祯七年（1634）十一月十四日　各寨苗头等小人

[附记] 摩崖位于锦屏县偶里乡皆阳村狮子山下。刻于一块不规则青石

① 原注：“时君之子逢春六字，当在复佐字上。”

上，摩崖面积高 1.00 米，宽 1.20 米（上窄下宽）。碑额“佛祖证盟”（从右至左横书楷书阴刻）。下竖书阴刻五条缴纳公粮及苛捐杂税的方式与具体措施。

（二）清代

重修月飞云岩月潭寺碑记　查慎行撰（代杨中丞作）

向读阳明先生《飞云岩记》，谓“天下之山，聚于云贵；而云贵之胜，萃于兹岩”，心窃欣然向往。时系官于朝，而黔阳僻在荒徼，去京师六千余里，以为生平游迹，无由至焉矣。

无何，奉抚黔之命。是时，西南犹阻寇乱。既而，王师罙[①]阻，恢复疆圉。两年之间，余方从事鞍马，厌苦驰駈，出入于荒榛宿莽、猿猱虎豹之穴，丹危翠险，力之所穷，兴与俱尽。虽雅有山水胜情者，宜其困踬憔悴，一变畴昔之好尚。而乃过兹岩之下，不觉心神耳目为之飞动，忘行役之劳，与客流连不忍去也。

岩傍旧有月潭寺，路当孔道，兵马驿骚，窗户垣墙，悉皆隳圮。思一为茀葺，顾时不暇为。适学士佛公、侍郎金公，督饷入黔，以重修之议来告。余曰：“某志也。”后与二三僚属，捐资以襄此举，期年而成。董其役者，绘图以进。凡栋宇塈垩，挠败者易之，颓废者整之。一时畚者、植剥者、垩阙者备，而月潭寺之胜，顿复旧观。岩之右有隙地，势平而衍，别营殿宇三重，筑亭以表其前，濬池以环其后。岩之前踞高而起，与圣果亭并峙者，为童子阁。自是而兹岩之秀，烂焉增胜矣！

幸余方在请告，冀得蒙恩放归，重经其地，于焉憩息。回思向者风尘况瘁，车殆马烦，山灵有知，或不余陋，庶无负万里之行乎！惟是城郭人民、里闾风俗之故，一经凋敝，积数十年未能骤复，而游观之地，易坏亦易成。此余之援笔，不禁慨然有动于中者也。

---

① 罙（shēn），古同“深”。罙阻，即罙入其阻。

[附记] 选自（清）查慎行著，范道济辑校：《新辑查慎行文集》，中州古籍出版社，2012，第100–101页。查慎行（1650–1727），初名嗣琏，字夏重，号查田；后改名慎行，字悔余，号他山。浙江海宁人。康熙四十二年（1703）进士；特授翰林院编修，入直内廷。康熙十八年（1679），查慎行随平定吴三桂的军队西进。此年进入贵州。擅长写描述行旅景色和风土人情的诗。著有《他山诗钞》《敬业堂集》。其中写贵州的诗有《飞云岩》《度油榨关》《黎峨道中》等。

省戒师塔铭　明祥

夫塔何为而作也？有大德者，必崇报于浮屠；有大功者，始勒书于碣石。稽昔世尊入灭，双林从棺，为母说涅槃偈，已拥身高七多罗树，往来空中，化火光三昧。诸大弟子收舍利建宝塔，世世相传，有自来矣！□□世尊现身说法而作教化，主曷克至此哉！

今我省池和尚，非所谓有大德、大功者乎？夫和尚，乃黄州龙氏望族也。家园颇足。年方廿八，识世路之荆榛，知苦海之危险，即弃俗投师，□讳“上宽下学”焉，而号则曰“省池”也。始于大塘山结茅而居，清修静治，苦行养恬，甘茶茹荠，不轻纳人一食一粒焉；□衣蔽体，不□受人一衣一衲焉。至丙申岁（1656），获受具足戒，志心精持，初不知阐扬佛会、张设道场，惟知讽法华悟真谛，只求明心见性，了生死而已。

岂期丙午岁（1666），有古佛山戒师见舟法师，乃师之传戒师也。因圆果满，西域来征，将欲舍娑婆而归净土，赴莲台而蹬菩提矣。虑衣钵之无传，思堪承乎任者，舍省池其谁归也？爰命众诣而请焉。池曰：“人夫师范，惟大德者能承之。学乃凉德薄行，何克仔肩是任也！”乃请愈切，而辞愈坚。邑之绅士咸□而清。不得也，而始就斯衣钵，获以有归也。然衣钵虽承，而舟之遗帐不遽入焉，舟之遗席□不遽居焉。又越两□而坚不就。会众乃强，而后从。将见说法，不啻飞雨化黠在头，而人□不悦服，遂以北面事之，历十九年如一日，且盛德感人，无远弗届，则与黄、余、瓮皈依者，不竟千许；楚、蜀、滇、黔受戒者，不知凡几。

噫！曹祠之宗□□师，而丕□□乃不期而寿跻古稀，天年足惧：诸弟子曰：“吾师之德也若此，岂没没然而无所表现乎？”乃议于山之西隅，修建藏塔，一以报吾师之至德，一以□后人之仪。□师闻之，乃力辞。岂知德教之入人，沦肌洽髓，如子趋父。不数月而遂落成。

于壬子岁（1672），自觉髦期倦勤，电光无几，于大众中□莆所□□而□□体行，举能一以附焉。是可谓知人而善任矣。

噫嘻！苟非吾师之大慈、大悲、大顿、大力而能享兹无量之宝塔也。有如是哉，祥乃晚灭戒子俚句□□□□□，扬其美善，□约举其概铭诸，石以志小朽也。云尔。

龙飞康熙贰拾四年岁在乙丑（1685）清和月上浣日立

菩萨弟子明祥沐手撰

（以下表列戒师200余位法徒名。略）

宝庆府师匠刘钦还、刘以德、喻明德造

[附记] 选自安成祥编撰：《踵事增华——贵州省黔东南苗族侗族自治州不可移动文物集萃》，贵州民族出版社，2015，第369页。塔铭碑位于施秉县大场镇铜鼓村古佛山和尚墓塔群（有墓塔11座，完好者5座，塔身分别为四至七级）。省戒师塔右侧1米处。省戒师塔为七级，六棱形，通高6.1米，周长15.8米。顶部有麒麟和凤凰浮雕。碑为青石质，方首，高1.82米，宽0.96米，有碑座和碑帽，碑之两侧以条石做护框。

善会桥

湖广衡州府桂阳州信士刘信，法名寂善，同室王氏，法名寂会。弟子信知，刘信恒，男，法名照一，发心修建善会桥一座，凡过径君子，登此桥者，称念“南无阿弥陀佛”一声，彼此功德无量也。

右见桥道

当愿众生

广度一切

犹如桥梁

大清康熙廿八年（1689）六月廿六日

[附记] 碑立于施秉县城北13公里的白垛乡云台山。高0.49米，宽0.3米，碑额横书阴刻“善会桥”。参见施秉县文物管理所编：《施秉县文物志》1990，第55页。

七宝山碑记

前僧在朗，自隆庆年间开立七宝山，有刘明春将承丈民田壹拾贰亩捌分、山场基址在册，土壹拾壹亩玖分，东至千公坪，南至斗累，西至鸡公堰，北至河下擦耳岩。立愿舍明，永不退悔。倘刘姓子孙，日后有悔愿，自领诸经一藏，身遭百癞。昔年剔归僧册。其刘宅祖塚阴地仍与埋葬。于戊子年间被兵毁坏。

七宝山悬崖陡狭，伤坏人多，常驻抛荒，二十余年无僧住坐。杨族将荒山施入。相传于康熙元年新建，更名太平山。至康熙九年（1670），邻近施主诉明前任州主，二山相连，将常住移与太平山焚献二十五载。前僧身故，元空、元修目睹山高冷箐、风雨飘摇，难以焚献。自庚午年将山移于刘宅旧院重修，仍顶七宝山焚献，亦系通州古刹。元空、元修身故。三十八年（1699）复诉前任州主张，赏给遵照明珠、深颖。于五十四年（1715）九月，张宅平地风波，侵占常住，告经州主李，蒙批儒学田踏验山场四至，老田有刘士英、住持僧明益十月初五复诉州主，抬钟鼓入衙当堂审断，照抚宪出示批谕，凡荒田地土，无论有主无主，但无土赋者，悉听民间诸色人等开垦呈报，不许光棍人等藉构霸阻，宪行甚明，今询张、刘二比，咸称此山，并无土赋钱粮，则官山可知，既构和尚新垦有田，着令除老田壹拾贰亩陆分之外，新垦照数呈报，诸人不得仍前侵占，至干重究。复批儒学再踏新垦，呈报贰亩伍分，查此田不堪，每年中雨水调匀，可有十分中收七；若遇岁旱，颗粒无收。难以勘丈，今将二比情愿俱报缘由，具文详报当堂查核。本州批如详，仍严饬二比日后不得争占。如违，重究。此缴十二月立结在案，将地名、弓口造册呈报，入僧以为焚献之需。勒石备载。庶此山永垂不朽。愈见施恩之有自。是为碑。

[附记] 选自（清）嘉庆《黄平州志（卷9）·艺文志·记》。此碑文是根据官府对七宝山寺院与当地民众田地纠纷案审理结果“勒石备载”，以防日后再起纷争，藉以保护寺院产业。

南无阿弥陀佛 *唐德运*

高稟[灵]山，一方大观也！斋道苍茫之中，隐辚鹿行，走朝岚，飞暮霭，风环飏，出风雾，培耸其巅，真不灭嵩江之兰，若庐山之东林。余以甲午（1714）殊获与良翁吴老先生邀同步山椒而登焉，为之东望渠阳，北瞻朗水，其西南一带，若凤城保障。夜郎云山，一一了如指掌。流连其上，俯视一切，几徘徊而不忍去。但斯时也，此山寺颓坏之余，住持良翁发愿，内竖大砖，甃木石重新鼎建，今者渐次告成，其复兴之计月，檀那之姓名，不可不书诸石，以垂不朽。门人吴子，字纯瑕者，请序于余。余为敬书，以授之云。

会同县儒学廪膳生员唐德运沐手撰

（以下详记捐款人姓名。略）

传临济正宗第三十四世大戒比丘住持明玉同徒孙：际福、际禄、际寿

大清皇上康熙五十五年岁次丙申（1716）季秋月毂旦

渠阳岩泉萧君臣同男春胜、春和

书人：吴方华、实祥、实辉、实观、实松、实念、实元

[附记] 选自政协天柱县第十三届委员会编:《天柱古碑刻考释（下）》，贵州大学出版社，2016，第179–182页。碑立于天柱县竹林乡梅花村与远口镇黄田村交界的高灵山寺约50米远的山梁上，青石质，方首，配有碑盖、碑座。

回龙庵田产碑　明义

重修高灵山龙王金像殿宇田产粮亩常住功德碑记序

常闻："山不在高，有仙则名；水不在深，有龙则灵。"何况山高泉涌之奇必有显应于斯焉！何则独惟孤峰，高居万脉之宗，泉涌百川之泽，层峦耸峻，势压群峰，顶尚有仙道气窃生成，上通碧落，下澈江津。常时迷务[雾]连天，烟云笼罩，正是隐仙藏龙之福地者哉，岂无灵验乎！所谓附近长者仰观奇地，锦夺干邦，引动诸上善人共发菩提之念，同心美举，命□堪舆，登临踏看，果是一方发脉之宗，兹境之首景也。识知上有佛圣龙王、群仙游宴之处及雷电风雨会合之场，当建名山祈求福地矣。故斯约集四方，设立殿宇，刁[雕]装金像，铸钟造鼓，施舍福田，招僧云集，侍奉香火，永为常住。称名高灵山，号曰"兴华寺"，始自洪武世时肇创以来，尚有百代存焉。岁逢期旱，民有祷求，无不感应，迅施霖雨普济生灵，远近庶民均沾惠泽也。迄今年久，殿像倾颓，意欲重修，莫奈功[①]程浩大，独力难成。幸缘云游铜阳衲子明玉僧，号惟素，愿力坚承为针引线，叩募十方檀越，善男信女，孰不与崇捐助银财，共成厥美，培植当来之福果，以壮浏览之奇。现今已功圆果满，不昧信心，勒石立志，标明善念福果之始终者。恭祈佛天有感，祝延圣寿无疆，五谷丰登，万民乐业，垂名永远，香火无休矣！谨序。

今将各处善信布施姓名开列于后（略）。

传临济正宗第三十四世铜阳萧氏子住持明玉

传临济正宗第三十四世渠阳张氏子比丘僧明义沐手题并书

大清皇上康熙五十五年岁次丙申（1716）季秋月穀旦

[附记]选自政协天柱县第十三届委员会编：《天柱古碑刻考释（下）》，贵州大学出版社，2016，第175-177页。碑立于天柱县竹林乡梅花村高灵山下庵废墟坎下，是天柱县现存年代最古老的佛教碑刻。碑高1.95米，宽1.29

① 功：通"工"。

米，厚 0.04 米，碑额“风调雨顺”（横书楷书阳刻），每字 0.12 米见方。碑首雕八卦图。碑正中刻“上帝旨敕封加赠高灵得道兴云蹑雾通天达海普济群灵大德施仁感应行雨水帝龙王之神为任”。每字 0.04 米见方。

重修碑记

尝闻为善者，天报之以福，行不善者，必有不善之报焉。何则昔武帝鲁施一笠之功①，后登九五之位。②且佛之有感则天下景从，《太上感应篇》③曰：“善恶之报，如影随行”，岂虚言哉。兹有靖属天邑汉冲邓、潘姓氏，始原先祖自托□发籍，落担浦头，复移居于斯，迄今历有百十余载，果沐上天，地灵人杰，巷舞途歌。不忆[意]于壬申岁（1752）上元令旦时，有堪舆游荡江湖览斯，其地四维周遮不漏，山水清奇，虽气聚藏风，毋如龙虎所碍，最宜左眩培植，回顾关栏，亦可称虎啸龙吟方成奇地，时得异人指示，约众崇之。幸有渠用张氏子僧明义，自发愿力，即募一方，修设殿像，铸造钟鼓，施进田产，永为常住。斯功圆果满，表忏以彰善报，莫负创作，命匠勒石，标名此不昧善果之始终者，谨序。

又于癸未岁（1753），睹先人所创之碑有影无形，今者发心约众，莫负前祖之阴功，仍依旧制，照施田产姓名策清，重修碑记。今将本庵常住施主土名、田丘、禾把、钱粮、姓名开列于后：

（以下记捐资者姓名。略）

乾隆二十八年（1763）十一月日吉旦

临济正宗第三十四世比丘开山募化僧明义捐银三两四钱，师弟明觉、明禄，徒实慧、实恒，孙际光、际李募化殿宇。为首邓怀江。羽生、本修二人并书。募化判碑邓选卿、潘启贤。重修募化住持僧际应。

[附记] 选自政协天柱县第十三届委员会编：《天柱古碑刻考释（下）》，

---

① 相传梁武帝前身为樵夫，以取笠为佛像遮雨，又以鲜花供佛，遂感得做皇帝之报。

② 九五之位：九五，指帝王的尊位。语出《宋书·武帝纪》：“夫或跃在渊者，终飨九五之位。”

③ 《太上感应篇》：道教经典，内容主要是劝人遵道贵德，止恶修善，济世利人。

贵州大学出版社，2016，第255–256页。此碑曾放置于天柱县竹林乡棉花村汉冲老井旁作为垫脚石和洗衣板，现立于唐氏家祠前红豆杉树下，青石质，圭首，碑周边有波浪纹饰。高1.14米，宽0.63米，厚0.05米。

始修桥路碑记

盖闻天圆地阔，山峙川流，动静之情岂□□□之念，恭□□和尚僧□□□□□□，置田亩以膳，舟子自无苛素之弊。窃见我寨河下二水交流，耕凿者岂能户户□□□□□□□，之于伍年内遂邀约村内耆老王茂祥、刘子盛、王钟厘、王嗣徽诸公鼓舞作□□□□□□□，新寨□冲、棉花坪施主□□□□□□□，当年齐备，共买田伍处，造新渡，招舟子，远近如津众往来，舟无病之无如田亩少□，虽是舟子之用易，有荒□□□□□□乐善好施者王汝宏、谢子方、刘天相、刘永和、刘俊贤、□士珍诸君念先人创造之□□不忍遗泽朽毁，于乾隆二十八年（1763）内合志重修，同心再化，先募本村好施君子，后募抱塘、中寨乐施贤人，财聚百有余金，买置膳田数处，余银买植杉株蓄禁以备渡资田，只当纳正户官免，其后永为禁例。兹当工竣，勒金石刻捐修，问记于余，余曰：盛举也，宜记。然僧之朝夕劳瘁，苦心募化，始终为首，欣然乐处，极费艰辛，亿万斯年，人人利有攸往。《书》曰："为善，降之百祥。"①《易》曰："积善之家，必有余庆。"②僧与诸君之功在当时而名亘古，于万世不佞。庸陋竟聊数语以人众善好施诸君子，是为序。

（以下记捐资者姓名。略）

[附记]选自政协天柱县第十三届委员会编：《天柱古碑刻考释（上）》，贵州大学出版社，2016，第68页。碑原立于天柱县坌处镇三门塘复兴桥头，青石质，方首，高2.34米，宽0.89米，厚0.07米。与《次修桥路碑记》《终修桥路碑记》等三碑共一座石碑亭。碑额"始修桥路碑记"（横书篆书阳刻），

---

① 语出《尚书·商书·伊训》原文："为善，降之百祥"。意为：常行善举者，上天会赐给其诸多吉祥。

② 语出《周易·坤卦第二·文言》。意为：积德行善之家，恩泽将惠及于子孙。

每字 0.11 米见方。碑面风化严重，碑文大面积脱落，立碑时间无考。估计时间应当早于《次修桥路碑记》（乾隆三十二年）。

次修桥渡碑记　刘士鳌

尝观溪涧之间架桥梁，庶免病涉之患；江河之处修舟渡，方解望洋之嗟，若余寨三门塘，住居清水江边，其江发源于黔属，下达辰河，过江处非小涧，实巨浸焉。纵非京省上下通衢，亦村庄往来要道。未置舟渡之先，寨中虽有私舟，无非便于一家一人而已。是以上下往来，至此而徘徊嗟叹，及村内之无舟者，亦不得骤登彼岸也。其甚难为何如哉！

至雍正丁未年（1727），幸获戒僧悟透，中年出家，秉性仁慈，秉存利济心，发普度愿，先修坌处一渡，次及三门塘。约本寨耆老王茂祥、刘子盛等，募化本寨中并附近村内，共得银七拾余两，买渡田、造渡船、招舟子，上下往来，乘舟登岸，虽无舟亦若有舟也。其甚便又何如哉！

然而，僧不止于是也。自修余寨渡后，又于黔之下游，楚之上游，修数十处要津，随为成效，其功彰彰在人耳目间。故不仅黔楚士民称颂，即府州县主，莫不亲见其事而叹服也。岂非沙门中所罕见哉！

迨至乾隆二十三年（1758），僧已八旬矣。修渡之愿虽毕，犹有意余寨之渡焉。复至本寨兴隆庵，传余等六七人，齐集庵内。僧问余等曰：“尔寨渡田尚少，数拾年来，将如何以处之？”余等对僧曰：“或每岁五六月，各家捐米，以周舟子之急；或每舟八九年，各户凑木，以备造舟之费。”僧曰：“此非久远之谋也。因此，复来共商一劳永逸之计，非广募百金，断乎不可。”于是面化余等六七人，各捐多寡不一，载簿以为之倡。不意二十肆年，僧于天华山圆寂，其功几乎息矣。二十捌年，幸获本寨王汝宏、谢子芳、刘天相，抱塘寨吴士尊，中寨刘俊贤等，殚发善心，与僧亦有同志焉。仍募本寨中，并附近村内，又得银百余两。一文不苟，购买渡田，积造舟费，庶招舟子，可无俯仰不足之忧。而駪駪征夫[1]，永免坐矶待舟之叹。诚哉！一劳永逸矣！由是推之，盖江水与天地同流，渡舟即与江水同永。而僧与

---

① 駪駪征夫：语出《诗·小雅》。駪駪（shēn shēn）：众多疾行貌。征夫：远行的人。

前后募首，并前后好施君子，其功其德，亦与天地同流，共悠久矣！岂似他僧募化，假公济私，如泥牛入海者所可比耶！

兹当竣工之期，余不揣庸陋，聊书数语于石，俾千载后，仁人君子睹石兴思，永颂僧等之功德于不已也，是为序。

今将乾隆二十八年（1763）姓名所捐银两数目，并得买田形丘数土名，禾量多寡，开列于左。生员刘士鳌谨撰，童生王凤朝沐书。

（以下记捐资者姓名。略）

皇清乾隆三十二年岁次丁亥（1767）季冬月吉日榖旦

靖州石匠黄祥美、志美兄弟同立

（存下未收得之银有陆两余在后碑）

[附记] 选自政协天柱县第十三届委员会编:《天柱古碑刻考释（上）》，贵州大学出版社，2016，第50–51页。碑立于天柱县坌处镇三门塘村复兴桥头，青石质，方首，高2.03米，宽1.01米，厚0.065米。碑题《次修桥路碑记》（横向篆书阳刻），每字0.12米见方。碑文竖书楷书阴刻。

朝水庵碑　愿修

闻之：鹫巅西竺，本为佛居之国；上方梵刹，实称传法之宇所。故夏禹，欲通神祇，因铸镛钟于郊庙。汉明尊崇佛教，始立寺观于中朝。故一人创起，万古皈依。兹者，本庵创自前人，殿宇非不壮丽。我等募化檀樾，再配两边厢房，新开天井，彰显佛圣之道岸，锁一境之祥光，今各捐锱铢、木植，共襄蹶美。勒碑志勋，功垂不朽。是以姓名具列于左：

（以下记捐资者姓名。略）

皇上乾隆三十三年岁次戊子（1768）序属幸冬月届小阳吉日榖旦立

募化住持僧愿修题

[附记] 选自政协天柱县第十三届委员会编:《天柱古碑刻考释（上）》，贵州大学出版社，2016，第64页。碑立于天柱县白市镇阳山村风雨桥南端。青石质，圭首，高1.62米，宽0.68米，厚0.07米。碑额“朝水庵碑”（横

书楷书阳刻），每字 0.10 米见方。碑文竖书楷书阴刻。

同日月长　蒋德行

窃闻，硚[桥]名不一，颂美名殊，未有大川久长为贵。兹硚[桥]名“永兴”，亘古不朽也。声振正取其久长也。虽僻处一隅，非要冲之地。实关闭水口，乃通乡之锁。不惟往来行商累累贯珠，抑且村童樵□绵绵丝牵旧木转。

桥创自明万（历），起亭于其上，以供憩息。经其途者，孰不幸甚。历清之辛丑岁，冯夷肆虐，堵砌为倾，亭随巨浪□□□奔流，无术可□。般[磐]墨石因惊涛而漂泊，何时更觅秦鞭！昔年兴筑，几经沧海桑田，嗣须木梁，频修频朽，究难经久。

幸乾隆之庚寅岁（1770），硚[桥]因倡首以及庵僧重修，有志□□□，愿坚心真聚义，一时群相唱和，簿戴登名，随人乐捐等，集银两，命匠甃石。奈受宝庆罗德先等，□承樽砌三载，尖□未煞，一时崩塌有象，除灰炭等在外，急索银两五百□□□，率众逃走。愈年崩塌，倡首赴州存案，以杜后患。仍携簿复化本村善信，量力加捐，并外乡附近亲朋随意捐助，以成美举。另得宝庆府之唐拔如等，日督能匠数十，获收银□□□数百，功经十月，坦道安，行人无病涉。硚[桥]当永兴，应勒石镌名，以传不朽。见是硚（桥）兴人亦兴，团上人文蔚起；是硚[桥]名亦永代，□上富贵繁昌。因取名为“永兴硚[桥]”也云尔。

（以下记捐资者姓名。略）

大清乾隆叁拾玖年甲午（1774）岁季冬二日

三江庠生蒋德行撰书 通乡建立

[附记] 选自政协天柱县第十三届委员会编:《天柱古碑刻考释（上）》，贵州大学出版社，2016，第 218–219 页。碑存于天柱县地湖乡永兴村石拱桥上，青石质，圆首，高 2.17 米，宽 0.68 米，厚 0.10 米，碑额“同日月长”（横书楷书阳刻），每个字 0.11 米见方。

飞云岩　和珅

乾隆四十五年岁次庚子（1780）二月中瀚奉使过黔，闻飞云崖胜境，纡道登临，巑岏怪石嵌空，玲珑如云下垂，如蛟起舞，又如青芙万朵，缭绕于烟霞紫翠间，疑神工鬼斧亦不能造此瑰翼也。爰作七言转韵四十二句用志云，□俾后之览者。

知予传呈□□□，即景探奇兴复系。浅耳□□□□□，□□□□崖抱谁。

遣六丁开此道绝，石登屇峦□□□。大成造而我忽传，空谷意行□□□。

□□□□有逍遥，□□□□□□□。□□□趣灭却匆，兆于有神仙境□。

回□□□□□□，□□□□□□□。□□□□□□□，忽见奇峰拔地□。

□□□□□□□，□□□□□□□。□□云起恍若苍。龙□□□□□行。

道风终古难吹去，下有僧人不觉曙。雾起朝朝云不开，何年古佛锡飞来。

云根幻出黄金相，贝华封成碧玉苔。危亭絮阁系岩半，望飞云缥缈烟霞。

絮仿佛如同羽化，升来翻恐径尘绊。食语絮童让我先，今朝平地忽登仙。

家中鸡犬劳相挈，客裹琴书莫浪捐。忽然一阵峦风起，飘拂长林声震耳。

恍如棒喝顶门惊，唤醒痴迷悟方始。禅机岂可妄相求，我对石言石点头。

系缕牵缠尘罔重，溪山啸做宦情投。淳汗沾肌岚风冷，后兹更觉发深省。

坦夷心地自清幽，世间处处皆仙景。策马依然挥玉鞭，回看绝壁矗青天。

山云不许游踪恋，顷刻飞云罩暮烟。

致济和珅漫稿

[附记]选自吴德海主编：《黄平美无涯》，贵州人民出版社，2005，第67页。碑立于黄平县新州镇东坡村飞云崖，青石质，青石质。方首，高0.71米，宽1.04米，厚0.15米。碑文竖书楷书阴刻。“文化大革命”中被丢弃田野，1982年找回，但中部残缺一块（三角形），碑文多数能辨认。和珅（1750–1799），钮祜禄氏，本名善保，字致斋，奉天府开原县（治今辽宁清原）人，满洲正红旗。曾任刑部尚书、翰林院掌院学士等职。他利用职务之便，结党营私，聚敛钱财，打击政敌。嘉庆四年（1799），清仁宗赐死。

赑屃[1]永留　罗士彦

余地所建西山一寺，已历年所。寺外一江涓笏，万纛参天，可舒禅味；寺中梅雨孤猿，松云梵鹤，足静禅心。

忆余少年偕同志肄业于中，当万感俱寂，一真自如之际，亦颇会西来大意矣。己亥秋，偶然不戒毁于火。嗟乎！龙象乘除，毋亦有劫运存于中焉？□者与，有寺僧名弘宣者，为之一瓶一钵募化十方，而里中善信佥有同心，爰是鼎而新之，至今告竣。夫有所藉者易为功，无所藉者难为力。试观梵宇崔巍都成灰烬，所余者只一袈裟地耳，无所藉矣。而卒底于成，且令十方为喜，人瞻寺中之法像，瞰寺外之溪山，慨然想见当年之盛，此非寺僧及诸信之功也哉！不可没也，故记之。

里人罗士彦撰

首事：杨子才、杨卓修、杨林贤、吴起周

杨连吉、欧士奇、欧士起、李士芳

化首：龙登胜、吴子芳

（以下损资人姓名及捐资额。略）

大清乾隆四十九年（1784）促春月谷旦立

[附记] 选自姚炽昌选辑点校，锦屏县政协文史资料委员会锦屏县志编纂委员会办公室编：《锦屏碑文选辑》，1997，第 127 页。碑存锦屏县钟灵乡高坪村平寨西山寺。

重修碑记　罗士彦

寺不必名山逸岛也。即当烟火中置一袈裟地，而薄团一个，佛火半龛，雅足□绝意尘缘，息心大道也。维是创之者亦不易，良友及后人之修饰也

---

① 赑屃（bì xì）：又称龟趺、霸下，是古代中国神话中龙生九子之一，排行老大。貌似龟，能负重。多作石碑、石柱之底台及墙头装饰。

云尔。

官舟之左隅旧有寺，寺所外寺久而无香火道场，内寺整而严多相。忆余少年肄业于中，倘见珠宫绀宇，□壁粉墙，仿佛名山逸岛风味。而今圮矣，风月荒凉而霜□剥蚀，数十年来之变至于如此。蜕令数十年后又将何如？可胜叹也。

乙巳岁（1785），里中善信恻然于中，爰是募化合里，间亦托钵十方。壁之辉依然不改，当年之盛讵非藉于后人之修饰也。与大雄氏所谓“无量功德”，于是乎在也。故记之。

里人罗土彦兴手撰

（以下为化首、捐款人姓名及数额）

皇清乾隆五十年岁次乙巳（1785）夏月谷旦立

[附记] 选自姚炽昌选辑点校，锦屏县政协文史资料委员会锦屏县志编纂委员会办公室编：《锦屏碑文选辑》，1997，第128页。碑存锦屏县钟灵乡大官舟村。

功垂不朽

花宫梵宇，古称灵隐天竺、鹫岭祇园，迩来金碧之辉遍天下矣。

吾里回龙庵。建自国初，历年所一砖一瓦，固有进而增之矣。加以香火，衲既□清净之身，又□广长之舌，遂使空墙留楚鼠迹，古壁长苔痕，随高者往往为之咨嗟太息，而莫可如何。

吾里中首事，爰鸠工募化，重加整饰，越年告竣，粗具规模。虽不拟之灵隐天竺、鹫岭祇园也，然量力经营，岂如梁武之佛头笠[①]，狄人杰之佛贷焚蛇也哉。至于宏敞道场，庄严妙相，培成吾里地脉非浅鲜矣。大雄氏所谓无量功德，于此信焉。故记之。

（以下为捐资人姓名及银两数额。略）

皇清乾隆五十三年次戊申（1788）夏月谷旦立

① 相传梁武帝前身为樵夫，以取笠为佛像遮雨，又以鲜花供佛，遂感得做皇帝之报。

[附记] 选自姚炽昌选辑点校，锦屏县政协文史资料委员会锦屏县志编纂委员会办公室编：《锦屏碑文选辑》，1997，第128–129页。碑文记述：回龙庵建于清初，历年久远庙貌有所损缺。里中首事募资鸠工重加整饰，越年告竣，寺院粗具规模。故刻碑记之。

小马厂碑记

正堂高谋断□语敬刊于此讫碑。

查得七间房马厂其始自何年，原无凭。□□缘向来营马，马俱系在自彼地放逐，相沿呼为马厂由来已久。其西北一带与中山寺□□□□□□□□报立马厂界碑，内有西至□□墙脚为界字样，以致营兵即指中山寺僧田皆在马厂界。□□□□□□人明□□□系崇祯拾叁年，得买龙应富之葬四至开载明其。东抵消水穴坑，西至崩沟，东北抵车家土半坡。此外系马厂□□□□□□□□□□墙脚。□僧之田画属马厂，查田土以契载。界□□自应于寺僧界地之外始可定□□之界，况寺僧契□□□□□□□□□□马厂系契中山寺僧田连界当僧抄录寺曾契界□□□□□□□□□□□马厂之□错混明矣，乃营兵不□□□□□□水井□□□□用在营兵杨昌远等即□□为水井即属马厂，则□□□□可作放马之物，以致寺僧不服。其抗□□□□辕奉□速结。卑职会同营员，亲往逐细复勘，查问寺僧文契，甚属井，井是此□□之无端。□□马厂界碑错混，□卑职的议，应请将“马厂界碑西至古屯墙脚”字样磨销，另刊。碑切界址，应作“西至崩沟□□西□抵中山寺僧车家土半坡为界”字样。僧田土应□该僧明体契载东抵崩沟穴坑，东北抵车家土半坡为界。仍于界上立石，大书“东属马厂官地，西属中山寺常住”字样，以杜混争。其水井虽寺僧界内，但无水饮马实属未便，应仍照令镇宪之谕令僧人围出，以便饮马。至于附水井、山土、材木皆系寺僧界内，不许营兵践伐，并给照令明体遵照营业。如营兵日后再敢争占，该僧人执照赴营禀报。照□丁扰害民例之罪，营兵杨昌远、李芝兰、陈之龙从前冒争混霸及甫经踏勘之后，擅敢砍伐寺僧树木，本应重责革伍，但因马厂界碑混淆，以致错误，尚与有心强占者有间，且该丁对于卑职移提之日即经营负责处应免重科。仍今人伍差操，其砍伐树木共值银四钱，应从该丁杨昌远等名下追出，给僧人明体收领可也。缘奉批饬事理所有勘断缘由具文详。请□宪台批示立案遵。

乾隆二十年（1755）七月十九日奉本府正堂鹿批。既经勘断明晰如详完结，仍仰会同镇标中营刊碑定界，以永遵守可也。理合勒石永志不朽。

乾隆二十年（1755）五月吉日　乡约陈玉漠

中山寺住持僧明体刊立

[附记]选自刘祥斌主编：《镇远名胜古迹》，2012，第83–84页。

迎恩寺碑记　胡奉衡

黎郡之东北隅，冈峦起伏，林木翳然，其梵刹一区，颇具城市山林之趣者。乃某僧得买于熊氏地，以为熏修之所也。某僧原以其师寿庵老人，住东城内之元真堂。师入灭后，厌市嚣繁杂，爰卜地于斯，建正殿三间，韦驮殿三间，奉金像一尊，护法伽蓝、达摩各一尊。其大半于正像外西方景设一佛二菩萨像，其前后地基、屋宇、佛像、田产，共费若干金。除自捐衣盂而外，又得好善乐施之宰官、居士共为佽[①]助，寺既蒇[②]，其先后创始之缘与众姓捐购之力，皆不可芜灭。

余适至其地，乞为记。其岁月以永久。予观于佛之徒，其为说也：谓山河大地，一切如幻，而身之所寄日中，一餐桑下一宿，即五山十刹亦如此。于逆旅传舍而已。乃同于俗之人，庄严修葺，不遗余力也。其故何哉？盖以自修亦以为众也。

此刹去城里许，而市廛军民，牙筹错杂，洗尘眯目，俗嚣聒耳。其间击磬、鼓、钟，肃清晨而警中夜，令见闻随喜者，洒然有清凉火宅之思，如沸乍沃，如热得濯。南泉山虽览一方之胜，不无峻岭登蹑之劳，曷若兹山深山空谷，投足便是，足以激发其向善之心者。为益不既多乎？至于自修之说，则何

① 佽（cì）：帮助。

② 蒇（chǎn）：完成，解决。

如近日俗、僧之竞相夸诩者莫不曰：徒侣之众也，声闻之广也，利养之厚也，抑知大屋□汉久，为古德所诃乎？虞山蒙叟，云彼之所羶，我之所禁，宁守真静，无趋伪禅；宁灰心挫名，种净因于来劫；无吠声逐影，断慧命于多生。至于世间法，成住坏空，互相倚待，得其人，则茆堂荜户，乐邦涌现，自成金碧宝坊；不得其人者，反是固非区区世谛，文字可得而记之永之，亦在住持兹刹者勉之而已。

经始于康熙某年　月　日，告成于某年　月　日

戊戌（1718）仲秋为记

［附记］选自光绪《黎平府志（卷2·下）·地理志（下）·坛庙》。迎恩寺建于明代，清道光二十二年（1842）重建。胡奉衡，字平玉，一字平与，晚号石林逸老，清贵州省黎平府人，康熙二十三年（1684）举人，历任石阡教授，湖北黄州教授，博学多才，诗文并佳，尤擅草书，间作山水。著有《藏拙窝诗文集》《山居吟》等。

太平山重修碑记　胡奉衡

从来名山胜地，势不能终闷，而其显现庄严也，必俟乎时，方时未至也。虽数千百年不过鸟兽所栖，樵夫牧竖[①]，所经历迨其时既至也，或为琳宫，或为梵刹，如宇内诸伽蓝道场不一而足，若待时节因缘，以为显现焉。如吾乡之太平山是也。山盘亘百十余里，为诸方祖脉，原名“太白山”。相传太白仙常往来其间，惜边方记载缺如，亦莫可考。远近居人以其林木深邃，回互广阔，无虎狼毒物与精邪之为民害也，遂以“太平山”名之，不知几何年矣。巅顶有云峰观，乃前明崇祯末年习黄冠者所栖。然风紧而负汲维艰，芜废已久。

康熙初年，有衲子数辈于峰下结茆而居，名曰“东庵”，因西庵而得名也。峻岭崇峦，人迹罕至。垦田可以自给，茎蕨可以疗饥，柴门在望，水到厨中，诚息心之窟宅，营道之区宇也。翠云上人幼而薙发于兹，住山最久，修行

① 牧竖：即牧童。

朴实，有以感人。洪州司李公乃输金购左右房廊，扩前殿，修毗卢法像。又以原遗石祖师像，安于殿后及修灵官金像，两为石室贮之，所费近百金，朴陋于焉，改观刹竿①，从兹日盛。其去最初结屋时，又二十余年矣。但山岭高峻，云蒸雾湿，雪虐风饕，创造之初，未免因陋就简。康熙甲戌（1694）重葺，迄今庚子（1720）已二十六年，榱桷欹斜，金容剥蚀。翠师发大愿力，毅然重为创建，另造正殿、前殿各五楹，左右厢房各三楹，材料务期坚好，工程务期完固。两山前后封以火砖，砌以石脚。经始于辛丑（1721）之冬，至癸卯（1723）告竣。又得洪州司李公令嗣善，继父志及赛槁司林公捐资倡首，诸方皆不期而荐货，不募而效功。甲辰（1724）秋，李君登山，复将前后佛、菩萨像一一重新之。所谓庄严法界，依正宛然，焕宝幢于栋折榱崩之后，建杰刹于风吹日炙之余，不负此名山，不负此胜地。凡兹宰官檀越之乐助，实为天龙鬼神之护持。殄灾祲于浊劫，回景福于边陲。施者、受者并成不朽矣。余乃进诸僧而语之曰："善哉！此刹焕然一新，是山灵之当显现也，是人力之所拮据也。然成住坏空相为依伏，能保永永勿坠乎？所恃以兴扬法门，善于守成者，在于有好僧人耳。汝等衣食稍能自给，大厦可以栖身，视家间树下者何如，且复公私不扰尘境，无侵白毫，相中留余，福泽可谓深且厚矣。将何以报佛慈乎？惟有老实修行，专心念佛，毗尼②勿缺，整饬行门。最初仿莲社之六时，最后守云栖之家法，不恃栋宇之巩固为金汤，而以高僧贤衲继继绳绳为保障，是即与名山相延勿替也。"故于记其事也，而并助之。

祖授承职郎世守洪州泊里正长官司李熙字秋甫，前后捐善资共一百一十五两六钱。

封承职郎世守洪州泊里正长官司李天章字式安，前后造殿封碑捐奉银共计九十六两八钱，壬申年重建信官李天章助石灰价银五两。

平城佛弟子胡奉衡敬撰

生员陈琳沐手敬书

皇清雍正二年（1724）八月初八日立

---

① 刹竿（shā gān）：刹柱。寺前的幡竿。

② 毗尼（pí ní）：是佛教语，意为律。

[附记] 选自（清）光绪《黎平府志（卷2）·地理志（下）·坛庙》。碑存于黎平县德顺乡太平山银盘沟上水井边。

重修真武山碑记 魏镒

今夫佛教与圣教，各一教也。至其现身说法，欲使天下后世同归于善，而不为恶者，则无不皆此民胞物与忧乐与共之怀。

盖尝观圣人之道，惟子臣弟友礼乐农桑，不过寻常日用，坦易近人。然正其义，不谋其利；明其道，不尽其功。此惟有道之君子能之。而愚夫愚妇，则固难以语之。而夫子曰："民可使由之，不可使知之。"若佛之教，夫善男信女者曰：轮回六道。善则轮回而为仙、佛、神、人，不善则有冰刀地狱舂、磨、锯、解之苦，而为禽兽虫豸。夫使天下无论智愚贤不肖，以至愚夫愚妇，胸中时凛凛有一地狱之惧，不善者转而为善矣；胸中时欣欣有一仙佛之慕，则善者益进而为善矣。此诚循循善诱，夫愚夫愚妇而胥向于善，非圣王神道设教之本心欤。盖天地之间有为昼而阳，为夜而阴；有或动而作，有或静而止。无一不相需以成化相嬗而递行，然后乃成其造化，向使专一而不错综，岂足以尽天地之大哉。今夫人日逐逐于名利争趋之途，而不知止，盖亦动之极矣。登祖师之山，参佛大乘《心经》，而得夫明心见性之旨，弃去一切宁不足以，息其贪妄之念，则夫佛之为教，虽与圣人去取各殊，动静不一，不犹夫昼夜阴阳，阖辟动静为天地造化，缺一不可者欤。

余自雍正四年（1726）来倅威宁，继移大定。六年之内皆奔走于乌蒙军旅间，席不暇暖。及雍正十年（1732）题授黄平，日事簿书、军务，于丛林方丈，盖不啻仙凡之隔也。

兴隆之西有真武山者，为祖师梵院，通境之所崇礼也，经理乏人，田土树木多为土棍之所占据。控经于州，余为清理委敦实善士曹子海者掌其工资，稽其出入，不数月而寺宇重新，工无滥费，常住田亩并勒诸石，以垂永久。庶祖师香灯可以不替矣。事竣，曹子复请序于余，余愧不文，爰约略而为之记云。

[附记]选自（清）嘉庆《黄平州志（卷9）·艺文志·记》。魏镃，字金生，号海若，祖籍山西洪洞，生于河南郑州。十一岁即能文，由州学生入国子监。雍正三年（1725）十月以史馆议叙授贵州威宁州通判，旋改大定府，雍正十年（1732）任黄平知州。

太平山聚福寺修建碑记　陈文政

东太平山，古太白峰，明楚王南征，易名曰“太平”。灵山幽邃，寺院星攒，最胜者莫如东西两庵，即云峰观，原距绝顶间，兴云出雨，夏日长寒。师太□悟于国朝康熙年间移建平山，垂六十年，殿宇倾。雍正癸卯师公翠云兴，洪州司李君善藉其宏力，倡捐而诸檀越，各破悭涩，东庵又复，焕然一新。越后，乾隆十二年（1747），本师常卯老人另辟虎溪静室，东庵名胜遂甲于太平山。乾隆壬申，院宇林木渐朽，有倾之忧。住持寺庵者，乃明融上人，念祖堂四百年中移建者二，重修者再，叠烦善信，物力维艰，不更持钵十方，爰以频年齿积，自出修培，堂殿增高，两庙加敞，尚有未见于心，遂置田产，以充常住；购植树木，以映琪林。真佛门弟子也。问其年近六旬，重孝辛勤，完兹大愿，并序从前，善果标异，其有中兴功。勒之贞珉，而为缆衣者继，序绵绵永垂盛事云。

师公辟灵峰于雍正六年（1728）十二月十二日辰时建立灵峰虎溪，俱由此以为发脉之源，故统于斯碑记。

开泰县儒学陈文政　沐手敬题

生员陈琳　沐手敬书

皇清乾隆十七年（1752）七月廿二日建碑　勒于甲戌年六月初八日

[附记]选自贵州省黎平县地方编纂委员会编：《黎平县志》（下册），贵州人民出版社，2009，第1335页。陈文政，字冠山，贵州省贵筑县（治今贵阳）人，贡生，乾隆十五年（1750）任开泰县训导。后任黄平县训导，与地方士绅共建奎星阁（主祀奎星，兼祀诸葛武侯，故又称武侯祠）。喜为诗文，有《醉迷亭乐府全集》。其诗意境深邃，气势磅礴。

石头堡义塾碑记　袁治

周官党术庠序之制甚详，先儒谓周公作之，当时有未及尽行者，汉多沿秦法，然孝弟力田取诸乡里，其犹有先周之遗夫？我朝兴学右文振迈往古新辟疆土，首先建学。考千八百年，国頖宫之设，未有若斯之盛者也。直省府州县，又各立书院，俾之膏火，兴贤育才之典罔不备，且悉矣。而民间私塾在所不禁，盖磨世砺钝，莫善于学而兴起之，而沐浴之，必有其渐惟，惧其不广也。黄平一州，为明神宗平播所设，我朝勘定苗彝，凡兴革建置，务以宜民励俗。余牧此八年，见风俗人物，蒸蒸日上，与前志回殊焉。其渐被以深矣。

城南十五里，曰“石头堡”，居民数十家。道左岩上有三官阁，阁前两桂树亦旧物矣。常住经人民舍置产亩，岁得米数十石。乃住僧辄多不法，累犯案牍，居民苦之。去秋复以荡费讦控余。

维村落寺观之设，原以衍香火作一方观瞻，人好施舍，奉宁古佛，饭彼释徒，求所谓利济，则无有然。苟恪守清规，虽无益，固无害耳。至于僧徒斗狠倚产侵夺妄结讼端，是反足以祸此乡而梗王化，何以堪此，不若以此现在精卢改为义塾，令居此者以长其子孙，以率其子弟习儒好学，起懦化顽，未必非助流宣化之一道也。爰允民人请，立为此乡书塾，颜曰“石头堡义塾”云。又请曰：“自吾乡之以兹阁，僧人病苦者久，懵不知所措。今除此害兴利实非浅鲜。第思久计，愿赐泐石以垂示后来。其亦可乎？”余曰：“可哉！夫利欲之情，因生日起贪嗔痴，妄日汩焉。而不自知风俗，一偷生且有以官吏为侵渔者，矧此髡奴不识道理，踞非己有之地，食非己力之产。荡然罔忌，扰累一方，亦固其所继，自今官斯土者，体乡民不得已之情，上以长育人才，下以驯扰黎庶[①]。家弦诵而户可封，岂必邹鲁之秀良耶，尔民人亦宜湔涤浇风[②]，习礼义而尊长上，世守兹塾，永为盛世，仁里毋自作不靖，使吏胥得操长短，是不肖僧人之续矣。”既以语之，并

---

① 驯扰：指顺服，驯伏。黎庶：指民众。

② 湔涤（jiān dí）：洗涤。浇风（jiāo fēng）：浮薄的社会风气。

具规条籍产数识诸碑阴。

[附记] 选自（清）嘉庆《黄平州志（卷9）·艺文志·记》。袁治，字乂庵，号蓼塘，浙江萧山人，乾隆二十一年（1756）举人，曾任正安州知州。乾隆三十九年（1774）任黄平州知州。廉正明决，重视地方建设和教育。

建平播桥记　许克家

旧城东三里有河，曰“冷水河”，相传昔有冷水和尚禅修旁之山隈，后化去。土人□之，故名。河自枫岩小村而来，绕城北下街纸坊，合乐水汇㵒入沅。冬春之间潦尽寒流，仅一小溪而已。夏秋山水暴涨，急湍飞瀑，千涧交溢，尚汛滥数十亩。民病涉焉。

巡抚郭青螺先生平杨应龙后，建桥其上，名之“平播”。“播”为应龙巢穴，而旧州亦播地也。雍正十三年（1735），逆□蠢动，桥亦被毁。宝相寺僧佛能者，募捐重建。不数年旋为大水所倾。自是，择浅渚架木作梁，以通行旅。虽一岁数易，究之水涨时，往来者咸数日止山以俟，莫敢或越。

佛能之弟子印元，悯行人守候之艰，欲继其师为桥。力不克胜，请于州刺史袁蓼塘先生，商诸绅士之强有力而心存利济者。于是，戴君深仁偕印元为募修之倡，自守土以迄士庶，共捐金六百五十两有奇，印元之助米益薪又在外。马刺史率州人士相度妥基，以旧址地卑而扩，为洪波巨浪所必经，难期久固。因迁于上流半里许，水之纡回处，依山作柱，凿石为足，佥谓可保永无倾圮之虞，复遴选绅士之能事谨恪者刘子琬西、戴子九德董其事，以岁己酉（1789）秋初经始，落成于庚戌（1790）春仲既毕。而刺史属予勒石以记，予愧无文，粗志其颠末如此。其捐金则附镌之碑阴云。

[附记] 选自（清）嘉庆《黄平州志（卷9）·艺文志·记》。许克家，贵州贵阳人，乾隆三十九年（1774）甲午科举人，曾任贵州黄平州训导、四川长寿知县等职。平播桥位于旧州镇驻地东1.5公里处。单孔石拱结构。明万历时中丞郭子章平播后修建。为大水所倾。清乾隆初生员丁有光、善士杜之麟等募修，复圮。乾隆五十五年（1790），知州袁治在上游重建（袁

治，详见《石头堡义塾碑记》题记）。今存。

莲兴寺碑记

莲兴一刹，肇自前明。有田二十二亩，乃必令堡、高坡杨、寨必三寨，先人好善乐施，后人所当共保勿替也。蜀僧方桂与其徒元寿等，苦行勤修，以成此庙，又买田一十三亩，恐日久生弊，呈州建碑，同立重誓。历传至僧明阔，皆能遵守。又后之僧人所当效法也。寨必坪田三亩零，则康姓施入，亦不可没也。乃竟有不善之徒，罔念前人功德，将碑中要字铲削，以图侵占。三寨合议重修此碑，倘再有铲碑、匿田及主持私积逃走者，并如前誓。夫子孙不忘其先志，与寺僧能守其师法，皆可取也，是为记。寺田山林开后：

冷家湾田共八坵；寺后二坵；寺右一坵；寺左二坵；陈宅门口一坵；山门口二坵；杨家坟一段；大林边二坵；大街上一坵；平南坝二坵；下大路一坵；观音阁四坵；雷打人一坵；寨必坪三坵；几棒冲一段十八坵；寨劳六坵；李宅门口一坵；半腰井二坵；曹溪堰一坵；寺门沙坝田一段；上河坝上段十五坵，中段十七坵，共三十八亩零；马鞍林一幅田二坵；社坛山林一幅，康翁舍入；寺前大林一幅；续焰带田三坋；嘴头坡二坵；青树坝二坵；大公庙门口一坵，共一亩八分；原当银三十两，寺内两次赎回。

乾隆癸巳（1773），僧佛智、法光重修上殿；乙巳（1785），僧印绶、印海重修下殿；嘉庆丁巳（1797）僧续兴重修两廊。附记于此。

[附记] 选自（清）嘉庆《黄平州志（卷9）·艺文志·记》。此碑内容主要是记载莲兴寺田地位置、面积、来源等。

修庵碑记（阳面）　王正三

兴隆庵，古永福寺旧迹也。明万历年间建于亥把冲口，梵宇森严。然立庵以尊佛，兼以之而培风水焉。余村自钟灵山发脉，蜿蜒奔赴，凝结于东北，中者后龙未续，缺陷颇多。及我朝康熙十有二年（1673），爰历堪舆卜宅于斯而迁之，以补元气，以培水口，遂更名为“兴隆”云。奈旧宇两造，毁坏难堪，湫隘纷沓，每击目而心伤之至。

乾隆辛亥（1791）岁，诸首人始从而重修焉。拓其基，高而峻；建其室，弘以深。后工竣，命为文以志之。余思：庵以奉佛，闻佛所居有鹫岭神祇园，黄金布地，玛瑙作阶，斯即台楼秀丽，似难以栖佛者。但自汉以来，古今之作庵者多矣。若杭，天下一大都会也，灵隐、栖霞诸寺，不过取其湖山环绕，左右映带，幽可娱佛圣之栖，明可供游人之览耳。是庵耸然起于石壁之上，诸峰来朝，势若星拱。清河环下，碧浪排空，昼则舟楫上下，夜则渔火辉煌。天地之灵秀，无处不钟矣。况梵宇重新，堂室宽敞，登览者谅亦欣羡曰：诸君此举，虽非比鹫岭祇园之盛睹，而适挹山川之胜，亦可作杭诸寺观也。以视向之毁坏湫隘者，不有间欤？故书以勒诸石焉。

庠生王政三功九氏撰

为首信士王通一、生员刘占魁、信士刘渭、王邦选、吴必杰、刘修身、王通慧、王相朝、王通古、谢名佐。

（以下详记捐款人姓名及数额。略）

嘉庆二年岁次丁巳（1797）孟冬月吉日立

募化僧本灵　徒毗觉　石匠罗仪发

[附记] 选自政协天柱县第十三届委员会编：《天柱古碑刻考释（下）》，贵州大学出版社，2016，第287–288页。碑立于天柱县坌处镇三门塘村小学楼前，青石质，方首，高3.38米，宽1.51米，厚0.10米，阳面碑题《修庵碑记》（阴面为《重修碑记》）。每字0.20米见方，碑文竖书楷书阴刻。凡6行，满行70字，共360余字。

燃灯宫碑记

盖闻灯光胜会，历来所谈，今人所举也。□□古初，我佛为始；为有西方，后生东土。开天辟地，由三皇而五帝，何称古佛燃灯？诚乃万佛之根源，诸神为首领。物有本末，事有终始。所知先后，则近道矣。因释迦牟尼佛称赞昧照耀观见四大部洲，放大光明，普度众生。惟我辈体其佛恩浩荡，流派渊源，传于后世，炼成各色宝灯，非余等铁丝、竹篾为□，外有琉璃木角造成，又有五色珠穿纸扎绸靡，逢诸灯用油烛照耀，皆一体也。可分昼夜，阳吉阴生。虽无三光透彻，可比日月星辰，显扬四方行动能明，以表千古之不朽。是为序。众议条例开列于后。

（以下内容。略）

[**附记**] 选自刘祥斌主编：《镇远名胜古迹》，2012，第 17 页。

功因有准 杨裕远

盖闻西竺雷音，原称佛国，自汉帝以后方建禅林。吾村先人所建回龙庵，梵宇轩昂，佛像巍严，俨若鹫岭高峰，所以培抵风水，庇佑生灵之胜境也。于乾隆辛亥（1791）春，有僧继山窥庵中有常驮 [韦驮] 神圣尚无殿宇，向众老而言曰：“门首余地何不建一前厅以作神殿。”叙僧之词，众皆欢悦。故此引缘募化，通寨四姓各出木料，各凑锱铢，延匠竖造，其架不日而功成矣。因僧继山西归未及装修，历有十余年矣。至嘉庆之辛酉（1801），有僧性乾，睹此前厅未修，目击心切，约众老引缘募化，各寨善信男女各出资财，集腋成裘，共襄胜事，延匠修整，功成勒石。余因好施乐善，援管以志之，永标青史于千载矣。是为序。

信士杨裕远沐手敬题，募化僧性乾和尚。

募化首士：袁秀祺、杨裕远、袁光辉、姚永才、袁士成、袁廷熬、袁士贤、袁克恒。

（以下详记捐款人及数额。略）

嘉庆六年岁次辛酉（1801）冬月吉日立

石匠信正武　刊袁世光

[**附记**] 选自政协天柱县第十三届委员会编：《天柱古碑刻考释（下）》，贵州大学出版社，2016，第 5 页。碑立于天柱县坌处镇大冲村玉皇阁右侧路坎。青石质，方首，高 1.68 米，宽 0.77 米，厚 0.07 米。碑额“功因有准”（横书楷书阳刻），每字 0.12 米见方。

南海流芳　潘光仑

且神之在天下，如水之在地中，固无往而不在。而人之事神宜见其有在耳，如大士之鸟，神本妙庄王之三女，前生施善，之投生也，生而慈惠，世味不沾。脱凡尘，游白雀，透如来，功成九载，显圣于南海之普陀，而其千变万化，济人利物，随感遥通，是所谓人天普门教主，救苦救难者也。吾村建庵之初，有界排唐德盛捐修是像，供辜有年，迩来伊族新建庙宇，迎像归供。我族等不禁抚景怆然，有形去神留，睹像思灵之感。爰合族众各捐资财复塑圣像，重振殿座，供奉于庵之右。且庵虽小而神之所宜事者，犹多如十八神像原属建庵所必事也，族等又捐资各修十八全像，漂海神风，不数月而功同告峻（竣）。族众谓予曰："神像昭昭，似无容序，而十八神像既各捐修不序之可，而大士圣像，原吾族溯旧像而合心追修者，宁复不序。"因以读之暇，既获造观，但见圣像巍然，童女森然，宝座焕然，恍如香山圣境，谓神之在是非洵然哉！予虽未识大士之巅束，但原吾族之所以事大士者，以志诸石云。

（以下详记捐款人及数额。略）

为首潘占明、潘正儒、潘光缙、潘启商。

生员潘光仑撰书

雕匠袁步兴　石匠罗仪发、罗仪兴

大清嘉庆八年岁次癸亥（1803）仲冬月吉日立

[附记] 选自政协天柱县第十三届委员会编：《天柱古碑刻考释（下）》，贵州大学出版社，2016，第 47–48 页。碑立于天柱县坌处镇雅地村进入"式是南邦"庵门右侧，与《佛境增辉》《善果无虚》等三通碑并排立一起。青石质，方首，碑额"南海流芳"（横书楷书阳刻），每字 0.1 米见方。碑高 1.93 米，宽 0.8 米，厚 0.04 米。

重修碑记　刘德柄

尝思，金人入汉而佛教始兴，鹿洞传经而庵寺乃立。即如我汉冲寨之设有永兴庵，创自嘉庆年间，修由我邓、潘两姓。虽先人施有田地山坡，以为供佛养僧之资，怎奈于同治丁卯年（1867）冬被□烧毁，片瓦无有，荒废十有余年，土地荒芜，遗老先贤未有后启继志光前。迨至光绪九年（1883），是我邓、潘二姓目睹心伤，思创首重修，回仁思大厦非一木所能支，必欲众擎方可易为力，果蒙圣神庇佑，好善心同，此唱比[彼]和，同心协力，众志成城，朞年朞而告竣功，两外两进，左右两厢，巍然爽屹，焕乎维新。虽不致美于前贤，亦可表扬于后启。语云："莫为之前，虽美而不彰，莫为之后，虽盛而佛传。"凡我重修头人，续修首士邓贤吉、潘士江，经承唐应年，同体先人之创修，共念地方之美举，俾功德有准，自然人杰地灵，令福果无虚，定尔民安阜矣。书曰"作善，降之百祥"①，又曰"修德必获报"，则吾岂敢，是为叙。

此篇序文稿此日前所作，更为较美抛思见看来君，前稿恕未曾登碑书写，焕此教稿更佳支抄商之思之。

凤邑庠生刘德柄斗南氏拜撰　京兆氏杜明春拜书

为首化首：潘士大、潘尔魁、邓贤友、邓才俊、杜荣礼、唐应登、邓才早、邓才章、邓云贵、潘礼、王志勋、杜燮凌、邓文细。今将姓名开列于后：

信士潘尔林捐五千二百文，信士邓贤高捐一千八百文，邓贤德五百文，信士粟用明捐五千二百文，信士唐应华捐一千八百文，粟满伦五百文，信士潘尔魁捐四千二百文，信士杜公云捐一千六百文，粟满相五百文，信士潘士金捐四千二百文，信士粟满富捐一千六百文，粟宏富五百文，信士粟宏文捐四千二百文，信士潘秀捐一千六百文，潘学登五百文，信士邓祥招捐四千二百文，信士潘士坤捐一千六百文，潘元五百文，信士邓才华捐三千二百文，信士潘士贤捐一千四百文，潘永凤五百文，信士王志勋捐二千四百文，信士王志福捐一千三百文，杨顾贵五百文。

---

① 语出《尚书·商书·伊训》。意为：常行善举者，上天会赐给其诸多吉祥。

[**附记**]选自政协天柱县第十三届委员会编:《天柱古碑刻考释(下)》,贵州大学出版社,2016,第279页。碑原立天柱县竹林乡棉花村庙坪,现放在邓茂先老屋左坎下,刊刻于1809年,碑高1.73米,宽0.83米,厚0.055米。碑额"重修碑记"(横书楷书阳刻),每字0.07米见方。碑文楷书竖书阴刻。

梵刹重新 刘祖歆

古刹开创建自先人,名曰"兴隆"。固方团之保障也。是宜巍焕崇隆,有志振新者,每起念而不果。兹僧皈净住持于斯,勤俭有素,不惮艰辛,约众山主登簿捐金。遂鸠工庀材,拓基构造,不数月,工将告成,焕乎为新,分属守成,其功不已倍于作哉!无如一旦圆寂而升遐矣,责将安归?是所望于衣钵,受嘱法徒德忠,徒孙空玄、空槐,玄孙修林,愧者之继志述,是步其后尘。谓师皈净之目遐而返也。亦不可者,梵宇落成,丐于言述之。余嘉其毅然之志,聊矢鄙诚以弁诸首云。

增生刘祖歆撰　庠生刘祖佑书

今将重修捐施姓名开列于左:

(以下详记捐款人姓名数额。略)

大清嘉庆十八年岁次癸酉(1813)孟夏月下浣之吉

石匠伍登云、伍登高镌　选择杨先棕　梓匠杨恒旺

传临济正宗会同县林一幽白竹庵第三世、九世皈净建竖承□立

[**附记**]选自政协天柱县第十三届委员会编:《天柱古碑刻考释(下)》,贵州大学出版社,2016,第95–96页。碑位于天柱县竹林乡竹林村刘家寨原小学校址的玉米地旁边,青石质,圭首(左上角和左下角均有缺损)。高2.52米,宽1.04米,厚0.60米;碑额"梵刹重新"(横书楷书阳刻),每字0.15米见方。碑文竖书楷书阴刻,凡4行,满行52字,计179字。碑落款阴刻"选择杨先标　梓匠杨恒望"10个字,碑上有刘、龙、潘、杨、唐、粟、张、吴8姓208人名及捐资数量。

人文蔚起　王政三

昔欧阳文忠司贡院，每阅卷时，有朱衣以头点①，点头则文必入彀②，夫朱衣者谁？谓奎星也。恭维奎星，曜合天上，瑞应人间，默操士类权衡，永作文章司命，自古维昭，于今不爽。无论在城在乡，莫不立像立祠以奉祭祀，宁吾村而独不然哉！

村之东，有所谓兴隆庵，设自前明。我朝重修以来，凡神之有益于生民与有系于斯文者，无不馨香俎豆，其中若文昌、若关圣，以及诸佛，前人皆塑有神像。而于奎星，尚缺然焉！余心欲塑者久之，以力不支，未果。

本年，祚生馆于斯庵，习举子业，住持僧适以修神像请。余曰：善！是有造于吾人，洵为美事。于是，募之村中仁人志士者，暨有馆诸生，得资二十金有余，请工雕塑，卜吉升殿，文星有主。伫看甲第蝉联，帝座垂庥。允矣！才华鹊起矣！古语有云："不要文章高天下，唯愿朱衣暗点头。"不可为诸君预卜哉！因抒数语，以寿诸石。

庠生王政三南岑谨撰

住持僧本灵　雕匠曾景柱　廪生王永祚荫庭敬书

刻石信天海

（计开众姓乐捐姓名于后。略）

皇清嘉庆二十四年岁次己卯（1819）孟冬月彀旦立

庠生王政三南岑谨撰

廪生王永祚荫庭敬书

住持僧　本灵

雕匠曾景柱　刻石信天海

[附记]选自政协天柱县第十三届委员会编:《天柱古碑刻考释（中）》,

---

① 朱衣点头：见（宋）赵令畤撰《侯鲭录》："欧阳修知贡举日，每遇考试卷，坐后常觉一朱衣人时复点头，然后其文入格……" 欧阳修有诗云："文章自古无凭据，惟愿朱衣一点头。"

② 彀（gòu）：原指箭射出去所能达到的范围。后用以比喻牢笼、圈套。此处指入选。

贵州大学出版社，2016，第 306 页。碑立于天柱县坌处镇三门塘村喇赖三合小学门左前方。青石质，方首，高 1.53 米，宽 0.74 米，厚 0.06 米，碑额“人文蔚起”，无碑题。碑文竖书楷书阴刻。

善果无虚

朱夫子云：“善欲人知，非是真善。”[①] 而名世之沽名□之流莫不如此。如吾村之好善乐施者，岂□□见庵饔飧[②] 不继，供佛有亏，随生善念，欣然而施，无欲人知之心焉！吾等承父为首之责，故另刻石以著其善。碑石万载不朽，功德亦万载不朽，是以为志。

潘文才施土名茶田水田壹丘载禾三十挐[③]。

潘永德施土名象形茶油山壹块。

潘克臣施土名乌南水田二丘载禾七十八挐。

潘正武施土名大柳凹墦冲壹个。

潘光嵋捐土名怕间水田伍丘载禾六十挐。

嘉庆二十五年（1820）冬月

潘正儒、潘光缙、潘振□、潘兴众等同立

[附记] 选自政协天柱县第十三届委员会编:《天柱古碑刻考释（下）》，贵州大学出版社，2016，第 50 页。碑立于天柱县坌处镇雅地村进入“式是南邦”庵门的右侧，与“南海流芳”“佛境增辉”等三通古碑并排在一起。青石质，方首，高 0.98 米，宽 0.50 米，厚 0.045 米。碑额“善果无虚”（横书楷书阴刻），每字约 0.07 米见方。碑文竖书楷书阴刻。

---

① 善欲人知，非是真善：语出（清）朱用纯《朱子家训》。意为：一个人做了善事希望别人知道，不是真正意义上的做善事。

② 饔飧（yōng sūn）：饭食。

③ 挐（ná）：同“拿”。量词。即两手合抓一把。

亘古如昨　杨再番

镇远府偏桥长官司世袭左长官杨　序

盖闻莫为之前，虽美弗彰；莫为之后，虽盛弗传。司治之东廿余里，地名白果树，其间有硐，昔号“日光洞”，深数里，中结石像，巉屼林立。硐外有泉，时出五色鱼，载在郡志。前明里人张丹霞修真于此，募诸乡宦善信，创建寺宇，置买田土，刊有碑记，庙貌巍峨，炳辉一时。

迨丹霞羽化，续径□叛，殿阁倾颓。丹霞后裔，据寺产为己有，竟以私售乡人。殊天道不终剥，庚午岁（1810）因公亲诣该地，廉得其情，随集众讯。本应张姓还璧，姑念代远年湮，难以深究，幸众姓各□歆磨，乐抒善念。除割施田地外，捐资构材，复修殿宇，置造厢庑，招僧焚献，暮鼓晨钟，香火之盛，比美厥初。窃虑案牍久湮，人心叵测，除将田土另刊诸石，爰为之序，泐碣以垂不朽云。

（捐助人姓名记数额。略）

大清嘉庆二十三年岁次戊寅（1818）仲春谷旦
匠士罗朝林
木匠唐立柱

[附记] 选自黔东南苗族侗族自治州地方志编纂委员会编：《黔东南苗族侗族自治州志·文物志》，贵州民族出版社，1992，第 126 页。碑立于施秉县甘溪乡柏果树马鞍山麓朝阳寺正殿右侧，高 1.55 米，宽 0.8 米。

永古不朽

特校贵州镇远府正堂加二级录于：为出示晓谕事，照得螺丝塘、下白牌、半河等处田土，山□，原系云台山庙之业，向佃给李文晋，李文典□祖人耕种分花，历来无异。后因李士海、李文晋妄生觊觎，捏造施白碑记，以螺丝塘等处产业，系伊祖人施舍，霸为己业控□。本府□差拏获该犯李士海、李文晋，审照强占□民上阳□拟流□监禁在案。恐该处倘有不法之徒，效李士海等妄为，致□罪□。合行出示，张贴云台山晓谕。为此，示仰该处各佃户知悉，嗣数佃种云台山田土，照旧分租，毋得抗交短少，及私行典卖，如敢故违，定即严拏究办，决不稍为宽贷。各宜凛遵毋违，特示。

嘉庆二十三年（1818）十二月初三日示

民国四年五月初一日　云台山□僧□□重立

（此碑是嘉庆四年所立以今朽坏特后刻）

[附记] 选自施秉县文物管理所编：《施秉县文物志》，1990，第 101 页。碑立于施秉县城北半河乡半河小桥头路口，方首，高 1.2 米，宽 0.56 米，厚 0.11 米。碑额“永古不朽”（横书阴刻楷书）。碑文楷书阴刻。碑文末句“四年”应为“二十四年”之误。

佛境增辉　潘光仑

佛于天地间为神最大。自汉、唐以来莫不敬事。而世之建庵以供者，每取名山绝顶、岩洞深幽以为之居焉（下缺）修建画地皆宜，亦何在而不可如斯地。两岩交锁，围抱层峦，乃吾村水口山耳。在吾先人建庵于斯，供佛有年（下缺）创造凡正宇神殿已大可观，而左右前厅则未修建也。前春，村众相议曰：造庵供佛前人之功德大矣！而修成（下缺）以成厥美岂非甚善！爰合村众募化而同族乐捐，不数月而外进两厢全功告竣。夫斯举也，岂敢谓规模宏（下缺）以先人创美于前，今当述成厥后者，亦欲致其清幽净洁，俾佛种获，安厥所以庆休祥于万代，亦先人之功德（下缺）列其乐捐之名以勒诸石云。

生员潘光仑撰

（以下详记捐助人姓名记数额。略）

道光五年岁次乙酉（1825）孟秋吉日立

梓匠潘致高、潘致贻、潘世泽

石匠罗长文、罗长武、潘世法（下缺）

[附记] 选自政协天柱县第十三届委员会编：《天柱古碑刻考释（下）》，

贵州大学出版社，2016，第 44–45 页。碑立于天柱县坌处镇雅地村进入“式是南邦”庵门的右侧，与“南海流芳”“善果无虚”等三通古碑并排立在一起。青石质，方首，高 1.84 米，宽 0.94 米，厚 0.08 米。

永远示禁

署黎平府知府事候补知州前翰林院庶吉士严

署黎平府开泰县正堂加五级纪 [记] 录十次又随带军功加一级张

《黎志》所载：南泉山，自昔迄今数百余载，乃黔省一名山也。予署莅斯土，阅其古木葱隆，参差掩映，自下历上，竞秀争奇，实地脉之所钟，故科甲之不绝，谓一郡之保障，信不诬矣。兹有不法山僧，暗约谋买之辈，私行擅伐。合郡绅士因而禀命于予。除分别惩治处理合出示晓谕，再行勒石，以垂久远。自此山中凡一草一木，不得妄伐，俾树木丰妍，人文蔚起，永传不替云。

道光七年岁次丁亥（1827）九月十八日立

[附记] 选自贵州省地方志编纂委员会编：《贵州省志 · 文物志》，贵州人民出版社，2003，第 293 页。碑嵌于黎平县南隅南泉山大殿底层左侧砖墙，青石质，高 1.60 米，宽 0.66 米，碑额“永远示禁”（横书楷书阴刻）。

碑　文

峨山寺观音庵。周维正、维显于永乐十二年（1414）同宗建于峨山溪口。后因戊子兵乱，人民逃散，屋宇朽败，于明末时周起凤移进于冷水溪。由乾隆以及嘉庆修移数次，于道光六年（1826），周锽见其沉沦歪斜，人丁欠顺，故令弟兄侄等商议迁于原处。将已所余之公行三十二两正，请头募化，新添两屋。同宗重修首士开列于后。化首：周银、周钤、周应元、周应天、周应富、周大房、二房助银四两，周富山、周爵山各钱三百二十文。

道光戊子年（1828）孟夏月二十日谷旦立

[附记] 选自岑巩县志编纂委员会编：《岑巩县志》，贵州人民出版社，1993，第903页。碑今存岑巩县思旸镇马坡村冷水溪峨山寺。峨山寺初建于明永乐十二年（1414），原址位于建于峨山溪口，后迁建于岑巩县思旸镇马坡村冷水溪寨。

回阑塔碑记后嘱

尝思莫为之前，须美弗彰；莫为之后，虽盛弗传。想我回阑塔，建自祖先，几历百年于兹矣。但先辈损修业产以为佛前灯火之资，俱已载名碑石，而善果昭昭不爽矣。翩俊屡有乐助山场银两，尚未勒石垂碑，久恐有遗忘，将其功德未免隐戚。于是我等清理各出捐资契约，命匠刊碑，庶使仁人君子舍善禄，以志于不朽云。

道光十一年辛卯（1831）二月五日

[附记] 碑立于锦屏县启蒙镇丁达村步塔大田西端上平台回阑塔遗址。塔始建于清康熙二十八年（1689），木构架，共7层，高18米，占地400平方米。乾隆十六年（1751）被烧毁。乾隆四十六年（1781）在此建回阑寺。现存《功德碑》《阿弥陀佛》碑等。参见《丁达村志》编委会编：《丁达村志》，2008，第385页。

重修两湖会馆功德碑序

尝思洞庭波阔，携江、沱、潜、汉以同流；衡岳云高，合泰、华、恒、嵩而并峙。是知两湖之名胜直甲华夷，益信三楚之奥区全超海甸。然安桑梓者，固可驻足此邦；而阅关河者，何妨息肩异地。

稽吾邻省，地近黎阳，星聚虽属黔，人云游尤多。楚客每随良辰令序，辄思促膝谈心，欣话旧之有人，岂栖身而无所追思？往哲纠集同乡，图始岁在乾隆，剧金置地；创修时维嘉庆，鸠工庀材。前立禹王，春秋聿隆肸蠁[1]；后装寿佛，亿兆共仰慈云。更塑当祀诸神，咸昭配享时联。客居众姓，永保安康。观气象之维新，快馨香之旁达。而且左厢右厢骏其度，东庑西庑鸿其模。门户广开，闬闳大启。何莫非殚其智力，挥厥资财者哉。

无如岁远年遥，难禁风霜之浸蚀；暑来寒往，频遭雨雪之销磨。渐就倾颓，允宜补葺。又况门临华第，户对岑楼，绘画悉好，神奇向方。终虞缺陷，休嘉异昔，顺适殊前。脱不高我屏藩，何由厌其怪幻？将转否以为泰，乃革故而鼎新。兹者，既正殿之辉煌，复前垣之完善。凡斯巨任，须仗宏才。然虽有奇商，非多钱难以善贾；欲成大厦，岂一木所能独支？爰偕纠首普劝，同心何须寰海；中边止属大湖，南北都垂慈念。雅结善因。萍水初逢，即欢忻而解橐；关山乍历，遂慷慨以倾囊。高人与达士争输，白镪偕青蚨[2]并献。繁简不等，集众腋以成裘；多寡随缘，合群材而作室。大兴土木，几历星霜。墙垣愈见其巍峨，殿宇咸臻于巩固。雕甍焕彩，宜增列圣之光；画栋生云，用壮重湖之色。敢云恢宏先业，差喜似续前贤。所赖乐善仁人好施，长者亦既泯夫德色，何可没彼芳名？勒以贞珉，共乾坤而不朽镌诸文石，偕日月以齐辉。是为序。

钦赐花翎翰林院编修道员用知贵州黎平府事　益阳胡林翼撰

廪生　曾宗瑞书

大清咸丰三年岁次癸丑（1853）仲夏月谷旦

唐礼云刊石

[附记] 选自安成祥编撰：《黔东南碑刻研究丛书·石上历史》，贵州民族出版社，2015，第121页。碑镶嵌于黎平县德凤镇翘街两湖会馆内墙壁。青石质，方首。高1.70米，宽0.85米。碑额“亘古不磨”（由右至左横书楷书阴刻）。碑文竖书楷书阴刻。胡林翼（1812–1861），字贶生，号润芝，湖南益阳人。道光十六年（1836）进士。曾任贵州安顺、镇远、黎平知府等职，官至湖北布政使、署巡抚。

---

① 肸蠁（xī xiǎng）：亦作“肹蠁”。散布；弥漫。引申为联绵。

② 白镪（qiǎng）：古代当作货币的银子。青蚨：钱的代称。

修庙碑记　彭颢源

且自□文帝尊崇□佛教，始立寺观于中朝，多历年所矣。兹大冲一庵，创自国初，数檐规模款款，蒲堂上佛像昭昭。迨至清同治丙寅（1866）冬，□逆大窜，烧毁前檐。幸获□佛神显应，其火自灭，刚留后檐半进。谓非□佛主垂府，何能如是乎？延及清光绪乙亥秋，先将内进重修工竣。念载缘因客岁春首，有袁翁通仁、光槐与袁君永芳三人倡率表忏血盆大会，纠首佰数余人，窃思庵宇狭隘，不便设坛教。故尔再发善心，加修外进三间。众村踊跃好善，未几而梵宇落成，至冬而善会表忏，不诚一举两得，二善并美。庶功垂千古，德播万年。商序于余，余不揣固陋，聊修鄙辞以叙颠末。

庠生彭颢源谨撰　门生潘通立书

［附记］选自姚敦屏主编：《天柱碑刻集》，2013，第159页。碑立于天柱县坌处镇大冲村玉皇阁外路坎旁，青石质，方首，无碑额和碑题。碑文竖书楷书阴刻，凡14行，计216字。

永垂不朽

盖闻，兜率巍峨，乃一方之琐①钥；金身妙像，不以外乎宝刹楼台。自古及今，由来久矣。兹因牛场保回龙庵于同治乙丑岁被□匪叛乱以来，蹂躏难看，殿宇化成涂炭；钟音无声，佛地变作桑田。画栎尽为砾石。今幸盛世丰隆，人烟聚集，四民共享清平之福，理宜复培元气，尊卑同发善愿，大众合起虔心，勿多寡捐资同登美举，万古不朽，是以为序，古后之人诚不可忘者也。

募化首士王昌胜，耆员彭周荣，耆员彭康泰、张大金、龙成保、王富本、王浩启、龙顺吉、王昌芝、潘招普众等。

（以下详记捐助人姓名记数额。略）

大清光绪五年己卯岁（1879）季冬月中浣吉日众等立

---

① 琐：古时用法与“锁”同。

[附记] 选自政协天柱县第十三届委员会编:《天柱古碑刻考释(下)》,贵州大学出版社,2016,第 41 页。碑立于天柱县白市镇民建村兴隆庵坎下,青石质,方首,高 1.31 米,宽 0.81 米,厚 0.06 米。碑额“永垂不朽”(楷书横书阳刻),每字 0.10 米见方。碑文竖书楷书阴刻。

遵断碑记

特授镇远府镇远司巡政厅加三级纪录五次宋为给发断案以杜后累事:

案奉天柱县正堂杨扎委查讯由义里大冲寨杨洪泰、姚洪顺、王贤勇、刘永舜、袁光伦、谢俊大等,具控鸡婆田粟满金、粟开华、粟见宝、粟满岗等霸占庵地、杉木等情一案。本厅结集两造人证到案,讯明粟姓所执李林轩之契并未税过,又无地方人证可凭。杨洪泰等所争之山上杉木,并非入己,原为庵堂庙宇之款。当堂劝令粟姓所执李林之契归入杨洪泰、王、刘、姚、谢、袁等六姓经管,归入庵堂公款。不准私行入己,粟姓亦不得再行争讼。二比允服具结。详请天柱县备案外,理合发给断案,勒碑。

此缴!

凭乡导:彭守琢、彭守恭并书
寨保长证:李华开、袁永烈
皇清光绪七年岁次辛巳(1881)十二月初四日给,十八日立
石匠欧阳德贵刊

[附记] 选自政协天柱县第十三届委员会编:《天柱古碑刻考释(中)》,贵州大学出版社,2016,第 91 页。碑立于天柱县坌处镇大冲村玉皇阁外路坎旁,青石质,方首,高 1.46 米,宽 0.52 米,厚 0.06 米。

重修观音洞碑序　杨舒文

窃闻,天地有缺陷,日月有盈虚,物满则覆,器隘则倾,数之所载,

理之所存，孰得而强之哉。

凤城东北隅有观音洞，创于前明，历来久矣！叠经毁坏，屡次修葺。咸丰乙卯（1855），复遭逆□之变，一炬焦土，岂非理数不可得而强欤？

辛巳（1881）夏间，余简命来守斯境，闻灵以往。见香灯冷落，神乏凭依，目睹恻然，断碣残碑横弃道左，令捡摄合，欲知前创修之意，乃竟得斯洞先年施置产业丘亩、地名、界址、粮石，确可据。传询乡老，得杨五指丘数，均典碑相符，余因见有此田业乏人清理，以致是洞废弃若此，触然心动，邀集绅董协同清厘，除被洪水冲没外，余皆侵蚀，公同追查，已陆续归还。惟堂馆侵占二丘，现讼理未结，并一面出簿募化，首即收获营弁兵乐□□□之项，庀材鸠工，先修高阁三层，继建前后大殿二重，厢房三间，僧房三楹，围墙牌楼俱修，遂雕佛神等像大小十余尊。而今数载，虽不如前之壮丽，而大工告竣，适余又奉调将去，恐后仍（乏）人经理，设使庵中有不法僧人偷点盗卖田丘业产，则数岁之辛勤不异东流之付，乌乎！是以待诸绅董跟同交代，公众清厘，如遇有前项僧人，立即送官追究，庶佛灯常明，香火永兴，至男女信善捐输金钱及乐施膏腴，咸将芳名勒石列左，以志不朽，并垂久远而昭善果，兼知兴废之有定云尔。

今将观音洞田丘数目谷担，逐一清出开列于后。

（以下详记捐助人姓名记数额。略）

此宗新旧上均系文武衙署及绅董俱有印册各查。

光绪十三年（1887）三月吉日重立

[附记] 选自政协天柱县第十三届委员会编：《天柱古碑刻考释（下）》，贵州大学出版社，2016，第 421–423 页。摩崖位于天柱县凤城镇农科村东北观音洞口左侧石壁，是重刻该寺此前的一通碑文。离地 1.00 米，长 2.56 米，宽 0.40 米至 0.70 米不等。

龙凤山玉皇阁小引 刘德柄

窃闻金人入梦，明帝立寺观，于中华白马驮经，育三乃作无量宝塔，斯天上玉楼成，人间宝塔立有由来矣。思我龙凤山之有宝塔仍旧贯矣，先人建塔，兹爰以求霖雨培风水，非直为观美已也。昔因龙舞麒麟，雷而交加，以故该团前后左右诸村，及远近善信士女修成玉阁，培献龙楼，装整金身，碑载朗然，于今不朽。寺创乾隆年，塔立嘉庆岁，圣像金容焕乎。其有文章，左有高云巩固，右有天华护围；前有虬龙蟠舞，后有凉伞冲天。衢通黔楚，界连会天，可作全黔锁钥。堪为两省岩疆。只因同治丁卯冬，□民逆命，一炬成灰，庵宇无存，仅留颓阁，楼奔瓦解，风雨飘摇，几乎朽坏。三生有幸，会逢光绪八年（1882），我等三四五甲等约千缘修庵宇，结灯功，振玉阁，虽成功于不年不月，实裨益于亘古亘今，语云：“莫为之前，虽美而不彰，莫为之后，虽盛而弗传。”余也，忝列胶墙[庠]，附骥为首赞襄□□协参，潘翁少明同寅携恭，和衷共济，二翁既赞于贞珉，余岂不续。□□□□恭疏小引以志，管窥之笔于禊禩[①]世云尔。

庠生斗南刘德柄拜撰　焕文氏潘光煃敬书

[附记]选自政协天柱县第十三届委员会编：《天柱古碑刻考释（中）》，贵州大学出版社，2016，第48页。碑存于天柱县竹林乡高坡寨龙凤山庵堂前，青石质，方首，高1.30米，宽0.65米，厚0.08来，左上部残缺。碑题《龙凤山玉皇阁小引》，碑额“三善碑记”（横书楷书阴刻），每字0.07米见方。碑文竖书楷书阴刻。撰于清光绪八年（1882）。

重修观音洞序　雯彬

盖闻佛之建于中国始于汉明，盛于唐代，其由来者久矣。即柱邑城外有观音洞者，自古称为仙境，洞内有古佛焉，其威灵赫濯，四方来朝拜者若市。不幸于甲子岁□逆滋事，将一切殿宇楼阁焚毁无存。兹蒙总戎雯，虔心捐资创修楼阁，复建佛像，使神望得所，皆雯宪之力也。然两厢尚有余地，可容禅房客厅，意欲修整，奈一木难支大厦，众志自可成城。于是雯宪复发缘簿城乡募化，绅首客商俱皆踊跃，何难积腋以成裘，不日鸠工而告竣，庙貌重新，风光依旧，非惟神有所依，足壮观瞻之色，人来斯地，同欣姓

① 禊禩（xì sì）：祭祀。

字之标，故大书特书，勒之于石以志不朽焉！是为序。

天柱营都阃府世袭云骑尉雯彬[①]

（以下详记捐助人姓名记数额。略）

[附记] 选自政协天柱县第十三届委员会编：《天柱古碑刻考释（下）》，贵州大学出版社，2016，第436–437页。摩崖刻于天柱县凤城镇农科村东北观音洞崖壁。题为《重修观音洞序》（楷书竖书阴刻）。序文楷书竖书阴刻。刻于清光绪九年（1883）。

重修不朽

盖闻夏禹感通神明，铸镛钟而创庙宇；汉武尊崇佛教，立寺院而建神祠。是神庙之设也由来已久矣。兹我流利之庙创自先人，虽非鸿胪之盛，卫我之梓里，实属龙脉所关。奈□匪叛乱，尽行烧坏，仅存佛基，我等目睹心伤，顾立意重修而塑神像焉。无如功神（程）浩大，需费烦多，自恨一木不能支厦，必积众腋方可神（成）裘。今约首士募捐化仁人君子、善男信女，恳祈大舍慈悲之心，共襄美举，各捐锦囊之物，同结善缘，自见功因有准，善果无虚。书曰："作善降祥"。又曰："积善余庆"。安见不如昔人感杪之奇异也哉。是为引。

化首：龙炳相捐钱一千二百文，龙作焕捐钱一千二百文，龙秀东捐钱六百文，龙炳东捐钱五百文，龙作泮捐钱四百文。

（以下详记捐助人姓名记数额。略）

大清光绪十年（1884）岁次甲申春月榖旦立

[附记] 选自政协天柱县第十三届委员会编：《天柱古碑刻考释（下）》，贵州大学出版社，2016，第161页。碑位于天柱县高酿镇地坝村流利组石庙旁边，赭色石质，方首，碑高1.30米，宽0.85米，厚0.05米，碑额"重修不朽"（横书楷书阴刻）。

① 云骑尉：武散官名。宋、金沿置。明正六品。清为世爵名，正五品。

首事倒钟

立禁约严禁以靖地方事。官有律条，民有禁约。为因所修庙宇，首人吴金龙、陆万明、萧兴乾、周懿富、吴银祥、石志泰、刘心德、龙在海，邀约贵广二处众姓信士，各施功德。有功德之人，众地方有大务小事，难以分名，牌上有名一邀钱八百文正，二家共钱一千六百文。牌上无名一邀钱二千四百文，二家共钱四千八百文。倘若强进庙宇，众地方不准，罚钱三千六百文，归众修庙宇。言知不近（尽），略表其情，传兴以靖各处地方，照礼所班，得知准此。

（出资人及石匠 29 人姓名数额。略）

光绪十年（1884）三月初三日立碑　董英字通知地方

[附记] 选自政协从江县文史学习委员会、从江县文化体育广播电视剧编印：《从江文史资料（第七辑）·从江石刻资料汇编》，2007，第 85 页。原书注：碑文选自县文物管理所存拓片。碑高 0.83 米，宽 0.62 米。碑额“首事倒钟”（由右至左楷书横书阳刻），楷体左向横书阳刻，“事”和“倒”二字中间刻一五角星。

功德碑　杨树德

余村北隅一江有凤卜山，为宅之青龙岭。

国初时，先人建梵堂于斯地，以“回龙庵”名。不意于乾隆初年，突遭□□毁于火。□□□改名“西山寺”。咸丰丙辰年（1856），粤匪猖狂，台叛扰境，金身受折。嗟乎！龙□乘除，岂神像亦有劫数存于其间也耶。越卅余寒暑，光绪甲申年春正月。有里中善士之人欧邦桃约予，欲修满堂佛像之举，奈孤力无助，一木难撑。予应之曰：“予怀此美举久矣！”遂与里中父老和同商议，约前同心。于是输□刃，助檀木，庀材鸠工，募化四方仁人君子，经营甲申（1884），功成乙酉（1885）。梵堂坐北向南，子山午向。先人之改名“西山寺”者，但义有未详耳。众首士曰：“先人以“回龙庵”名，古名已远，古碑犹存，与其从今名“西山寺”者义未详，曷若遵古名“回龙庵”者理则合也。梵宇虽分创守，作迹俱云并善，世运亦有升降，古今如出一源。作者往矣，未必不望述者之方兴，而述者之明，岂遂无功于作者之□□。语云“莫为之前，虽美弗彰；莫为之后，虽盛弗传”。今也观梵刹之森严，见神威之显应，赫赫濯濯，永垂俎豆，香于不朽矣乎！皆诸君子从善如登，□善不倦，善继先人之志，善述先人之事，精诚所结而致者哉！不可没也，故志之为序云。

大清生员杨树德撰

里人欧帮盛撳书

光绪十二年岁在丙戌（1886）仲春月下旬之七日谷旦立

[附记] 选自姚炽昌选辑点校，锦屏县政协文史资料委员会锦屏县志编纂委员会办公室编：《锦屏碑文选辑》，1997，第132页。碑存锦屏县钟灵乡高寨村回龙庵，碑已断残。碑额“功德碑”，无碑题。

重建寺院碑

且夫竺国佛祖原居西域，大圣由汉而兴，白马名扬，西来东土，灵传贝叶于世代，所以天下共得仰之若天，敬其佛祖者已。因奈同治乙丑悉遗逆□涂炭，幸叨本寺长老意美虔诚，善约檀越复建梵宇以鼎新，巍巍嵯峨其磉垲①，故我同人触目惊心，增修正佛为始，并雕九子观音以及罗汉诸神，勒石贞珉以永记而为众因之观瞻，以待众志之后立望。是为记。

此十三名同修正佛：李永开、李堂明、李堂春、李堂锦、李华岑、彭相睦、彭守恭、彭宏科、彭宏昌、彭宏茂、彭宏越、彭加明、彭宏顺。

此六名捐修九子观音：彭相恒、彭守智、彭宏硅、彭加明、彭守德、李堂富。

光绪十三年（1887）五月吉日立

① 磉（sǎng）：柱子底下的石礅。垲（kǎi）：鳞片状的地表。

[附记] 选自政协天柱县第十三届委员会编：《天柱古碑刻考释（下）》，贵州大学出版社，2016，第222页。碑原立地不详。现存于天柱县竹林乡菜溪村天柱至锦屏公路外侧新建回龙庵门口，青石质，方首，高0.72米，宽0.39米，厚0.05米。无额题、碑额。碑名为辑录者拟。

重建青龙庵碑

从来事作于始者谓之创，作于继者谓之因。创者□□难，因者亦不易。如我青龙庵建自先人，多历年所。迄今以来，经数修矣。当日风隆道古，好善乐施，以故敞其规模，增其式廓。故庙貌之巍峨与金容之炫耀，夸盛一时。

咸丰丙辰（1856），突进叛匪大肆猖狂，举神像而尽毁之。梵宇空虚，禅堂寂寞，近来三十年于兹矣。虽则栋梁依旧，柱石犹存，倘加以风萧雨鼓之摧，与月斧云斤之斫，宜不与桑田沧海之变迁也耶。是以目击心伤，四方化托。神人之默佑护，善士之解囊，乃能积腋成裘，理丝成茧。捐始于癸未（1883）之秋，告成于丁亥（1887）之岁。虽未功求班斧，而皆像得檀木，才粗就金容，与古为一。俾祈祷者知其严肃，瞻仰者得其凭依。尤□神慈护海宇之升平，佑黔黎之康泰。如闻其见降福降祥，受庇荫于永世无休也。为序。

光绪十三年（1887）四月三十日

[附记] 选自姚炽昌选辑点校，锦屏县政协文史资料委员会锦屏县志编纂委员会办公室编：《锦屏碑文选辑》，1997，第129页。碑存锦屏县钟灵乡大官舟村。无碑额、碑题。

重修观音山佛寺碑　刘蕴良

溪涧千缠之外，冈峦万叠之间；灵秀葱然幽深，窈若尘寰斯隔。仙境特开，云木重重，虬姿矫其四匝；烟萝袅袅，螺痕媚其半空。依稀牧笛以迎来，隐约仙鬟之抹出。有山焉，孖温挺异，摆喇争雄，骨擢秀以天森，脉钟灵而地贯。笏擎霞，峭笔蘸岚，尖猿臂云，攀藤翘新黛羊肠，雨蹑苔缘古香。凉阴袭其满襟，松涛沸耳；清籁戛乎一磬，蕉水澄心。万景萧森，玉洞常留鹿迹；三清缥缈，墁霄时听鸾吟。斯为选佛之场，此即降真之所。盖是山绝顶，突现观音像一躯，不知降自何年，飞从何地也。神之所式，山因以名。噫嘻！亦灵俶矣哉。维神界巳色，超航经法渡。慈眉双粲，妙手千攒。竹荫紫以参霄，柳垂青而洒露。衣轻雪换，每导鹦哥帔浅霞拖曾皈龙女珠缨风袅，檀霏馥郁之香；宝座云飘，莲簇缤纷之彩矧夫神奇罔测元妙无方。飘飘乎霞可高骞；涔涔然风能远御。元精自耿变相斯呈得非造化，潜参身倏分而迹显不且阴阳。迭运气因聚以形成，灵所昭焉，理或然也。厥有鸡园长者、鹿苑善人，竭献花一片之诚，作证果三生之想。庇诸大厦，弹以化城。方期楼阁玲珑，形分蓬岛，何意风尘澒洞，景换桑田。貉聚骚然，狐鸣蠢尔。阅大千之界，草窃尘嚣；谒丈六之身，荣毗烟暗。诚足伤矣，因有说焉。窃讶，夫相具慈悲，难本随缘之救；法施广大，灾能应念而消。《玉历钞传》①，金刚法护，罗刹终皈佛旨，天魔且惮神威。顾何以孽海波扬，昆池灰剩。雨天边之刀杖，妖不协诛；飘世外之幢幡，煞难引避。问白马之藏经何处？……得无运数所关，虽列圣犹难免此，其奈迁流罔极，彼群生将更何如？嗟夫！世竟难逃，天无可问。牂江滚滚，不胜陷溺之悲；鹫岭迢迢，能勿变迁之感。虽然，应数而生者，众类也；历劫不朽者，上真也。空空色相，岂犹两造之拘；莽莽劫尘，终赖群仙之挽。兹者，鸮曾音革，鹤尚踪停，幸我辈以能来，喜山灵之无恙。烟榛露莽，费以芟除；画栋雕楹，工其缔造。长愿芝廊竹所，重瞻满月之容；莫教玉宇琼楼，轻返彩云之驾。爰征胜概，载勒贞珉。

[附记] 自（清）光绪《黎平府志（卷 2）·地理志（下）·坛庙》。刘蕴良（1845–约 1914），亦作韫良，字玉山，号我真。贵州贵筑（今属贵阳市）人。同治辛未科（1871）进士。光绪元年（1875）任云南恩安（今昭通市昭阳区）知县。著有《壶隐斋联语类编》等。

① 《玉历钞传》：又名《玉历至宝钞传》，清雍正年间刻印的“劝善儆恶”的“善书”。有多种刻本。包含佛教和道教内容。竭力宣扬地狱之恐怖，劝人警醒，抑恶向善。

兴灵寺碑

窃（闻），轩辕开弥陀之境，燃灯绍绪禅香；昆仑传不老之丹，灵霄多乘玉露。由是西天有灵鹫，佛像装宝峰之刹；南海成普陀，金身莲坐之台。后之人有美欲彰，舍乡相而乐清高；有盛欲传，解己囊以修禅院。式思庵也，何为奉佛酬天，遁世原储救世之业，寺哉永矣。诵经礼忏，逸民固具保民之功以予也。父生母育，责宜延宗以祭祀，得一夫三势莫承先而启后，然欲委身去留。忆祖宗之艰难，痛入骨髓，抑仍红尘以凭；思微躯之老髻无益，分口清夜，自问无后之罪何解。扪心计较，有嗣之祖难超；自怨自艾，命途终属多舛。不聋不哑，世事了然。目前欲超七祖，因溯秦稷高风。念拔九玄，无如有辛。逸志故顾前后而启承，即访古今而效创。告虽玉萧金琶，小以供无极之潇洒；亦有青松绿柏，旋援扰菩提之春风。授予敛迹归神，清心向佛，所有世代相传心□之□，徒呆守以尽余年。阴阳莫渡慈航，莫若将家业培成佛地；乾坤同归日，永庶前承祖遗后赖。佛获华堂换为禅堂堂临比斗，民田纳归佛田田付当家修就。金容殿上之规，为千秋愈加赫奕，装成神像佛前之灯烛，万古更益辉煌。新造兴灵寺，故勒石以为碑欲成永不朽，乃授笔而作引。

（此处缺三十字）土名蓑衣坳井水丘田二丘，谷十三箩，税六钱。桐木恽却溪边水田三丘，计谷六十箩，克玉有一半。黄土寨油树一块，上抵卖主油山，下抵吴姓荒山，右抵吴姓油山。厦开屋背冲山场油山墙冲，上抵路，下抵田，左抵吴姓油山，右吴姓油山。房屋地基岩嘴却厦开有播场一块。

大清光绪十八年（1892）上朔月吉日置立

[附记] 选自政协天柱县第十三届委员会编:《天柱古碑刻考释（下）》，贵州大学出版社，2016，第 234 页。碑放在江口县远口镇夏寨村罗氏宗祠院门外，碑高 1.38 米，宽 0.65 米，厚 0.06 米，碑额“兴灵寺碑”（横书楷书阴刻），每字 0.10 米见方。

告 示

钦加盐运使衔遇缺即补道特授贵州镇远府正堂依博德恩巴图鲁全

为出示晓谕事案奉臬札开奉抚宪批

据本府禀复审行劫僧海常案。内盗犯冉泷云等，供词相符，拟请惩办一案。奉批据禀复审盗犯冉泷云等，供认纠劫僧海常，庙内得赃不讳，既与原供相符，实属法无可仰，按察司即行该府查明，不停刑日期，移会营员督提冉泷云到案，验明正身，绑缚市曹处斩，以昭炯戒。其唐海清、匡老愦二犯，准即另拟详办，并饬勒缉逸盗杨和尚等，务获究报，毋任漏网，切切仍候。

督部唐批示缴供折存等目，奉此合由三百里马递□密饬，为此，仰府官吏遵照，盘即查明，不得停刑日期，务会营员，监提冉泷云盗案，验明正身，绑缚市曹处斩，以昭炯戒。仍将处决日期，暨监刑文武职名，及行刑兵丁姓名具报查考。余照院批办理毋违，等因奉此，除将该犯冉泷云处斩并申报外，合行示谕。为此示仰该处诸色人等知悉，嗣后各务正业，相互劝解，即以冉泷云为戒，慎毋以身试法，自罹其咎，各直凛遵毋违，切切特示。

右谕通知

光绪贰拾年（1894）二月二十四日 实贴 云台山晓谕

[附记] 碑位于施秉县云台山山门左侧，通高0.68米，宽0.48米，厚0.12米，距离地面1.72米。碑眉横书阴刻“告示”，在“告示”两字正中，刻有四方官印一方。该碑系光绪二十四年（1894）“钦加盐运使衔遇铁即补道特授贵州镇远府正堂依博德恩巴图鲁全”所出的一通告示。

福兴庵重修碑记 杨日藻

雷村之南为长冲，前修有庵于六溪田大冲之坎上，名福兴。诚以洪范重五福，望人之修善以修福其兴也。自见其勋焉。自（同治）兵燹之后，荒废已久。兹有住持僧志富，茹素念经，睹茅舍之两间，亦极窄狭，未免简亵佛圣。遂恻然于心，先出其平生所积之财十有余千，以作倡首，不过先抛其砖以引玉也。然欲再立三间于其后。非仅兹一点之所能成，故与山主歇阳钧、绍星、绍清、先开、宗永、宗均、宗恒、宗和、昌僅、志太、昌同等会集商议，订簿分为募化四方好善仁人君子，略灭二三殞之浪费，修成千万亿之阴功。将求福得福，其兴家无穷矣。是非所谓降祥者乎；又非所谓积善之家，必有余庆乎！① 是为序。

（以下为 45 姓 402 位捐资者姓名及捐资额）

辛酉科拔贡、后（候）选州判杨日藻序

石匠杨玉庆

光绪二十二年丙申岁（1896）十月□日立

[附记] 选自政协天柱县第十三届委员会编:《天柱古碑刻考释（下）》，贵州大学出版社，2016，第 22 页。碑立天柱县凤城镇雷寨村福兴庵大门左侧，青石质，方首，高 1.66 米，宽 0.91 米，厚 0.06 米。

重修碑记

尝读古诗，有“天下名山僧占多”之句。遥思高云一山，僻在凤城东南，虽非宇宙至尊之名山要，亦黔楚交关之胜境也。有明时，蒙先人劈开云山，鼎建梵宇，以分上下两庵。无如乾隆之世忽遭野火，上下无存。复蒙兴、由二里诸先翁，将庵址、田地、油树、杉山、墙场品搭分定。我由义里分落下庵，实时复建庵宇，一切基址、田园、山产前碑朗然。至同治时，几历兵燹，幸不随劫。无如瘟疫饥饿，父（老）人民遭灾，十分仅存二三，兼之山路、田园荒芜，庵僧渺无，山火四焚灰尽。迨及光绪丁亥夏月之吉，众首大发慈悲，重修高云下庵，随血盆胜会，为首者不为劳心而捐资，兼且劳力以负栋，立见血盆忏而阴阳利，历年四境平安，庵宇成而佛神塑，万古千秋保障。庶日后方方人文蔚起，俾将来处处甲弟宏开。叨蒙不弃，谪叙于余，自愧才疏，既来能罄述众首之善庥，复不能赞扬诸君之美举，

① 语出《周易·坤卦第二·文言》。意为：积德行善之家，恩泽将惠及于子孙。

忝修鄙语，永垂贞珉于不朽云。

首士：刘常开、潘通淮、潘仕常、潘仕德、龙定林、监生潘通文、潘仕元、袁春富、潘仕高、潘德才。

头等：龙定林捐钱十三千八百文、宋运宏捐钱十三千六百文、潘应常捐钱十二千九百文、潘仕文捐钱十一千二百文、国学李学元捐钱十千八百文、刘福隆捐钱十千五百文、潘德才捐钱八千九百文、刘常开捐钱八千二百文。

二等信士：龙人柯捐钱八千文，潘应堃、潘万本、唐宗敏、邓祥招、刘常焕、龙昌林、袁天富，以上七名各捐钱七千二百文。潘世钦捐钱六千四百文、袁天荣捐钱六千文。

三等信士：潘仕元、潘万江、刘福星三名，各捐钱五千一百文，潘应高、潘通淮以上二名，各捐钱四千八百文，潘应道、罗炎顺二名，各捐钱二千六百文，潘通文捐钱四千八百文。

三等信士：潘通相、宋翼成、潘万文三名，各捐钱三千六百文，李隆凤捐钱式仟二百文，宋文江、刘世贵、潘光钊三名，各捐钱一千六百文，刘德钦、刘祖惟、刘德龄三名，各捐钱一千文。

信士：潘氏松蛮、杨承宽、龙定梅、袁天贵、刘德泰，以上五名各捐钱八百文，刘祖发、刘德福二名，各捐钱五百文，宋翼沛捐一千文。

计开：龙蒙冲化刘道礼。监生粟满兰、姚辰娥二名，各捐钱一千二百文，信士曹炳祥、刘忠权二名，各捐钱一千文，刘道远、廪生王承美、刘有恒三名，各捐钱八百八十文，信士刘道崇捐钱八百文，王贤是、王如楠、蒋集仁三名，各（原碑未填金额），姚仁寿捐钱四百六十文、刘邦祥捐钱三百四十文，刘顺政、王光晋、姚元玉、姚守元，以上四名各捐钱三百三十文。信士姚守清、潘秀焕二名，各捐钱二百二十文，刘道珍、刘本福、姚秉荣、李大明、杨思度、王志贤、王志兴、刘有高、潘正义、潘秀口、彭相□、易大□、陈守连、谢秀荣、谢俊长，以上十五名，各捐钱二百四十文。信士谢再发、谢俊标、殷夭顺、刘远文、谢秀槐、王名清、李常佳，以上七名，各捐钱二百四十文，李绍先捐钱式百八十文，刘道信、王志礼、王志武、刘有成、刘道智、刘芝□、潘德祥、刘有章、刘有记，以上九名，各捐钱二百四十文。

计开施主：

秀田寨唐家振施土名牛角冲溪边水田一处，大小四丘，计谷二十式箩，载税二亩二分正，买价钱拾一仟八百文正，光绪二十年六月古日。

大墓寨吴元李施田冲水田。三岔头龙定林施土名埂冲头水田一处，大小六丘，计谷十八箩，均粮一升二合勺，供奉香灯三平细积庵。

兴团湾刘福星旌土名秋冲大殷头水田二丘，计谷九箩，载税四分正，要价钱五仟六百文正。

右家寨宋运宏施土名秋冲大殷头水田一丘，计谷八箩，载税四分正。洞上寨潘通相施土名良柳塘油树一块，买价钱三仟六百八十文。起造匠潘仕德，砖锯匠、瓦匠唐忠全、王培富。柳砖匠刘申雕，竖造、选择潘德森、刘常开。费用钱拾七仟文，砖匠黄再榜捐钱八百文。潘通相、潘通信、潘通茂封门口横墙。

皇清光绪二十三年（1897）春季月上旬日

[附记] 选自政协天柱县第十三届委员会编:《天柱古碑刻考释（下）》，贵州大学出版社，2016，第 140–141 页。碑位于天柱县远口镇黄田村高灵山（又叫高禀山）下庵遗址左山墙边，青石质，方首，碑面全被苔藓覆盖。碑高 1.8l 米，宽 1.02 米，厚 0.06 来。碑题为《重修碑记》，碑额亦为“重修碑记”（横书楷书阳刻），每字 0.13 米见方，左右两侧分刻“日”“月”两字（均套双重圆圈）。

元善资培　彭灏源

慨自汉明尊崇佛教以来，天下名山洞府、城郭乡市莫不建庵修寺，奉佛祀神昭昭然也。我地兴团太平庵自兵燹以后，众姓捐赀已竖内进五间，数月落成，前碑朗篆。迨至光绪戊戌新正，余因发心与合村父老酌谪（商）倡邀善事，醮建三元，就会抽资配建前厅、左右两厢兼之增修内进甃瓦，底季冬而告竣，旋岁首以修斋，迄今三元告毕，戏愿酬还，窃思善事均已周隆，簿化众姓男女多寡捐资，焚阴册，以注果给阳牒以为凭。惟零星散户名烦资微，难以枚举，而修庵之费由会首炉内捐资派，若非勒石则功果虽在，恐年湮无凭，是以延匠凿石镌碑，庶乎名垂千古，德播万年。愧余也碌碌庸才，草草成序。

爰将众善首姓名录列于左。

（以下为捐资者姓名及捐资额）

倡修生员彭灏源谨撰并书

[附记]选自政协天柱县第十三届委员会编:《天柱古碑刻考释(下)》，贵州大学出版社，2016，第26–27页。碑立于天柱县竹林乡地坌村门楼里。青石质，方首，高1.71米，宽0.80米，厚0.05米。碑尾左后缺一角。碑额“元善资培”（横书楷书阳刻）。

记事碑　彭灏源

且自文帝尊崇佛教始立寺观，于中朝多□年所矣。兹大冲一庵创自国初，数椽规模，款款满堂，佛像昭昭。迨至同治丙寅冬，□逆下窜，烧毁前檐，幸获佛神显应，其火自灭，刚留后檐半进。谓非佛主垂庥何能如是乎！

延及光绪己亥（1899）秋，先将内进重修工竣，念载缘因。客岁春，首有袁翁通光、仁槐、袁君永芳三人倡率表忏血盆大会[①]，纠首佰数余人，窃思庵宇狭隘，不便设坛演教，故尔再发善心加修外进三间。众村勇（踊）跃好善，未几而梵宇落成。至冬，而善会表忏，不诚一举两得，二善并美，庶功垂千古，德播万年。商序于余，余不揣固陋，聊修鄙辞以叙巅末。

庠生彭灏源谨撰

门生潘通前书

[附记]选自政协天柱县第十三届委员会编:《天柱古碑刻考释(下)》，贵州大学出版社，2016，第54页。碑立于天柱县坌处镇大冲村玉皇阁侧边的路坎上。青石质，方首，高1.07米，宽0.54米，厚0.04米。无碑题、

---

① 民间流传《目连正教血盆经》，又名《女人血盆经》(简称《血盆经》)。相传谓妇女生育过多，会触污神佛，死后下地狱，将在血盆池中受苦。若生前延僧诵此经，则可消灾受福。“血盆大会”应属此类活动。但佛教认为《目连正教血盆经》是伪经，是古代某些别有用心的人骗取钱财而伪托佛祖所传的。因此，“血盆大会”并非佛教活动，属于民间信仰。

碑额和立碑时间碑名为辑录者加。

跳月堂碑

示尔远近，红黑匪人。游勇散练，妖道邪僧。
年轻乞丐，恶讨恣横。一概驱逐，不许留停。
斯系苗俗，荐祖超亲。延请僧道，致斋敬神。
放千打角，亲朋来临。三年一届，刻不缓行。
其中男妇，混杂不清。身佩首饰，最要小心。
致于酗酒，不可酩醉。提防殴斗，免酿人命。
自示之后，其各遵循。倘有故违，法不容情。

排莫寨甲长：杨金贵、杨阿乌、杨阿领、杨何耶 、杨发承等仝立

大清光绪岁次己亥年（1899）□□初七吉日 立

[**附记**] 碑原立于丹寨县复兴乡排莫寨跳月堂旁，现立于排莫村村委会办公楼前（嵌于土坎），青石质，方首，高 1.05 米，宽 0.61 厘米。碑题《署理八寨清军府龚示》（由右至左横书楷书阴刻）。碑文竖书楷书阴刻。碑文提到驱逐“游勇散练，妖道邪僧”；同时又记“延请僧道，致斋敬神”。表明当地民众信仰佛教、道教。而也确有人利用民众的宗教信仰进行诈骗等活动。

德垂后裔　吴仁让

盖闻佛圣之森严，万古香烟之灿灿，实广大千秋，灯烛之辉煌。所谓古来之先朝，培修之神灵，显兹是于后世，自是培龙书院修来实矣。我等观之，规且将偏斜朽烂，因此众首公议重修，恐独立难成，必须募化信善，大展好善者解囊乐助，宏开积德之念，立意喜施，禀修费庙，圣碑宛然，兹在爱护。工匠修整，规模宏大，见苍苍济济，无人以风格独占鳌头，武如鹰扬虎榜，农则耕之余土，物阜民丰，多林如□子；商则通四海，利达九洲。

老寿比南山，福如东海；幼则求嗣有应。《易》曰："积善之家，必有余庆"[①]，其祈之谓与，是以为引。

丁达、吴仁让谨撰

信士化首：龙贵斌

光绪二十八年（1902）岁次壬寅清和月下浣方念三日众等重立

[附记] 选自《丁达村志》编委会编：《丁达村志》，2008，第385–386页。碑立于锦屏县启蒙镇丁达村中寨回龙庵（现立于腊洞小学侧），高0.80米，宽0.43米，厚0.05米。碑额"德垂后裔"。无碑题。

青龙洞碑记

郡之东有青龙洞焉。地曲而幽。环洞皆峭壁灵崖，树绕阴深，非洞天福地也耶！

兵燹后，经住持李至亮□□资鸠工。一时楼阁焕然更新。

光绪癸卯（1903）秋，忽被回禄，仅余洞左三间。灾异上闻，前升府全公郡守陈，倡捐金附之。暨住持熊光禄、李宗启于往来官绅及阖郡善士处募化添资。不一年工竣。气象巍峨，较前更美。每当日开霁，游斯洞也，凭栏一眺，则万家烟火、夹岸青山，香雾与行云齐飞；绿树共水光一色，诚吾郡一大观。于以知物之垂成，复毁者天也，既毁而观厥成者人也。斯洞也，倘非前升府之提倡，并阖郡善士之补助及住持宗禄、宗启之苦心□请，何以观厥成耶？公书列芳名，泐诸碑石，因志以扬善举云。

钦命四川总督部堂陈

钦命头品顶戴置理调补贵州布政按察使依博德恩巴图鲁全

钦命贵州镇远等地方总镇哈希巴巴图鲁范

钦命署理贵州镇远总镇都督府锋勇巴图鲁吴

钦加三品衔即补道调署镇远府正常陈

钦加三品衔即补道特授镇远府正堂谢

---

① 语出《周易·坤卦第二·文言》。意为：积德行善之家，恩泽将惠及于子孙。

二品顶戴盐运使衔特授大定府调置镇远府正堂郑

调署镇远府事特授思南府正堂曾

署理镇远府事特授平越直隶州正堂李

钦加同知衔署理镇远县正堂罗

花翎提举衔署理镇远县正堂吴

特授镇远县正堂余

镇远镇标左营都阃游击府罗、镇远镇标中营都阃游击府严、镇远镇标中营都阃游击府李

镇远镇标左营守府和、镇远镇标中营守府肖、镇远镇标右营守府罗

镇远镇标游府陈

云南炮队统领李

提督军门岑

二品顶戴江苏补用道王

三品衔调署四川绥定府正堂熊

云南军庄委员会周、吴、熊

[附记] 选自刘祥斌主编：《镇远名胜古迹》，2012，第15页。碑立于镇远县㵲阳镇青龙洞正乙宫侧。

重修寺院碑　彭开科

公举管理经承：彭文安、潘忠、彭□唐、王祥富、唐家齐、彭先得、李绍通。

□□□必善成，善成者贵必善终，此必然之势也。惟我疆土天生福地，名号华山，峻极云霄，威镇南隅之状，高插天畔，秀钟北锁之门。智水作□□□烟霞有象，奇花异草三春云，美景无穷。灵秀以钟本金龙盘踞之态，和声远听有玉凤朝阳之仪。举趾遥瞻，望去目极千里；回首俯视，收来胸□□□。更羡排挞千山，奔驰拱秀，罗列万象，起伏归依。约伴登高，舒手能攀月桂；凭栏试想，捷足犹有风云。陟彼高岗，谁不喜空中之雅趣；来斯胜境，孰□□□世外之逍遥。此诚上方之景致；实钟下界之脉源也。

在昔庵宇崇修，神威浩荡；至今年华久远，墙壁崩颓。神圣经风冒雨，老幼目击心伤。由是乐捐□□□仁人赞襄厥美，鸠工更造，梵宇丕振复兴。画栋联云，成千秋之华；构版筑墙，日垂万世垣墉。从此禅堂巩固，四民永荐馨香；神圣威灵，万姓常沾恩□。□□今则重修告竣，勒石记载芳名，鼎建落成，竖碑昭明苦果。是为序。

菜溪处士彭开科谨撰　地坌梓士李文清书刊

谨将重修启发人员于后：刘道善、王先明、彭宏顺、彭宏懋、彭文安、彭开科、李大知、李美家、潘忠和、彭开仕、李美珠、彭开明、王祥富，李绍通、李堂甲、潘通翰（以下捐资姓名字迹漶漫。略）

[附记] 选自政协天柱县第十三届委员会编:《天柱古碑刻考释（下）》，贵州大学出版社，2016，第 204 页。碑原立地不详，现在竹林乡尧田村（作水井盖板，字朝水井），碑高约 1.90 米，宽 0.97 米，厚 0.05 米，无额题，记载刊刻时间的碑文被水泥遮挡无法看清，标题为辑录者加。碑载参与捐钱的人数百人。

（三）民国时期

飞山庙碑

窃为庙现之刹，作地方保（缺字）等自承平□以来，寺观俱无（缺字）众□居心向善，佛门修奈银钱（缺字）捐银钱兴设大小庙宇，以培地方（缺字）向善甚多，今及工完，庙廊修（缺字）守规章，视其我寨赫上成仪（缺字）。

[附记] 选自成文魁、刘正国：《溪口苗族飞山庙》，载黔东南州文化局编《黔东南文物志》（第四集），1991，第 64–65 页。碑原立于施秉县马号镇冰洞村溪口寨飞山庙。庙建于民国二年（1913）3 月，内供有三尊泥塑金身神像。民国时期当地学校老师带学生入庙捣毁神像，庙亦受损。

此碑 1958 年被人砸烂砌灶、当洗衣板、铺路等。现存残碑两截，碑额 4 字尚存“万古”二字。捐资及修建者可辨认的有“刘洪发捐银拾二两”“刘戊来修”“刘神保修”等（“戊来”，为苗语音译，“戊”意为“太”）。

永垂不朽

呈开捐序曰：

天下甚阔，日月普照；群生万亿，均受佛恩。塑像施捐，开辟如然；普天寺宇，由捐增隆，或因许疾愈助，或因乏嗣作功，或因豪士思透尘苦代业修，或因业据不明争斗出施。天下寺宇，皆同如然，尚乎沦海溪泉凑就其庵，始□亦若□予村邻寺产，邻捐微，岁费难敷，众信善等诚而自助历年，久捐未能刻碑载记，有负功德诚矣。是此，住持肖玉元，修真佛礼，不忍功德埋匿，故特立碑存记，以流后世览。采其序略表，未及全录，乃将众捐人等芳名，开列于后。

（以下为功德人名。略）

民国三年（1914）五月十三日众等立

[附记] 选自黔东南苗族侗族自治州地方志编纂委员会编：《黔东南苗族侗族自治州志·文物志》（第 1 辑），贵州民族出版社，1992，第 126 页。碑立于施秉县甘溪乡柏果树马鞍山麓朝阳寺正殿左侧，高 0.97 米，宽 0.57 米。碑额“永垂不朽”。此碑为一通功德碑。

潘姓阖族捐助重修飞云洞叙

黄平城东二十余里，有洞名“飞云”，原为潘姓施主。其地点自云贵未辟之先，我祖人业已鸠占。洪武以后，仍为旧焉□□开□□云“修东坡场”，□□奈此地形太旺，不得已移居台腊。年代久远，子孙繁多，留此以作众地。每年新正，阖族齐聚吹笙。因三桂南迁，由大路而经过镇□□□□□□□□□□□□□，我先人恐有不测，故将岩浆所滴人形以为神像□□□□而庙宇始兴，飞云洞始扬。迨至咸丰年间，庙宇烧毁。承平以后，

先后培修。延至宣统二年（1910），有住持吴理亨重为募化，吾等忆先人根基，同心合力捐资助修□大殿□□□□□□□□□□

重修檀越潘姓各寨□□□

□□ □□□□

□□ □□□□

民国四年岁次乙卯（1915）仲秋吉旦立

[附记]碑原立于黄平县飞云洞大殿后侧。青石质，高1.52米，宽0.93米，厚0.15米。碑额“万古留名”（由右至左横书楷书阴刻），每字0.16米见方，碑题《潘姓阖族捐助重修飞云洞叙》，竖书楷书阴刻，17行，满行23字，共计300余字。碑文记：黄平飞云洞原来没有庙宇，因吴三桂率军过此，“我先人恐有不测，故将岩浆所滴人形以为神像”，建了庙宇。至咸丰年间，庙宇烧毁。“承平以后，先后培修”。至宣统二年（1910），住持吴理亨重为募化，得潘姓族人资助重建。

亘古于兹

代理天柱县县长彭

勒石以为久远事。案据邦洞国民学校校长杨仲衡呈称：邦洞国民学校由前校长谌占魁，管理员杨世哲于国民三年（1914）组织成立。指定本处牛捐、屠捐木桐地租：后又与县立中学共筹开放狮子□河木捐，并酌提庵谷等项为本校常年经费。经呈前任赵胡两县长立案各在案。查牛捐一项由邦洞人开设牛场时，定有戥子拾贰把，即十二家抽捐收入。已组织学校初剀切开导，均乐提作本校经费。数年来均无异议，特恐日后有无识之徒，混挪移作别用，致令有戥子之私人藉口争回彼此，学校不无大受影响。校长等再四思维，本场屠捐以及庵常款，恳准赏示，勒石始定，以杜争端，而垂永远等情。除批示准如所请，仰即照办外，合行勒石以作该区人等一体知照。凡该区以前指定之木桐地租、狮子□木捐、本地屠捐、牛捐以及各庵谷永定为邦洞第一国民学校常款，不得任意挪移，亦不得藉口争回，特为勒示。

民国六年（1917）八月二十六日勒示

[附记] 选自姚敦屏主编：《天柱碑刻集》，2013，第21页。碑立于天柱县邦洞镇邦洞小学校操场上。青石质，方首，高1.44米，宽0.79米，厚0.06米。额额“亘古于兹”（横向楷书阴刻）。彭汝斐，贵州人，1916–1917年任天柱县知事（县长）。

重建重安江观音阁碑记　黄品超

窃以有功则祀，国家首重酬庸；作善降祥，神明不昧因果。溯夫周昭王光占宝气①，西方甫诞圣人；汉明帝梦现金容②，南国始通佛教。于是丹书图象，白马驮经，遂令天竺象教③遍于寰区。此佛法之所由来也。厥后，鹫岭颖开夫觉路，鹿苑大阐其禅林。翠竹黄花，群沾法雨；长松细草，普荫慈云。尘静则座涌金莲，梵响则经幡贝叶。此又兰若之缘始，檀寺所由来也。

重安旧有观音阁者，世传为海上飞来。前临长江，后卫隆堡，左玉麟，而右金凤。常为献瑞来仪，襟罗岑而带清江，恒赖钟灵毓秀。六方阁耸势插层峦，三殿楹连影含碧水。寺有诗僧，恍如东林结社；门横宝筏，何异西极云垂。不谓遭厄运于五月降奇劫于大千世。累遭火厄，重留金容。谓非灵异，何能如斯？超等溯神明设教之义，思地狱惩劝之奇。藐法律而懔果报，慧剑仍是明形；萌恶念而畏幽冥，魔杵何殊弼教。以故询谋，佥同集资重建。未能免俗，踵事增华。念昔百年，卷土重来，玄都观景物犹是。即今日祝融几积，鲁灵光魏然独存。藉获神明拥护，常留丈二金身。旋看庙貌聿新，更饶万千气象。此地以人重事，以异传之，不可没也。然大厦非一木能支，轻裘岂数腋可制。父老昆季解囊不吝多多，栋宇榱题建树毕呈磊磊。从此大河前横，家依彼岸，潮者时警，渡仰慈航。振名胜之就湮，

---

① 宝气：旧谓之风水宝地。

② 梦现金容：相传汉明帝梦见金人，他就此询问群臣，博士傅毅告诉他这是“佛”，明帝遂遣使臣蔡愔等往天竺求佛经佛像。

③ 象教：释迦牟尼涅槃，诸大弟子想慕不已，刻木为佛，以形象教人，故称佛教为“象教”。

竭力于层楼飞阁，历古今而不朽。记颠末于福地琅嬛，指点蚨飞曲径长留姓字，馨香艳传，鹭布黄金，永识檀那真面。爰树碑碣，其为古所许乎？冀寿贞珉，以待后之览者。

民国戊午（1918）仲春之吉　里人：晓清、黄品超谨序

[附记] 选自（民国）《黄平县志（卷24）·艺文·记》。

培修碑记

且事不关夫今昔，何须破费以兴修理，有切于盛衰，自欣鼎力而经住。聿追祖政良、政熙二公，并秦姓一股，于万历年间卜地于重兴之东偏，依麓而口堂焉，自号回龙庵也。南治苑囿，北凿月池，一培风水，佛得之以□□□家塾子弟藉之以就范，地脉既培，人文代蔚，泱泱乎！诚俗美风淳矣。迨及同治初年，遭黔□之兵燹，片瓦无存，池与庵悉化为荒山野田矣。迨干戈□□之后，复庆丰年，有房租积金等，志功光前，心惟裕后，递以修庵相约同志，季昆莫不欣然乐从，地仍依旧，创造维新，竖立生舍□□惟兴□世□□刻塑神图数座，克绍前代芳□。无奈遇合不淑，招僧人光灯而居之。灯也，托名禅客，实属奸人，专贪口腹之充，毫无培修之念也。□年加以风雨侵蚀，楣柚栋樑则多挠折矣，瓦盖板片则多倾颓矣。余也每睹此形势，心甚歉然，怅独力之难支，思众擎心易举，余□□及诸公，众皆悦而从焉。佥日与余经任其事。余固不敢辞，余还订常簿常□之，首捐本寨，犹之青蚨。继募各村，襄成义举。以故□而番□，破而败者整饰之，挠而颓者培补之，更朽而旧者稍葺而新之，暂为苟完之计。而庵之南新造义房一间，为僧人饮食之所。而北易壁为□□□□读书。牖之外凿地为月池，引流种树于其间。余时相与登览而检点焉。余更有言，异日英才继起，能述而彰之光而大之者，是□□□□姑不具论。第以庵之兴隆成败在人，内有以维持之，其均为不可没，遂援笔而为之记。

十九代裔孙杨世堃字相林敬记

（以下记捐款人姓名及数额。略）

民国八年岁次己未（1919）阳月吉日立

[附记]选自政协天柱县第十三届委员会编:《天柱古碑刻考释(中)》，贵州大学出版社，2016，第287页。碑存天柱县远口镇万一村重兴桥头，青石质，方首，高1.26米，宽0.85米，厚0.06米。碑额“培修碑记”(横书楷书套圆圈阳刻)。

永垂不朽　吴济清

盖闻夏禹欲神祇，因铸铺钟于郊庙。汉明遵崇佛教，始立寺观于中朝。今我云潭湾先人创修庵院一座，名曰“云镇寺”，佛堂神像、钟鼓、钹磬无一不周，自前清同治年间，叛逆缤纷，概被焚毁。神殿俱毁，灵气尚存。四乡男女有叩即灵；远迩士民拜求佛应。迄今五十余年，陆续修补，尚未告竣。神像易为钟鼓，难各兹则，钟匠临斯，开炉镕铸。我等商议独力难持，订簿募化，好善男积德士民解囊乐助不惜，一时名传万古。因地名目甚，钟上难以全□□者，列于石碑永垂不朽矣。

(以下记捐款人姓名及数额。略)

吴济清撰

民国九年(1920)岁次庚申五月　石匠杨赞廷刻　公立

[附记]选自政协天柱县第十三届委员会编:《天柱古碑刻考释(下)》，贵州大学出版社，2016，第115页。碑立于天柱县远口镇青云村云镇寺山门左侧，青石质，方首，碑高1.08米，宽0.70米，厚0.05米。碑额“永垂不朽”(横书楷书阴刻)。碑文竖书楷书阴刻。

回龙庵碑　吴家斌

窃新市之有回龙庵，远近称为福地，揆厥由来，自我先太祖兴能公所始创也。原名“回龙阁”，上为魁星楼，崇祀文昌，以为读书怡情养性之所。迫斯时军旅横征勒捐苛赋，富□见此地诚得钟灵毓秀之美，水绕山环之胜，洵谓不城不市幽静俗雅之亚[区]，居远口之渡头，为本寨之关键，上下可径。水口□客唤舟，暮听渔人揭网。波光绿而浮几，山色青而过墙。人来邀与月为邻，罄静惟闻鸟相语。于是，因地制宜培增锁钥风口，捐资创造，献力经营，慨捐粮田供佛养僧，居脱尘避乱之想，非若普通庵寺藉助捐募以成仁，俾为潜修别墅永遗为家□，天成太祖复建观音堂及前殿，不忘祖德，再捐田亩附庵，永为春秋祭扫斋塾之费。乃以年湮月久，风雨飘摇，殿阁倾颓□□，仁志重新改造恢复旧规以壮观瞻。但时局之兴替与人事之变迁，不胜浩叹。咸同之际，顿遭□乱兵燹，向之蕊珠变□□□恨也。光绪初年，族长继承先志，葺修后殿三楹，足蔽风雨，历数十年存积概被游僧席卷，为之目睹心伤。末年，我成祖众□□□□鸠工庀材，谋整前规，复赖住持道衲潘宗贞修真奉佛，勇于庵事，随缘捐募，克奕厥美，崇修正殿东西两廊，刻期藏事□□□□幸新，葺饰金龛供奉古佛三尊、诸天罗汉仟佛，满座尊神系我系裔塑捐。左佛本寨禄祖众裔捐修，右佛为文祖裔元达□□□□，庙貌维新，住持与有力焉。登斯堂也，率循旧迹敢忘先祖遗微，仰瞻金容能令后贤起敬，虽无金碧珠玉之美，而上下四□□□□有足多者，他谢不及，以志不朽，是为序。

后学：吴家斌敬撰　吴家钰敬字

兹将捐修大佛一尊、诸天罗汉、仙佛芳名于左：

（以下记捐款人姓名及数额。略）

倡修：吴家钰、吴定雯、吴定清、吴元斌、吴本笏

经理：吴元端、吴元恺、吴本道

住持：道姑吴信言

巧匠：杨赞庭

民国十一年壬戌（1922）正月正

[附记] 选自政协天柱县第十三届委员会编:《天柱古碑刻考释（下）》，贵州大学出版社，2016，第 35 页。碑放置在天柱县远口镇新市村回龙庵内，上半部缺损。褐色条纹石质，方首。碑题“回龙庵碑”（楷书横书阴刻），每字 0.15 米见方。碑高 2.26 米，宽 1.03 米，厚 0.075 米。

善果昭彰 邓才焕

窃惟，帝君曰：“奉真朝斗，拜佛念经，报答四恩，广行三教皆缘千善，罕修千过日积。”然吾里永兴庵殿前左右两厢被王斋姑[①]损朽，并庵中器物一概掳尽。我等往来目睹心伤，爰是同伸善念皈梵刹，以盘桓合发慈心，就禅林而基础，订成募簿，编就图章，广化四方，襄成三善。不拘富贵贫贱、妃嫔媵嫱[②]、士农工商、鳏寡孤独，肯输囊底之金，不吝床头之款，从兹英贤毕至必长成臻。序列炉首、化首、经首，组织功成，重建两厢，修整内外，兼置器物；随建仸[③]门、道门、沙门，宣扬妙范，剖破血狱，化贡经财，涤消污咎。皈投受生，填还信筐，了纳资愆，逐日行持，随时标榜并放焰口；炼度普济，苦爽寒林，继广梨园，完成善果，妙此伫看天花遍坠。法雨纷纭，千祸永消，千祥云集。勒石标名，以志不朽云。

总经理兼结缘邓才焕撰并书。

内经承：潘杰、邓德贤、邓德毅、杜公铣。外经承：潘廷、邓德焕、邓德培、潘学正、唐日达。

头炉首：刘期松、潘学亮、唐日明、刘道善、姚景环、邓文金、邓文高、邓氏姝兰、邓丙兰、王忠孝、潘氏明姬、罗氏绍兰、刘中元、潘氏□□、邓德毅、王先明、邓银翠、潘光彩、姚炳衡、邓德亮、潘堂、潘杰、潘槐、王氏瑞短、刘天星、唐才□，刘有汉、罗修真、王正学、吴俊绅、邓文星、邓氏辛兰、邓才礼、邓文学、刘中岳、潘□□、唐日达、刘荣标、李圆花、杜氏爱连、邓元德、杜公铣、扬九连、邓才盛、刘氏求女、欧大盛、王氏枝淑，以上四十七名每名捐大洋六元二，米二斗四，油六斤。

二炉首：李氏年台、邓氏子娥、罗秀洪、潘源标、潘尚成、杜华亮、邓氏炉翠、潘通、潘氏真合、邓氏香翠、唐新隆、林再元、潘氏瑞姣、周氏酉花、罗氏肥香、邓德亲、彭氏兰英、唐九花、杜文榜、邓才义、邓文隆、

---

① 斋姑：带发持斋（吃素）信佛修行的女性。

② 妃嫔媵嫱：古代宫里的女官名。

③ 仸（fó）：古同“佛”。

唐口娥、刘期忠、潘光锦、龙□花、吴氏明姣、杜公泮，以上廿十七名每名各捐大洋四元二，米二十，油四斤。

三炉首：邓文光、邓才乾、潘善、潘德义、邓贤招、彭氏送姜、彭氏酉姣、潘相、李氏交合、刘氏有女、杜公前、林□成、吴元兰、粟用盛、潘德仁、潘德发、龙氏乙花、杨氏酉花，以上十八名每名各捐大洋三元二，米一斗五，油三斤。

四炉首：潘氏兰合、唐氏庚玉、潘氏水花、吴启昌、邓氏元合、杜公相、潘氏卷妹、刘中秀、杜氏桃连、邓氏全花、杜公德、潘氏团台、潘氏桂连、吴启忠、邓德善、邓才显、罗氏岩花、潘氏辛花、李氏银花、刘邦磷、王忠林、姚礼善、杜氏辛桃、曾氏建兰、潘氏一妹、吴积善、唐氏松翠、潘氏求花、潘氏玉翠、梁氏婉妹、王氏梓花、唐氏交翠、宋氏□妹、刘氏娩翠、刘氏成连、唐氏金兰、张氏长妹、邓德隆、邓氏娩合、杜华凌、吕氏四妹、邓氏辛香、邓氏丙合、吴启明、潘氏润草、潘尚林、潘氏金花、姚秉权、潘光禄、王忠成、刘宏□、刘有德、刘氏求凤、潘氏代香、唐绪洋、刘氏一娥、刘氏汉姣、潘氏岩翠、邓才斌、邓氏香翠、林再陛、李氏有花、邓文洋、龙更富、潘通知、潘通福、吴氏亥香，以上六十七名每名捐大洋二元二，米一斗二，油二斤。

五炉共计四百五十七名，每名捐大洋一元二，米一斗，油二斤。住持：唐真善。

化首：潘学亮、潘廷、潘善、刘有美、姚秉璋、李大贵、王正明、邓心修、李绍尧、曾建兰、潘光彬、李大德、谢世煊、林文星、李大光、王述斌、杨通文、刘常勤、刘天荣、王卜里、欧大盛、罗□富、杨□□、邓才标、刘期忠、唐吉守。

民国二十四年（1935）岁次乙亥立

石匠吴玉湘、周仁和

[附记]选自政协天柱县第十三届委员会编：《天柱古碑刻考释（下）》，贵州大学出版社，2016，第258-259页。碑现放在天柱县竹林乡棉花村汉冲老井旁作垫脚石和洗衣板，青石质，方首。高2.08米，宽0.89米，厚0.09米，与《重修碑记》为同一块碑身。碑额“善果昭彰”（横书楷书阳刻），

每字 0.09 米见方。碑文楷书竖书阴刻。

前后佛龛碑记

窃惟，怒目金刚覆慈云而怜赤子低眉；菩萨洒甘露以救苍生，古来慈悲为念；度世度人之事莫过于佛祖也。兹因本庵乃于前人崇建，华宇两进，兼塑玉相数尊，增修地母①、南岳②，未整正殿，列像虽然壮丽，诸龛犹不足观，如若再为因循，似乎俗为礼拜。兹乃集合同人共从众议，或捐金而饮助，或画策以图成再伏，缙绅之第，闾间之中不乏好善之心，恒伸敬佛之举，随愿乐捐，诚意补给，能聚沙而成塔，可集腋以成裘，行见玉座维新，灵明显著，宝龛丕振，承各善信慷慨乐捐，勒碑记载芳名永古不朽，福果无虚矣，是为序。

处士唐绪河敬撰，梓土地坌李文清镌并书。

谨将起发人员开列：邓德�椉、杜公铣、邓德贵、邓文先、邓文学、粟用国、潘学良、潘杰、潘举、杜华玉。

经承：邓德�椉、文学、公铣、文先、德贵。

化首：文学、德�椉、潘学正、吕仕诚、曾建兰、吴积善、刘银翠、潘乙修、邓心修、刘妙修、唐风修。

捐洋芳名列后：

（以下记捐款人姓名及数额。略）

民国二拾七年岁次戊寅（1938）冬月吉日立

住持唐真善　徒蒋崇修

[附记] 选自政协天柱县第十三届委员会编：《天柱古碑刻考释（下）》，贵州大学出版社，2016，第 266 页。碑原立于天柱县竹林乡棉花庙坪，现放在邓茂先老屋左坎下，碑高 1.32 米，宽 0.83 米，厚 0.05 米，与“万古不磨”

① 地母：即地母后土，全称“承天效法后土皇地祇”，俗称“后土娘娘”。道教尊神“四御”中的第四位天神。

② 南岳：即南岳大帝（又称南岳圣帝），全称南岳衡山司天昭圣大帝。是中国民间重要的信仰之一。

为同一块碑身。碑额“前后佛龛碑记”（横书楷书阳刻）。

故显考郑公讳祖继重建回龙寺碑传　周德文

显考性敏敦孝，乐善好施。溯吾父年长成人，吾母刘氏明音来归。次第生不孝女永贞等兄弟姊妹九人，前后相断而殇者七人，仅存不孝与八妹清音。吾父为之心伤，于是看破红尘，清光绪六年（1880）舍身从释。因祖考徙居三穗县长吉纪寨有年，是春返故乡上高野祭扫，则见回龙寺为□叛焚后变成荒土，荆棘满目，无人提倡重修，当叹惜曰：“此寺非重建不可。”后夜忽梦有一白髯者云“汝前许有一口愿，务须履行”等语。醒后一梦回忆至祭扫视寺址之语，莫非神人送梦耶！吾父遂于光绪十一年毅然私卖田产，提倡重建回龙寺。劳心焦思，竭精殚虑。并得绍成、于蕃等族众赞襄，不一载而告成功。时人皆称以私财建寺，如此乐善好施诚天下罕有之人也。而寺之田大半为和尚典出。吾父又以私财赎回，并命吾母及不孝女清音妹等一同从释，并至此寺以免离散而互相思□。遵其命至光绪廿六年，不幸八妹丧亡。宣统三年，吾父无疾，绝食而亡。民国四年（1915）五月，母亦无疾而长逝，所存者仅不孝女一人而已。既无父母伯叔，终鲜兄弟姊妹，孤苦零丁，不堪言状，虽孑然一身，非惟为显考妣建道场，并修斋超荐十三次，以报恩而尽人子之心。迄今回忆，寺宇获以重建。寺产尚能保存者，旨吾父之所赐也。语云：“莫为之前，虽美弗彰；莫为之后，虽盛弗传。”故特敬谨建碑志之，俾后辈饮水思源，教典不忘祖之云耳。

孝女永贞谨述。

□□□□□□长周德文敬撰并书

民国二十七年（1938）十月十三日立

[附记]选自政协天柱县第十三届委员会编:《天柱古碑刻考释（下）》，贵州大学出版社，2016，第 78 页。碑立于天柱县邦洞镇上高野村郑氏宗柯门口，绿色石质，方首，高 1.68 米，宽 0.87 米，厚 0.06 米。额题《故显考郑公讳祖继重建回龙寺碑传》。

重修华严洞碑记

盖闻开辟黔疆，由明皇始建施邑，东行三十余里，□□□□□□□□□□□颇为黔东之一大观焉。考□□□□□□□。

万历年间，木［沐］国公出征湖南□□□□□□□□□。乙卯，□叛，一焚殆尽。无如光绪四年，四境肃静。时有主持僧道□□□□□□□花厅，种种完成。观之巍峨，叩之灵感，实为福地洞天。惜乎！至民国□□□□香暨众首等，见此荒凉，重修福宇，□□佛像。虽不比前造轩昂，而威灵有□□信之热忱也。是以勒碑而彰万古。□□序。谨将善信芳名，刊于左，以昭众。

（以下为捐资者姓名及捐款额。略）

石匠周兴贵刊

书写肖兴铭笔

民国二十九年（1940）岁在庚辰季秋月款首众立

［附记］选自贵州省地方志编纂委员会编：《贵州省志·文物志》，贵州人民出版社，2003，第 276 页。碑原立于施秉县城东 17 公里甘溪乡凉风坳脚。华严洞为一天然溶洞，洞口高 2.56 米、宽 5.7 米。民国二十九年（1940）重修华严洞时。洞口立碑一通，高 1.65 米，宽 1.00 米，厚 0.16 米，原立于洞口。1964 年，移至甘溪乡院内（已缺一角，失去部分碑文）。华严洞外，原有寺院，后毁（现已恢复）。

维修玉皇阁碑记　宋李疆、李优卿

盖闻圃院之是也，而苍苍足以名其胜。一硚［桥］之建也，而渤海足以显其成。寺观之起也，而汉朝足以降其治。从可知佛教之兴，行记汉唐而传于宋元，由明清而传于民国者，不独通都大邑有之，即穷乡僻壤亦莫不往往有之也。

爰夫大冲团内江左之阳内，先人立有一庵，名曰“回龙庵”，满堂之佛像昭彰，内外之梵宇俊秀，诚为团内之保障，实作千秋之佳最矣。不图传至同治年间，□匪蹂躏烧烂庵宇，燃至檐前其火自灭，无非佛佛之光返风灭火之神威所致耶。迨自光绪年间，适有团内父老经过此地，目观情伤，约齐众各出锱铢、木料，修整外进，供奉关圣、韦驮之神位，历有年所，屡被风雨吹残，其屋将倒。延及民国丁丑年（1937），亦有合团之首士，不忍坐视，遂开会提倡另行改□。尤虑工程浩大，所费盛繁。于是发簿乐捐，幸获余资，即命工人创造，不数月而工程告竣。其时，首士等齐入善堂之内求序于余，予始辞，已现省号奉命催办，遵务之大。先生对予言曰：兹逢三期普度之时，首众功德敢不表扬于人之善行乎！余甚喜，服其言，遂约齐堂之道友，前往皆地观望，果然所见之梵宇高大，并学校轩昂。左长江潆洄，右有松竹苍翠，前有溪源潭洞，后有螺丝鳌鱼。其中美景真不让嫏嬛之福地，[①]何殊海岛之千仙也。于是，茶罢，后因兹不揣固陋，举笔而扬倡之志，成词以表佼喜之心，名芳千秋，功垂万古矣。是以为序。

儒林守道宋李疆、李优卿谨撰

民国二十九年

岁次庚辰孟冬月吉日立

石匠地坌李文清刊并书

[附记] 选自姚敦屏主编：《天柱碑刻集》，2013，第158页。碑立天柱县坌处镇大冲村回龙庵右边路旁。青石质，方首，高1.94米，宽0.82米，厚0.08米。碑题《重修庵宇小引》。

① 嫏嬛（láng huán）：神话中天帝藏书的地方。

九、黔南自治州碑刻、摩崖、塔铭

（一）明代

阳宝山踏勘山场牒

举陈尧谟，陈尧年，生员王道隆，左所殷友经，右所肖胜祖，前所王道惠，后所高金龙，耆民王延阳、陈世俊等公呈，“访得僧人无量师徒数众，自川来黔，果系诚实，心地和平，戒行精洁，伏乞给牒付僧，任其住持焚献重新庙宇等”，诘本司即率领僧人无量师徒数众会同僧耆军民，踏勘山场周围，各界明白，以作常住奉佛之需：东至鲍家坡中领，南至头天门□，西至马讲，北至梯子岩以上，四至分明为界，尽踏付结本僧常住。坎壤开垦，焚献管理，日后无紊，合行给牒，永为执照。为此，牒仰僧人无量，照牒理事，即便遵照，修建山门，伐树木，开挖土地，任从取便，勿得军民人等入山，□□□毁谤佛门，无量等亦不得容留留游方僧道，面生歹人，在此妄作横□□□□未变，顺至牒者，右牒下阳宝山主持僧无量执照。准此。

[附记]碑存于贵定县宝山街道办事处新场村阳宝山后山飞凤寺遗址（砌于房屋石壁）。青石质，高约 1.50 米，宽约 0.90 米。碑左上角有破损。碑约刻于明隆庆二年（1568）。

题建文帝阁碑记　胡运平

白云山庵，不知何时始昉也。世传为建文先帝潜龙遁迹之所，理或然耳。时帝望白云而至止，故号曰“白云”也。

其地间于定番、广顺之间，纡途十里许。径回涧曲，而庵出焉。高可百余丈，拾级登眺，屹然峙于腰脊之半。千峦献翠，万木罗青，一奇观也。

庵不甚广，且湫隘芜杂，盖居荒僻，文人冠盖不尝游憩焉。故庵堂罗诸佛，居帝于侧。非不知帝，士人不知礼也，然而非体也。余至，恻然者久之。谓众僧曰："帝为此庵开山之主，宜独居一室，以长香火。"而众僧"若"，未解所谓。余循览庵之右侧，有流米洞在焉。流米洞者，俗传帝修行时，米从石隙中出，以供帝膳。其说盖荒唐不经，或欲神其事耳。洞之前不甚宽广，而旷览前峰，则回迤拱护，奇态百出。且俯瞰平地，若出其上。造物倘有意乎？于是輾然喜曰："是可居帝矣！"

乃谋之广顺州守柏君、定广都阃蔡君，选期经始，鸠工集材。凡五阅月而成焉。绘图示余，余展而观：阁不甚宏，限以地，虽小而可观也。稍避洞而左，不欲掩洞而蔽明也。不掩洞，不忘帝所自也。视庵稍偏而高，不居正而能尊也。阁二层，居帝于上，示贵也。道出其左，示人不敢亵也。

余览而玩，玩而喜。因忆帝之蒙难而出也，以深宫玉趾，间关万里，而能于人迹罕到之处，披云雾，剪荆棘，觅此佳胜。谓有所指点而然乎？无所指点而然乎？此时，不但魑魅都居，抑亦豹兔窟穴，而帝孑然一身，保持坚固，不堕迷网。谓有所呵护而然乎？无所呵护而然乎？且从此而知佛法矣，从此而知王化矣。车书合迹共伦，举侏倩椎髻之乡，化为衣冠文物之地；佩刀负弩之辈，咸成披经听呗之流。何莫非帝开辟之力也。而帝有斯庵以尊，而帝有斯阁而益尊。睹斯阁也，其愈知所以思矣。

庵前有跪井，乞水者咸跪以请，则泉涌焉。吁！人能以跪井之心登斯阁，庶几得修阁之意乎！

阁始于崇祯丙子季春，成于斯岁仲秋。余以竣役出疆，不获登堂瞻谒，聊书此以见志。

崇祯九年（1636）贵州巡抚按院监察都御史岭南胡运平浴沐顿撰

[附记] 选自（清）道光《广顺州志（卷12）·艺文志·碑记》。碑存长顺县广顺镇白云山，青石质。胡运平，广东新会人。明崇祯四年（1631）任贵州巡抚按院监察都御史，捐金三百修葺建文帝阁。相传，建文四年（1402）燕王朱棣攻占南京，建文帝由南京皇宫地道逃出，削发为僧，隐匿于滇、黔、

巴、蜀地区佛教寺院，白云山寺院即为建文帝开建。

潜龙佛殿碑记　智晓

崇祯丙子（1636）岁季春月朔七日

奉巡按贵州监察都御史岭南胡公讳平运大老爷捐俸三百余金。

命城[程]番府临清柏公讳福兆大老爷监制六庄，随田差徭，一应夫役，杂项尽行蠲免，敬陈圣迹御前，永为香灯补缉。但丛林深寓万山，诚恐年修殿阁，志庄田佃民，俱须出资补助，一切夫役，俱属应用山门。据此勒石敬列，永为万世不易之常规，非比寻常，演见寡闻之类，以为细故也云尔。

敕赐紫衣沙门住持僧智晓顶礼勒石敬刊。弥亿万年。

——坝乃干沟寨庄一所

——团茶寨庄一所

——龙坑寨庄一所

——庵脚寨庄一所

——摆孔寨庄一所

——牛王坝庄一所

以上各庄石额田花地租数目载在古册碑记。

[附记] 选自长顺县政协文史资料委员会编：《长顺县文史资料（第2辑）·广顺纪事》，贵州民族出版社，1998，第182页。碑存长顺县广顺镇白云山寺院，青石质，高1.20米，宽0.60米，厚0.15米。胡平运，见《题建文帝阁碑记》介绍。柏福兆，山东临清人，明万历三年（1575）举人，时任程番府广顺州知州（在任9年）。任内抚治有方，建学宫，设廪饩，振兴文教，士民均感激他的恩惠。

（二）清代

墨冲准提阁碑序　黄毓嵩

黎太尊，号余庵，抚匀十年，多惠政，性淡，喜佛。以建庵荐乡人。吾乡诸善士，募缘佐之，而庵成。虽然庵成矣，未有田也。佛非庵不住，庵非田不常。诸善士又慨然舍己之田，为庵中常住，田□有庵，住佛有田，食□亦可谓善而有终矣！佛会中欲勒石以志不朽，而问记于余，曰："记之将为悭贪守财者勒敫，蒴为盗窃肥己者防□。"同人曰："为是，不为是也。天下事何常之有夫沧海原桑田也，桑田成沧海也。田无常，而舍田之心为有常；有常之心住，而田兴之；俱往心不可没，田不容掩。推是心也，舍之何如纷纷者，刻不必争矣。广是量也，婆娑一角展之，即大地河山矣。望佛慈悲□□是田，保护是人。以破吝为□□，以白牛为作使耕焉。□□行力□□□□□管理边□，而不分畔岸，□□□而不分主人，佛尚无情□为欣喜，尚不视之为香积，□徒坐饿于饭□边恐惹佛怪也。"众曰："然！"□勒之以志不朽。

[**附记**] 选自（民国）《都匀县志稿（卷12）·祠庙寺观》。碑原立于都匀市墨冲镇墨冲准提阁（今已不存）。黄毓嵩，贵州都匀人，官教授。碑文提及"黎太尊"，即黎皋，康熙年间任都匀知府。

都匀高真观碑　王一华

尝观天地福善而祸淫，帝王隐恶而扬善，颐贤好善而恶恶。睹是善也者，原为人人所欣羡，而不容泯没也。吾匀高真观，乃一府大观也，山环水绕，乔木森森，风云之掩映，疏疏仙子之留题，凿凿凡宦客游。人登高直上，莫不心旷神怡，别有天地。

但殿台楼阁创自前明万历，数百余年，庙将瓦砾。适先任郡守李公纘宗、邑宰金公之桂，毅然护法恨无主持，访诸缙绅父老，□曰："有僧文远，法名圆定，洋县人。弃富贵作袈裟，自削发以来，修张仙之殿宇，造头塘之石桥，建墨充之大观，功非浅鲜。高真观之辉煌，非此人不能任也！”郡守、邑宰因给帖命为住持，乃于康熙三十六年（1697）亲行募化，建玉皇阁；又于四十六年，又□宰臣捐俸于其前，城村善信乐助于其后，三间楼阁焕然聿新，而上□□殿，继修葺焉。尚有玄天正殿势欲倾颓。五十六年（1717），大师行年七十又二，知时势之艰难，识锱铢不易，自甘淡泊，以终年之用度，购材重建。功德圆满，非大师焉能有此巨观之盛哉？且以今日之规模，较当年之制作，更觉胸襟开而眼界透矣。都人士感大师善心，公议刊其像，竖其碑，期与殿台楼阁并垂不朽云。

[附记] 选自（民国）《都匀县志稿（卷12）·祠庙寺观》。王一华，生平待考。此碑为功德碑，记述建于明万历年间的高真观，历经百年，亟待维修。缙绅父老推荐僧文远主持此项工程。文远于康熙三十六年（1697），“劝行募化，建玉皇阁”；继而完成玄天正殿等处修葺。经20年，功德圆满。“都人士感大师善心，公议刊其像，竖其碑，期与殿台楼阁并垂不朽”。碑文提及的知府李纘宗，（民国）《都匀县志稿（卷14）·官师表》记其为朝鲜人，荫生，康熙十九年（1680）任都匀府知府。

重修五云山碑记　文瑄

夫山以五云传，非无据也，云根于地，上丽于天，如韩布赵牛，卫犬齐衣，各名状分合去来，固亿万恒沙而不可灭也。状彬彬郁郁，宝盖悬空；索索萧萧，昙花绕舍。安知不化为舜之黄，汤之白，周之青，宋之彩，丕著当朝景瑞乎。山与云一也，否则陵谷几迁，春秋迭易，何以重重继继？踵觉华辈后先光映，以迄于今者之有坤林和尚也，余与方外交，每际盘桓诚具辩才，圆会三教，博览靡遗。囮标智力，莫轮丕崇于觉地。树木䞋[①]产，爰画亩数于碑阴。

呜呼，盛哉！九龙坡左，重辉龙树之堂；八鸽岩西，再拥鸽王之座。功数年而始竣。迹千古而弥昭，须达多之愿何，穷波斯匿之缘若揭。碧落真妙，

---

① 䞋（chèn）：同嚫（chèn），布施。

偕象丽以常存；香国大原，共狮峦而不朽。是为记。

[附记]选自（民国）《瓮安县志（卷20）·艺文志（下）·记》。碑立于福泉市牛场镇五云山。文瑄（生卒年不祥），字缜山，号印川，贵州瓮安草塘对门场（今银盏镇）人。清乾隆元年（1736）进士。官四川省中江县知县。工诗赋，有《印川诗集》。

花竹山石龙碑记　李必炆

花竹山建始于大明万历二年（1574），有僧名道远，自北而来，欲南向以朝鸡足。行至洞庭，偶遇道翁，询其来自，则曰："北海遨游。"稽其籍贯，则曰："瓮安花竹山人氏。"遂缔为道友，挈伴而南行。至镇远，分袂易瓢为纪念物。约僧旋日绕道于家。及僧自云南还诣访此山，以践前约。惟见奇岩古树，四无人烟，寻至山巅，清泉溢出，易瓢浮水面，泉上石形生成一龙，麟角毕具，始知龙也。于是结庵泉边，与龙相近，茅舍清修，绍继数年。至大清太祖皇帝十七年①，有寂勇师者，号普度，湖广永州府人，受法于南京毗卢尼堂古林寺，游胜至此，广修庙宇，大阐宗风，讲经说法，徒众盈庭，递侍仪范百有余年，锡杖虽逝，事迹永传，并撰诗一首以志之：

瓮邑城南有异泉，九龙司水涌山巅。②
流来碧涧支应别，源发高岗气若连。
一色澄泓深不测，多方润泽利无边。
只因祷毕霄霖遍，自古凭依纪大年。

乾隆二十六年（1761）七月
瓮安知县李以文（必炆）勒石志

[附记]选自（民国）《瓮安县志（卷5）·公署·名胜》。李必炆

① 清太祖努尔哈赤在位仅11年。此记载有误。

② 碑文原注："是山为龙，发派分九支，曲折而去，称曰九龙寺。"

（1701–1767），广西临桂人，雍正七年（1729）举人，乾隆十六年任瓮安县知县。勤政爱民，扶助农桑，深受百姓拥戴。乾隆三十年（1765），辞官还乡。

青松禅师事略　解学诗

盖闻三教各有其门，儒曰发门，释曰空门，道曰玄门。门分户别而操功则本于心。一以存心养性为功，一以明心见性为功，一以存心炼性为功，三者各从其心之所向以为功，即各因其功之所就以有成，则参得透处莫不归于一也。

吾匀白衣庵青松禅师，系出麻峡之宋氏，自幼聪慧，静默独喜空门。行年九岁入匀拜大徹和尚为师。徹见其□，取法讳曰："寂心"，盖示人心寂然不动，感而遂通焉。维师受命参经念佛，心依不二，侍师六年，得其衣钵。徹师厌世，大师身任住持，佛法在心，言行加谨。壮岁云游西蜀，受胜可和尚戒。戒后心向牟尼，峨眉而止。心切救苦，南海特朝，及得名师指受。归来已五十矣。于是募建佛楼，人欣助力，庄严佛像，众乐捐资，何莫非其心之感通也。嗣是大师隐守禅关，一尘不染，浑忘色象，万念俱空。有时气静神凝，恍乎听如来之说法；有时掌合目闭，俨然随罗汉以朝真。见者莫不矜心平而躁心化焉。

辛酉（1741）初秋，余叨□□未及旋里，省会啧啧相传，大师于菊月望二日，命徒请匀中缙绅、知己及诸山旧友至，相与叙别。别后不食烟火。次命徒举龛上蓬，事命默坐不言。及期，焚香礼佛，说偈辞众，说偈出堂，方袍麻□，龛禅宴如，从者如云，观者如堵。临上柴蓬，端然忘坐，手击木鱼，口咕偈语，举三昧七升，合目而化。只见一片云烟缥缈而去。即而视之，而大师之心透灵光，犹寂然不动者也。

余闻之，余心识之，而共闻者奇之，谓是活佛之遐升也。余则以为，火候功成，一朝解脱，说一如道岸之登，羽化而登之乐也。归时，诣庵作弔□迩人遐，窃见都人士举帐美之，立像传之，名公卿建塔表之。诸徒备道其详，与省会传者合，因记。佛经云："三戒为心"。又曰："心生则种种法生"。今于大师信之矣。爰记其事，勒石以志不朽云。

[附记]选自（民国）《都匀县志稿（卷12）·祠庙寺观》。白衣庵，始建时间不详。乾隆年间僧青松住持该寺。后毁。光绪三年（1877）修复正殿5间，左廊3间。

建仓圣阁碑 但明伦

仓圣造字,文运肇开,士之列膠庠者,崇庙而祷祠之,以隆报本意至重也。吾邑旧有祠，在晏公隄之东南隅。庙仅三楹，礼仪未具，不足以妥圣灵。道光辛卯（1831），余回籍守制，适同学诸君子议收焚字纸，欲于迎熏门外之右建立字藏。余答之曰：此地狭小而污秽，焚字纸须宽敞高洁之处，南湖东岸有田数亩地，居巽方，乃文明之地，此其所也。先是此田属于五显庙僧私典于川主庙，而川主庙之僧有不能守，遂弃而为堆积瓦砾之场，历年已久，屹立如山，里中无赖子复沿隄盖屋，类多宰牛杀马或群聚赌博，为藏垢纳污之所。邑依山带河，环绕而汇于南，曰“南湖”，水光山色潋滟渊涵，为邑之文风所系，自此处污秽久积，湖亦淤填。余既倡捐濬湖，复约同人如寺僧所典之值，辗转赎之。又田邻为武生谢氏田，说之让出若干丈，扫除旧积，复坚筑之使固。乃鸠工庀材，为□阁正殿三楹，左右厢各三楹，前立影墙，墙外建字藏而锐其顶，面挹西山之朝爽，后托奎阁之晓辉，右倚天马之高峰，左抱梵宫之峻塔，俯临湖光，朗如明镜，新旧城中隔一水，以此气派亦通。工始于道光壬辰（1832）秋，同志捐办仅得十分之一，余以是年冬起复北上，命长子钟良独任之，以蒇其事。阁成，拾废弃字纸焚于藏，招僧司香火而董其事，定春秋享祀之礼。庶几，仓圣之灵来止来歆，咸展报本之忱，吾邑文风蒸蒸日上，亦于此卜之矣。爰为之记。

[附记]选自道光《广顺州志（卷3）·营建志》。但明伦（1782–1855），字天叙，号惇五，一号云湖，贵州广顺州人。嘉庆二十四年进士，官至两淮盐运使。文学鉴赏能力颇深，《聊斋志异》评论家，著有《治谋随笔》《白云山迹考》《广顺州志》《自批聊斋》等。仓圣，即仓颉，原姓侯冈，名颉。是黄帝时期造字的左史官，他受鸟兽爪痕、山川形貌等自然形态的启发，

创造了象形文字，被尊为“造字圣人”。仓颉也是道教中文字之神。仓圣阁，本属于道观，但此阁自创建就由僧人住持。

发祥寺碑记　杨鹤

盖闻斯寺创自国初，康熙间先仅有观音楼、月鹿宫。乾隆间，前辈周超儒先生倡首劝捐，添建斗姆楼、川主殿及山门等处，更名“发祥寺”。后于寺中授读者，多获高捷，真发祥胜地也。

历今百有余年，鹤父苦耕期间，寒暑三经，深知此庙清苦，兼以本年春夏久雨透湿，墙垣倒塌，住持日食难支，无能补葺。用是谋之鹤。因谋之同人，共相劝捐修建。缙绅乡老先德及乐善诸公，集腋成裘，襄斯美举。经两月，工竣。虽不敢云庙貌维新，庶几□□可免。是役也，始事者曾德祥，督工者马正兴、柯尚琳，捐资而复出力以终事者，则缙绅周公观澜。爰受命鹤为序。鹤自惴固陋焉，知序亦□山河并寿，昭前哲之善缘，士民荐馨荷神庥于亘古耳。

[附记] 选自（民国）《都匀县志稿（卷12）·祠庙寺观》。发祥寺，始建于清初，康熙年间有观音楼、月鹿宫，乾隆和咸丰年间先后增修。后遇战乱毁坏。民国时期仅存遗址。碑文撰于清咸丰四年（1854）。

伏虎寺铭碑　余曾源

盖闻诚可以格天，亦可以动物。然非有所征不足以见其诚，非有所验亦不足以显其诚，李君春山固诚于乐善者也。戊子冬至后，有周培元上黔滇，冯植庵下闽广。二人道经老熊冲时，值群虎聚会，猖獗非常，张牙相逼，冯周惶恐，实有履尾之险，几遭咥人之凶。周涕抢地，冯泣呼天。正在生死难卜，幸而李君继至，乃从容向前，手指群虎化导曰：“此路茅塞已久，我始开之，尔等又欲闭之也。虽尔等奉天行事，亦止除暴去奸，何得盘踞要道，一遇行人，其视眈眈，其欲逐逐，岂不失天地好生德耶？”李君言此，而群虎低头静听，似有受命之意。已而将走，李君又嘱之曰：“请速远去，匿迹韬声，各行其是，莫来此地，让吾成功”。言毕，不见其形矣。嗟嗟，不假弓矢之力，不须刀斧之威，只正言数语，而群虎远逃，此非李君诚于乐善，安能若是乎？昔宋均为攻，而虎远渡，今足以方其美而追其蹉矣。夫人皆畏虎，而李君偏能伏之，此不诚异事哉？吾愿人人效李君之诚于乐善焉可也。

时余馆于匀阳便道小憩。见冯周喜笑而来，深谢救命之恩，详言伏虎之力。目往来商贾，远近官绅共建伏虎寺，以免虎之再来。余闻之详，因而与宋君书田共乐为之叙。叙毕不禁欣喜而作歌曰：

昔号老熊冲，今名伏虎寺；
行人得往来，皆属李君赐。

光绪拾伍年（1889）春月
拣选知县宋宝森
且兰居士余曾源 同叙立

[附记] 选自政协贵定县委员会文史资料研究委员会编：《贵定文史资料选辑》（第7辑），1997，第116页。碑文记载伏虎寺创建缘由。贵州佛教中有关僧人及信众降服猛虎传说有数则，真伪难辨，姑且存之。老熊冲位于贵定县云雾镇北是当年北上南下的交通要道。伏虎寺已不存，碑立在老熊冲尽头处溪边小路右侧石砌坎上，碑面黝黑，高1.10米，宽0.68米，厚0.13米，碑顶盖石伸出碑面0.22米，碑脚高0.74米。

创修山门志　本华

盖闻琳宫峻宇，佛圣赖以凭依。邃阁崇栖风水，原资培补，故先兄讳本崇、惠真鼎修。正殿会画，夙夜之勤。会身复建山门，颇竭收罗之力，集工求木，未敢殚劳。就下因高，卒成大厦，非仅徒藉此以壮山寺。观瞻实缘八景风水之不能听其或缺也。念自“云峰留迹”胜境，实冠广阳，此诚培修之，更不可缓。无如□□迭害梵刹已竟，丘墟而跋扈，兴彼常住，将成画饼。

余与惠真三十载经营先后，为平外侮，姑克藉租创建，渐启宏规。甲申二月，惠真圆寂，余身接掌山寺，陆续拨清□务，于庚寅岁偷闲修置，酌度地势曲折之形，砌坚壁以成高基用，建山门于其上，鸠工庀料，阅三载而土木佶成，何敢畏数仞墙高稍存。始怠苟安之志。每深虞千金脉贵，幸获侥以成功，爰陈巅末，并及需各款勒诸贞石，至于布置尚多，俟贤而有能者，续加培焉。援笔作记以志，永垂不朽云。

流传万古

大兴寺都纲司云波培补山门石工二千两。庚寅年起工去银八十一两，米八石一斗，油盐三十斤；壬辰年去石工银四十两，米四石，油盐各一千文，小工共一千五百名，每工三十文；山门木工雕匠木匠得银三十二两，解匠共去银六两，泥水匠去银十五两。

光绪壬辰年（1892）冬月下浣之吉 特授广顺僧正司本华尊立

[附记] 碑存长顺县广顺镇白云山，青石质，高1.20米，宽0.70米，厚0.15米。碑题《创修山门志》。参见长顺县政协文史资料委员会编《长顺县文史资料（第2辑）·广顺纪事》，贵州民族出版社，1998，第181–182页。白云山简介，见《题建文帝阁碑记》题记。

重修潮音阁记 瞿鸿锡

沙河源出州西北之云雾山，东北折经团坡，又南流过犀牛滩通远桥，绕郡城东注渟洄为翰墨之池，旧有观音阁在其西，志称前明隆庆年间指挥使邱崇尧创建，以奉普门大士。天启、崇祯之世，再毁再建，更名“潮音阁”。及国朝咸丰之乱，阁毁，至今四十年矣。余权平越守之明年，政理暇日，与邦人士公议修复，以筹资之艰，逾年龙在己亥（1899），秋成后经始，至辛丑（1901）仲春而工峻，始携宾僚及向所与谋之邦人士，登阁置酒以落之觞，再行作而语客曰：“乱后郡中之亟宜修复者，自城墉、坛庙、公署外，孰有过于斯阁乎！形家谓郡城外地势西高南下，水倾泻而东无复仃蓄环抱，则城之气遂觉涣而不收，昔日之阁，诚非无谓，今欲复前时之富庶，兴后起之人文，将于斯阁是赖。嗣更当于阁之两岸植柳，使绿阴成幄，承荫飞甍，以复旧所称‘柳塘湾’者，则尤善之善也。然则阁之复建，乌容已哉。至于览观胜壮，则山之高，云之浮，溪之流鱼，鸟之飞沉，怪石之突努，偃蹇各出，其姿回巧，献技以效。兹阁之下，凭栏而坐，则清冷之状与目谋，澎湃之声与耳谋，悚然而竦者与神谋，渊然而静者与心谋。殆无殊于八月弭节于广陵、钱塘也。昔人之署为‘潮音’，而兼有会与禅悟之旨者，或以是欤？斯役也，石址与阁皆视前加崇，阁前益以门庑，阁后益以卷篷阑栏，三面窗户洞达，以为郡人游览之所，而余数年经营之意，庶或少慰矣乎。”董是工者为郡绅奚君能楷，凡木石瓴甋髹饰之属，度量稽覈不啬不滥，亦可谓勤于乃事者。例得坿书至捐资助工各名氏，则列于别碑。是为记。

光绪二十七年岁次辛丑（1901）孟夏

[**附记**] 选自（清）光绪《平越直隶州志（卷10）·建置·寺观》。海潮寺，明隆庆年间指挥邱崇尧建于河中流处，阁高三层，奉观音大士（称观音阁）。后毁于兵燹和水灾。崇祯末年修复后改名“潮音”。瞿鸿锡（1844–1918），字子浚，湖南长沙府善化县人，监生。长期在贵州任职，重视地方经济文化建设。从光绪十三年至二十三年（1887–1897），三任黄平州知州。1897年任平越直隶州知州（任内主修光绪《平越直隶州志》），后两任安顺府知府。

平塘六硐河摩崖

其一

大河其界址：上抵米牙大河车坝大石头，下抵靴滩小河田，吉古至拉引为界。

□□□□恩批

具□将公济公，祥□立案。并准□□之□补助。神圣香灯，禁止捕鱼伐树，倘有不尊者□□□□□□，众仝禀准□苦式石田□田善，每年洞首人向韦登廷、韦登贤、韦时□收折，以作洞庙永远费用。

石□书 左和云 同心于光绪廿八年（1902）二月十六日

建修硐顶石硐一座工即

其二

钦加三品御在任遇钦即辅道都匀府正堂区为

悉自示之后，尔等务须遵此示。禁不准捕捉该洞鱼虾，并不准坛破该山树木。

至于所捐之项，须妥善为经管，以公济公，决不准稍有侵蚀……倘有不安本分之徒，藐视不遵，一经查明或被告发，定即提案，治以应得之罪，决不姑宽，其各凛遵毋违，切切。

右谕通知　光绪二十八年（1902）二月二十九日示

平州司正堂 杨

署理都匀府正堂 吴

署理都匀县正堂 龚

特授都匀协镇都督府 张

特授都匀协□衡□府 张

钦赐花翎郎补天府 陆

特授都匀府学正堂 陈

特授都匀县学正堂 张

署理都匀府经政厅 魏

蓝翎即补天府王书于□□□□□年三月卅日

[**附记**]摩崖位于平塘县平舟镇吉古村拉引组六硐河峡谷悬崖绝壁，摩崖共四处，本书收录两幅，前一幅宽高 1.20 米，宽 1.00 米，记述寺院建设和保护事项；后一幅高约 1.20 米，宽约 1.30 米。前一幅记载寺院寺产；后一幅为官府发布的保护寺产和环境的告示。两处摩崖均为竖书楷书阴刻。此处有一洞，曾建有寺院，古称为“观音洞”。因进出寺院须乘船，很不方便，后将寺院迁建于吉古大寨。

观音寺碑记　罗福田

高寨夙称匡塘，罗氏聚族而居，家风以儒为业，期敬宗而合族因设教以祀神，知博爱莫如慈悲，□周济先于难苦。谁为矜式义重，观音道所尊从。

奉惟接引相得。杨氏跳月地，佛家顶礼堂。后山静幽象仁者寿，前水横绕得智人灵。左绿竹兮猗猗，诗美君子；右金桂兮霭霭，试中举人。月明夜深樵笛来长寨之北，夏熟日暮渔歌徹乾溪之西。虽非名区，实为盛有。

爰有宋子名曰“坤仑”，丹心事佛，青年出家，施数份之田园修两重之寺宇。乾嘉之际，窗壁雕镂惟新。乱离以来，庙貌毁坏未复，村人虽经修葺，斧工尚欠完备。上厅接引有庙无容，下殿观音有像无寺。首士罗开基、肇基弟兄用凑数年之谷米，并募众姓之金钱，复修玉宇三间，塑金容七位，葫芦依样，未克比美前徽，甘露施周，尤希化成乐土。用记末始，以示来兹。

[附记] 选自（民国）《麻江县志（卷8）·祠庙寺观》。

祀神始末碑记

大粮田为鸡场通匀之盐路，平越来麻之通衢。地本长濠，户分两序。商贾既集，良多旅店之家；诗书相传，亦有耕读之士。王道既庆，平荡荆棘，删除烟村，将臻兴隆富庶礼让，前辈乃于乾隆时庙奉关帝圣。道光后寺建观音，一取辅正除邪，一为崇孝尚义，士因奋志云路，农得安信力田，商贾□迁有无，妇女织纺勤俭，街之人含和吐秀，以礼义为。丰年，村之士拜首飏言，庆宁谧由神教。

乃岁逢乙卯（1855）……庙貌既焚，顿灭山川之色，人民已散，犹存庐墓之悲。幸今海内升平，复我邦族，忆昔圣恩庇荫，建神庙堂。虽未获媲美于昔年，希光大于后世也。

[附记] 选自（民国）《麻江县志（卷8）·祠庙寺观》。关帝庙，始建于清乾隆年间，光绪年间重建。

（三）民国时期

建硐碑　潘敏光

盖闻：山不在高，有仙则名，水不在深，有龙则灵。此山峻峭，千寻壁立，万仞翠巘[①]，昌[②]岩罗列左右。高则高矣，非有此焉，民无能名，其水石窍中来，清香世口甘味，昼夜可掬，取之不竭。深则深矣，非有龙则地不灵，地灵焉而后人杰，人杰焉而后硐开。宅中图治，悟道修真，圣凡两利，人物咸亨。外无匪寇之患，内无鼠雀之争。半耕半读，视富贵如浮云；或悟或参，思飞升易如反掌。住斯硐府，不啻许逊[③]宰津阳，大士居南海矣。不唯一家超举，而且四方来贺，群贤毕至，少长咸集。往来无俗客，谈笑有云仙。清风作伴侣，明月常相随。仙佛一堂，人神共庆，真所谓至善之地，极乐之乡矣。由今思古，俨然朗江之桃园，秦人之古硐也。苟非其人，不得其门，焉能与黄衣长老分宾主、通信字乎？噫嘻！今之山水，即桃园之山水也；今之硐府，即桃园之硐府也；今之居人，何殊桃园之长老乎？硐虽费锤凿，人本自天生。山也、水也、硐也、人也，皆天作之合也。凡登此地，绝俗超尘，悦目清心，实三生有幸焉。

（以下约1000余名捐资者姓名。略）

尔后学潘敏光敬撰

附：安德福老人墓志铭

钊公道德，福映前身；修然耄寿，凿□俱尊。
乌私孝养[④]，龙马精神；清修索志，性蔼如春。

---

① 翠巘（yǎn）：青翠的山峰。

② 昌：盛壮貌。

③ 许逊（239–374），晋代著名道士，道教净明派祖师，尊称许天师。西晋太康元年（280）曾任四川旌阳县令。

④ 乌私：乌鸟私情。古时传说，小乌能反哺老乌。比喻侍奉尊亲的孝心。

克勤克俭，草履芒绳；抱璞守玉，宗旨真诚。
回索往事，音灵婉存；效忠六代，复命归根。
泰然受记，周行式尊；神升净土，无量光明；
承先启后，永贵斯人；养生送死，其德堪钦；
佛门模范，芳型足称；办公洁己，盖忠艮坤，
道根佛性，果证瑶京；金炉洪愿，再度有情；
极乐净土，位列上乘，特撰俚词，纪公德馨。
道众仰遵，亿命斯年，不朽之云。

云南居士林林长耿天瑞敬撰

[附记]摩崖位于平塘县塘边镇易里寨打界坡峭壁安家硐硐口石壁，高和宽均为1米。两侧有楹联“同结善缘宗祠俎豆千秋永；碑镌芳名庙貌蒸当万古存”。安家硐自民国十四年（1925）开凿，历7年完成。称“龙凤山猫地坨清水寺明月庵三期桃园峒”。原有木雕佛像和瓷质小佛像300多尊。

重修白云山皇阁记　郎德沛

粤稽史乘：明建文帝承太祖之后，立于民国纪元前五百一十三年。齐泰、黄子澄参预国事，以诸王权渐重。燕王棣，恃叔父之尊，尤多不逊。举动仿汉平七国之乱事劝帝，废贬诸王，将及燕王。王遂举兵反，号其兵曰“靖难”，互有胜负，燕王未能得志。然建文帝御官，官极严皆怨，望驰密使于燕，告京师虚实。及燕王来攻，李景隆等开门为导，帝变服出逃，燕王乃即帝位，成祖文皇帝自是。建文帝蒙尘西奔，跋涉长途，辗转而达黔土，以广顺之白云山为避难驻跸之所。迨正统五年（1440），建文帝西归。金筑安抚司金镛追念圣迹，建庙于此，肖像以祀。至道光二十七年（1847）重修大殿，于是，白云山乃得与帝迹同不朽。或曰：按，正史常曰，大内飞灰，帝不知所终，遁荒之说，半多附会，千古疑案不知。孰是要见人心之不忘建文，之时至今日，可谓燕王无寸土，建文尚有白云也！

余久慕此山名胜，幸于民国二十七年（1938）冬来宰广邑，始于本年

六月二十八日出巡三区之便顺道□□。白云山位广城东南四十里，群峦环绕，巍峨峻立，林木葱茏，蔚然深秀，几有重履琅琊之感。吾人今步天子台，想见文帝当时生活之艰苦；漫游皇阁处，更缅维文帝当年胸怀之阔广。帝固一有为之君也！惜乎！猝遭时变，未成大业，抚今思昔，感慨系之。

大殿庙宇寺内，林木尚属无恙，独殿后皇阁为建文帝铜像奉祀之所。去岁，忽毁于火，室宇荡然，帝之铜像亦仅全其仪表，乃饬令寺僧继先负责于本年秋季重修阁宇，塑全帝身，以续烟祀。迩者战云风起，地方沧桑，愿载神明呵获此邦，年丰岁稔，物阜民康，宰斯邑者，与有荣矣焉。兹庆落成，特为文志其始末，勒诸碑石，期垂永远。

广顺县县长郎德沛敬撰

广顺瑶华蒋有琼敬书

寺僧继先敬立

民国二十八年（1939）十二月初八日立

[附记] 选自长顺县政协文史资料委员会编：《长顺县文史资料（第2辑）·广顺纪事》，贵州民族出版社，1998，第182–183页。碑存长顺县广顺镇白云山，青石质，高1.20米，宽0.60米，厚0.15米。碑左侧略有残缺。郎德沛（1901–1953），字教益，贵州贵定人。日本东京明治大学毕业，曾任北京女子师范大学教授，1938–1941年任贵州省广顺县县长，后任云南省元谋、祥云、邓州县县长。

参考文献

一、典籍、方志

[1]（晋）常璩《华阳国志》
[2]（梁）慧皎撰，汤用彤校注《高僧传》
[3]（南宋）释普济《五灯会元》
[4]（明）弘治《贵州图经新志》
[5]（明）嘉靖《思南府志》
[6]（明）嘉靖《普安州志》
[7]（明）万历《贵州名胜志》
[8]（明）万历《铜仁府志》
[9]（明）万历《黔志》
[10]（明）万历《黔记》
[11]（清）康熙《贵州通志》
[12]（清）康熙（清）康熙《黔灵山志》
[13]（清）康熙《黔书》
[14]（清）乾隆《贵州通志》
[15]（清）乾隆《贵州志稿》
[16]（清）乾隆《贵州志略》
[17]（清）乾隆《黔南识略》
[18]（清）雍正《安南县志》
[19]（清）乾隆《绥阳志》
[20]（清）乾隆《黔西州志》

[21]（清）乾隆《毕节县志》
[22]（清）乾隆《石阡府志》
[23]（清）乾隆《普安州志》
[24]（清）乾隆《镇远府志》
[25]（清）乾隆《玉屏县志》
[26]（清）乾隆《开泰县志》
[27]（清）嘉庆《正安州志》
[28]（清）嘉庆《续黔书》
[29]（清）嘉庆《黔记》
[30]（清）嘉庆《黄平州志》
[31]（清）道光《贵阳府志》
[32]（清）道光《遵义府志》
[33]（清）道光《增修仁怀厅志》
[34]（清）道光《安平县志》
[35]（清）道光《永宁州志》
[36]（清）道光《大定府志》
[37]（清）道光《铜仁府志》
[38]（清）道光《思南府续志》
[39]（清）道光《松桃厅志》
[40]（清）道光《广顺州志》
[41]（清）咸丰《安顺府志》
[42]（清）同治《毕节县志稿》
[43]（清）咸丰《兴义府志》
[44]（清）光绪《镇宁州志》
[45]（清）光绪《续修正安州志》
[46]（清）光绪《增修仁怀厅志》
[47]（清）光绪《湄潭县志》
[48]（清）光绪《石阡府志》
[49]（清）光绪《普安直隶厅志》
[50]（清）光绪《黎平府志》

[51]（清）光绪《平越直隶州志》

[52]（清）光绪《重刊清平县志》

[53]（民国）《贵州通志》

[54]（民国）《修文县志稿》

[55]（民国）《清镇县志稿》

[56]（民国）《开阳县志稿》

[57]（民国）《续遵义府志》

[58]（民国）《桐梓县志》

[59]（民国）《绥阳县志》

[60]（民国）《续修安顺府志辑稿》

[61]（民国）《镇宁县志》

[62]（民国）《平坝县志》

[63]（民国）《威宁县志》

[64]（民国）《思县志稿》

[65]（民国）《印江县志》

[66]（民国）《沿河县志》

[67]（民国）《南笼续志》

[68]（民国）《都匀县志稿》

[69]（民国）《麻江县志》

[70]（民国）《三合县志略》

[71]（民国）《息烽县志》

[72] 贵州省文管会、贵州省文化局编：《贵州文物志稿》，1983。

[73] 遵义县文物管理委员会、政协遵义县委员会、遵义县文化馆编：《遵义县文物志》（第 1 集），1983。

[74] 黔东南州文化局编：《黔东南文物志》（第 1–4 集），1983–1991。

[75] 湄潭县文化馆编：《湄潭文物志》（第一辑），1984。

[76] 贵州省遵义地区文物管理委员会、遵义地区文化局编：《遵义地区文物志》，1984。

[77] 贵州省赤水县县志编纂委员会编：《赤水县志·文物篇》（县志

初稿之四十），1984。

[78] 贵州省织金县文化局编：《织金文物》（第1集），1984。

[79] 黄万机著：《贵州省地方志参考丛书·沙滩文化志》，1986。

[80] 贵州省地方志编纂委员会编：《贵州省志·名胜志》，贵阳：贵州人民出版社，1987。

[81] 贵州省黔西南布依族苗族自治州史志征集编纂委员会编：《黔西南布依族苗族自治州志·文物志》，贵阳：贵州民族出版社，1987。

[82] 贵州省水利电力厅编：《贵州省水利艺文志》，贵阳：贵州人民出版社，1989。

[83]《贵州省博物馆藏品志》编辑委员会编：《贵州省博物馆藏品志》（1），贵阳：贵州人民出版社，1990。

[84] 施秉县文物管理所编：《施秉县文物志》，1990。

[85] 黔东南苗族侗族自治州地方志编纂委员会编：《黔东南苗族侗族自治州志·文物志》，贵阳：贵州民族出版社，1992。

[86] 贵州省毕节地区地方志编纂委员会编:《毕节地区志·文物名胜志》，贵阳：贵州人民出版社，1994。

[87] 贵阳市志编纂委员会编：《贵阳市志·宗教志》，贵阳：贵州人民出版社，1996。

[88] 贵州省地方志编纂委员会编：《贵州省志·文物志》，贵阳：贵州人民出版社，2003。

[89] 修文县交通局编纂：《修文县交通志》（1329-2005），2006。

[90] 贵州省地方志编纂委员会编：《贵州省志·宗教志》，贵阳：贵州民族出版社，2007。

[91] 六盘水市地方志编纂委员会编纂:《六盘水市志·文化志》，贵阳：贵州人民出版社，2007。

[92] 锦屏县地方志编纂委员会编:《锦屏县志 1991-2009》(上)，北京：方志出版社，2011。

[93] 印江自治县文化体育广播电视旅游局编：《印江土家族苗族自治县文物志》，2012。

[94] 贵阳市志编纂委员会编：《贵阳市志·文物志》，贵阳：贵州人

民出版社，1993。

二、著作

[1]（春秋）老子《道德经》

[2] 政协贵州省贵阳市委员会文史资料研究委员会编：《贵阳文史资料选辑》（第5辑），1982。

[3] 政协贵州省安顺市委员会：《安顺文史资料选辑》（第2辑），1984。

[4] 政协贵州省都匀市委员会：《都匀文史资料选辑》（第5辑），1986。

[5] 贵州省文物管理委员会、贵州省文化出版厅编：《贵州古建筑》，贵阳：贵州美术出版社，1987。

[6] 贵州省习水县政协文史研究委员会编：《习水县文史资料选辑》（第8辑），1989。

[7] 遵义市文化局史志编写组编：《遵义文化史专题史料汇编》，1990。

[8] 朱五义编撰：《修文名胜风光诗文选》，1991。

[9] 贵州古典文学学会编选：《贵州古典文学作品选》，贵阳：贵州教育出版社，1994。

[10] 文志高著：《印江风采》，贵阳：贵州人民出版社，1995。

[11] 锦屏县志编纂委员会办公室编：《锦屏碑文选辑》，1997。

[12] 政协贵州省委员会文史资料委员会《贵州旅游文史系列丛书》编委会编：《高原明珠》，贵阳：贵州人民出版社，1997。

[13] 政协贵州省委员会文史资料委员会《贵州旅游文史系列丛书》编委会编：《武陵仙境》，贵阳：贵州人民出版社，1998。

[14] 政协贵州省委员会文史资料委员会《贵州旅游文史系列丛书》编委会编：《名城胜迹》，贵阳：贵州人民出版社，1997。

[15] 长顺县政协文史资料委员会编：《长顺县文史资料（第2辑）·广顺纪事》，贵阳：贵州民族出版社，1998。

[16] 张新民等整理：《黔僧语录》，成都：巴蜀书社，2000。

[17] 张新民等整理：《续黔僧语录》，成都：巴蜀书社，2000。

[18] 张新民等整理：《贵阳高峰了尘和尚事迹》，成都：巴蜀书社，2000。

[19] 汪育江编著：《乌江流域考察记》，贵阳：贵州科技出版社，2000。

[20] 王正贤著：《奇异的石头世界——贵州岩石载体文化》，贵阳：贵州教育出版社，2000。

[21] 文志高撰写，印江土家族苗族自治县民族宗教事务局编：《梵天佛地》，贵阳：贵州人民出版社，2000。

[22] 徐自强、吴梦麟著：《古代石刻通论》，北京：紫禁城出版社，2003。

[23] 袁显荣编：《三门塘》，北京：中国旅游出版社，2003。

[24] 龙岳洲主编，政协贵州省委员会文史资料委员会《贵州旅游文史系列丛书》编委会编：《惊涛奇峡》，贵阳：贵州人民出版社，2003。

[25] 吴正光、娄清、杨信主编，王勇等撰稿：《贵州的桥》，贵阳：贵州科技出版社，2004。

[26] 白中玉、释慧海：《高峰山志》，内部刊印，2004。

[27] 邹兴林主编：《盘州古韵》，贵阳：贵州民族出版社，2004。

[28] 中国人民政治协商会议息烽县委员会编：《胜景佛天——息烽西望山》，贵阳：贵州民族出版社，2005。

[29] 政协贵州省委员会文史资料委员会《贵州旅游文史系列丛书》编委会编：《玉水金山》，贵阳：贵州人民出版社，2005。

[30] 政协贵州省委员会文史资料委员会编：《文史资料存稿选编》（第3卷），贵阳：贵州人民出版社，2006。

[31] 彭福荣、李良品、傅小彪主编：《乌江流域民族地区历代碑刻选辑》，重庆：重庆出版社，2007。

[32] 贵州省政协文史与学习委员会编：《花灯之乡》，贵阳：贵州人民出版社，2007。

[33] 张朝仙主编：《民族文化——印江土家风情》（第4辑），

2007。

[34] 安顺市西秀区人民政府、安顺市诗词学会编：《屯堡风韵》，贵阳：贵州人民出版社，2008。

[35] 遵义市红花岗区地方志办公室编：《遵义佛影——遵义金鼎山》，2008。

[36] 刘刚主编：《湖湘碑刻》，长沙：湖南美术出版社，2009。

[37] 仁怀政协学习文卫委编：《仁怀历代文钞》，北京：中国文史出版社，2009。

[38] 吴正光著：《沃野耕耘——贵州民族文化遗产研究》，北京：学苑出版社，2009。

[39] 贵州省文物局编著：《夜郎故地遗珍》，贵阳：贵州人民出版社，2011。

[40] 政协铜仁地区工作委员会编著：《中国梵净山佛教文化文物研究》，贵阳：贵州人民出版社，2011。

[41] 肖忠民编著：《印江佛教通史》，北京：中国方志出版社，2012。

[42] 刘祥斌主编：《镇远名胜古迹》，2012。

[43] 姚敦屏主编：《天柱碑刻集》，2013。

[44] 文永辉著：《神异资源——一个西部社区的宗教市场与宗教经营》，北京：社会科学文献出版社，2014。

[45] 贵州省宗教学会编著：《贵州宗教史》，贵阳：贵州人民出版社，2015。

[46] 陈康主编：《铜仁生态美·梵净天下灵——2013、2014 中国梵净山生态文明与佛教文化论坛论文精品选编》，贵阳：贵州人民出版社，2015。

[47]（清）黎庶昌著，黎铎、龙先绪点校：《遵义沙滩文化典籍丛书·黎庶昌全集》，上海：上海古籍出版社，2015。

[48] 王烨编著：《中国古代碑刻》，北京：中国商业出版社，2015。

[49] 安成祥编撰：《黔东南碑刻研究丛书·石上历史》，贵阳：贵州民族出版社，2015。

[50] 安成祥编撰：《踵事增华——贵州省黔东南苗族侗族自治州不可移动文物集萃》，贵阳：贵州民族出版社，2015。

[51] 政协天柱县第十三届委员会编：《天柱古碑刻考释》，贵阳：贵州大学出版社，2016。

[52] 诚信主编：《天童禅寺禅文化交流会论文集》（2015），宁波：宁波出版社，2016。

[53] 安成祥编撰:《碑铭书秀——黔东南碑帖》,贵阳: 贵州民族出版社，2016。

[54] 黄尚文著，庄勇主编，张明副主编:《梵净山佛教文化史料与研究》，贵阳：贵州大学出版社，2017。

[55] 贵州省土家学研究会编：《贵州土家族百科》，贵阳：贵州民族出版社，2018。

[56] 吴晓秋、陈顺祥、娄清著：《不断拓展的保护视野——西南地区线性文化遗产保护研究》，杭州：浙江大学出版社，2018。

[57] 周遵鹏编著，葛传彦主编，李萍、燕金祥副主编：《七星关区历史资料辑存》，贵阳：贵州人民出版社，2018。

[58] 六盘水市钟山区地方志编纂委员会编：《水城老城志》，北京：方志出版社，2018。

[59] 常亚恒著：《贵州摩崖石刻的图像学研究》，北京：中国纺织出版社有限公司，2020。